湘西乡话的接触
与演变研究

瞿建慧 邓婕 著

商务印书馆

图书在版编目(CIP)数据

湘西乡话的接触与演变研究/瞿建慧,邓婕著.—北京:商务印书馆,2020
ISBN 978-7-100-18713-8

Ⅰ.①湘… Ⅱ.①瞿…②邓… Ⅲ.①湘语—方言研究—湘西土家族苗族自治州 Ⅳ.①H174

中国版本图书馆 CIP 数据核字(2020)第 113854 号

权利保留,侵权必究。

湘西乡话的接触与演变研究
瞿建慧 邓 婕 著

商 务 印 书 馆 出 版
(北京王府井大街36号 邮政编码100710)
商 务 印 书 馆 发 行
北京市十月印刷有限公司印刷
ISBN 978-7-100-18713-8

2020年8月第1版 开本 787×960 1/16
2020年8月北京第1次印刷 印张 22¾
定价:66.00元

序　　一

20世纪80年代初王辅世先生的《湖南泸溪瓦乡话语音》一文一在《语言研究》上发表，就引起了学术界的关注。该文实际上成为当代关于湘西乡话学术研究逐步开展的一个序曲。

自那以来，近四十年，研究乡话的论文或著作逐渐多了起来。

最近一部即将面世的湘西乡话研究的新著书稿《湘西乡话的接触与演变研究》摆在我的案头，它的作者是瞿建慧和邓婕两人。

由于乡话本身呈现出复杂的面貌，要想投入对它的研究，往往需要花费巨大的精力，从调查到研究，不知要过多少坎，闯多少关。现在已经面世的专著，无一不是作者耗费了巨大的心血的。

瞿建慧十多年前已开始着手研究湘西乡话，并有所建树。2008年《方言》登载了她的论文《湖南泸溪（白沙）乡话音系》。2011年我去吉首大学参加第二届濒危方言学术研讨会，瞿建慧宣读的论文是《泸溪乡话与泸溪湘语的语音比较及语音演变》，邓婕宣读的论文是《从瓦乡人的语言态度看乡话的濒危——白沙乡话个案分析》。当时瞿建慧已获批主持国家社科基金项目"湘西乡话的接触与演变研究"。

作者踏上乡话研究的道路，长期投入，苦心孤诣，终有今天的收获，捧出一部内容丰厚的专著，这又是一段"十年磨一剑"的佳话。

这部论著最突出的特点是，作者把研究的视角集中到乡话与周边方言或语言的接触与演变上面，这是作者在考察和总结了学界乡话既往研究的成果之后做出的抉择。作者看到了研究中的某种不足，即缺乏对湘西乡话历史上曾经发生过的语言（方言）接触与共时正在发生的语言（方言）接触的考察，忽视了语言和方言接触对湘西乡话演变的影响。在求准的前提下，作为一个学者，往往趋于求新、求变、求突破，以期取得新的成就。

本书的作者正具有这样一种态度。

另一个突出的特点是，作者把传统方言学与社会语言学结合起来进行研究。面对湘西乡话这种濒危的汉语方言，作者坚持系统论的观点，认为"濒危汉语方言现象的产生不是孤立的，而是与周围的方言及民族语言存在着密切关系，与政治、经济、文化存在着密切关系，只有坚持将各种指标、因素纳入一个系统中研究才能全面地认识濒危汉语方言的特点。可以运用传统语言学和社会语言学相结合的方法，结合自己的调查实际，进行语言交际功能和语言本体相结合的研究"。

鉴于此，作者目标明确地对全书结构做了如下安排。

全书分上、下两编。上编是湘西乡话的接触与演变，共分五章。

重点有三：（一）通过湘西乡话与湘西苗语的全面比较，否定了乡话是苗语的方言的观点。通过湘西乡话与湘西客话的多重比较，认为湘西乡话与湘西湘语更为接近。（二）通过对湘西乡话的语音演变分析，主要讨论有特色的音韵现象，分析乡话音韵的共时类型和历史演变，区分原发性音变和接触性音变，探讨乡话音韵结构的变迁。（三）讨论湘西乡话的接触与演变规律，揭示强势方言影响湘西乡话演变的过程。

下编是湘西乡话的濒危现象研究，共分四章。

作者选取泸溪乡话作为考察对象，通过对乡话语言活力的调查，对乡话使用者语言态度的考察，以及对乡话濒危现象的分析，揭示了湘西乡话的濒危现状，并提出了保护乡话的可行性措施。

本书还有一个与其他乡话研究著作不同的地方。在讨论湘西乡话属性的问题时，本书作者除了宏观上对湘西乡话和湘西客话进行比较以外，还有充分地选择一种特殊的微观比较，即通过探讨泸溪乡话与泸溪湘语语音的接触与演变，来揭示湘西乡话与湘西湘语的内在关系，从而确认湘西乡话是一种具有混合色彩的特殊湘语。这不仅仅是论证方法上的一种选择，而且与作者对于语言事实的熟悉程度和把握有关。作者是泸溪人，对泸溪湘语十分熟悉。同时，作者对泸溪乡话的调查与把握，基于和当年王辅世先生调查的泸溪红土溪乡话的比较，因此也很深入，她所发表的关于泸溪乡话的系列论文足以证明。

《湘西乡话的接触与演变研究》的出版将与已面世的多种乡话著作会合，进一步促进乡话学术研究的繁荣。

　　湘西乡话是一种语言矿藏极为丰富的汉语方言，如果从更为广阔的视野去研究、发掘，定能有更多的收获。我们期待着学界有更多的人来关注乡话研究的发展，也期盼本书作者百尺竿头，更进一步，在乡话研究的道路上继续攀登。是为序。

鲍厚星

2019 年 1 月于长沙中城丽景香山

序 二

《湘西乡话的接触与演变研究》是瞿建慧教授 2011 年度国家社科基金项目的结项成果。大概半年前作者就嘱我作序，我之所以迟迟没有落笔，是因为我深感自己的学识还不足以给这样一部重要的著作写序。无奈作者多次盛情邀约，也好在我以前多次到过湘西，对湘西多种汉语方言有过粗浅的调查，才有勇气写下以下的文字，算是与作者共勉，也就正于大方之家。

湖南省是全国汉语方言最为复杂的省区之一。经过近几十年的努力，湖南省内多数地区汉语方言的性质、归属越来越清楚，分区、分群也越来越客观。但是，处在湘、黔、鄂、渝结合部的湘西地区是汉民族与苗族、土家族、侗族等少数民族杂居的地区，汉语方言十分复杂，学术界对其认识还远远不够全面和深入，以致一旦涉及到归属和分区问题的时候，不同时期不同研究者的观点不尽相同甚至很不相同。乡话是湘西众多语言、方言中一种特别引人注目的土话，《中国语言地图集》把它列入归属未明的方言。诚然，乡话与湘西苗语、土家语或者比邻而居，或者相去不远，使得其语言性质显得更为扑朔迷离。另外，因为受到周边西南官话和湘语双重的"夹攻"，以及最近几十年来普通话的逐步推广，乡话的使用人口越来越少，语言功能越来越弱，已经成为高度濒危的方言。此前学术界已经出版和发表了一些乡话的成果，数量不是太多，除了杨蔚《湘西乡话语音研究》（2010）之外，绝大部分成果的内容都是限于一时一地的某个方言点，鲜有综合比较研究的成果。《湘西乡话的接触与演变研究》是有关湘西乡话语言本体和语言生活的调查研究成果，上编"湘西乡话的接触与演变"较为集中、全面、深入地对湘西乡话的重要音韵特征及相关问题进行接触与演变研究，此前尽管有人从事这类研究工作，但是就系统性、深刻性、创新性而言与这部著作完全无法相比。下编"湘西乡话的濒危现象研究"对湘西乡话濒危现象进行专题研究，特别是以泸溪乡话作为个案，对其语言活力、语言态度、语言传承等多方面进行语言社会学的调查、统计和分析，得出了不少新见，丰富了新时期濒危语言研究的内容。上编和下编具有高度相关性，内容上互相衔接，结论上互相支撑。

特别需要强调的是，湘西乡话是湖南方言中濒危现象最为显著的一类方言，这类方言是研究语言生态、语言接触和语言变异的绝好素材。总体而言，我国濒危汉语方言调查研究的现状还比较落后，主要原因是以往学界普遍不够重视。此前针对湘西乡话濒危现象的社会语言学研究，整体上成果也较为零星、分散和肤浅。这部著作的下编"湘西乡话的濒危现象研究"，在研究方法上超越了传统方言学的局限，以社会语言学的方法为主，综合应用历史语言学、描写语言学和方言地理学等方法。在研究内容上不限于语言的本体研究和内部研究，而是广泛地延伸到语言的外部研究和功能研究等领域，以凸显这群土话的濒危现象和濒危原因。总之，这部著作的研究方法特别值得称道，既有面对濒危方言本体的描写方法，即有语言特点，特别是语音特点的纵横两向的比较方法，也有针对濒危方言的语言活力、濒危程度和分层差异等问题的社会调查方法，是传统方言学和社会语言学相结合的一个成功实践。诚然，在研究手段上，该成果对现代的一些技术手段的应用不够重视：如可以考虑应用语音分析软件 Praat 来分析湘西乡话中的一些音值问题，以增强语音描写的准确性；可以考虑应用统计软件 SPSS 对社会调查的材料进行分析整理，以增强数据的多维性和准确性。

在乡话音韵比较研究的广度和深度上，这部著作也值得称道。特别是上编的第三章"湘西乡话的语音演变"和第四章"湘西乡话的接触与演变规律"，从接触和演变的角度对乡话最重要的音韵问题进行专题研究和综合思考，一些结论很有新意，非常值得重视。例如第三章第一节"湘西乡话古全浊声母的演变"，作者在实地调查的基础上，用 5 个乡话方言点的材料进行综合比较研究，基本材料可靠；把全浊声母平声字和仄声字分开来讨论，并从历史层次和语言接触的角度进行分析，基本方法得当；认为古全浊平声字和仄声字的今读各有三个时间层次，古浊平字今读去声（或阴平）是从客话借入的最新层次，古浊平字今读不送气清音、仄声字今读送气清音是自身演变的结果，等等，都有较强的说服力，基本结论可信。当然，这部著作在研究内容上也并非十全十美，有些重要的音韵问题阙如，例如乡话中古以母今读擦音塞擦音的性质尽管前人已经涉及，但是并没有从根本上解决这个具有历史深度的音韵问题，确实需要进一步深入探讨。考虑到第三章第三节"湘西乡话来母字的演变"可能与上述问题具有某些相关性，建议一并加以考察。另外，第二章在概括乡话与湘语声母的相同点时，有些说法不够准确，如"知组读同端组""章组在今细音前颚化"等。还有，该章最后明确提出"湘西乡话特殊的自身演变和遗存的古音让它成为一种特殊的湘语"，以后可能会引起学界的争议。

总体而言，这部著作材料翔实、内容丰富、体例完整、方法科学、论证深刻，代表了当前湘西乡话调查研究的最高水平，也是湖南省汉语方言调查研究的一项重要成果。从另外一个意义上说，这部著作从选题、方法到结论，对于汉语方言学科具有重要的理论意义和实践意义，特别是对于当前方兴未艾的濒危语言调查研究工作而言创新性非常显著。相信随着这部著作的出版，它对于其他省区濒危方言的调查研究工作，将具有较好的示范作用。

庄初升

2018 年 10 月 7 日

前　言

　　湘西乡话是一种汉语方言，主要分布在湖南省西部沅陵县以及与沅陵县交界的泸溪、古丈、辰溪、溆浦、慈利、永顺等地，被西南官话、湘语和苗语以及土家语所包围。湘西乡话由于保留了大量的古音特点，又不断发生自身演变，与周边民族语言和汉语方言不能通话，很长时间里其语言的归属存在争论，其汉语方言的系属也未最后确定。另一方面由于长期受到周边的湘语、官话的影响，其语音、词汇和语法形成了不同的历史层次。近些年湘西乡话受到官话和普通话强烈的冲击，固有的特点逐渐丧失，表现形式日趋贫乏，社会功能弱化，使用人数减少，逐渐衰退乃至处于濒危的状态。

　　本书选择古丈、泸溪、辰溪与沅陵交界的十二个湘西乡话代表点，对其进行了全面深入的考察，揭示湘西乡话由于受到周边方言的影响发生的语言本体结构的变异和语言功能的退化。宏观考察湘西乡话的音韵特点，离析湘西乡话的自身成分和接触成分，确认湘西乡话自身的特点，确定湘西乡话的归属。微观考察湘西乡话的音类，区分湘西乡话原发性音变和接触性音变，探讨湘西乡话音韵结构的变迁。揭示湘西乡话接触与演变的规律，动态地把握强势语言影响湘西乡话演变的过程。考察湘西乡话的语言活力和语言态度，分析湘西乡话语言功能的退化情况，研究制约湘西乡话濒危的各种社会因素，寻找保护湘西乡话的对策和措施，并比较濒危汉语方言与濒危民族语言的异同，探讨濒危汉语方言的界定等问题。

　　本书共分上、下两编。上编是湘西乡话的接触与演变。下编是湘西乡话的濒危现象研究。

　　上编"湘西乡话的接触与演变"：

第一章介绍了乡话的分布和湘西乡话的语言环境。对20世纪以来湘西乡话研究做了简要述评；同时还介绍了本书的研究内容、意义以及方言代表点和发音合作人的情况。

第二章通过湘西乡话与湘西苗语的语音、词汇和语法比较，发现乡话不可能是苗族语言的一种方言。从族群认同的角度看，瓦乡人也并不认同自己是苗族。通过湘西乡话语言特点的归纳以及湘西乡话与湘西客话的比较，确认湘西乡话是一种特殊的湘语。

第三章讨论了湘西乡话有特色的音韵现象的演变：古全浊声母的演变、清音浊读的现象、来母今读塞擦音擦音的现象、果摄字的历史层次、遇摄字的历史层次、元音高化链移和声调的特殊演变，分析湘西乡话这些音韵的共时类型和历史演变，区分原发性音变和接触性音变，探讨湘西乡话音韵结构的变迁。

第四章揭示十二个湘西乡话代表点语音、词汇和语法的地域差异，探讨湘西乡话地域差异反映的自身演变和接触性音变，并通过湘西客话的地域差异来考察汉语方言的形成。分析湘西乡话自身演变的保留、创新和脱轨，归纳湘西乡话与湘西客话的接触的途径、借贷的表现、借贷的方式、借贷的机制、借贷的层次和接触的结果。

第五章收录湘西乡话八个代表点词汇对照材料。

下编"湘西乡话的濒危现象研究"：

第一章讨论了濒危汉语方言的界定、濒危汉语方言与濒危语言异同等问题。简要评述了濒危汉语方言的研究现状，介绍了选点、研究内容和研究意义、方法以及发音合作人的情况。

第二章考察了泸溪白沙、李家田、梁家潭乡话区的语言活力，介绍了19个村寨（社区）的代际传承情况，统计了泸溪白沙、李家田、梁家潭乡话区语言使用者占总人口的比例，并对泸溪白沙、李家田和梁家潭三个乡话代表点使用域走向做了全面的调查和研究。

第三章考察了泸溪白沙、李家田、梁家潭乡话区的语言态度，分析了泸溪白沙、李家田、梁家潭乡话区语言态度的性别变异、年龄变异、文化程度变异、职业变异和地域差异。

第四章揭示泸溪乡话的濒危特征主要体现在使用功能的退化和语言本体的借用两方面。认为泸溪乡话使用功能的退化主要表现为使用人口逐渐减少、语言传承出现断代、使用领域开始萎缩。指出泸溪乡话的濒危是由外在因素和内在因素两方面造成的，并提出了保护乡话的可行性对策。

目 录

上编 湘西乡话的接触与演变

第一章 绪论……………………………………………………3
第一节 乡话的分布………………………………………3
第二节 湘西乡话的语言环境……………………………4
第三节 湘西乡话研究综述………………………………11
第四节 研究内容与意义…………………………………14
第五节 方言代表点及发音合作人情况简介……………15

第二章 湘西乡话的归属………………………………………18
第一节 湘西乡话与湘西苗语……………………………18
第二节 湘西乡话的归属…………………………………34

第三章 湘西乡话的语音演变…………………………………50
第一节 湘西乡话古全浊声母的演变……………………50
第二节 湘西乡话的清音浊读现象………………………60
第三节 湘西乡话来母字的演变…………………………71
第四节 湘西乡话果摄字的演变…………………………81
第五节 湘西乡话遇摄字的演变…………………………94
第六节 湘西乡话元音的高化链移………………………108
第七节 湘西乡话声调的特殊演变………………………115

第四章 湘西乡话的接触与演变规律…………………………127
第一节 湘西乡话的地域差异与演变……………………127
第二节 湘西乡话的接触与演变规律……………………146

第五章　湘西乡话音系与词汇对照表······161
　第一节　湘西乡话音系······161
　第二节　湘西乡话词汇对照表······174

下编　湘西乡话的濒危现象研究

第一章　绪论······245
　第一节　濒危语言与濒危汉语方言······245
　第二节　濒危汉语方言的研究现状及分析······248
　第三节　选点及研究内容······250
　第四节　研究意义、方法及发音合作人介绍······252
第二章　湘西乡话的语言活力······254
　第一节　乡话的代际传承······254
　第二节　语言使用者占总人口的比例······264
　第三节　乡话使用域的走向······270
第三章　湘西乡话使用者的语言态度······302
　第一节　白沙镇乡话使用者态度······304
　第二节　梁家潭乡话使用者态度······308
　第三节　李家田乡话使用者态度······312
第四章　湘西乡话濒危现象分析······317
　第一节　乡话使用功能的退化······317
　第二节　乡话濒危的原因······318
　第三节　乡话的保护对策······322

结　语······325
参考文献······327
附　录······338
后　记······348

上 编
湘西乡话的接触与演变

第一章 绪论

第一节 乡话的分布

乡话是一种主要分布在湖南省西部沅陵县以及与沅陵县交界的泸溪、古丈、辰溪、溆浦、永顺等地①的土语。清乾隆二十年顾奎光修、李涌纂《泸溪县志》称这种土语为"乡谈谜语":"沅泸相隔不远,其乡谈谜语,语曲聱牙,令人不可晓。泸人亦有能言之者,兹不赘载。"清代严如煜的《苗防备览》称为"乡语":"沅陵清水塘、拱胜坪一带与永顺、乾州接界……苗佬猩鼯杂处,偕其同队,作乡语,无一字可识,唔咿之声往往皆是。"1907年董鸿勋的《古丈坪厅志》称作"小客乡话":"客族姓者,民之介乎民姓土姓之间,其时代大抵后土籍、先民籍,而与章、苗相习久,而自成风气言语、自成一种乡音,谓之小客乡语。"民国十九年修承浩主编的《沅陵县志》称作"乡话":"各有一种乡话、聱牙诘屈,不知其所谓,大约当时土人所遗传至于今者也。"王辅世(1982),张永家、侯自佳(1984)称作"瓦乡话",石如金(1984)称作"果熊"话,鲍厚星(1992)将这种土话统称为"乡话"。在《中国语言地图集》里,乡话被列为汉语方言中未分区的非官话方言。

除了湘西之外,湖南省其他地区也有零星分布的乡话,一般是从沅陵迁出的移民带过去的。鲍厚星(1993)在《湖南城步(儒林)方言音系》

---

① 《慈利县志》记载:慈利丰登村(廖家峪)杨、向两姓说乡话。伍云姬2000年实地调查发现只有三个老人能回忆起为数不多的瓦乡词语,能做简单的对话。曹志耘《湘西方言概述》提到永顺县也有乡话分布:王村镇里明村有一部分老年人会讲乡话,年轻人不会讲。靠近沅陵县的镇溪、小溪两个乡也有几个村讲乡话。伍云姬、沈瑞清(2010)提到保靖县向家湾也说乡话,笔者托研究生去了解,没找到向家湾这个地方。钟江华(2013)认为桑植县上河溪乡杨竹溪村也有乡话。

中提到"城步境内的巡头村以及南山牧场一带还有从沅陵过来的乡话,使用者数千人。"据郑焱霞(2010)调查,这种乡话主要分布在湖南省治县五团镇的巡头村、木瓜村,南山镇的蕨枝坪村和广西龙胜各族自治县伟江乡甘甲村的蕨枝坪、双坪、玉河、长塘坪、黄家、新屋等组。由于这些地方都分散于湘桂边界的南山上,郑焱霞把他们所讲的乡话称为南山乡话。唐金花(2006)称,在湖南省常德石门县有2000余人自称瓦乡人,有独特的语言和习俗,原为辰州蛮,清初迁入石门。

重庆市也有乡话的分布。在重庆市酉阳土家族苗族自治县木叶乡大坂营村二组,当地居民也称三百多年前他们的先祖李连选携家眷由"辰州"迁入。20世纪80年代,他们被确认为土家族,但他们流传的语言与湘西土家族语言有极大的区别,而和乡话极为相似。白俊奎(2011)在渝东南酉水流域酉阳县麻旺镇、酉酬镇做民俗文化调研时把民众所讲的话称为"瓦乡话",又叫"辰州话"。

民国十九年修承浩主编的《沅陵县志》指出,四川、湖北、江苏等地有从乡话区搬出的移民:"四川之江北万县,奉节,湖北武昌之塘角、新河、宜昌之西坝,江陵之沙市,江苏仪徵之十二圩各地,舒溪石姓、姜姓,荔溪宋姓、颜姓、江姓,杨溪张姓、李姓,当时以驾盐船为业,个于其地购地建屋,寄寓妻孥,岁月既久,渐成聚落。乡人有过之者,其子孙又能操乡话,以应客。"目前没有上述地区乡话的研究资料,不知现在是否还在说乡话。

第二节 湘西乡话的语言环境

本书所说的"湘西"包括湖南省西部湘西土家族苗族自治州、张家界市和怀化市,共二十四个县市。湘西土家族苗族自治州位于湖南省西北部,辖七县一市,即:泸溪、凤凰、古丈、花垣、保靖、永顺、龙山七县和吉首一市。张家界市位于湖南省西北部,1988年国务院批准将湘西土家族苗族自治州辖内的大庸市升为地级,设立永定区、武陵源区,将原常德市的慈利县和湘西土家族苗族自治州的桑植县划归大庸市。1994年国务院批准将大庸市更名为张家界市。怀化市位于湖南省西南部，辖鹤城区、中方县、沅陵县、辰溪县、溆浦县、会同县、麻阳苗族自治县、新晃侗族自治县、芷江侗族自治县、靖州苗族侗族自治县、通道侗族自治县和洪江市。

湘西乡话主要分布在怀化地区的沅陵县西南、辰溪县北部、溆浦县北部，湘西土家族苗族自治州的泸溪县北部和东部、古丈县东部、永顺县东南，被西南官话、湘语和苗语所包围。当地人把这种土话称作"乡话"，把境内的西南官话和湘语称作"客话"。说乡话的人自称"讲乡的""瓦乡的"，在乡话里"瓦"是"话"的读音，"瓦乡的"就是"话乡的"，"说乡话的"的意思。本文统称为"瓦乡人"。

一 沅陵乡话的语言环境

沅陵县位于湖南省西北部，怀化市北端。东与桃源县、安化县相连，南与溆浦县、辰溪县接壤，西与泸溪县、古丈县、永顺县毗邻，北与张家界市交界。面积5852平方公里，2005年人口64.77万（怀化市统计局数据），其中苗族、土家族、瑶族、白族、回族等24个少数民族占总人口的52%。

（一）沅陵县语言概况

1. 官话。主要分布在沅陵镇、官庄镇、五强溪镇、七甲坪镇、楠木铺乡、马底驿乡等乡镇，筲箕湾镇、明溪口镇、太常乡、二酉乡等部分村落也讲官话。属西南官话吉永片。

2. 湘语。湘语在当地有两种口音：一种俗称"死客子"，又称"死客话"；另一种俗称"蝴蟆闹"。死客子分布在渭溪乡、张家坪乡、张家滩乡、沅陵镇、麻溪铺镇、用坪乡、荔溪乡、坳坪乡、池坪乡、丑溪口乡、太常乡。蝴蟆闹分布在落坪乡、深溪口乡、肖家桥乡、七甲溪乡、借母溪乡。《沅陵县志》（1993）和向海洋（2009）认为明溪口说蝴蟆闹，蒋于花（2012）经过调查否认明溪口说蝴蟆闹，并认为蝴蟆闹属于死客子范畴。

3. 乡话。主要分布在：凉水井镇、渭溪乡、张家滩乡、麻溪铺镇、筲箕湾镇、用坪乡、高砌头乡、坳坪乡、池坪乡、竹园乡、太常乡、栗坡乡、丑溪口乡、舒溪口乡、白田乡、沅陵镇（郑家村、沙金滩）、二酉乡、清水坪乡、棋坪乡、深溪口乡、借母溪乡（军大坪、枫香坪）等。

（二）沅陵县乡话区语言环境

麻溪铺镇、丑溪口乡、舒溪口乡主要讲乡话，千丘田村、仰溪铺村、庄田村、马家村、滁溪村、油溪口村、岭尾村等讲死客子。

坳坪乡、池坪乡、竹园乡、筲箕湾镇、用坪乡、太常乡、沅陵镇（沙金滩）、栗坡乡主要讲乡话，坳坪乡（高家、烂泥）、池坪乡（田坪、谢村、马家坪的瞿家和白米溪、双合的庄午）、茶路坪村、沙金滩村的碑岩山等部分村落讲死客子，其他地方讲官话。

二酉乡、清水坪乡、棋坪乡、白田乡主要讲乡话；部分村落讲官话。

高砌头乡主要讲官话，部分村落讲乡话。

凉水井镇、张家坪乡、张家滩乡、渭溪乡、沅陵乡（郑家村）主要讲死客子，部分村落讲乡话。

借母溪乡（军大坪、枫香坪）和深溪口乡主要讲蝴蟆闹，部分村落讲乡话。

二　古丈乡话的语言环境

古丈县位于湖南西部、湘西土家族苗族自治州中部偏东。北接永顺县，东临沅陵县，南接泸溪县和吉首市，西部和花垣县相连，总面积 1297 平方公里。2005 年，全县总人口 13.8 万人（湘西自治州统计局数据），少数民族人口占总人口的 85.1%，其中土家族约 5 万人，苗族约 6 万人。

（一）古丈县语言概况

1. 官话。分布在古丈县城及大部分乡镇，属西南官话吉永片。

2. 死客子。又叫屎客话、鸡屎客，分布在野竹乡碗溪沟村、洞坪村、山枣乡火麻村、公家寨村及河蓬乡苏家村，属于湘语。

3. 乡话。分布在东部毗邻沅陵县的部分地区，可分为两小片：北片分布在高峰乡、草潭乡、高望界乡、岩头寨乡大部分和罗依溪镇、野竹乡的部分村落；南片分布在山枣乡大部分和河蓬乡的部分村落。分布在岩头寨乡银坪村、梓木坪村、碗沟溪村等，山枣乡的火麻村、高寨村、筲箕田村和磨刀村等的六保话也属于乡话（邹晓玲 2013）。

4. 苗语。属于苗语湘西方言。山枣乡、河蓬乡、野竹乡、岩头寨乡、高望界乡和坪坝乡等地部分人讲东部次方言中部土语；默戎镇（龙鼻）、坪坝乡等地部分人讲西部次方言东部土语。

5. 土家语。主要分布在西北部茄通乡、断龙山乡。属于土家语北部方言。

（二）古丈县乡话区语言环境

古丈乡话主要分布在罗依溪镇、高望界乡、高峰乡、岩头寨乡、河蓬乡和山枣乡，使用人口约 3 万。

高望界乡主要讲乡话，部分讲苗语。

高峰乡主要讲乡话，三坪村讲鸡屎客，镇溪村、山坪村、观音山村等讲官话。

岩头寨乡主要讲乡话，银坪村、梓木坪村、碗沟溪村等讲六保话，碗沟溪、洞坪等村委会讲死客话，千金村矮坳、梓木冲、草潭村上下组、桐木组讲官话，岩头寨村、鲁家村、银坪村、野竹村、千金村（千金洞）讲苗语。

山枣乡主要讲乡话，火麻村委会和公家寨讲死客话，筲箕田村、青岩村、火麻村、高寨村、尾寨村、川坳村、幺刀村、次禾长村、白洋村、花岩村、银坪村、瑶家坪村等讲六保话，马草坪、竹山、赵溪、顶上、农科（农一组、农二组）、枞树、溶田、半坡、边龙、亮河、亮坨、天门星、新寨等村落讲苗语。

罗依溪镇主要讲官话，坳家湖等村委会讲乡话。

河蓬乡主要讲官话，沙坪村委会和苏家村委会部分村落讲乡话，苏家村委会苏家寨有 300 多人讲死客话，官坪村讲苗语。

三 泸溪乡话的语言环境

泸溪县位于湖南省西部、湘西土家族苗族自治州的东南方，东邻沅陵、辰溪两县，西连吉首市，北接古丈县，南接麻阳县，西南与凤凰县毗连。面积1565.5平方公里，2005年全县总人口27.06万（湘西自治州统计局数据）。

（一）泸溪县语言概况

1. 湘语。分布在县城及大部分乡镇。属湘语辰溆片。
2. 乡话。分布在白沙镇、武溪镇、浦市镇、八什坪乡、梁家潭乡等乡镇。
3. 官话。西部毗邻吉首市的解放岩乡，属于西南官话吉永片。
4. 苗语。属于湘西方言东部次方言。西北部洗溪镇、潭溪镇、梁家潭乡、八什坪乡等乡镇部分村落讲中部土语；西部小章乡、解放岩乡的牛场村讲南部土语。
5. 土家语。分布在潭溪镇下都村、且己村、大陂流村铺锄寨、婆罗寨村、土麻寨村。属于土家语南部方言。

（二）泸溪县乡话区语言环境

泸溪乡话主要分布在白沙镇、浦市镇、八什坪乡和梁家潭乡。

白沙镇主要讲湘语，部分讲乡话。

武溪镇主要讲湘语，高大坪村、朱食洞村、上堡村等讲乡话。

浦市镇主要讲湘语，李家田村等讲乡话。

八什坪乡主要讲湘语（包括杜家寨村委会3—5组），花园坪村、塘食溪村、梯溪坪村、李什坪村、大村潭村等村委会和杜家寨村委会高村、大地坪两寨讲乡话（欧溪村委会侯家寨已不讲），池塘村、龙背山村、官寨村讲苗语。

梁家潭乡主要讲湘语，芭蕉坪村、红岩排村、灯油坪村、布条坪村、鸡子潭村、拖船坡村等村委会讲乡话，部分村落讲苗语。

四　辰溪乡话的语言环境

辰溪县位于湖南省西部,怀化市北部,沅水中上游。东连溆浦县,南邻怀化市鹤城区,西与麻阳县、泸溪县接壤,北与沅陵县交界。总面积1990平方公里,2005年总人口52.57万(怀化市统计局数据),其中瑶族等少数民族约5万人。

(一)辰溪县语言概况

1. 湘语。分布在县城及大部分乡镇,属于湘语辰溆片。
2. 乡话。主要分布在县北部与沅陵、泸溪交界的船溪乡的大部分村组,谭家场乡、伍家湾乡东北角与沅陵县交界的个别自然村组。

(二)辰溪县乡话区语言环境

船溪乡主要讲湘语。兵马冲村、向家村、半边月村、坳头村、桐木冲村、赵家村、小溪河村等村委会讲乡话。

谭家场乡主要讲湘语。高坪、尖山两个自然村讲乡话。

伍家湾乡主要讲湘语。个别自然村组讲乡话。

五　溆浦乡话的语言环境

溆浦县位于湖南省西部,怀化市东北面,沅水中游。南与洞口县、洪江市交界,北和沅陵县、安化县相连,东同新化县、隆回县接壤,西跟辰溪县毗邻。总面积3429.11平方公里,2005总人口86.67万(怀化市统计局数据)。

(一)溆浦县语言概况

1. 湘语。分布在县城及大部分乡镇。属于湘语辰溆片。
2. 赣语。分布在与新化交界的岗东乡、两江乡、龙潭镇等地。
3. 乡话。分布在大渭溪乡、木溪乡和让家溪乡。大渭溪乡张家坪村还有一种"蛤蟆腔",也是一种乡话。
4. 瑶语。溆浦县瑶族主要分布在龙潭镇、小横垅乡、两丫坪镇等乡镇,有 2600 余人。县内瑶族分花瑶、花裤瑶、七姓瑶，溆浦境内瑶语受到当地汉语方言的影响较多，七姓瑶完全使用汉语。

（二）溆浦县乡话区语言环境

大渭溪乡主要说湘语，罗山溪村基本说乡话，宋家村约 110 人说乡话。说蛤蟆腔的仅分布在张家坪村的 8 个小组（共 10 个小组），以一座桥为分界线的一、二组不说。

木溪乡主要说湘语，只有三个村会说乡话：桐油坡村约 400 人会说乡话，木溪村约 140 人会说乡话，田儿冲村仅 20 人左右说乡话（张萍 2013）。

张萍（2013）调查发现让家溪乡有会"瓦乡"的人，都是从渭溪乡嫁过来的女儿，经过长期的生活积累，影响了所在的家庭成员，主要集中在尖山村和冬瓜岭村。

六　永顺乡话的语言环境

永顺县位于湖南省的西部，湘西土家族苗族自治州北部。东邻张家界市，西接龙山县、保靖县，北枕桑植县，南临古丈县，东南同怀化地区沅陵县毗连。全县总面积 3810.6 平方公里，2005 年末全县总人口 49.4 万人，其中土家族 372548 人，占全县人口的 75.45%，苗族 46774 人，占全县总人口的 9.47%。

（一）永顺县语言概况

1. 官话。分布在县城及大部分乡镇。属于西南官话吉永片。
2. 乡话。分布在小溪乡。
3. 苗语。分布在首车镇傍湖村和梭塔湖村。属于湘西方言东部次方言。
4. 土家语。分布在勺哈乡、列夕乡、对山乡、高坪乡、西岐乡。属于土家语南部方言。

（二）永顺县乡话区语言环境

小溪乡主要讲官话，部分讲乡话。

第三节 湘西乡话研究综述

湘西乡话研究起步较晚,始于20世纪80年代的一场关于湘西乡话语言性质的讨论,学者们或主张视其为汉语方言(王辅世1982、1985;鲍厚星、伍云姬1985),或认为其是苗语(张永家、侯自佳1984;石如金2011)。自此以后,湘西乡话在国内外学术界的关注度显著提高并持续升温,具体情况如下。

一 湘西乡话单点研究

(一)沅陵乡话研究

鲍厚星、伍云姬《沅陵乡话记略》(1985)提供了沅陵麻溪铺乡话的音系、同音字汇、词汇和语法例句。杨蔚《沅陵乡话研究》(1999)描写沅陵乡话语音、词汇和语法系统,比较沅陵乡话与沅陵客话以及其他方言区方言的异同。杨蔚《沅陵乡话声母的历史语音层次》(2002a)从古以母字、古晓匣母字、一些擦音字读为塞擦音这三个方面具体分析了沅陵乡话声母的历史语音层次。蒋冀骋《湖南沅陵乡话词缀"立"[li]的来源》(2004)认为湖南沅陵乡话的词缀"立"[li]与"子"是有区别的。"立"来自赣方言的"伢"[li],而赣方言的"伢"来自北方话的"儿"。蒋冀骋《沅陵乡话 z 声母的形成及其所反映的语音历史层次》(2006)讨论了沅陵乡话 z 声母的来源,探讨了 z 声母形成的音变机制和所反映的历史层次。向海洋硕士论文《沅陵乡话语音研究》(2009)对沅陵贵溪的音系、连读变调、文白异读、同音字汇等进行了共时描述,挖掘它的内部特点与规律,依据其语音的内部差异,对沅陵乡话进行了内部分片,探讨沅陵乡话语音的来源与系属。赵日新、李姣雷《湖南沅陵清水坪乡话同音字汇》(2014)描写了清水坪方言的语音系统,包括清水坪方言的声韵调、音韵特点和同音字汇。

(二)泸溪乡话研究

王辅世《湖南泸溪瓦乡话语音》(1982)论述了瓦乡话最重要的语音特

点，并对乡话与中古汉语的复杂的语音对应关系进行了详尽的描述。王辅世《再论湖南泸溪瓦乡话是汉语方言》（1985）从语音和词汇的角度论证了瓦乡话是汉语方言。瞿建慧《湖南泸溪（白沙）乡话的性质和归属》（2007）从泸溪乡话和中古音韵的对应性、语音特点的存古性及普遍性三个方面论证应将泸溪（白沙）乡话视为汉语方言，且认为它是具有混合色彩的湘语。瞿建慧《湖南泸溪（白沙）乡话音系》（2008）介绍了湖南泸溪白沙镇屈望社区乡话的声、韵、调特点，并列出了同音字汇。陈晖《湖南泸溪梁家潭乡话人称代词试释》（2016a）考察了梁家潭乡话人称代词单复数同形、多种单复数形式并存、同形现象的发展趋势。陈晖《湖南泸溪梁家潭乡话同音字汇》（2016b）记录了梁家潭乡话的语音系统和同音字汇。陈晖《湖南泸溪梁家潭乡话研究》（2016c）详细地描写了梁家潭乡话的语音词汇和语法面貌。

（三）古丈乡话研究

伍云姬《湖南古丈瓦乡话的音韵初探》（2000）讨论古丈瓦乡话在古丈县的分布、底层音韵和古全浊塞音塞擦音声母的演变。伍云姬《湖南瓦乡话"子"尾 [tsa] 的语法化过程》（2007a）构拟了古丈瓦乡话"子"从名词"儿子"发展到小称的过程，并指出古丈瓦乡话"子"的发展过程和湘方言、普通话的演变道路不一样。伍云姬《湘西瓦乡话风俗名物彩图典》（2007b）图文并茂地介绍了湘西瓦乡话民风民俗、房屋家具、日常饮食、衣着服饰和各类用具。伍云姬、沈瑞清《湘西古丈瓦乡话调查报告》（2010）深入地描写并分析湘西古丈瓦乡话的语音、词汇和语法现象，认为瓦乡话的归属难下结论。伍云姬、曹茜蕾《湖南方言句中完成态助词的形成过程》（2012）详细分析了瓦乡话的句中完成态助词，并与句末动态助词进行比较，认为句中动态助词的产生和成熟远远晚于句末动态助词。邹晓玲《湘西古丈县"六保话"的系属》（2013）通过与湘西乡话及古丈县境内其他汉语方言的横向比较，认为"六保话"符合乡话的语音标准，具备乡话的词汇特征。伍云姬《湖南古丈瓦乡话的方位词》（2013）介绍了古丈瓦乡话空间方位的表达。瞿建慧、姚刚《湘西古丈乡话语言态度研究》（2015）从语言认知态度、情感态度和行为倾向以及学习和保护乡话的态度考察古丈瓦乡人群的语言态度，研究乡话的濒危现象。

（四）溆浦乡话研究

张萍硕士论文《溆浦乡话疑问句研究》（2013）从句法、语义、语用方面观照溆浦乡话的疑问句，对溆浦乡话疑问句的表达手段和句子类型进行共时描写，并将它与普通话、溆浦蛤蟆腔和西南官话疑问句进行共时比较，归纳溆浦疑问句自身的特点。

二 湘西乡话总体研究

杨蔚《湘西乡话语音的内部差异》（2009a）从语音角度探讨了湘西乡话的内部差异，并在此基础上，对比周边汉语方言的情况，分析差异产生的原因。杨蔚、詹伯慧《湘西乡话的语音特点》（2009a）介绍了湘西乡话的声母、韵母及声调等语音特点。杨蔚、詹伯慧《湘西乡话的分布与分片》（2009b）分析了湘西乡话的分布情况、八个主要特点以及各片代表性的语音特点。杨蔚《湘西乡话韵母的存古现象》（2009b）认为湘西乡话"鱼虞分立""支脂之三分""纯四等韵齐韵青韵今读"等是较早层次的语音现象。杨蔚《湘西乡话古心生书邪禅母读塞擦音现象探析》（2010a）认为湘西乡话古心邪生书禅母读塞擦音是存古现象。杨蔚、詹伯慧《湘西乡话韵母的动态演变》（2011）分析了湘西乡话韵母几种主要的动态演变情况，并指出湘西乡话与湘语以及湘南土话十分相似。庄初升、邹晓玲《湘西乡话中古知组读如端组的类型和性质》（2013）讨论了湘西乡话中古知鱼读如端组的类型和性质，认为湘西乡话知组二、三等今读有别，而知组三等读如端组才是该方言的本质特点。杨蔚《湘西乡话语音研究》（2010b）全面展示湘西乡话的分布与分片、语音特点和内部关系，并将湘西乡话与湘、吴、闽、赣、客各方言比较，厘清它们之间的远近亲疏关系。李姣雷《湘西乡话来母读擦音塞擦音现象——兼论闽语来母读 s 声母的来源》（2016）分析乡话来母读舌尖前擦音塞擦音现象，并认为闽语来母读擦音也可能是以 [1] 为演变起点，李姣雷《湘西乡话止摄合口三等的语音层次——兼论止摄合口 [y] 介音的形成》（2017a）考察了乡话止摄合口三等今读撮口呼现象，并剖析其语音层次。李姣雷《湘西乡语咸山摄阳声韵的语音层次》(2017b)分析了湘西乡话成山摄阳声韵的语音层次,认为这是早期湘语、辰溆片湘语和西南官话作用的结果。

三 湘西乡话与其他汉语方言比较研究

鲍厚星发表《沅陵乡话和沅陵客话》(1992),比较了沅陵乡话和沅陵客话的特点。杨美满硕士论文《厦门(同安)、沅陵(乡话)、温州、双峰(荷叶)四种方言的语音比较》(2005)从声母、韵母、声调三个方面对四种方言进行了地域差异和历史演变的比较研究。杨蔚《从音韵现象看湘西乡话与湘语的关系》(2011)认为湘西乡话与湘语无论在具体语音特点、音韵结构上还是在演变类型上,都有一些相似之处。杨蔚《沅陵乡话、湘南几个土话的韵母研究》(2002b)通过沅陵乡话、东安土话、宜章土话、江永土话韵母与吴语、湘语的比较,发现它们具有共同的韵母特点,包括果假遇摄元音高化链、支微入鱼、流效摄的关系、阳声韵尾归并、阳声韵三分格局等音韵现象。瞿建慧《泸溪乡话与泸溪湘语的语音比较及语音演变》(2012)分别从声母、韵母、声调三个方面比较了泸溪乡话与泸溪湘语的异同,同时阐述了泸溪乡话的语音特点以及泸溪乡话与泸溪湘语的语音演变。

现有研究对湘西乡话的语音、词汇和语法均有涉及,静态的描写、平面的比较和历史演变的探究并重,并取得了一定的成绩,但缺乏对湘西乡话历史上曾经发生过的语言(方言)接触与共时正在发生的语言(方言)接触的考察,忽视了语言和方言接触对湘西乡话演变的影响。到目前为止,湘西乡话的归属仍未有定论,湘西乡话的生存状态和演变动向,也较少有较为系统且深入的探讨。

第四节 研究内容与意义

湘西乡话区地处西南官话与湘语的过渡地带,又是苗族和土家族聚居之地,历史上还经历了多次的移民迁徙,频繁的语言和方言接触造成了湘西乡话层次斑驳、离散性强的特点,导致了湘西乡话成为一种正在萎缩的濒危汉语方言。

上编的研究内容包括：

第一，在微观层面上考察湘西乡话的音类，区分湘西乡话原发性音变和接触性音变，探讨湘西乡话音韵结构的变迁。

第二，在宏观层面上考察湘西乡话的音韵特点，离析湘西乡话的自身成分和接触成分，确认影响湘西乡话演变的外在因素。确认湘西乡话自身的特点，确定湘西乡话的归属。

第三，探究湘西乡话的地域差异，揭示湘西乡话接触与演变的规律，动态地把握强势语言影响湘西乡话演变的过程。

上编的研究意义包括：

第一，研究湘西乡话的接触与演变、过滤湘西乡话受接触方言影响的成分、确认湘西乡话自身的特点，是有序异质的语言变异理论的一种实践，有利于加深对湘西乡话语音面貌的了解，发现湘西乡话自身的演变规律；而确定湘西乡话的归属，有利于深化现代汉语方言分区的研究。

第二，研究湘西乡话的接触与演变，揭示语言接触和方言接触对湘西乡话演变所产生的影响，可促进语言接触和方言接触理论研究的进一步发展。

第三，研究湘西乡话共时的地域变体，从地域差异角度考察湘西乡话的接触和演变以及湘西客话的形成，探究强势方言和弱势方言相互接触、相互影响的机制。动态地把握强势语言影响湘西乡话演变的过程，为湘西乡话演变动向的预测提供依据。

第五节　方言代表点及发音合作人情况简介

本书上编中湘西乡话和周边语言的材料除了特别注明的以外，均来自笔者的田野调查。2004年至2014年间笔者十余次赴沅陵、古丈、泸溪、辰溪等县进行实地调查，每次停留半个月有余。

本书上编研究的对象是湘西乡话的接触与演变。沅陵县是乡话的集中地带，我们选择古丈、泸溪、辰溪与沅陵交界的乡话点（因为调查研究是从2004年开始的，下文的代表点是按照2005年的行政区划命名的）作为我们的考察对象，以便研究湘西乡话在与周边的汉语方言接触中发生的自然演变和接触性演变。为了了解湘西乡话的语言全貌，我们选择了泸溪白沙镇屈望乡话、八什坪三角潭乡话作为一级考察对象，根据中国社会科学院语言研究所的《方言调查字表》调查单字读音，依据中国社会科学院语言研究所的《方言调查词汇表》调查词汇，然后在此基础上自制湘西乡话词汇调查表以及百余条语法调查条目，以词为单位对沅陵县棋坪乡（今二酉乡茶溪村）、筲箕湾镇、清水坪乡、用坪乡，古丈县高峰乡、高望界乡、岩头寨乡（今岩头寨镇沱潭村、白竹村）、野竹乡（今岩头寨镇野竹村）、草潭乡（今岩头寨镇草潭村）、山枣乡、泸溪县梁家潭乡、八什坪乡、白沙镇（今屈望居委会）、红土溪乡（今白沙镇红土溪村）、李家田乡（今武溪镇朱食洞村），辰溪县船溪乡的乡话和古丈县山枣乡筲箕田村的六保话进行调查，并充分考虑乡话的地域差异和年龄差异，搜集湘西乡话真实、确切的语料。为了了解湘西乡话与周边湘语、官话相互影响的情况，笔者还用湘西乡话词汇调查表的条目对泸溪县武溪镇（湘语）、李家田（湘语）、梁家潭（湘语）、白沙镇（湘语），古丈县古阳镇（官话），沅陵县沅陵镇（官话）做了调查。

对湘西乡话和周边汉语方言的调查得到了当地政府和发音合作人的积极配合，发音合作人的情况介绍如下，并在此致谢。

湘西乡话发音合作人基本信息：

戴业大	沅陵县棋坪乡茶溪村	男	1958年生	大专	干部
刘自孝	沅陵县筲箕湾镇舒溪坪村	男	1952年生	初中	农民
舒清富	沅陵县清水坪乡戈洞村	男	1954年生	中专	干部
戴春勇	沅陵县用坪乡大坪头村	男	1982年生	大学	教师
宋谋军	古丈县高峰乡李家洞村	男	1956年生	高中	农民
宋开生	古丈县高望界乡焦坪村	男	1955年生	高中	农民
吴兴桂	古丈县岩头寨乡沱潭村	男	1951年生	初中	农民
向玉娥	古丈县岩头寨乡白竹村	女	1990年生	大学	学生
李宗瑞	古丈县野竹乡野竹村	男	1954年生	初中	农民
文体高	古丈县草潭乡草塘村	男	1962年生	高中	干部
杨金岁	古丈县山枣乡筲箕田村	男	1955年生	初中	农民

覃　利	古丈县山枣乡林场村	女	1979年生	大专	干部
杨明江	泸溪县梁家潭乡红岩村	男	1952年生	高中	干部
孙庭雄	泸溪县八什坪乡三角潭村	男	1943年生	初中	农民
张大树	泸溪县白沙镇屈望居委会	男	1939年生	小学	居民
向家法	泸溪县上堡乡红土溪村	男	1943年生	小学	农民
覃万卫	泸溪县上堡乡红土溪村	男	1965年生	小学	农民
邓光宗	泸溪县李家田乡朱食洞村	男	1943年生	小学	农民
向忠诚	辰溪县船溪乡小溪河村	男	1954年生	初中	农民

以上湘西乡话发音合作人既会说乡话，也会说客话。

湘西"客话"发音合作人信息：

1. 白沙湘语：唐小兰，女，汉族，56岁，小学文化，泸溪县白沙镇兴沙社区居委会居民，白沙小学退休职工，会说泸溪湘语、泸溪乡话。张大军，男，苗族，45岁，高中文化，白沙镇屈望社区居委会居民，会说泸溪湘语、泸溪乡话。

2. 李家田湘语：石泽银，男，苗族，66岁，小学文化，泸溪县李家田乡顺江田村人，务农，只会说泸溪湘语。

3. 李家田湘语：邓光宗，男，苗族，72岁，小学文化，泸溪县李家田乡朱食洞村人，务农，会说泸溪湘语、泸溪乡话。

4. 梁家潭湘语：杨清家，男，苗族，63岁，初中文化，泸溪县梁家潭杨家寨村人，务农，以说泸溪湘语为主，听得懂苗语、乡话。

5. 梁家潭湘语：杨明江，男，苗族，62岁，泸溪县梁家潭乡红岩村人，村主任，高中文化，会说泸溪湘语、泸溪乡话、苗语。

6. 武溪湘语：龚继富，男，汉族，72岁，高中文化，泸溪县武溪镇人，泸溪县面粉厂退休职工，只会说泸溪湘语。

7. 古丈官话：吴秉纯，男，汉族，67岁，大专文化，古丈县古阳镇人，古丈县文化馆退休职工，只会说古丈官话。

8. 沅陵官话：田铁相，男，土家族，44岁，大专文化，沅陵县沅陵镇人，只会说沅陵官话。

第二章 湘西乡话的归属

第一节 湘西乡话与湘西苗语

一 引言

　　湘西乡话与客话差距很大，不能互相通话。湘西乡话的语言性质曾经引起过争论。20 世纪 80 年代初，有人提出乡话是少数民族语言。中国社会科学院王辅世先生在他 1956 年湖南泸溪县红土溪实地调查的基础上做了初步研究，于 1982 年在《语言研究》第 1 期上发表了《湖南泸溪瓦乡话语音》一文，从语音的角度论证瓦乡话是汉语的一种方言。1983 年鲍厚星先生、伍云姬先生赴沅陵调查乡话，得出沅陵乡话是汉语的一种方言的结论。1984 年《吉首大学学报》（社会科学版）第 1 期刊登了署名为（瓦乡人）张永家、侯自佳的《关于"瓦乡人"的调查报告》，该文认为聚居在湖南沅江中游及其各支流山区"瓦乡人"的语言、历史、风俗习惯、文化特征等与苗族相同或相近，"瓦乡人"很可能是苗族的一个分支，认为瓦乡话中和汉语相同的词不过是借词而已。1985 年王辅世先生在《中国语文》上发表《再论湖南泸溪瓦乡话是汉语方言》一文，从语音和词汇的角度再次论证了瓦乡话是汉语方言。同年，鲍厚星、伍云姬先生也将 1983 年的调查材料整理成《沅陵乡话记略》一文发表。

　　1985 年，国家民委委派石如金到泸溪、沅陵乡话区调查，石如金认为小舌音是"果熊"话（瓦乡话）与汉语的显著差别，"果熊"话是一种少数民族语言，是苗语沅陵方言。他在将"果熊"话与汉语、土家语、侗语、瑶语、凯里苗语、吉卫苗语进行声韵调的比较后发现"果熊"话不仅与壮侗语族的侗语没有关系，与藏缅语族的土家语也毫无关系，而与苗瑶语族中苗语支的湘西方言关系甚为密切，这种密切的关系绝不会是偶然的，而是表明"果熊"话本身就是苗语支的一员。

1992年鲍厚星发表《沅陵乡话和沅陵客话》，说明沅陵乡话和泸溪瓦乡话属于同一种汉语方言，并将这种方言统称为"乡话"。在《中国语言地图集》里，乡话和畲话、儋州话、韶关土话、湘南土话等同属归属未明的汉语方言。

唐虞时代，湘西有"蛮地"之称，属"三苗"范围。据2010年州统计局统计，湘西土家族苗族自治州有30个民族，总人口2845797人，其中苗族863141人，占全州总人口的30.33%。现在古丈山枣、河篷、野竹、岩头寨、高望界、龙鼻、官坎和坪坝等地，泸溪洗溪、潭溪、梁家潭、八什坪、白羊溪、小章、解放岩等地的人会说苗语。其中古丈山枣、河篷、野竹、岩头寨、高望界和泸溪梁家潭、八什坪部分人说乡话，部分人说苗语。沅陵县虽然现在没人会说苗语了，但说乡话的地方曾被清政府视为苗地，曾划入"乾嘉苗民起义"时的《苗疆御览图》。1985年沅陵县建立清水坪、棋坪两个苗族乡。2006年，沅陵行政区划调整，少数民族乡有两个：火场土家族乡、二酉苗族乡（含原清水坪、棋坪、落鹤坪），而清水坪、棋坪、落鹤坪是乡话的聚居区。乡话聚居区原来是苗地，现在说乡话的人与说苗语的人杂居一处，那么乡话会不会是苗语呢？

"我们判断一种话是独立的语言还是某种语言的方言虽然有时会遇到困难，但瓦乡话是汉语方言则是很明显的，因为语音有和中古音完整的对应关系。"（王辅世 1985）王辅世先生以此对《关于"瓦乡人"的调查报告》提出了质疑。石如金《湖南沅陵等地"果熊"话语音调查报告》提到"果熊"话有很多音和词（包括单音词和复合词）与汉语有不同的地方，其实其中有不少是汉语词，它们的语音和中古音有着完整的对应关系。比如：

"鸡"读qa^{44}或ka^{44}。"鸡"是见母蟹摄开口四等字，见组字蟹摄开口四等字乡话读k组音，比如溪k^ha^{44}；蟹摄开口四等字读[a]的还有梯t^ha^{44}、剃t^ha^{24}。

"假"读qo^{53}或ko^{53}。"假"是见母假摄开口二等字，见母开口二等字乡话一般读 k，假摄开口二等字在沅陵乡话里一般读 o。

"蛋"读 qəŋ⁵³ 或 kəŋ⁵³。本字为"丸"，"丸"是匣母山摄合口一等字，匣母字在乡话里可以读 k，比如：蟹螃蟹 ko²、下等下 ko²，山摄合口一等字在沅陵乡话里一般读 əŋ（笔者记为 ʁŋ）。

"馋"说 ʁɑ³⁵zu²²，实为"好吃"；"蚯蚓"说 zwɛ⁵³，实为"蚓"；"（过）年"说 tsen³⁵，实为"正（正月）"。"现在"说 ʔɛ⁴⁴tɕʰi⁵³，实为"个时"，乡话用"个"表示近指，"个时"就是"这时"的意思。

为了说明问题，作者又做了另一个比较，用 3079 个词来进行分析研究，结果发现完全与汉语不同的固有的词（不分单音词、复音词）有 938 个，占总词数的 30.46%（原文为 30.47%）。可惜没有把这些固有的词语列出来。

该文还提到从词法上讲，"果熊"话也有与汉语不同的地方，如"小母鸡"读成 ȵɑ³⁵kɑ⁴⁴(qɑ⁴⁴)ȵaŋ⁴⁴。ȵɑ³⁵ 是"小"的意思，kɑ⁴⁴(qɑ⁴⁴) 是"鸡"的意思，ȵaŋ⁴⁴ 是"母"的意思。实际上 ȵɑ³⁵kɑ⁴⁴(qɑ⁴⁴)ȵaŋ⁴⁴ 就是"觔鸡娘"，周边的客话也是说"觔鸡娘"的。

"从上面所列举的与汉语不同的语音、词汇和词的组成结构的例子来看，问题是很清楚的，特别是小舌音的存在，使它与汉语的差别更显著而又富于它自己的特殊性。"（石如金 2011）文中把清水坪乡话、麻溪铺筲箕湾乡话见组字记为小舌音声母，在已经发表或出版的《沅陵乡话研究》《湘西乡话语音研究》和《湖南沅陵清水坪乡话同音字汇》里清水坪乡话、麻溪铺筲箕湾乡话都是记为舌根音，笔者调查清水坪、筲箕湾乡话时也认为见组字应该记为舌根音。也许是因为发音合作人不同，个体发音的差异造成了记音的不同，但即便如此，湘西苗语还是与湘西乡话不同，湘西苗语存在舌根音与小舌音两套对立的音位。但在石如金先生的乡话音系中，只有小舌音一套音位。

因此，由此得出"'果熊'话本来就是少数民族语言，确切地说是一个借有相当数量汉语借词的少数民族语言"这样的结论恐怕难以让人信服。在没有完全弄清"果熊"话与中古音对应关系、准确离析"果熊"话固有词语的情况下将"果熊"话中与汉语不同的词，或部分与汉语相同、部分与汉语不同的词的总数作为依据来进行"果熊"话与汉语、土家语、侗语、瑶语、凯里苗语、吉卫苗语比较分析，得出"'果熊'话本身就是苗语支的一员"的结论也是站不住脚的。

张琨（1992）指出：（瓦）乡话中方言混合的现象非常明显，不但有不同的汉语方言成分，甚至有汉语和非汉语的纠缠，湘西一带正是苗族聚居之地。李敬忠（1994）也认为："湖南的'瓦乡话'，则是古苗语同当地古汉语方言（也许包括古楚语）相互混合发展形成的一种语言。它既不同于现代苗语，也不同于现代任何一种湘方言的土语。"湘西乡话与湘西苗语到底有没有关系呢？下面我们从语音、词汇和语法三个方面来比较湘西乡话和湘西苗语。

二 湘西乡话和湘西苗语语音比较

苗语属汉藏语系苗瑶语族苗语支，湘西苗语属于苗语东部方言。杨再彪（2004）通过宏观研究发现现在苗语东部方言各土语的声母系统主要有这几个特点：① 各土语过去都存在数量不等的鼻冠音声母，到现代有不同的对应形式。从古苗语和现代苗语比较看，鼻冠音声母发展趋势是逐渐消失。② 存在舌根音与小舌音两套对立的音位。③ 存在复辅音声母，复辅音声母也不断简化。例如复辅音中的边音成分[l]往往经过这样一个消失过程：l > ɹ > j > ø。④ 鼻音有清浊对立。⑤ 有比较丰富的浊声母。塞音、塞擦音和部分擦音形成清浊对立。

在这五个特点中仅有第五点是湘西苗语和湘西乡话共同拥有的，湘西苗语与湘西乡话不仅保留了浊声母，还发生了浊声母清化。

（一）浊声母的保留

湘西乡话和湘西苗语都有一套完整的浊声母系统。

湘西乡话今读浊塞音和浊塞擦音的字一般来自古代汉语的全浊声母。部分古全浊声母平声字逢塞音、塞擦音读不送气浊音，比如泸溪白沙乡话：盆 bai^{213} | 铜 dai^{213} | 齐 dʑiɛ^{213} | 场 dioŋ^{213} | 棋 dʑi^{213} | 泗 dʑia^{213}。少数仄声字读不送气浊音，如：我 gəɯ^{53} | 竖 dza^{24} | 洞 dai^{24} | 淡 doŋ^{24} | 罪 dzo^{53}。

湘西苗语有一批浊塞音和浊塞擦音，部分来自古苗语的浊塞音声母，

部分来自鼻冠塞音声母。如龙山蹬上苗语中来自古苗语的浊塞音声母的例词：坏 ba⁴⁴ | 死 dɑ¹¹ | 咬 duɯ²² | 凉 dzɛ³⁵ | 等 dɑ³⁵tɔ⁴⁴，来自古苗语的鼻冠塞音声母的例词：药 gɑ⁵⁴ | 烤 do³⁵ | 米 dzɔ⁴⁴ | 名字 bu²²。

（二）浊声母的清化

浊音清化是语言演变的一般规律，湘西乡话与湘西苗语的浊声母出现了清化现象。

湘西乡话部分平声字清化，比如泸溪白沙乡话：盘 poŋ²¹³ | 墙 tɕioŋ²¹³ | 锤 tiɯ²¹³ | 馋 tsõ²¹³ | 骑 tsai²¹³。仄声字基本上已清化，如：状 tsʰoŋ⁵³ | 跪 tɕʰy⁵³ | 代 tʰai⁴² | 柱 tʰia⁵³ | 撞 tsʰoŋ⁵³ | 断 tʰoŋ⁵³ | 上 tsʰoŋ⁵³ | 重 tʰyɤ⁵³ | 贼 tsʰei⁴⁵ | 侄 tʰi⁴⁵。

湘西苗语分为西部与东部两个次方言。古浊闭塞音声母在东部次方言中保留得较为完整，但在西部次方言中大多都清化了（杨再彪 2004）。例词如下：

	西部次方言			东部次方言		
	花垣吉卫	吉首阳孟	保靖中心	泸溪小章	吉首丹青	龙山蹬上
花	pen⁴²	poŋ³¹	pi³⁵	bɛ²¹	bɛ³¹	bɛ⁴⁴
死	tɑ³¹	tɑ¹¹	tɑ¹¹	dɑ²⁴	dɑ¹¹	dɑ²²
脓	po³⁵	po¹¹	pʰo¹¹	bo²⁴	bɔ¹¹	nõ⁵⁴
黄	qwen⁴²	kwoŋ³¹	kwei³⁵	gwɛ²¹	gwɛ³¹	gwɛ³⁵

湘西乡话与湘西苗语浊声母清化后送气与否的情况不一致。湘西乡话平声字清化后读不送气清音，仄声字清化后多数读送气清音，少数读不送气清音。湘西苗语东部次方言古浊闭塞音声母清化后读不送气清音。

（三）浊声母演变的原因

除了湘西乡话以外，湘西乡话周边的汉语方言，如古丈官话、沅陵官话、泸溪湘语、辰溪湘语和溆浦湘语也有一套完整的浊声母系统。陈其光（1999）认为湘语浊声母的保留与清化是民族语影响的结果："苗瑶语族诸语言的声母不仅古代保留全清、次清、浊音对立，现代也不同程度地保存了全浊音，他们转用汉语或兼用汉语时，当然是清对清、浊对浊，那么湘语的全浊声母，就失去了清化的外来影响，因此老湘语全浊声母清化较少。但是偏北的新湘语，与北方汉语接近，而脱离苗瑶语的影响较早，因此大多数已经清化了。"

我们认为，湘西苗语与汉语方言浊声母的保留是互相影响、互相牵制的结果。在湘西民族转用汉语或兼用汉语初期，民族语言的全浊音对汉语方言浊声母的保留确实起到了重要的作用。但在湘西苗语与汉语方言后来的长期接触过程中，汉语方言对湘西苗语浊声母保留的作用不容忽视。经过调查研究，我们发现：湘西保留浊声母的民族语言方言点与汉语方言的接触更加频繁。

在湘西苗语六个土语中，古浊闭塞音声母在东部次方言龙山蹬上、吉首丹青和泸溪小章苗语中保留得较为完整，在西部次方言花垣吉卫、吉首阳孟和保靖中心苗语中大多都清化了。龙山蹬上苗语使用人口少，处于汉语包围中，深受汉语方言的影响。吉首丹青、泸溪小章和保靖中心苗语处于苗语与汉语接触较前沿的位置，受汉语方言的影响次之。花垣吉卫和吉首阳孟地处苗语分布中心地带，受汉语方言影响最小。

因此，我们认为湘西苗语浊声母保留至今与汉语方言的接触有关，而这种影响是通过汉语借词来实现的。需要注意的是：湘西苗语的这些汉语借词来自湘西湘语和官话，不是湘西乡话。汉语借词强化了湘西苗语浊声母这一固有特征，湘西苗语东部次方言读浊声母的汉借词在西部次方言中仍然采用苗语原来的说法，这些固有词一般读不送气清音（保靖中心苗语部分说固有词，部分说汉语借词）。例词如下：

	花垣吉卫	吉首阳孟	保靖中心	泸溪小章	吉首丹青	龙山蹬上
豺狗	tɕɔ⁴⁴qwu⁴⁴	tɕoŋ⁴⁴qwu⁴⁴	dzɛ³³kɯ³¹	zɛ³³kɯ³⁵	dzɛ³¹kɯ⁵⁵	dzɛ⁵⁴lã⁵⁴
长工	ne⁴²tɕi⁴⁴xɤ⁵⁴	ne³¹tʰu²¹nɯ³¹	dzaŋ⁵⁵kɯ⁵⁵	zaŋ³³koŋ⁵³	dzaŋ³¹kuŋ⁵⁵	dzã⁴⁴nɛ̃²²
茶	ci²²	ci³³	dza³¹	dʑi³⁵	dʑi³⁵	dza²²
旗子	ci⁴²	ci³¹	ci³⁵	dʑi³³	dʑi³³tsɿ⁵⁵	dʑi²²tsɿ²²
层	tɕu⁴²	tɕu³¹	tɕu³⁵	dzen²¹	dze³¹	dzen⁴⁴
裙子	tɛ³⁵	tɛ⁵⁴	tɛ⁵⁵	dzen²¹tsɿ³⁵	dzyn³¹tsɿ⁵⁵	dzen⁴⁴tsɿ²²

应该说，大量浊声母汉语借词的介入强化了湘西苗语东部次方言浊声

母的语音特征，稳定了湘西苗语东部次方言的浊声母读音，阻止了湘西苗语东部次方言浊声母的进一步清化。湘西乡话周边的客话（古丈官话、沅陵官话、泸溪湘语、辰溪湘语、溆浦湘语）也都保留了浊声母，客话的借词也延缓了湘西乡话古全浊声母清化的进程。

湘西苗语浊声母的清化应该是自身演变的结果，因为我们看到苗语受汉语方言影响越小的方言点，浊音清化的步伐越快。湘西花垣吉卫、吉首阳孟苗语受汉语方言影响小，均发生了浊音清化。吉首阳孟与吉首丹青苗语都与保留浊音的吉首汉语方言接触，吉首阳孟苗语受吉首汉语方言影响比吉首丹青苗语所受的影响小，完成了浊音清化，而吉首丹青苗语还保留浊声母。

湘西乡话古全浊声母无论平仄都有读浊音的现象。古全浊声母平声字今读浊音塞音、塞擦音的部分字是古音的保留，部分是从周边客话借入的。周边官话和湘语的古全浊声母仄声字已经清化，湘西乡话古全浊声母仄声今读浊塞音、塞擦音的字不可能是周边客话影响的结果，而应该是古音的保留。湘西乡话古全浊声母仄声字今读浊音的比古全浊声母平声字今读浊音的少得多，其中入声字保留浊音的最少，这和湘语浊音清化的顺序一致：浊声母的清化从古入声字开始。

湘西乡话古全浊声母平声字部分今读不送气清音，仄声字部分今读送气清音，是自身演变的结果。湘西乡话古全浊声母清化是从仄声字开始的，仄声字在保持送气音的早期阶段清化，就成为送气清音；平声字在变为不送气音以后清化，就成为不送气清音，这种演变符合汉语方言浊音清化的规律。湘西乡话古全浊声母仄声字部分今读不送气清音是周边客话影响的结果。

由此可见，湘西乡话不仅浊声母的来源、清化后送气与否的情况与湘西苗语不一致，而且浊声母的保留、浊声母的清化也与湘西苗语没有关系。

后文会提到湘西乡话和湘西苗语都存在清音浊化、来母读塞擦音擦音现象，湘西乡话清音浊化、来母读塞擦音擦音是自身演变的结果，而湘西苗语的这些现象只限于汉语借词，并不是湘西苗语固有的语音特征。

三 湘西乡话和湘西苗语词汇比较

我们从核心词和构词方式两方面比较湘西乡话与湘西苗语的词汇。

（一）核心词比较

我们利用斯瓦迪士核心两百词表来比较湘西乡话与湘西苗语，湘西乡话以泸溪白沙乡话为例，湘西苗语以凤凰吉卫苗语（下文简称吉卫苗语）为例。

泸溪白沙乡话两百核心词（实际上有 207 个）中有 192 个是能找到汉语本字的，其中有些说法与普通话、泸溪湘语差别较大，但与吉卫苗语没有关系（吉卫苗语的"肿"可能是汉语借词）。

	泸溪湘语	泸溪乡话（白沙）	苗语（吉卫）
7 这 this	tɕia^{24}	lɑŋ^{45} 个	nen^{44}
23 二 two	ɚ^{55}	tso^{53} 再	ɯ^{35}
29 宽 wide	kʰue^{45}	kʰəɯ^{42} 阔	qwen^{44}
34 窄 narrow	tsai^{24}	ɤa^{24} 狭	ŋa^{22}
43 父 father	pɑ^{45}	da^{24} 大	ma^{54}
47 狗 dog	kai^{42}	kʰuai^{53} 犬	ta^{35}qwɯ^{44}
49 蛇 snake	so^{24}	fi^{53} 虺	ta^{35}nen^{35}
55 种 seed	tɕioŋ^{42}	tsɑ^{45} 栽	qo^{35}du̥^{35}
67 蛋 egg	ta^{42}	ka^{45}koŋ^{45} 鸡丸	nɯ^{31}
92 喝 drink	tɕʰi^{24}	ai^{53} 饮	hu^{44}
93 吃 eat	tɕʰi^{24}	ziəɯ^{24} 食	noŋ^{42}
106 怕 fear	pʰo^{213}	tsʰəɯ^{42} 怵	dzʰa^{54}
132 洗 wash	si^{42}	tsɑu^{53} 澡	dza^{44} 洗脸/dzɔ^{54} 洗衣
146 肿 swell	tɕioŋ^{42}	ai^{45} 臃	ɑŋ^{54}
148 月 moon	yɛ^{24}liaŋ^{55}	lioŋ^{42}lioŋ^{2}pa^{45}pa^{2} 亮亮爸爸	qe^{35}l̥ha^{54}
170 路 road	lu^{55}	sɑu^{53} 道	ne^{44}kɯ^{44}
181 冷 cold	lẽ^{42}	tai^{24} 冻	noŋ^{54}
186 坏 bad	xuai^{55}	fi^{53} 腐	pa^{22}

泸溪白沙乡话核心词里有些找不出汉语本字的词与泸溪湘语存在对应关系，一般与吉卫苗语没有对应关系。吉卫苗语的"吸"可能是汉语借词。

	泸溪湘语	泸溪乡话（白沙）	苗语（吉卫）
32 小 small	ȵiaŋ⁴⁵	ȵiaŋ²¹³	ɕu³⁵
94 咬 bite	zuɑ²⁴	zɑ⁴²	qa³⁵/to³³
95 吸 suck	ɸu⁴⁵	fu⁴⁵	xu⁴⁴
136 扔 throw	βu⁴²	vu⁵³	paŋ⁴⁴/ɛ⁴⁴
190 圆 round	lue²¹³	lo⁴⁵	zɛ²²

泸溪白沙乡话核心词里有些找不出汉语本字的词在泸溪湘语里找不到对应的说法，与吉卫苗语也没有对应关系。

	泸溪湘语	泸溪乡话（白沙）	苗语（吉卫）
3 他 they	tʰɑ⁴⁵	zei²⁴	wu⁴⁴pɯ³⁵
6 他们 they	tʰɑ⁴⁵mẽ²	zei²⁴ŋã²⁴kau²	tɕi⁴⁴mi⁴²
19 一些 some	i²⁴bu²¹³	i²⁴ku⁴⁴ȵiaŋ⁵³	a⁴⁴dzɛ⁴⁴
33 短 short	tue⁴²	tɕʰia⁴⁵	le⁴⁴
41 夫 husband	lã²⁴ti²	lai⁴⁵xɑ⁴²	po⁴⁴
113 击 hit	tɑ⁴²	kʰo⁵³	paŋ⁴⁴
128 给 give	kəɯ²¹³	tei²⁴	kaŋ⁴²
137 系 tie	dau²⁴	xəɯ⁴⁵	tɕi⁴⁴ɕɛ⁵⁴
188 脏 dirty	pʰɑ²¹³lɑ⁴²	a²¹³tsa⁴⁵	mi⁴²ɕaŋ⁴⁴
192 钝 dull	ŋai²⁴	lu⁵³	mo⁴²

（二）构词方式

1. 名词词缀

湘西苗语西部次方言有比较丰富的名词构词前缀，如吉卫苗语构词前缀 a⁴⁴、qo³⁵、ta⁴⁴、tɕi⁴⁴、ma⁴²、pa⁴⁴，但缺乏构词中缀和后缀。东部次方言的构词前缀较少，丹青苗语有 a⁵⁵、qu⁵³、ɕi⁵⁵/tɕi⁵⁵、pa⁵⁵，最少的是蹬上苗语，只有一个 a⁴⁴，这个构词前缀一般出现在称谓词中，比如（材料来自杨再彪2004）：

嫂嫂 a⁴⁴go²²

姐姐 a⁴⁴za³⁵

姐夫 a⁴⁴za³⁵ten³⁵tɕʰi²²

姐妹 a⁴⁴za²²kɯ⁴⁴mei⁴⁴

岳父 a⁴⁴ma²²

岳母 a⁴⁴ne²²

公公/祖父/伯祖父 a⁴⁴pʰu⁴⁴

祖母/伯祖母 a⁴⁴n̠ã²²

这些词在湘西苗语中一般都有构词前缀，其他代表点有构词前缀的称谓词更多，比如丹青苗语的"母亲、哥哥、舅公、舅父、舅母、姑父、姑母、亲家母、外祖父、外祖母"也是有构词前缀的。

湘西乡话称谓词中也用前缀 a⁵⁵，但一般出现在"祖父、祖母"中，比如沅陵清水坪乡话：祖父 ɑ⁵⁵bu² | 祖母 ɑ⁵⁵mo²。棋坪乡话"姐姐"也有前缀 a⁵⁵tɕi⁵⁵。红土溪乡话的构词前缀是 ai⁴⁵：祖母 ai⁴⁵n̠iaŋ⁴⁵ | 姐姐 ai⁴⁵tɕiɛ。

湘西西部次方言的苗族自称为"果熊"，"果"就是构词前缀 qo³⁵，是一个名词标记，起区别词类和范畴化作用，没有实在的词汇意义。张永家、侯自佳（1984）提到瓦乡人也自称"果熊人"，这里的"果熊"和苗族的"果熊"是两回事，按照古今音韵对应规律，乡话里"果"的本字是"讲"，"熊"的本字是"乡"，"果熊人"就是"讲乡人"。

与湘西苗语不同的是，湘西乡话构词后缀比构词前缀多得多，主要有"子""儿""牯""头"等，最常用的是"子"和"头"。"子"尾词可用于天文地理、农业、植物、动物、服饰、房屋建筑、器具、称谓、身体、疾病医疗、商贸交通等方面。一般"子"有两种形式：tsa²、tsʅ²。tsʅ² 是从客话借过来的，tsa² 是乡话固有的。山枣六保话、李家田、高峰、草潭等乡话还有一种形式是 ti²，以李家田乡话为例：

棋子 dʑi²⁴tsʅ²　　位子₍座位₎ uei⁵³tsʅ²　　对子₍对联₎ tua²⁴tsʅ²　　个子 kəɯ²⁴tsʅ²

烟子₍烟雾₎ yɛ⁴⁵tsa²　　伢子₍小孩儿₎ ŋo⁴⁵tsa²　　索子₍绳子₎ so²¹³tsa²　　条子₍鞭子₎ diɑɯ²¹³tsa²

壳子₍壳₎ khɑɯ²⁴ti²　　环子₍耳环₎ uaŋ²¹³ti²　　肥子₍胖子₎ fi²¹³ti²　　舌子₍舌头₎ dʑi²⁴ti²

后缀 ti² 还用于指称身体有缺陷的人：

聋子 tsɛi⁵⁵ti²　　哑巴 o⁵³ti²　　瞎子 xo⁴²ti²　　瘸子 po⁵⁵ti²

而湘西苗语是用前缀 ne⁴²/pa⁴⁴ 来指称的，以吉卫苗语为例：

聋子 ne⁴²tu³⁵　　哑巴 ne⁴²cɑ²²　　瞎子 ne⁴²cu²²　　瘸子 ne⁴²ʎɑ³⁵

湘西乡话后缀"头"能产性也很强，有些普通话不说"头"的词，乡话里说，以白沙乡话为例：

坡头坡 bəɯ⁴⁵ta²　　山脚头山脚 sai⁴⁵kəɯ²⁴ta　　河头河 uai²¹³ta⁴⁵　　街头城里 ko⁴⁵ta⁴⁵

夜头夜晚 zɤ²⁴ta⁴⁵　　老室头老家 lɑu⁵³tɕi²⁴ta²　　历头日历 ȵɤ²⁴ta²　　边头旁边 piɛ²⁴ta²

湘西苗语本语里是没有后缀的。

2. 动词前缀

湘西苗语动词前缀 tɕi⁴⁴ 出现频率高，语法意义、语法功能非常丰富，是湘西苗语区别于其他苗语方言的一个重要特点。据余金枝（2011），tɕi⁴⁴ 可以加在动词、形容词前表示相互、致使、强化和目的等语法意义：

相互义：pə³¹ 打——tɕi⁴⁴ᐟ⁵³pə³¹ 相互打

致使义：bəŋ⁴⁴ 害怕——tɕi⁴⁴ᐟ²¹bəŋ⁴⁴ 使害怕

强化义：ta³¹ 大——tɕi⁴⁴ᐟ⁵³ta³¹ 使更大

目的义：qʰə³⁵qo²² 砍倒——qʰə³⁵tɕi⁴⁴ᐟ⁵³qo²² 砍使倒

湘西乡话只有 ɕi²⁴ 表示相互义，比如白沙乡话：相骂 ɕi²⁴sɤ⁵³ | 相打 ɕi²⁴kʰo⁵³，没有演化出致使、强化和目的等语法意义，使用频率低，也不能用在形容词前，还没虚化为一个构词词缀。

3. 偏正式构词

"正＋偏"结构形式在湘西苗语中最普遍，是湘西苗语固有的构词形式，以阳孟苗语为例。

nɯ¹¹qa⁵⁴　　　　　　　ŋa³¹bʰa³⁵　　　　　　　dʱu³⁵qwa³¹

蛋　鸡　　鸡蛋　　　　肉　猪　　猪肉　　　　树　桃　　桃树

ŋa³¹taŋ¹¹　　　　　　　ne³¹qoŋ³⁵　　　　　　　zei⁵⁴ɕo⁵⁴

肉　肥　　肥肉　　　　人　老　　老人　　　　菜　酸　　酸菜

在湘西苗语里，一般近现代汉语借词采用"偏＋正"结构形式，东部次方言由于受汉语方言影响大，固有词也有一定数量的"偏＋正"形式。西部和东部次方言中"公／雄""母／雌"属性的词修饰动物时一般前置，构成"偏＋正"形式。例如：

pa⁴⁴qo³⁵qa⁵⁴　　　　　　　　ne²¹ qa⁵⁴
公　鸡　　公鸡　　　　　母　鸡　　母鸡

pa⁴⁴ qwɯ⁴⁴　　　　　　　　ne²¹ qwɯ⁴⁴
公　狗　　公狗　　　　　母　狗　　母狗

湘西乡话一般采用"偏＋正"构词方式，但"公／雄""母／雌"属性的词修饰动物时出现了分化，"公鸡、母鸡"一般说成"鸡公、鸡娘"，构成"正＋偏"形式，以白沙乡话为例：

ka⁴⁵ kai⁴⁵　　　　　　　　ka⁴⁵ȵioŋ⁴⁵
鸡　公　　公鸡　　　　　鸡　娘　　母鸡

其他动物名称出现了分化。白沙、棋坪、红土溪、李家田、梁家潭、八什坪乡话"公牛"说"牛牯"或"牛牯子"，是"正＋偏"结构形式，但山枣六保话和清水坪、筻箕湾、草潭、高峰乡话说"公牛"，采用"偏＋正"形式。"母牛"除了清水坪乡话采用"偏＋正"形式，其他乡话点都说"牛娘"这种"正＋偏"结构形式。

雄性的猪、狗，湘西乡话一般说"貑猪、龙狗"这种"偏＋正"形式，雌性的猪、狗还分未生育和已生育两种，未生育的猪和狗称为"草猪、草狗"，是"偏＋正"形式，已生育的猪和狗一般称为"猪娘、狗娘"，属于"正＋偏"结构形式。清水坪乡话未生育的动物的雌性标记还可以是"女"，比如：女马、女狗、女猫儿、女鸡、女鸭，属于"偏＋正"形式。

湘西乡话这种雌雄动物性别标记的位置比湘西苗语要复杂得多，这种混合色彩其实在湘西客话里同样存在。

四　湘西乡话和湘西苗语语法比较

我们从词类、短语、句型三方面来比较湘西乡话和湘西苗语。

（一）词类

1.代词

（1）湘西苗语第一人称代词双数有三种表示方法，比如矮寨苗语（文中矮寨苗语的材料来自余金枝 2011）：

pɯ⁵³ ɯ⁵³ le⁵³ məŋ³¹　　　pɯ⁵³ le⁵³ məŋ³¹　　　pɯ⁵³ le⁵³
我们　两　个　你　　　　我们　个　你　　　　我们　个

第二人称双数有两种表示方法：

mɛ³¹ ɯ⁵³ le⁵³　　　　　　mɛ³¹ le⁵³
你们　两　个　　　　　　你们　个

第三人称双数有一种表示方法：

dʑi³⁵mɛ³¹ ɯ⁵³ le⁵³
他们　　两　个

湘西乡话只能说"我们两个、你们两个、他们两个"，没有"代词+（两）个+代词"这种形式。

（2）湘西乡话有些代表点不分"你们"和"他们"，比如李家田乡话"你们"和"他们"都说 zei²⁴tɑ²，草潭乡话"你们"和"他们"都说 zaŋ⁴² xɑŋ²。湘西苗语没有这种现象。

（3）湘西苗语代词修饰表示方位的名词和数量词，构成"正+偏"结构形式，以阳孟苗语为例：

ɲi⁵⁴ kʰɤ⁵⁴ pu¹¹ noŋ⁴⁴ 在这口袋里　　a⁴⁴ e⁵⁴ noŋ⁴⁴ tɕu⁵⁴ zu³⁵ 这个不好
在　口　袋　这　　　　　　　　　　一　个 这　不　好

湘西乡话采用的是"偏+正"形式。

2. 名物化助词

湘西苗语名物化助词是 ma³¹，通常前置，比如矮寨苗语：

me²² ʑei⁵³　　　　　　ma³¹ me²² ʑei⁵³ 卖菜的人
卖　菜　　　　　　　（助词）卖　菜

da³⁵ ne³¹　　　　　　ma³¹ da³⁵ ne³¹ 骂人的人
骂　人　　　　　　　（助词）骂　人

湘西乡话名物化助词是 ti²，通常后置，比如红土溪乡话：

tõ⁵⁵ ky⁴²　　　　　　tõ⁵⁵ ky⁴² ti² 挑夫
担　脚　　　　　　　担　脚　的

kʰo⁴⁵ tsʰo⁴⁵　　　　　kʰo⁴⁵ tsʰo⁴⁵ ti² 司机
开　车　　　　　　　开　车　的

（二）短语

1. 偏正短语

湘西苗语名词修饰名词和名词修饰动词的短语中，有"偏+正"和"正+偏"两种形式，其中"正+偏"是湘西乡话没有的，以矮寨苗语为例：

pzɯ⁴⁴ du³⁵　　木房子　　　qʰu²²mzɯ³¹gje³¹　　金耳环
房子 树　　　　　　　　　耳　环　金子

u⁵³ χu²²　　　饮用水　　　ə⁴⁴ ba⁴⁴　　　　　　打补丁的衣服
水　喝　　　　　　　　　衣　补

2. 方位短语

单纯方位词构成方位短语，方位词放在名词的前面，比如矮寨苗语：

ŋaŋ²²ŋaŋ³¹　　船里　　　　ləŋ³⁵ pzɯ⁴⁴　房子上
里　船　　　　　　　　　上　房子

矮寨苗语合成方位词构成方位短语，方位词有的只能放在名词的前面（比如：旁边 qo⁵³ᐟ²¹tə³⁵、边沿 qo⁵³ᐟ²¹ʂəŋ³⁵），有的只能放在名词后面（比如：下面 kji²²du³¹）。有的方位词既可以放在名词的前面，也可以放在名词后面，放在名词前面的"方位名词+名词"是优势用法（比如：前面 kɯ⁴⁴nə⁴⁴、后面 kɯ⁴⁴tei³⁵、中间 ta⁵³ɖəŋ³¹）。

湘西乡话方位短语只有"名词+方位名词"一种结构形式。

（三）句型

1. 主谓句

矮寨苗语的特点是没有主谓谓语句，即没有"大主语+小主语+动词/形容词"的句子，没有"我牙疼""这里水深"的说法，而是用"大主语+动词/形容词+小主语"表示，比如：

we⁴⁴ məŋ⁵³ ɕɛ⁴⁴　　　　　χo³⁵ nəŋ⁴⁴ təŋ⁵³ u⁵³
我　疼　牙　　　　　　　处　这　深　水

湘西乡话是用"大主语+小主语+动词/形容词"结构。

2. 差比句

（1）没有比较标记的差比句

湘西苗语和湘西乡话都存在两种形式：

A. "主体+结果+基准+差比数量"

矮寨苗语：we⁴⁴ ljəŋ³¹ məŋ³¹ pu⁵³ tɕu³⁵
　　　　　我　　大　　你　　三　　岁

白沙乡话：ŋəɯ⁴² ləɯ²⁴ zei²⁴ so⁴⁵ tso²⁴
　　　　　我　　大　　你　　三　　岁

B. "主体+基准+的"

矮寨苗语：we⁴⁴ ljəŋ³¹ məŋ³¹ ŋəŋ⁴⁴
　　　　　我　　大　　你　　的

白沙乡话：ŋəɯ⁴² ləɯ²⁴ zei²⁴ ti²
　　　　　我　　大　　你　　的

湘西乡话周边的客话也都能说这两种形式。湘西苗语第一种形式的使用频率比第二种高，同属于湘西苗语方言的吉卫土语没有第二种形式，矮寨苗语的这种说法可能是从汉语借入的。

（2）有比较标记的差比句

湘西苗语差比句的比较标记有三种：更 qa⁵³、比 pi⁴⁴、和 ŋəŋ²²。"小庆比他爸高"可以有如下四种表达：

① te⁵³tɕʰi³¹ pi⁴⁴ dʑɛ³⁵ tɕa³⁵ qa⁵³ ʂɛ⁵³
　 小庆　比 他们 父　更　高

② te⁵³tɕʰi³¹ qa⁵³ ʂɛ⁵³ ŋəŋ²² dʑɛ³⁵ tɕa³⁵ naŋ⁴⁴
　 小庆　更 高　和　他们 父　的

③ te⁵³tɕʰi³¹ qa⁵³ ʂɛ⁵³ dʑɛ³⁵ tɕa³⁵ naŋ⁴⁴
　 小庆　更　高 他们 父　的

④ te⁵³tɕʰi³¹ pi⁴⁴ dʑɛ³⁵ tɕa³⁵ ʂɛ⁵³
　 小庆　比 他们 父　高

湘西乡话差比句的比较标记只有一个"比"。差比句只有一种表达方式："小庆比他爸高"。

综合语音、词汇和语法三方面的比较结果来看，乡话不可能是苗族语言的一种方言。

五 余论

关于"族群"的内涵,马克斯·韦伯(Max Weber)最早将其界定为"体型或习俗或两者兼备的类似特征,或者由于对殖民或移民的记忆而在渊源上享有共同的主观信念的人类群体,这种信念对群体的形成至关重要,而不一定关涉客观的血缘关系是否存在"。族群认同"是社会成员对自己民族(族群)归属的认知和感情依附"(王希恩1995)。从族群认同的角度看,瓦乡人并不认同自己是苗族。

据1907年董鸿勋所修的《古丈坪厅志》,说乡话的人是几百年前搬到古丈来的:"客族姓者,民之介乎民姓土姓之间,其时代大抵后土籍、先民籍,而与章、苗相习久,而自成风气言语、自成一种乡音,谓之小客乡语。且习与苗者能为苗语,习于章、土者能为章、土语,其语或时杂焉。对官音,客话亦谓之土客话,亦民、亦土、亦章、亦苗,其实非土、非章、非苗,亦与凡所谓民籍者有异,土著数百年矣。"

在古丈高峰调查乡话时,听陈显超①说他的家族是两百多年前搬过来的,向珍勇介绍说他的先祖是三百多年前搬到古丈来的,宋谋军也说他们家是从江西迁到沅陵清水坪,再由沅陵清水坪迁到古丈高峰。泸溪(白沙)乡话人大多称其祖先在朝廷为官,因奸臣当道,忠良被害,便从江西沿洞庭湖、沅水而逃到当时的五溪蛮居住地。白沙镇屈望村的老辈人讲,屈望村(原曲弯村)的先辈们是从江西南昌移民而来,当时只有三户张姓人家。《屈望村张氏家谱序》说:"江西红都建昌府乃其故墟也。"白沙乡话发音合作人张大树抄录的《张氏家谱》记载:"祖辈张蛟公,江西洪州南昌府靖安县人氏,明洪武年间携眷居于辰城上西关。"白沙镇铁山村村民称他们的先祖从江西迁至泸溪县洗溪峒底,明末清初从洗溪迁到铁山。沅陵是瓦乡人的大本营,清同治十二年《沅陵县志》记载:"县之四塞山川险峻可见,故元明以来他省避兵者卒流徙于此,今之号称土著者原籍江西十之六七,其江浙豫晋川陕各省入籍者亦不乏。"迁徙成为瓦乡人族群共同的回忆,迁徙史这一原生性纽带,凭借语言认同

---

① 陈显超下文的向珍勇、宋谋军均为古丈高峰人,均会说乡话。

把族群成员凝聚起来。在瓦乡人眼里，他们并非湘西土著苗族居民，而是从外地迁徙而来的。

瓦乡人称周边的汉语方言为"客话"，把周边的官话叫作"大客话"，把周边的湘语叫作"小客话""死客子""屎客话"，而称讲这些话的人为"讲客的"（讲客话的人）。他们认为说客话的人比他们晚些来到湘西，相对于说客话的人来讲，他们算是土著了。瓦乡人称苗语为"番话"，称讲苗语的人为"讲番的"（讲番话的人）、"番子"、"番家"。苗族人常用的大背篓，说乡话的人称为"番篓"。"番"原是古代中原王朝对周边少数民族政权的称呼，之后称外国的或外族的东西时一般会在前加"番"字。瓦乡人把苗族称为"番"，看来并没有把苗族人看作同宗同族的族群。苗族人称瓦乡人为"客人"，也没有把瓦乡人看作同宗同族的族群。

瓦乡人不可能是苗族的一支，乡话自然也不是苗语的分支。

第二节 湘西乡话的归属

一 湘西乡话的语言特点

湘西乡话主要分布在湘西土家族苗族自治州所辖的泸溪县、古丈县、永顺县和怀化地区的沅陵县、辰溪县和溆浦县以及张家界的慈利县，以沅陵县分布最广，使用人口最多。湘西地区泸溪、辰溪、溆浦、古丈、永顺说乡话的地方都与沅陵县交界，只有慈利宜冲桥乡丰登村例外。丰登村村民是从泸溪乡话区搬过去的。据《慈利县志》（慈利县地方志编纂委员会1990），慈利丰登村（廖家峪）全村600余人，几乎为杨、向两姓。10代以前，一同来自泸溪，他们相互之间一向说祖籍话，称为"打乡"或"哇乡"，俗称"哇乡话"，而对外则使用当地方言，至今40岁以上者仍保持这种语制。2000年伍云姬实地调查后发现：全村1200多人只有三个老人能回忆起为数不多的瓦乡词语，能做简单的对话。

湘西地区泸溪、辰溪、溆浦、古丈、永顺说乡话的地方不仅与沅陵县交界，而且在历史沿革上都与沅陵有着千丝万缕的联系，特别是泸溪、辰溪和溆浦。

湘西地区虽然地处高山深谷，山路崎岖，但溪河纵横，给瓦乡人出行带来了极大的方便，再加上地缘上长期接触，经常在同一圩场赶集，建制沿革又一直保持隶属关系，泸溪、辰溪、溆浦、古丈和沅陵乡话区人民来往比较频繁，语言面貌存在很多共性，湘西乡话共同的语言特点表现如下。

（一）语音方面

1. 古全浊声母无论平仄保留浊音。
2. 古全浊声母入声字大多数读送气清音。
3. 古滂并母部分字读轻唇音。
4. 非组部分字读同重唇。
5. 古定澄母部分字今读鼻边音。
6. 知组部分字读同端组。
7. 日母部分字读鼻音。
8. 见组开口二等读舌根音。
9. 匣母部分字读零声母。
10. 古来、心、书、邪、禅部分字读塞擦音。
11. 古来、喻（以）母部分字今读擦音。
12. 古晓匣母部分字读塞音。
13. 鱼虞分立。
14. 流蟹假果摄元音高化。
15. 支脂之三分。
16. 支微入鱼。
17. 纯四等韵读如洪音。
18. 塞音韵尾消失。
19. 江通同音。
20. 一般有5个调类：阴平、阳平、上声、去声和入声。
21. 次浊声母平声字今读阴平。

22. 异调变韵。

以上的语言特点除了第2、4、8、9、14、16、18、20、22点之外，其余是湘西客话所不具备的。

（二）词汇方面

湘西乡话各代表点一批特色词语的说法是一致的，这些词语有的和周边客话说法相同，如：罩子（雾）、面（脸）、口皮（嘴唇）、崽（儿）、窠（窝）、隔壁（邻居）、精肉（瘦肉）、对子（对联）、檐老鼠（蝙蝠）、咍（玩）、调起（起床）、脱衣（解衣）、炙火（烤火）、望（看）、睏（睡）、试（尝）、斟（换）、行（走）、认得到（认识）、难为（谢谢）、惯势（宠爱）、兴工（开始）、泅（游）、大势（大家）、狭（窄）、紧（老是）、莫（别）、着（被）、sɑu⁴⁵（气味）、tɑ²¹³tɑ²（姑姑）、liəɯ²¹³（涎水）、ləu⁴⁵（找）、vu⁵³（扔）、bi²⁴（软）、pɤ⁴⁵（烫）、lu⁴⁵su⁴⁵（箩筐）等。

湘西乡话还有一批特色词语的说法是周边客话所没有的，比如：裈（裤）、履（鞋）、犬（狗）、荈（茶）、铛（炒菜的锅）、鼎（做饭的锅）、啼（哭）、立（站）、薪（柴）、凳（床）、室（屋）、军（兵）、虺（蛇）、蜗（螺）、澡（洗）、着（穿）、字（喜欢）、拜正（拜年）、舐（舔）、铰（剪）、拾（捡）、闭（关）、盗（偷）、怯（怕）、使（用）、腐（坏）、有（富）、甘（甜）、冻（冷）、ɤ²¹³（叔叔）、ɤ²¹³sŋ⁴⁵（小姨妈）、zei²⁴（他）、iɛ⁴⁵（饱）等。

（三）语法方面

1. 名词常用词缀有：子、头、牯。
2. 人称代词复数常用"大势"。
3. 量词"条"使用范围广。
4. 数词"二"和"三"分别有两种说法。
5. 动态助词有：倒（表持续）、了（表完成）、过（表经历）。
6. "V+得+有"格式也可以表持续。

7. 否定词有两个：不、莫。

第4点是湘西乡话独有的，湘西客话没有这种语法现象。

二 湘西乡话与湘西客话比较

湘西乡话周边被湘西客话包围，包括湘语和客话，湘西乡话与哪种湘西客话更接近呢？下面将湘西乡话与湘西客话做语音、词汇和语法三方面的比较，湘语以泸溪县武溪镇话为代表，官话以沅陵县沅陵镇、古丈县古阳镇话为代表。

（一）语音比较

湘西乡话语音特点共22项，有9项在湘西客话里也存在，泸溪湘语有8项与湘西乡话相同，而沅陵官话有4项，古丈官话有3项，请看表2.1（+表示有这项语音特征，空白表示没有这项语音特征）：

表2.1 湘西乡话与泸溪湘语、沅陵官话和古丈官话语音特点对照表

湘西乡话	泸溪湘语	沅陵官话	古丈官话
古全浊声母入声字大多数读送气清音	+		
非组部分字读同重唇	+	+	+
见组开口二等读舌根音	+	+	+
匣母部分字读零声母	+		
流蟹假果摄元音高化	+		
支微入鱼	+		
塞音韵尾消失	+	+	+
有5个调类：阴平、阳平、上声、去声和入声		+	
存在异调变韵现象	+		

（二）词汇比较

笔者从近2000个词语中找出湘西乡话特色词70个，其中36个词在湘西客话里也能找到。泸溪湘语有34个词与湘西乡话说法相同（"炙火"和"狭"，泸溪湘语不说，溆浦湘语说），沅陵官话有17个词与湘西乡话说法相同，古丈官话有18个词与湘西乡话说法相同。

表 2.2　普通话与湘西乡话、泸溪湘语、沅陵官话、古丈官话词汇特点对照表

普通话	湘西乡话	泸溪湘语	沅陵官话	古丈官话
雾	罩子	＋		＋
脸	面	＋		
嘴唇	口皮	＋		
儿	崽	＋		
窝	窠	＋		
邻居	隔壁	＋	＋	
瘦肉	精肉	＋	＋	＋
对联	对子	＋	＋	
蝙蝠	檐老鼠	＋		＋
玩	哈	＋		
起床	调起	＋		
解衣	脱衣	＋	＋	＋
烤火	炙火			＋
看	望	＋		
睡	睏	＋	＋	＋
尝	试	＋	＋	＋
换	斟	＋		
走	行	＋	＋	
认识	认得到	＋	＋	＋
谢谢	难为	＋	＋	
宠爱	惯势	＋	＋	＋
开始	兴工	＋	＋	
游	泅	＋		＋
大家	大势	＋	＋	＋
老是	紧	＋	＋	＋
别	莫	＋	＋	＋
被	着	＋		＋
气味	sɑu⁴⁵	＋	＋	＋
姑姑	tɑ²¹³tɑ²	＋	＋	＋
涎水	liɯ²¹³	＋		
找	ləɯ⁵³	＋	＋	＋
扔	vu⁵³	＋		
软	bi²⁴	＋		
烫	pɤ⁴⁵	＋		＋
箩筐	lu⁴⁵su⁴⁵	＋		

(三)语法比较

在湘西乡话的6条语法特征中,泸溪湘语、沅陵官话、古丈官话有5条语法特征,只是第4条没有。相比于语音、词汇,湘西乡话与周边客话在语法特征方面更为接近。

从湘西乡话与湘西客话的语音、词汇和语法比较来看,湘西乡话更接近湘语。

三 泸溪乡话与泸溪湘语语音的比较与演变

笔者于2006年4月赴泸溪白沙镇对乡话进行调查,之后撰写了《湖南泸溪(白沙)乡话的性质和归属》(2007)一文,文章从泸溪乡话和中古音韵的对应性、语音特点的存古性及普遍性三方面论证了泸溪(白沙)乡话应该视为汉语方言,并认为泸溪(白沙)乡话是具有混合色彩的湘语。

下文以泸溪乡话为例,把泸溪乡话与泸溪湘语作为考察对象,试图通过泸溪乡话与泸溪湘语语音的微观比较,找出泸溪乡话的语音特点,探讨泸溪乡话与泸溪湘语的语音接触与演变,从而进一步把握湘西乡话与湘西湘语的关系。乡话代表点是:泸溪白沙乡话、泸溪八什坪乡话。湘语代表点是:泸溪武溪话、泸溪八什坪话。

(一)泸溪乡话声母与泸溪湘语声母的比较

1. 乡话声母与湘语声母的相同点

全浊声母的保留。泸溪乡话和泸溪湘语古全浊声母都不同程度地保留了浊音。泸溪乡话全浊声母基本保留在平声字里,部分仄声字也读不送气浊音,以白沙乡话为例:盆 bai²¹³ | 铜 dai²¹³ | 齐 dʑiɛ²¹³ | 船 dzuai²¹³ | 棋 dʑi²¹³ | 淡 doŋ²⁴ | 洞 dai²⁴ | 竖 dza²⁴ | 我 gəɯ⁵³。泸溪湘语全浊声母保留在平声字里,如:盘 bɛ²⁴ | 同 doŋ²⁴ | 才 dzai²⁴ | 奇 dʑi²⁴ | 葵 guei²⁴ | 菩 bu²¹³ | 筒 doŋ²¹³ | 磁 dzɿ²¹³。

古全浊声母入声字清化。泸溪乡话和泸溪湘语古全浊声母入声字清化大多读送气清音。泸溪乡话(以白沙乡话为例):沓 tʰɤ²¹³ | 贼 tsʰei⁴⁵ | 侄 tʰi⁴⁵ | 十 tsʰʅ⁴⁵ | 石 tsʰɤ⁴⁵ | 直 tʰiɯ⁴⁵ | 着 tʰəɯ⁴⁵。泸溪湘语:沓 tʰɔ²¹³ | 族 tsʰəɯ²¹³ |

昨 tɕʰiɔ²¹³ | 择 tsʰai²¹³ | 侄 tʂʰʅ²¹³ | 直 tʂʰʅ²¹³。

非组读同重唇。泸溪乡话非组读同重唇的字较多：缝 bai²¹³ | 尾 mai⁵³ | 问 mai²⁴ | 望 moŋ²⁴。泸溪湘语非组读同重唇现象只有零星的例字，集中体现在"甫、辅、浮、晚"等字上。

知三组读同端组。泸溪乡话古知组字部分字今读 t、tʰ、d，以白沙乡话为例：住 tiɯ²⁴ | 绸 tia²¹³ | 朱 tiɯ⁴⁵ | 帐 tioŋ²⁴ | 抽 tʰia⁴⁵ | 柱 tʰia⁵³ | 直 tʰiɯ⁴⁵ | 沉 dai⁵³ | 场 dioŋ²¹³。泸溪湘语例字较少，如：爹 tia⁴⁵。

章组在今细音前读舌面音。泸溪乡话古章组字在今细音前读 tɕ、tɕʰ、dʑ、ɕ、ʑ，以白沙乡话为例：纸 tɕi⁵³ | 真 tɕiɛ⁴⁵ | 烛 tɕiɯ²⁴ | 尝 tɕʰioŋ⁴⁵ | 是 tɕʰi⁵³ | 属 tɕʰiɯ⁴⁵ | 丑 dʑiɯ²⁴ | 舌 dʑi²⁴ | 仇 dʑiɯ²⁴ | 扇 ɕiɛ²⁴ | 输 ɕiɯ⁴⁵ | 食 ʑiɯ²⁴。泸溪湘语武溪话除遇合三、止开三、深臻曾梗开三入的知章组声母读 [tʂ] 组，其他韵摄字声母一般读 [tɕ] 组。泸溪湘语八什坪话咸山摄三（四）等字章组声母读 [tɕ] 组。

见组开口二等读舌根音。泸溪白沙乡话：家 kɤ⁴⁵ | 街 ko⁴⁵ | 眼 ŋai⁵³ | 脚 kəɯ⁴² | 戒 kõ²⁴。泸溪湘语：家 kɷ⁴⁵ | 街 ka⁴⁵ | 眼 ŋa⁴² | 戒 ka²¹³ | 敲 kʰɑu⁴⁵。

匣母读零声母。泸溪白沙乡话：胡 u²¹³ | 滑 o²⁴ | 魂 uai²¹³ | 黄 oŋ²¹³。泸溪湘语：禾 ɷ²⁴ | 黄 uɑŋ²⁴ | 横 uẽ²⁴ | 环 ue²⁴。

泥来母洪混细分。泸溪乡话泥来母逢今洪音字读 l，泥母逢今细音字读 ȵ，来母逢今细音字读 l，如：难 loŋ⁴⁵ = 兰 loŋ⁴⁵ | 泥 ȵi⁴⁵ ≠ 犁 li⁴⁵。泸溪湘语八什坪、武溪话也是泥来母洪混细分：难 la²⁴ = 兰 la²⁴ | 泥 ȵi²⁴ ≠ 犁 li²⁴。

分尖团。泸溪八什坪乡话分尖团，如：齐 dziɛ²¹³ ≠ 奇 dʑi²¹³ | 清 tsʰi⁴⁵ ≠ 轻 tɕʰi⁴⁵。泸溪湘语武溪话、八什坪话分尖团，如：齐 dzi²⁴ ≠ 奇 dʑi²⁴ | 清 tsʰiẽ⁴⁵ ≠ 轻 tɕʰiẽ⁴⁵。

2. 乡话声母与湘语声母的不同点

古全浊声母舒声字清化。泸溪乡话古全浊声母平声字清化后一般读不送气清音。以白沙乡话为例：盘 poŋ²¹³ | 墙 tɕioŋ²¹³ | 锤 tiɯ²¹³ | 馋 tsõ²¹³ | 骑 tsai²¹³。上去声字清化后部分读送气清音，如：状 tsʰoŋ⁵³ | 跪 tɕʰy⁵³ | 代 tʰɛi⁵³ | 柱 tʰia⁵³ | 撞 tsʰoŋ⁵³ | 断 tʰoŋ⁵³ | 上 tsʰoŋ⁵³ | 重 tʰyɤ⁵³。泸溪湘语古全浊声母平声字未清化，古全浊声母上去声字清化后一般读不送气清音。如：坐 tsɔ⁵⁵ |

抱 pau⁵⁵ | 弟 ti⁵⁵ | 柱 tsu⁵⁵ | 洞 toŋ⁵⁵ | 贱 tɕie⁵⁵ | 状 tsuaŋ⁵⁵。

以下是只见于泸溪乡话的语言现象，以白沙乡话为例：

古滂并母部分字读轻唇音，如：喷 fi²⁴ | 皮脾 fo²¹³ | 被 fo⁵³ | 平坪 fõ²¹³ | 病 fõ²⁴。

古定澄母部分字今读鼻边音，如：大 nəɯ²⁴ | 桃 nau²¹³ | 糖 noŋ²¹³ | 读 nu²⁴ | 掉 ȵiau²⁴ | 田 lai²¹³ | 簟 lai⁵³ | 肠 ȵioŋ²¹³ | 虫 lyɤ²¹³。

古来、心、书、邪、禅部分字读塞擦音。来母：聋 tsai⁴⁵ | 林 dzai⁴⁵ | 乱 dzoŋ²⁴ | 懒 dzoŋ⁵³ | 流 dʑiəɯ²¹³。心母：酸 dʑiəɯ²¹³ | 嫂 tsʰau⁵³ | 岁 tso²⁴。书母：湿 dʑi²⁴ | 书 tɕiəɯ⁴⁵ | 守 tɕiɯ⁵³ | 少 tsau⁵³ | 升 tsai⁴⁵ | 翅 tsʅ²⁴ | 水 tsu⁵³。邪母：泗 dʑia²¹³ | 像 dʑia⁴² | 斜 dʑiɤ²¹³ | 旋 dʑyɛ²⁴ | 寺 tsʅ⁵³。禅母：竖 dza²⁴ | 是 tɕʰi⁵³ | 属 tɕʰiəɯ⁴⁵ | 睡 tɕʰy²¹³ | 尝 tɕʰioŋ⁴⁵ | 树 tsa²⁴ | 成 tsai²¹³ | 石 tsʰɤ⁴⁵ | 上 tsʰoŋ⁵³ | 十 tsʰʅ⁴⁵。

古来、喻（以）母部分今读擦音。来母：梨 za²¹³ | 来 zai²¹³ | 漏 za²⁴。喻（以）母：油 za⁴⁵ | 药 zəɯ²¹³ | 窑 zau²¹³ | 剩 zai²⁴ | 夜 zɤ²⁴ | 羊 zoŋ²¹³ | 匀 zuai²¹³。

古晓匣母部分字读塞音。如：黑 kʰei⁴² | 虎 kʰu⁵³ | 蟹 ko⁵³ | 解（姓）ko⁵³。

（二）泸溪乡话韵母与泸溪湘语韵母的比较

1. 乡话韵母与湘语韵母的相同点

鱼虞分立。泸溪乡话鱼韵一般今读 [əɯ iəɯ]，如：祖 tsəɯ⁴² | 错 tsʰəɯ²⁴ | 絮 ɕiəɯ²⁴ | 猪 tiəɯ⁴⁵ | 书 tɕiəɯ⁴⁵ | 鱼 ȵiəɯ⁴⁵ | 去 kʰəɯ²⁴。虞韵部分字读 a/ia，与鱼韵相区别，如：娶 tsʰa⁵³ | 柱 tʰia⁵³ | 数 sa⁵³ | 竖 dza²⁴ | 树 tsa²⁴ | 雨 va⁵³。泸溪湘语仅有两个字显示了鱼虞分立：锯 kei²¹³ | 去 kʰei²¹³。

支微入鱼。泸溪白沙乡话止摄合口三等今多读为撮口呼，如：贵 tɕy²⁴ | 醉 tɕy²⁴ | 柜 tɕʰy⁵³。泸溪湘语武溪话止摄合口三等见系字韵母与遇合三合流，如：锤 dzu²¹³= 除 dzu²¹³ | 柜 tɕy⁵⁵= 巨 tɕy⁵⁵。

蟹假果遇元音高化链。泸溪白沙乡话蟹假果遇元音高化链：a（蟹）→ ɤ（假），o（蟹）→ əɯ（果）。泸溪八什坪乡话遇元音高化链：a（蟹）→ o（蟹、假）→ əɯ（果）。泸溪湘语蟹假果遇元音高化链：a（蟹）→ ɷ（假）→ əɯ

（果）。

阳声韵并入阴声韵。泸溪乡话古咸山深臻曾梗宕江通摄部分字读 ai，以白沙乡话为例：天 t^hai^{45} | 翻 fai^{45} | 万 mai^{24} | 变 pai^{24} | 帮 bai^{45} | 忙 mai^{45} | 公 kai^{45} | 梦 mai^{24} | 让 zai^{213} | 讲 kai^{53}。古深臻梗摄三四等部分字读 iɛ，如：心 $ɕiɛ^{45}$ | 信 $ɕiɛ^{24}$ | 紧 $tɕiɛ^{53}$ | 针 $tɕiɛ^{45}$ | 银 $ȵiɛ^{45}$ | 近 $tɕ^hiɛ^{53}$ | 镜 $tɕiɛ^{24}$ | 姓 $ɕiɛ^{24}$ | 整 $tɕiɛ^{53}$。泸溪白沙乡话古通摄部分字读 yɤ，如：筒 $tyɤ^{213}$ | 虫 $lyɤ^{213}$ | 熊 $ɕyɤ^{213}$ | 龙 $lyɤ^{45}$ | 浓 $ȵyɤ^{45}$ | 重 $t^hyɤ^{53}$ | 胸 $ɕyɤ^{45}$。泸溪八什坪乡话古通摄部分字读同效摄。泸溪湘语古咸山舒声开口一二等字白读为 a，三四等字白读 ie，如：胆 ta^{42} | 三 sa^{45} | 炭 t^ha^{213} | 眼 $ŋa^{42}$ | 剪 $tsie^{42}$ | 甜 die^{24} | 天 t^hie^{45}。

塞音韵尾消失。泸溪乡话与泸溪湘语塞音韵尾均消失，并入相应的阴声韵。

2. 乡话韵母与湘语韵母的不同点

以下是只见于泸溪乡话的语言现象，以白沙乡话为例：

果摄部分字读 ai，如：河 uai^{213} | 坐 $tsai^{213}$。

支之脂分立。支脂之一般读 i/ɣ/a，但支韵还可以读 iɛ，如：移 $dziɛ^{214}$ | 宜 $ȵiɛ^{45}$。

江通同音。双 = 松 $soŋ^{45}$ | 腔 = 嗅 $tɕ^hioŋ^{45}$ | 江 = 宫 $koŋ^{45}$ | 窗 = 充 $ts^hoŋ^{45}$ | 巷 = 瓮 $ɛi^{24}$。

韵摄合并厉害。阴声韵：遇摄合口三等、流摄开口一三等、蟹摄开口一二四等、止摄开口三等部分字合流读 a。如：娶 ts^ha^{53} | 柱 t^hia^{53} | 漏 za^{24} | 搜 sa^{45} | 海 xa^{42} | 揩 k^ha^{45} | 梯 t^ha^{45} | 鸡 ka^{45} | 丝 sa^{45} | 事 tsa^{24}。阳声韵：除上文提到的古咸山深臻曾梗宕江通摄部分字合流读 ai 外，古咸山开合口一二三等、宕摄开合一三等、江摄开口二等、曾摄开口一等、梗摄开口二四等合口三等部分字读 oŋ/ioŋ，如：淡 $doŋ^{24}$ | 摊 $t^hoŋ^{45}$ | 官 $koŋ^{45}$ | 板 $poŋ^{53}$ | 搬 $poŋ^{45}$ | 园 $zoŋ^{213}$ | 汤 $t^hoŋ^{45}$ | 唱 $ts^hoŋ^{24}$ | 网 $voŋ^{53}$ | 撞 $ts^hoŋ^{53}$ | 沾 $tioŋ^{45}$ | 鲜 $tɕ^hioŋ^{45}$ | 想 $ɕioŋ^{53}$ | 张 $tioŋ^{45}$ | 腔 $tɕ^hioŋ^{45}$ | 藤 $dzoŋ^{24}$ | 定 $doŋ^{24}$ | 兄 $foŋ^{45}$。古咸山开合口一二三等、深臻开口三等、梗摄开口二三四等部分字读 õ，如：耽单 $tõ^{45}$ | 南 $lõ^{45}$ | 喊 $xõ^{24}$ | 馋 $tsõ^{213}$ | 攀 $p^hõ^{24}$ | 饭 $mõ^{45}$ | 闩 $sõ^{45}$ | 平 $fõ^{213}$ | 命 $mõ^{24}$ | 听 $t^hõ^{45}$ | 行 $õ^{213}$ | 杏 $õ^{24}$。

（三）泸溪乡话声调与泸溪湘语声调的比较

1. 乡话声调与湘语声调的相同点

异调变韵。泸溪白沙乡话 ai、uai 不出现在去声和入声字中，əu、iəu 只出现在去声和入声字中。泸溪湘语 ꞏ、ꞏ、i、u、ꞏ、y 和韵腹为 a、ɑ、ɒ 以外的韵母都存在舌位降低的异调变韵现象，阴去阳去字韵母一般相同，与非去声字的韵母有别。

2. 乡话声调与湘语声调的不同点

泸溪乡话次浊声母平声字今读阴平。泸溪湘语次浊声母平声字今读阳平。

泸溪乡话古全浊上去声部分字今读去声，部分字今读上声。读上声的例字有：在 tɕʰi⁵³｜柱 tʰia⁵³｜近 tɕʰiɛ⁵³｜菌 tɕʰyɛ⁵³｜是 tɕʰi⁵³｜柜 tɕʰy⁵³｜辫 pʰiɛ⁵³｜菌 tɕʰyɛ⁵³｜重轻~ tʰyɤ⁵³｜道 tʰɑu⁵³｜轿 tɕʰiɑu⁵³｜断 tʰoŋ⁵³｜撞 tsʰoŋ⁵³｜丈 tʰioŋ⁵³。泸溪湘语古全浊上去声一般读去声。

泸溪乡话去声不分阴阳，泸溪湘语去声分阴阳。

泸溪乡话保留入声，古清入次浊入一般读入声，古全浊入一般归入阴平阳平。读阴平的例字有：十 tsʰꞏ⁴⁵｜别~针 pʰi⁴⁵｜侄 tʰi⁴⁵｜独 tʰu⁴⁵｜白 pʰɤ⁴⁵｜着睡~了 tʰəu⁴⁵｜凿 tsʰəu⁴⁵｜直 tʰiəu⁴⁵｜自 tɕʰiəu⁴⁵｜贼 tsʰei⁴⁵。泸溪湘语古清入次浊入一般归阳平，古全浊入多归入阴去，少数归入阳平。

泸溪乡话古次浊声母、古全浊声母平声字少数读去声；古全清、次清、次浊声母上声字少数读入声；古全清去、次清去、次浊去少数字读阳平；部分今读不送气清音的古全浊声母去声字读上声；全清、次清、次浊声母入声字少数读去声。泸溪湘语没有这样的现象。

（四）泸溪乡话的语音特点

与泸溪湘语相比，泸溪乡话保留了较多的上古、中古语音现象，具有突出的保守性。

泸溪（白沙）乡话古音遗存现象有：保留全浊声母、重唇轻唇不分（古无轻唇音）、舌头舌上不分（古无舌上音）、邪禅读塞擦音、晓匣读塞音、来母读塞擦音擦音、匣母读零声母、见组开口二等读舌根音、定母读鼻边音、以母读擦音、心书母读塞擦音、鱼虞有别、歌读 ai 韵、支之脂分立、江通同音等。

泸溪湘语古音遗存现象有：古全浊声母平声字保留浊音、匣母读零声母、见组开口二等读舌根音、支微入鱼等现象，而重唇轻唇不分（古无轻唇音）、舌头舌上不分（古无舌上音）、鱼虞分立等现象只是零星存在。

在某些语音演变发展方面，泸溪乡话与泸溪湘语存在一致性，形成了明显的地域性特征。

在湘西乡话里，仅有泸溪乡话（包括古丈山枣六保话）章组在今细音前颚化。泸溪湘语各点都不同程度地存在章组在今细音前颚化的现象，以武溪话为甚，除遇合三、止开三、深臻曾梗开三入的知章组声母读 tʂ 组，其他韵摄字声母一般都读 tɕ 组。湘西乡话仅有八什坪乡话分尖团，泸溪湘语武溪、八什坪、兴隆场、石榴坪等地也是分尖团的。泸溪乡话泥来母洪混细分，也见于泸溪湘语潭溪、八什坪、武溪等地。泸溪乡话支微入鱼、蟹假果元音高化链、阳声韵尾消失、异调变韵，这些现象广泛地存在于泸溪湘语各地，不见于周边的官话方言。

泸溪乡话有些语音现象虽不见于泸溪湘语，但能在与湘西乡话接壤的其他方言中找到。泸溪乡话部分古全浊声母仄声字清化后读送气清音，溆浦的桥江、大渭溪、大水田、低庄、岗东、龙潭古全浊声母仄声字清化后也读送气清音。泸溪乡话古全浊上去声部分字今读上声，声母是送气清音，这种现象在溆浦大水田、龙潭、岗东、两江也有分布。泸溪乡话保留入声，湘西乡话周边官话方言点古丈、沅陵、张家界保留入声。泸溪乡话去声不分阴阳，湘西乡话周边官话方言点张家界、吉首、龙山、永顺、花垣、保靖去声都不分阴阳。

泸溪乡话语音演变发展还表现出与包括泸溪湘语在内的周边方言不一致的地方，具有鲜明的特色。

泸溪乡话古全浊声母平声字今读塞音塞擦音时大部分读浊音，少部分读不送气清音。泸溪湘语古全浊声母平声字保留不送气浊音，周边其他方言点古全浊声母平声字要么保留不送气浊音的读法，要么清化后读送气清音。泸溪乡话次浊声母平声字与清声母平声字合流读阴平，今读送气清音的古全浊声母上、去声字念上声，今读送气清音的古全浊声母入声字念阴平，古滂并母读轻唇音也不见于泸溪湘语和周边其他方言点。

泸溪乡话韵摄合并厉害，远远非泸溪湘语所及。就阳声韵来说，泸溪湘语一般是咸山摄合并、深臻曾梗摄合并、宕江摄合并。泸溪乡话古咸山深臻曾梗宕江通摄部分字读 ɛi/ai，古咸山宕江曾梗部分字读 oŋ/ioŋ，古咸山深臻梗摄部分字读 ð。一方面是韵摄合并得很厉害，一方面是与中古汉语的语音对应关系复杂，中古同一韵摄在泸溪乡话中有多种读法，古咸山摄主要元音有三种读法 ɛi/ai、oŋ、ð，果摄有 ɤ、o、i、u、ɑ、əɯ、ai、ei、uai、ɑŋ、oŋ 11 种读法之多。像泸溪乡话韵摄合并这么厉害而同一韵摄又对应多种读法的方言在全国汉语方言里也是比较少见的。以上这些现象是泸溪乡话自身演变的结果。

（五）泸溪乡话与泸溪湘语的语音演变

泸溪（白沙）乡话古全浊声母基本上保留在古平声字里，这与湘语辰溆片一样，而古入声自成调类，与湘语长益片相同。另外，泸溪（白沙）乡话众多的韵母白读层也与东安型土话一样，和湘语娄绍片中娄底、双峰等地方言惊人地相似，比如：古果、假摄元音的高化，蟹摄元音尾的脱落等，"这些特征应属湘语中较早的历史层次"（鲍厚星 2002）。因此，我们可以把泸溪（白沙）乡话看作是具有混合色彩的湘语（瞿建慧 2007）。泸溪乡话应该和泸溪湘语一样，孕育于同一母体——古楚语，又与湘语有着千丝万缕的联系，形成了突出的地域性特征。

泸溪乡话词汇数量有限，现代生活用语多借用泸溪湘语词汇来表达，由于借词的广泛使用，泸溪乡话不仅新增了部分音类，古全浊声母平声字保留浊音、分尖团也与泸溪湘语保持一致。章组在今细音前颚化应该也是从泸溪湘语借用过来的语言现象，因为这一现象广泛见于包括泸溪湘语在内的湘语辰溆片各地，且在湘西乡话中只有泸溪乡话（包括古丈山枣六保话）才有这种现象，因此我们认为泸溪乡话这些语音现象是受到了泸溪湘语的影响。

北宋靖康之乱后，一部分北方移民溯沅水而上，进入湖南西部的辰州和沅州。由于移民迁徙的时间和地域相对集中，官话难以被本地湘语同化，反而对当地湘语造成了巨大的冲击。官话从北、西、南三面对湘语形成了围攻之势，泸溪湘语受到了官话的冲刷和消磨，泸溪乡话也不例外。新增 io、ɛ̃、iɛ̃、uɛ̃、yɛ̃、ẽ、iẽ、uẽ、yẽ、aŋ、iaŋ、uaŋ 等韵母，果摄字读 a/o，入声字声调归派阳平，古全浊声母入声字今读不送气清音等这些现象不仅改变了泸溪湘语的语音面貌，也改变了泸溪乡话的音韵格局。

宋元以后，湘西境内再次形成了移民浪潮。《泸溪县志》根据族谱和调查，共统计了24个姓氏的来源，有14个姓氏从江西迁入，其中12个姓氏是直接从江西迁入的，迁入的年代宋元明清都有。江西移民带来的赣语对泸溪湘语的影响表现在：泸溪湘语古清声母去声字和古浊声母平声字合流、深臻曾梗摄舒声开口三（四）等字韵读同一等韵等。泸溪乡话受赣语的影响比较小，古全浊声母仄声字清化读送气清音可能是自身的演变结果，也不排除赣语对它起到了促发作用。

泸溪乡话作为弱势方言，虽然长期受到周边湘语与西南官话的渗透影响，在演变过程中有可能还受到了赣语的影响，但我们依然能够看到泸溪乡话是一种独立性很强的汉语方言。与泸溪湘语相比，泸溪乡话在语音方面保留了较多的上古、中古语音现象，这是泸溪乡话与泸溪湘语不能通话的因素之一。古滂并母部分字读轻唇音、古全浊入归阴平、韵摄合并厉害，这些自身演变的特殊现象与遗存的古音一同造就了泸溪乡话的语音面貌。

泸溪乡话的保守性与独特性，不仅与地处高山深谷之间、交通不便、相对封闭的环境有关，与"宁卖祖宗田不改祖宗言"的语言忠诚性有关，还与瓦乡人强烈的族群认同意识有关。族群认同"是社会成员对自己民族（族群）归属的认知和感情依附"（王希恩 1995）。泸溪瓦乡人在与他族的长期交往中，按自己特有的文化逻辑，在宗教、习俗、服饰等方面选取最能表达本族认同的文化形态，不断表述自己的族群认识（明跃玲 2007：208）。盘瓠的信仰、跳香的仪式和"蓝缕帕首束腰，状貌不可近人"（清光绪三十三年觉罗清泰《辰州府乡土志》）的服饰均不见于泸溪湘语通行区域，成为泸溪瓦乡人自我认同的重要特征。瓦乡人信奉盘瓠，各地流传着盘瓠与辛女的神话，沅江两岸留下打狗冲、黄狗坨、辛女溪等与神话有关的地名，还以跳香的仪式祭祀盘瓠和辛女。清代《辰州风土记》载，明朝时瓦乡人每年在农历十月"云集于庙,扶老携幼,环宿庙旁凡五日。祀以牛豕酒醛,椎鼓踏歌,欢饮而还"。如今,跳香在泸溪白沙已经销声匿迹,但泸溪八什坪瓦乡人还保留着这种祭祀仪式。除此之外,女人的满襟衣、人字形的挑花白头帕、带有盘瓠神话图案的围裙,婴儿的狗儿鞋、狗儿帽,这些服饰也是瓦乡人族群认同的重要标志,而"语曲聱牙,令人不可晓"(清乾隆二十年顾奎光修、李涌纂《泸溪县志》)的瓦乡话更是强化了瓦乡人的族群认同,他们自称为"瓦乡人",即"讲乡话的人",把泸溪湘语称作"客话"。特别是在瓦乡人的宗教、习俗、服饰逐渐被汉族同化后,语言这一最稳定的因素成为瓦乡人族群认同的主要标志,瓦乡人语言认同的意识更加强烈了。

但是这种情形已经发生变化,由于交通逐渐便利,与外界交往逐渐频繁,出于生存和交际的需要,讲泸溪乡话的人很多都学会了泸溪湘语,对外说湘语,对内说乡话,成为双语人。有些村寨发生了语言转用,只说湘语了。在泸溪八什坪,完全讲乡话的只有大村潭村(约900人)、李什坪村(约1300人)、梯溪坪村(约1700人)。泸溪八什坪杜家寨村原来大部分讲乡话,后来在公路沿线有几个寨子(原杜家寨村三四五组,约700人)被客化,现只有高村、大地坪两寨讲乡话(约300人)。欧溪村侯家寨瓦乡人,尽管聚族而居,但已迁离瓦乡人聚居区,不会说乡话,只说湘语。20世纪90年代,沅江上游五强溪水电站竣工,沅江水位提高,位于武溪镇的泸溪县城政府机关全部迁入白沙村,白沙村改名为白沙镇,成为县城所在地。原来聚居在白沙村的瓦乡人被分成三大块:一部分在医院、木材公司附近,一部分在财政局附近,一部分在白沙小学周围。被分散的瓦乡人处在湘语的一片汪洋之中,双语的现象难以长久地维持,语言的转用是迟早的事。

四 湘西乡话的归属

从湘西乡话与湘西苗语的比较来看,湘西乡话不是苗语。从湘西乡话与湘西官话、湘语的比较来看,湘西乡话与湘西湘语更为接近。

确认湘语,历来都是从古全浊声母的今读作为标准,《中国语言地图集》用的就是这个标准。《中国语言地图集》认为湘语的主要特点是:"古全浊声母逢塞音、塞擦音时，不论今读清音还是浊音，也不论平仄，一律不送气。大致地说，北部今读清音，南部今读浊音。"鲍厚星、陈晖（2005）认为《中国语言地图集》里关于标准的说明文字不够准确、周密，标准还有可以商榷的地方，并提出以下确认湘语的语音标准：

①古全浊声母舒声字今逢塞音、塞擦音时，无论清浊，一般都念不送气音。

②古塞音韵尾 -p、-t、-k 完全消失，也无喉塞尾 -ʔ。

③蟹、假、果摄主要元音形成 a、o、u 序列。

④声调有五至七类，绝大多数去声分阴阳。

这四条标准并不要求同时符合：在使用标准的过程中，能用第①条或第①②两条解决问题时就不用第③④条。只有当依靠前面的条件还感到困难时，才考虑加用后面的条件。当和西南官话发生划界问题时，加入③④条，如原吉溆片的调整。当个别方言与第①条有抵触但符合第③条时，仍看作湘语，如娄底某些方言。

陈立中（2008）提出了不同的意见，认为判定一种汉语方言是否可以划归湘语，必须看它是否同时符合以下四条标准：

①声母标准：古全浊声母字（至少是其中的舒声字）今逢塞音、塞擦音时，无论清浊，一般都念不送气音；

②韵尾标准：古塞音韵尾 -p、-t、-k 完全消失，也无喉塞尾 -ʔ；

③调类标准：声调有五类或五类以上；

④地域标准：地处湘江、资江流域，沅江中游部分地区，抑或南岭地区，或是有充依据证明是由以上地区外迁的移民造成的方言岛或方言飞地。

陈立中（2008）同样提出四条标准，但标准的内容有些调整，最明显的变化是去掉了韵母高化的判断标准，增加了地域标准，还有一点不同，即要求同时符合四条标准才能划归湘语。而鲍厚星、陈晖（2005）提出的四条标准并非要求同时符合，第①条标准是最重要的标准，第③④条是补充标准。

除了声母标准以外，湘西乡话符合鲍厚星、陈晖（2005）和陈立中（2008）提出的湘语标准。湘西乡话塞音韵尾 -p、-t、-k 完全消失，也无喉

塞尾 -ʔ，声调有五类，蟹、假、果摄主要元音形成 a、o、u 序列，地处沅江中游部分地区。

湘西乡话古全浊声母平声字今读塞音、塞擦音时大部分读浊音，少部分读不送气清音。古全浊声母仄声今读塞音、塞擦音的字或为浊音，或为送气清音，或为不送气清音。古全浊声母上声和入声字今读塞音、塞擦音的还多数读送气清音，这似乎不符合湘语的声母标准。其实，被判定为湘语的地区也存在无论平仄多读送气清音的现象。陈晖、鲍厚星（2007）指出："位于湘中腹地的一些湘方言点，也存在古全浊声母今逢塞音、塞擦音时无论平仄多读送气音的现象，最典型的便是一直看作湘语娄邵片代表点之一的娄星区，其古全浊声母无论平仄都读送气清音。娄邵片中的新化方言老派古全浊声母舒声字读送气浊音，入声字读送气清音，新派无论舒入都读送气清音。"按照"当个别方言与第①条有抵触但符合第③条时，仍看作湘语"这条标准来看，湘西乡话还是属于湘语的。

湘西乡话和湘西湘语孕育于同一母体——古楚语，均与湘西苗语、土家语共处一地，又共同遭受了官话和赣语的侵蚀和影响，拥有了一些相同的语言特征。同时，我们也要看到，湘西乡话与湘西湘语还存在较大的差别，22项湘西乡话语音特点中，湘西湘语只占8项，词汇也存在一定的差异，两者之间不能通话。湘西乡话特殊的自身演变和遗存的古音让它成为一种特殊的湘语。

第三章　湘西乡话的语音演变

本章节主要讨论湘西乡话中有特色的音韵现象：古全浊声母的演变、清音浊读的现象、来母今读塞擦音擦音的现象、果摄字的历史层次、遇摄字的历史层次、元音高化链移和声调的特殊演变。我们将分析湘西乡话这些音韵的共时类型和历史演变，区分原发性音变和接触性音变，探讨湘西乡话音韵结构的变迁。

第一节　湘西乡话古全浊声母的演变

一　引言

湘西乡话主要分布在湖南省西部的沅陵县以及与沅陵交界的泸溪、辰溪、溆浦、古丈等地。当地人把境内的西南官话和湘语称作"客话"，其中沅陵、古丈等地的客话属于西南官话吉永片，泸溪、辰溪、溆浦等地的客话属于湘语辰溆片。这些客话（以县城为代表点，下文同），古全浊声母平声字保留浊音，古全浊声母上声和去声字一般读不送气清音，古全浊声母入声字沅陵、古丈官话一般读不送气清音，泸溪、辰溪、溆浦湘语今读送气清音多于不送气清音。

在《中国语言地图集》里，湘西乡话被列为汉语方言中未分区的非官话方言。其语音的主要特点之一是：古全浊声母今读塞音、塞擦音时，平声为不送气浊音，仄声多数为送气清音。据鲍厚星、伍云姬（1985），沅陵乡话古浊塞音和浊塞擦音逢平声一般读不送气带音声母，逢仄声多数读送气不带音声母。伍云姬、沈瑞清（2010）认为古丈瓦乡话古全浊塞音塞擦音的表现为：部分保留浊音，部分变为不送气清音，部分变为送气清音。

赵日新、李姣雷（2014）认为沅陵清水坪乡话浊平字今读不送气清音或浊音，全浊上声字大部分读清音，分送气清音和不送气清音两种，以读送气清音为多；全浊去声字大部分读清音，分送气清音和不送气清音两种，部分常用字仍读浊音；古全浊入声字基本都读清音，常用字都读送气清音，个别仍读浊音。杨蔚（2010b）全面描述了湘西乡话古全浊声母的今读情况：湘西乡话全浊塞音、塞擦音平声字大部分保留浊音，部分清化为不送气清声母；仄声字一部分为送气清音，一部分为不送气清音，读送气清音的多，少数仍读浊音。

赵日新、李姣雷（2014）将沅陵清水坪乡话全浊声母今读的层次表述为："古全浊声母少数常用字今读浊音是最早的层次，並、定、澄母字读 f 或 n 的现象是浊音声母弱化的结果。古浊平字读不送气清音，浊上、去、入字读送气清音是第二层次。不常用的浊平字读浊音，浊上、去、入字读不送气清音是最晚的层次。"

上述研究一般都是针对湘西乡话一个点所做的考察，对湘西乡话古全浊声母的类型和层次也没有进行深入的探讨。因篇幅的限制，本文将选取沅陵清水坪、沅陵棋坪、泸溪白沙、古丈高峰、辰溪船溪五个代表点，以考察湘西乡话古全浊声母今读塞音、塞擦音（不包括擦音）的共时类型和历时演变。

湘西乡话部分並母字今读 f，定、澄母字今读 n/l，以白沙乡话为例：

並母：皮脾 ˬfo｜被 ˈfo｜平坪 ˬfõ｜病 fõ˲；

定、澄母：大 nəuˀ｜桃 ˬnɑu｜糖 ˬnoŋ｜读 nuˀ｜田 ˬlai｜簟 ˈlai｜肠 ˬnioŋ｜虫 ˬlyɤ。

这种现象拟在他文另做讨论。

二 湘西乡话古全浊声母平声字今读类型和层次

湘西乡话古全浊声母平声字今读塞音、塞擦音时大部分读浊音，少部分读不送气清音。以白沙乡话为例，用《方言调查字表》调查发现，古全浊声母平声字，发音人今读为塞音、塞擦音的共 123 个，其中浊音 76 个，不送气清音 53 个。今读浊音的 76 个字是：茄、婆、瘸、斜、蒲、菩、徒、涂、图、渠、瞿、材、裁、才、排、豺、提、齐、脐、培、瓷、奇、磁、词、祠、期、棋、旗、袍、陶、萄、曹、刨、条、调、跳、投、泅、仇、酬、球、谭、咸、钳、沉、琴、弹、残、缠、前、全、旋、船、陈、芹、存、塘、长~短、场、狂、藤、层、凭、橙、程、盛、亭、停、蓬、同、铜、桐、缝~衣服、从、松、重。今读清音的53个字是：驼、琶、杷、屠、除、台、抬、财、排、牌、蹄、啼、赔、琵、枇、糍、锤、淘、槽、荞、桥、头、绸、求、痰、馋、槌、钱、填、盘、团、橡、拳、尘、辰、勤、盆、裙、螃、堂、唐、墙、床、强、朋、彭、棚、鲸、成、情、篷、筒、穷。

古全浊声母平声字在乡话五个代表点中的今读情况见表3.1，一字有文白异读，表中列白读音（以下同）。

表3.1 湘西乡话古全浊声母平声字今读情况举例

例字	沅陵清水坪	沅陵棋坪	泸溪白沙	古丈高峰[①]	辰溪船溪
斜	$_\leq$dzio	$_\leq$dzio	$_\leq$dzyɤ	$_\leq$dzio	$_\leq$dzio
船	$_\leq$dzuai	$_\leq$dzuai	$_\leq$dzuai	$_\leq$dzuai	$_\leq$dzuai
铜	$_\leq$dʌɯ	$_\leq$dʌɯ	$_\leq$dai	$_\leq$dau	$_\leq$dʌɯ
桥	$_\leq$tɕiau	$_\leq$tɕiau	$_\leq$tɕiau	$_\leq$tɕiau	$_\leq$tɕiau
朋	$_\leq$pʌɯ	$_\leq$pʌɯ	$_\leq$pai	$_\leq$pau	$_\leq$bʌɯ
勤	$_\leq$tɕiɛ	$_\leq$tɕiɛ	$_\leq$tɕiɛ	$_\leq$tɕiɛ	$_\leq$tɕiɛ
台	$_\leq$ta	$_\leq$ta	$_\leq$to	$_\leq$ta	$_\leq$to
穷	$_\leq$tɕiɯ	$_\leq$tɕiɯ	$_\leq$tɕyɤ	$_\leq$tɕiau	$_\leq$dzyɛ
才	dzai⊃	dzai⊃	dzai⊃	dzai²⁴	dzai⊃
曹	dzau⊃	$_\leq$tsau	dzau⊃	dzau²⁴	dzau⊃
查	dzo⊃	dzo⊃	dzɤ⊃	dzo⊃	dzo⊃
袍	$_\leq$bau	$_\leq$bau	$_\leq$bau	$_\leq$bau	$_\leq$bau
菩	bu⊃	bu⊃	bu⊃	bu²⁴	$_\leq$bu

湘西乡话古全浊声母平声字清化后一般不读送气清音。杨蔚（2010b）曾列出高峰乡话三个古浊平今读阴平调送气清音的字：堂 tʰoŋ⁵⁵、驰 tʰua⁵⁵、筒 tʰɤu⁵⁵。在高峰乡话里，堂屋叫作 tʰoŋ⁵⁵tɕi⁴²，tʰoŋ⁵⁵ 实为"厅"，因为"学堂"的"堂"读为 tɤŋ²¹³。高峰乡话"跑"说成 tʰua⁵⁵，作者由此认为其本

[①] 古丈高峰乡话24调只见于借词。

字是"驰",应该是不正确的,因为"驰"属于止开三支韵字,据调查,高峰乡话里不仅支韵的其他字都不读 ua,而且整个止开三都没有第二个字读 ua 的。伍云姬、沈瑞清(2010)也认为"跑"的读音对应中古蟹摄合口一等平声透母,或认为本字是"驰",似非。此外,高峰乡话把"筒"读为送气清音有些奇怪,在笔者调查的其他四个代表点里"筒"均读不送气清音 t。据调查,高峰乡话"笔筒"和"水桶"两词的第二个字同音,都读成送气清音,因此笔者认为"笔筒"实为"笔桶",$t^h\gamma u^{55}$ 实际上是"桶"的读音。

一般认为,湘西乡话古全浊声母平声字今读不送气清音是浊音清化的结果。我们同意这种观点,因为周边湘语和西南官话的古全浊声母平声字要么保留浊音,要么今读送气清音,湘西乡话今读不送气清音属于自身演变的结果。湘西乡话浊音清化与否没有明显的规律,属于扩散式音变。同一音韵地位的字有的保留浊音,有的发生清化。比如同为通合一东韵的"同"和"筒"在清水坪乡话、棋坪乡话、白沙乡话和船溪乡话里分别读为浊音和不送气清音。即使是相同的字,清化与否在各个乡话的表现也不尽相同,比如,"曹"在棋坪乡话读不送气清音,在其他乡话中则读浊音(见表 3.1)。

杨蔚(2010b),伍云姬、沈瑞清(2010)认为湘西乡话古全浊声母平声字今读浊音是古音的保留。赵日新、李姣雷(2014)认为乡话浊平字今读浊音声母分为两种情况:一种情况是文读,今读不送气清音的口语常用字大部分有读浊音的文读音,不常用字都读浊音声母;另一种情况是常用字读浊音声母。

我们认为湘西乡话今读浊音的古全浊声母平声字不一定都是古音的保留。由表 3.1 可知,湘西乡话古全浊声母平声今读浊音的字多数读为阳平调,少数读为去声调,个别读为阴平调(棋坪乡话稍多),但今读不送气清音的字均读为阳平调。[①]王莉宁(2012)发现古丈(岩头寨)乡话古全浊声

[①] 伍云姬、沈瑞清(2010)认为高峰乡话全浊平基本读阳平,只有 2 个字读阴平:刨 p^hau^{55}、蹲 $tsuai^{55}$。古丈官话将"蹲"念成 $tsuai^{55}$,高峰乡话的说法疑借自古丈官话。在杨蔚(2010b)的湘西乡话代表点方言字音对照表里,"刨"在高峰乡话读阳平,其他代表点也读阳平。

母字有的已清化，有的已弱化为鼻音、边音声母，但声调仍读阳平213。她认为全浊（也包括读非鼻音、边音声母的次浊声母字）从平声55中分化出来、读为213调的现象，当发生在声母清化或弱化之前。我们可以这样理解，今读阳平调的不送气清音字是由今读阳平调的浊音字清化而来，今读阳平调的浊音字是古音的保留，而今读去声或阴平的浊音字另有来源。

湘西乡话部分今读浊音的古全浊声母平声字念去声，据郑焱霞（2010）统计，白沙乡话22%的古浊平字今读去声，她认为阳平和去声调值相混是浊平声今读去声的原因，白沙乡话阳平的调值213，去声的调值24，是极容易相混的。城步南山蕨枝坪乡话古浊平字今读去声的更多，占古浊平字的63%。蕨枝坪乡话古浊平字今读去声也与调值相似相关，蕨枝坪乡话阳平的调值13，去声的调值24，同为升调，且相差不大。她还指出巡头乡话和蕨枝坪乡话阳平调值同为13，去声调值同为24，但却只有4个字读去声。她认为阳平和去声的相混现象是较晚发生的，语言在频繁的交流中可能演变得更快，偶尔的音变很容易通过交流扩散开来，而巡头乡话使用场合极度萎缩，容易保持原貌。

我们认为湘西乡话今读浊音的古全浊声母平声字念去声是受了周边客话的影响，不是自身演变的结果。沅陵官话、古丈官话、泸溪湘语和辰溪湘语古全浊声母平声字一般今读浊音，大多读阳平。沅陵清水坪乡话、泸溪白沙乡话、辰溪船溪乡话按照音值借贷的方式从周边的客话借来古全浊声母平声字的声韵调，沅陵官话的阳平调值33与沅陵清水坪乡话去声调值33相同，泸溪湘语、辰溪湘语的阳平调值24与泸溪白沙、辰溪船溪乡话去声调值24相同，就形成了湘西乡话今读浊音的古全浊声母平声字念去声的现象。而古丈高峰乡话声调系统里没有类似古丈官话阳平24的调值，直接借入的24调成为借词特有的调值。

湘西乡话还有少量今读浊音的古全浊声母平声字念阴平，沅陵棋坪乡话的情况有些特殊，古浊平今读浊音的字念阴平和去声的比例大致相当，如：

查 ˬdzo | 蒲 ˬbu | 徒 ˬdəu | 提 ˬdi | 袍 ˬbau | 绸 ˬdzəu

才 dzaiˀ | 菩 buˀ | 厨 dzuˀ | 豺 dzaiˀ | 陪 beiˀ | 葵 gueiˀ | 停 doŋˀ

沅陵棋坪乡话声调系统里没有与沅陵官话阳平相同的调值33，只有阴平的调值334与33调值最为相似，所以把从官话借过来的古浊平字声调折合为334调，形成了棋坪乡话今读浊音的古浊平声字部分念阴平的现象。

棋坪乡话除了古全浊声母平声字部分今读为浊音的念去声外，古清声母、次浊声母平声字不少今读也为去声，如：

哥 ku²/ 歌 ₌ku　　　　笋 lu²/ 锣 ₌lu
钩 ka²/ 沟 ₌ka　　　　巾 tɕiẽ²/ 斤 ₌tɕiɛ
婚 xuẽ²/ 昏 ₌xuai　　　聪 tsʰəɯ²/ 葱 ₌tsʰ

以上各组例子都是音韵地位相同的字，但各组的前字都念去声，后字都念阴平。这些字都是棋坪乡话口语常用字。"巾"和"婚"是新兴的文化词。我们再来看下面两组文白读：

	白读	文读
轻	₌tɕʰi 轻重	tɕʰiã² 年轻
明	₌moŋ 明天	mi² 明白

古清声母、次浊声母平声字，棋坪乡话白读层读阴平334调，沅陵官话读阴平55调，棋坪乡话古清声母、次浊声母平声字读55调的文读层是从沅陵官话借过来的，而55调刚好和棋坪乡话去声的调值相同，形成了棋坪乡话古清声母、次浊声母平声字部分今读去声的现象。这种现象也波及念阴平的今读浊音字的全浊声母平声字和今读送气清音的古全浊声母入声字。由此看来，棋坪乡话今读浊音的古全浊声母平声字部分念阴平和部分念去声都是受沅陵官话影响的结果。

因此，我们认为湘西乡话今读浊音的古全浊声母平声字有两个层次：今读阳平的浊音才是古全浊声母的保留，属于白读层。今读去声（棋坪乡话读阴平和去声）的浊音是从客话借过来的，属于文读层。比如棋坪乡话"打球"的"球"音 ₌dzia，属于白读层，"足球"的"球"音 dziəɯ²，属于文读层。

以下是白沙乡话古全浊声母平声字的文白读例子。白读层读不送气清音，阳平调，是乡话本土的语音层次；文读层读浊音，去声调，是白沙乡话从泸溪湘语借入的。

	白读	文读
瓶	₋pẽ 油瓶	biẽ² 瓶子
团	₋toŋ 团鱼（鳖）	duã² 团长
头	₋lai 年头	dəɯ² 罐头

因此，从时间上来讲，应该是白读层的浊音最早，其次是不送气清音，最后是文读层的浊音。

三　湘西乡话古全浊声母仄声字今读类型和层次

湘西乡话古全浊声母仄声今读塞音、塞擦音字均有三种类型：一为浊音，一为送气清音，一为不送气清音。

湘西乡话古全浊声母上声字今读塞音、塞擦音的多数读送气清音，少部分读浊音或不送气清音。古全浊声母上声字在乡话五个代表点中的今读情况见表3.2。

表3.2　湘西乡话古全浊声母上声字今读情况举例

例字	沅陵清水坪	沅陵棋坪	泸溪白沙	古丈高峰	辰溪船溪
在	ˬtsʰɤ	ˬtsʰɤ	ˬtɕʰi	ˬtsʰɤ	ˬtɕʰiɛ
断	ˬtʰɤŋ	ˬtʰẽ	ˬtʰoŋ	ˬtʰɤŋ	ˬtʰoŋ
近	ˬtɕʰiɛ	ˬtɕʰiɛ	ˬtɕʰiɛ	ˬtɕʰiɛ	ˬtɕʰiɛ
重	ˬtʰiʌɯ	ˬtʰiɯ	ˬtʰyɤ	ˬtʰiau	ˬtʰyɛ
竖	ˬdzɤ	dza²	dza²	dza²	dza²
淡	ˬdɤŋ	dẽ²	doŋ²	dɤŋ²	doŋ²
舐	ˬdzɤ	ˬdzɤ	ˬdziɛ	ˬdzɤ	ˬdziɛ
抱	bau²	ˬbau	bau²	bau²	bau²
痔	ˀtsɿ	ˀtsɿ	ˀtsɿ	ˀtsɿ	ˀtsɿ
假	ˀko	ˀko	ˀkɤ	ˀko	ˀko
仗	ˀtsai	ˀtsai	ˀtioŋ	ˀtsai	ˀtioŋ

湘西乡话古全浊声母去声字今读塞音、塞擦音的多数读不送气清音，少部分读浊音或送气清音。古全浊声母去声字在乡话五个代表点中的今读情况见表3.3。

表 3.3　湘西乡话古全浊声母去声字今读情况举例

例字	沅陵清水坪	沅陵棋坪	泸溪白沙	古丈高峰	辰溪船溪
鼻	pi⁼	pi⁼	pi⁼	pi⁼	pi⁼
递	ˈti	ˈtiɛ	ˈti	ˈti	ˈtiɛ
树	tsɐ⁼	tsa⁼	tsa⁼	tsa⁼	tsa⁼
仲	ˈtsoŋ	ˈtsẽ	tsoŋ⁼	ˈtsẽ	tsoŋ⁼
垫	ˈtʰai	ˈtʰai	ˈtʰai	ˈtʰai	ˈtʰai
轿	ˈtɕʰiau	ˈtɕʰiau	ˈtɕʰiau	ˈtɕʰiau	ˈtɕʰiau
掊	ˈpʰau	ˈpʰau	ˈpʰau	ˈpʰau	ˈpau
袋	daŋ⁼	dã⁼	dai⁼	daŋ⁼	dəɯ⁼
字	dzɐ⁼	dza⁼	dza⁼	dza⁼	dza⁼
匠	dziẽ⁼	dziẽ⁼	dzioŋ⁼	dziẽ⁼	dzioŋ⁼

湘西乡话古全浊声母入声字今读塞音、塞擦音的多数读送气清音，少部分读浊音或不送气清音。古全浊声母入声字在乡话五个代表点中的今读情况见表 3.4。

表 3.4　湘西乡话古全浊声母入声字今读情况举例

例字	沅陵清水坪	沅陵棋坪	泸溪白沙	古丈高峰	辰溪船溪
十	ˌtsʰɿ	ˌtsʰɿ	ˌtsʰɿ	ˌtsʰɿ	ˌtsʰɿ
侄	ˌtʰi	ˌtʰi	ˌtʰi	ˌtʰi	ˌtʰi
贼	ˌtsʰɤ	ˌtsʰɤ	ˌtsʰei	ˌtsʰɤ	ˌtsʰei
白	ˌpʰo	ˌpʰo	ˌpʰɤ	ˌpʰo	ˌpʰo
嚼	ˈtɕʰiau	ˈtɕʰiau	ˈtɕiau	ˈtɕʰiau	ˈtɕiau
舌	dzɤ⁼	dzɤ⁼	dzi⁼	dzɤ⁼	dziɛ⁼
勺	dzyɛ⁼	dzu⁼	dzəɯ⁼	dzyɛ⁼	dzy⁼
薄	pu⁼	bəɯ⁼	bəɯ⁼	bu⁼	bəɯ⁼
局	ˌtɕy	ˌtɕy	tɕy⁼	ˌtɕy	tɕy⁼

表 3.2—表 3.4 中列出的湘西乡话古全浊声母仄声今读浊塞音、塞擦音的字都是口语中的常用字，这些字在周边的官话和湘语里均已清化，不可能是受到周边"客话"影响的结果，而应该是古音的保留。湘西乡话古全浊声母仄声字今读浊音的比古全浊声母平声字今读浊音的少得多，其中入声字保留浊音的最少，这和湘语浊音清化的顺序一致：浊声母的清化从古入声字开始。湘西乡话古全浊声母上声字今读浊音的念上声和去声，这说

明湘西乡话古全浊上归去的演变还没有完成。湘西乡话古全浊声母入声字今读浊音的一般念去声，这与古全浊声母仄声字仍保留浊音的湘语的邵阳、洞口黄桥、隆回、城步、武冈、新宁等地的声调归类一样。

　　湘西乡话古全浊声母仄声部分字今读送气清音，其中古全浊声母上声、去声的字合流念上声，古全浊声母入声字一般念阴平。而周边"客话"只有湘语古全浊声母入声字白读为送气清音，但念阴去调。因此湘西乡话古全浊声母仄声部分字今读送气清音应该与周边的官话和湘语没有关系。那这种现象与江西移民带来的赣语有没有关系呢？湘西乡话地区历史上经历了两次江西移民潮。宋元以后，由于江西田无旷土、民无闲人，便向地广人稀、物产丰富的湖南迁移，于是湘西境内形成了第一次江西移民浪潮。明王朝推行移民屯垦政策，江西移民再次迁入湘西，形成了第二次江西移民浪潮。曹树基（1991）认为："宋代及十四世纪对湘西的移民是极其重要的。其中，尤以明初时间短而移入多显得最为重要。湘西江西移民后裔估计至少占湘西移民后裔的60%以上。"根据我们的调查，说乡话的人大多称他们是从江西迁过来的，如泸溪白沙镇屈望村张姓《张氏家谱》记载："祖辈张蛟公江西洪州南昌府靖安县人氏，明洪武年间携眷居于辰城上西关。"

　　在江西移民带来的赣语的影响下，辰溪大水田、溆浦桥江、大渭溪话古全浊声母仄声字今逢塞音、塞擦音时都读送气清音。溆浦低庄、岗东、龙潭话受赣语影响更大，古全浊声母字今逢塞音、塞擦音时无论平仄一般都读送气清音。我们还发现，大水田、龙潭、岗东等地部分古全浊声母上声字与清声母上声字合流，大水田、龙潭、桥江、低庄、大渭溪等地部分古全浊声母上、去声字与清声母平声字合流，这些带有赣语色彩的语音特征，应该是江西移民赣语影响的结果。但是，这些方言点的古全浊声母去声字并未与古全浊声母上声字合流读上声，古全浊声母入声字一般读去声而非阴平。据孙宜志（2007）、李冬香（2005），江西赣语和湖南赣语均未有古全浊声母上、去声字合流念上声及古全浊声母入声字念阴平的现象。因此，我们认为湘西乡话古全浊声母的演变没有受到赣语的影响，古全浊声母部分仄声字今读送气清音是自身演变的结果，由浊音清化而来。

　　那湘西乡话古全浊声母仄声字部分今读不送气清音，是自身演变的结果还是周边方言影响的结果呢？不送气浊音清化为不送气清音从音理上说得通，但也不能排除周边方言对湘西乡话的影响，沅陵官话、古丈官话古全浊声母仄声字一般清化为不送气清音，泸溪湘语、辰溪湘语古全浊声母上声、去声字一般读不送气清音，入声字的文读为不送气清音。

在湘西乡话里，古全浊声母上声、去声字如有浊音、送气清音、不送气清音几读的话，不送气清音字一般属于文读层，是从周边客话借过来的。以下是棋坪乡话古全浊声母上声、去声字文白读的例子：

	白读	文读
道效开一上	味道 ˀtʰɑu	道士 ˀtɑu
定梗开四去	定媳妇 doŋˀ	约定 ˀtiẽ

湘西乡话古全浊声母入声字部分今读不送气清音，一般读阳平。① 这种情况与泸溪湘语、辰溪湘语一样，泸溪湘语、辰溪湘语古全浊声母入声字，或读送气清音，或读不送气清音，派入阳平的字今读不送气清音是外来层，是官话方言的影响所致。以下是白沙乡话古全浊声母入声字文白读的例子：

	白读	文读
毒通合一入	心毒 ₌tʰu	毒药 ₌tu

综上所述，湘西乡话古全浊声母仄声字今读浊音是早期的语音层次，今读送气清音是浊音清化而来的，今读不送气清音是周边客话影响的结果，语音层次是最晚的。

四 余论

笔者赞同王福堂先生（2010）的看法：汉语古代的全浊声母应该只有送气音一种音值。"全浊声母缺乏送气不送气的对立（而不是调值调类的影响）会导致送气成分的弱化和失落，从而产生一个由送气向不送气变化的过程。而正是浊声母在这一变化过程中所处的阶段，决定了它在清化后是送气还是不送气：在保持送气音的早期阶段清化，就成为送气清音；变为

---

① 个别字读去声，其原因和读浊音的古全浊声母平声字今念去声相同，都是从客话直接借入阳平的调值。

不送气音以后的晚期阶段清化，就成为不送气清音。"湘西乡话古全浊声母清化是从仄声字开始的，仄声字在保持送气音的早期阶段清化，就成为送气清音；平声字在变为不送气音以后的阶段清化，就成为不送气清音。湘西乡话古全浊声母平声字今读不送气清音，仄声字今读送气清音是自身演变的结果。

湘西地区分布着三种汉语方言：官话、湘语和乡话。官话是最为强势的汉语方言，湘语其次，乡话是最弱势的汉语方言。湘西乡话处于官话和湘语的重重包围之中，受到官话和湘语的影响在所难免。就拿古全浊声母今读来说，湘语和乡话派入阳平的今读不送气清音的古全浊声母入声字是受官话影响的结果，乡话今读浊音（一般念去声）的古全浊声母平声字、今读不送气清音的古全浊声母仄声字都是受周边湘语、官话影响的结果。

在相当长的时间内，说乡话的人聚居于高山深谷之间，交通不便，十分封闭，与外界几乎隔绝，因此保留了很多较为古老的语言现象，其中古全浊声母无论平仄都有浊音保留，这在湘西地区是绝无仅有的。1949年以后，湘西的交通条件大为改善，实现了村村通公路，说乡话的人纷纷走出大山去学习和工作。出于生存和交际的需要，说乡话的人开始学说"客话"或普通话。我们做乡话调查时，发现很多家庭教小孩说话用的是"客话"或普通话，家庭日常用语中也夹杂着不少的"客话"。湘西乡话不仅使用功能受限，而且语言结构退化，受到周边"客话"的严重侵蚀，借词已经渗透到口语常用领域，所以仅凭口语里是否常用很难判断湘西乡话古全浊声母演变的历史层次，只有借助文白异读并与周边汉语方言比较我们才能区别湘西乡话的接触性音变和自身的演变，才能判定各个层次的时间先后。

第二节　湘西乡话的清音浊读现象

清音和浊音是两种不同的发声态，清音发声时声带声门打开，声带不颤动，浊音发声时声带正常颤动。清音浊读是指清音读为浊音的语音现象，比如在英语里，当p、t、k在s后面时，浊读为b、d、g。法语的浊读范围远远超过英语。只要是p、t、k后面有元音就会发生浊读现象，无论是否在

s 之后，无论在词尾、词中还是在词首。汉语也存在清音浊读现象，在普通话中，当轻声音节为不送气清塞音声母和不送气清塞擦音时，容易浊读。比如：

一·个 kə—gə　　　　听·着 tsə—dzə

本文讨论的清音浊读是指中古清声母在现代汉语方言里演变为浊音的语音现象。

一　古全清声母浊化

从目前的研究成果来看，清音浊读主要分为两种类型：一种是古全清声母浊读，这种现象常见于吴语、闽语、两广粤语和湘南土话。一种是古次清声母浊读，这种现象主要分布于赣语的昌都片和大通片。

古全清声母浊读今读类型大致有三种：

（一）先喉浊塞音 ʔb、ʔd、ʔɟ[①]，见于吴语、闽语、两广粤语、湘南江永松柏土话。

（二）浊塞音和塞擦音，见于吴语缙云、闽语、两广粤语。

（三）鼻音 m、n，边音 l，见于吴语、两广粤语、湘南土话。

吴语、两广粤语、湘南土话一般只有帮母、端母发生古全清声母浊读，闽语帮母（包括非母）、端母（包括知母）、见母和精母出现古全清声母浊读。属闽南方言的广东徐闻县徐城镇话除了古端母、知母的全部字，还有一些生母、心母、书母等字读先喉塞音 ʔd。

浊读的古全清声母字一般读阴调，闽北石陂话古平声去声字为"第九调"，上声入声字为上声调。湘南嘉禾土话帮母字今读浊音时，平、上、去三类字念阴调，入声字除个别读阴调外，其他念阳调（阳上）。端母念浊音，除几个入声字以外，都配阴调。（范俊军 2000）

古全清声母浊读的解释大致有以下四种：

（一）方言固有的语音特征

罗杰瑞（1986）中，原始闽语构拟中的弱化清声母针对今读浊音的古

[①] 吴语南汇、奉贤话有先喉浊塞音 ʔɟ（陈忠敏 1988）。

全清声母而设,他推断弱化声母是闽语古层的特点。平田昌司(1988)认为清声母弱化的来源可能是吴语紧喉声母。朱晓农、寸照(2006)认为吴语的内爆音是自然音变的结果。

(二)底层残留现象

持这种观点的学者较多,可分为三类:

1. 壮侗语底层。陈其光(1991)认为全清阻音声母浊化(有的前面还带喉塞音)是侗台语影响的结果。王福堂(2004)认为石陂话中来自古清声母的浊音与浙南吴语中 ʔb、ʔd 一类的吸气音声母有关,而吴语的吸气音声母则是受到了壮侗语 ʔb、ʔd、ʔdz、ʔg 等声母的影响而形成的。李如龙(2005)也主张用壮侗语的底层来解释,认为这才是一步到位地抓到了根本。

2. 古百越语底层。陈忠敏(1995)认为汉语南方方言里先喉塞音声母的存在是古百越语底层残留现象。范俊军(2000)认为古帮母端母浊音化是古百越语言先喉塞音在南方方言的遗存。唐伶(2010)也持此观点。

3. 南方共同底层。杜桂伦(2014)认为这种现象应是更广大的南方共同底层的反映。

(三)"清浊交替"现象的产物

黄金文(2001)认为来自古全清声母的浊音是闽北方言中"清浊交替"现象的产物。"清浊交替"是指声母由清变浊表示不同构词功能。

(四)矫枉过正的模仿

刘祥友(2012)推测"矫枉过正的模仿"极可能是湘南土话清音浊读的根本原因。湘南迁入的移民被迫学习当地方言,由于过度模仿或不成功的模仿,把清声母读成了浊声母,久而久之,就沉淀到语言中,形成这种特殊的音读现象。

二 古次清声母浊读

汉语方言古次清声母浊读后与古全浊声母合流,一般读两种音:一为送气浊音,一为不送气浊音。湖北崇阳_{白霓}、江西永修_{三角}、湖南平江_{城关}等地的古全浊声母跟次清声母合流后,读作送气浊音声母。湖北赤壁_{陆水湖}、通城麦市、江西湖口流泗、星子温泉、都昌蔡岭、进贤七里、修水黄港以及湖南临湘白云、岳阳张谷英、北区（临湘路口）的古全浊声母跟次清声母合流后，读作不送气浊音声母（夏俐萍 2010）。古次清声母发生浊读后与古全浊声母合流，但声调并不合流，一般读阴声调。古次清声母浊读现象只发生在塞音和塞擦音声母里，不涉及擦音声母。关于古次清声母浊读的原因大致有以下几种观点：

（一）移民的影响

沙加尔认为"次清音浊读"是移民矫枉过正形成的：唐朝时期，有大量新移民南下进入鄱阳湖地区，留在赣北的一部分新移民模仿高级阶层方言里的浊音声母。而在这些新移民的音系里，古次清、古全浊都读为 ph，因此矫枉过正，连古次清声母也成了浊音。万波（1998）、孙宜志（2008）也认为是移民的影响所致。

（二）自身的演变

王福堂（2004）认为：送气浊声母清化，与次清声母合流，合流以后的声母由于某种发音机制的作用而再浊化。夏俐萍（2010）认为古次清声母浊读是一种弱化现象：原本读送气浊音的古全浊声母清化后，跟次清声母合流；合流后的送气清音声母发生进一步弱化，演变为送气浊音声母；送气浊音声母在某些方言中还有可能进一步丢失送气的特征，也有可能发生清化。王莉宁（2010）认为次清浊读是由声母的强气流所引发的音变现象，其音变过程为：受强气流的影响，原送气清音声母发生浊化，演变为送气浊音声母，进而送气浊音声母的气流弱化、消失，最终演变成不送气浊音声母。

（三）湘语、吴语的影响

何大安（2004）认为是受到了湘语和吴语的影响，赣方言阳调中的送气清声母，对应于临近的湘语、吴语的浊声母，这种对应关系引发某些赣方言产生了次清化浊的影响规律。

三 古清声母浊读

经过我们的调查，湖南方言和吴方言还存在第三种类型：古清声母浊读。

湘西乡话的清音浊读现象属于第三种类型：古清声母浊读。以泸溪白沙乡话为例，古全清声母读浊音的有：扁帮 bia⁵³ | 爆帮 bɑu²⁴ | 背~人, 帮 ba²⁴ | 割见 gɯ²⁴ | 锯见 dʑy⁵³；古次清声母读浊音的有：坡滂 bɯ³⁵ | 岔初 dza²⁴ | 丑昌 dʑiɯ²⁴ | 扯昌 dʐɤ⁵³。

在湖南的其他方言和吴方言中，也存在同一方言点部分古全清声母和次清声母均读浊音的现象。古清声母字浊读后与全浊声母字合流，基本上读阳调。古清声母浊读现象一般发生在古清塞音和塞擦音声母里。

湖南方言除了乡话，官话、湘语和土话都有古清声母读浊音的现象①：

吉首官话：箅帮 bi¹¹ | 滂滂 baŋ¹¹ | 匹滂 bi¹¹ | 脯非 bu¹¹ | 掏透 dau¹¹ | 逞彻 dzen¹¹ | 痊溪 dzuan¹¹

泸溪湘语：卜帮 bu²¹³ | 扑滂 bu²¹³ | 匹滂 bi²⁴ | 趴滂 bo⁵³ | 割见 gei²¹³ | 逞彻 dzẽ²⁴ | 痊溪 dzuã²⁴

溆浦湘语：匹滂 bi¹³ | 扑滂 bu¹³ | 滂滂 bã¹³ | 掏透 dɑʌ¹³ | 拯章 dzɔ̃¹³

双峰湘语：绊帮 bæ³³ | 脯非 bu¹³ | 贷端 due³³ | 曾~孙, 精 dzæ̃¹³ | 站车站, 知 dzæ³³ | 搞见 gɤ¹³ | 企溪 dʑi³³

新化湘语：堤端 dʰi¹³ | 锻端 dʰõ⁴⁵ | 掏透 dʰɔ¹³ | 脏精 dzʰõ⁴⁵ | 企溪 dzʰi⁴⁵

东安土话：爆帮 bau²⁴ | 扮帮 ban²⁴ | 别滂 baŋ¹³ | 藩非 ban¹³ | 堤端 di¹³ | 断端 duan²⁴ | 贷端 dai²⁴ | 蜕端 duei²⁴ | 掏透 dau²⁴ | 娶清 dʑy²⁴ | 抓庄 dzua²⁴ | 俱见 dʑy²⁴ | 企溪 dʑi²⁴

冷水滩岚角山土话：带端 da¹³ | 胎透 dai³⁵ | 掏透 dau¹¹ | 脏精 zan¹³ | 昼知 ziu¹³ | 逞彻 zin¹¹ | 诏章 ziau¹³ | 企溪 zɿ³⁵

苏州吴语、温州吴语也存在部分古清声母读浊音的现象，材料来自《汉语方音字汇》和《温州方言词典》：

苏州吴语：绊帮 bø³¹ | 贷端 dɛ³¹ | 订端 din³¹ | 抽彻 zɤ²⁴ | 劲~头, 见 dʑiaŋ³¹ | 搞见 gæ³¹ | 搁见 goʔ²³ | 啃溪 gən³¹

---

① 吉首官话来自李启群（2002），溆浦湘语来自贺凯林（1999），双峰湘语来自陈晖（2006）和《汉语方音字汇》（2003），新化湘语来自罗昕如（1998），东安土话材料来自鲍厚星（1998），冷水滩岚角山土话材料来自李星辉（2003）。

温州吴语：绊帮bø³¹ | 爆帮bɛ²² | 搬帮bø³¹ | 别区别,帮bi²¹² | 堤端dei³¹ | 掏透də³¹ | 踏透da²¹² | 桶透doŋ²² | 突透dø²¹² | 跳透die³¹ | 争庄dzi³¹ | 架见go²² | 搁见go²¹² | 搞见guɔ³⁴ | 劲~敌,见dziaŋ³⁴ | 旷溪guɔ³¹ | 企dzŋ³¹ | 断端dø³¹ | 锯见gu³¹ | 坦透da²² | 掏透də³¹ | 锻端dø²²

四 清音浊读的原因

清音浊读第二种类型之所以被认为是底层残留现象，是因为学者们发现长江以南的东南亚地区普遍存在先喉塞音，除了吴语、闽语、粤语和湘南土语外，现代侗台语四个语支的多数方言和少数的苗瑶语都有先喉塞音声母，这一区域恰好是古代百越族生活的范围。陈忠敏（1995）认为全清声母读浊塞音和鼻边音甚至零声母都是先喉塞音演变而来的：汉语南方方言里浙江吴语、广西富川话古帮端母读m、n或l，湖南南部的江永、嘉禾等地端母读l，可能也是先喉塞音声母ʔb、ʔd的演变结果。在两广交界的一些粤方言里，先喉塞音ʔb、ʔd的演变却是向浊声母b、d或声母零化方向发展的。

先喉塞音常见的有唇音ʔb、齿音ʔd，一般分别对应于南方方言的帮母和端母。闽语先喉塞音声母ʔb包括帮、非母，ʔd包括端、知母，这是因为闽语保留了重唇与轻唇不分、舌头和舌上不分的古音特征。广东徐闻县徐城镇话生、心、书母等字读ʔd是因为这些声母与端、知母合并了。陈忠敏（1988）发现吴语和布依语存在第三种先喉塞音舌面音ʔʝ（ʔdʑ）。南汇、奉贤话第三种先喉塞音ʔ对应于腭化了的见母和少数腭化了的端母字，目前发现的这三种先喉塞音都无法解释闽南和闽北精庄母浊读现象。

黄金文（2001）试图用"清浊交替"解释闽语的古全清声母浊读现象。王福堂（2004）却认为：用"清浊交替"解释闽北方言的这种音义变化将面临诸多困难。"首先，以音变作为构词手段的现象普遍见于汉语各方言，并不限于一时一地。'清浊交替'只见于闽北地区，是一种绝无仅有的现象。其次，'清浊交替'中的全清声母只有帮端精见母，而没有其他声母，也是一个不易解释的问题。"但是"清音交替"可以解释温州、苏州吴语部分清音字浊读现象，温州、苏州吴语清音浊读发生在所有的古清声母字中，包括次清声母，而且部分字确有清音浊音两读，出现在不同的词语里，意义也有所不同。刘丹青（1992）列举了苏州吴江话 13 组与 g 有关的清浊声母交替的例子，从语义关系看，绝大多数派生组的联系与区别是很明显的。比如：

加 kɔ⁴⁴（加减）——gɔ²³（加入、贬义）

解 kɔ⁵¹（锯开）——解 gɔ³¹（解结）

搅 kɒ⁵¹（搅拌，具体动作）——搅 gɒ³¹（搅乱，抽象行为）

交 kɒ⁴⁴（搭配面广）——交 gɒ³¹（只用于"交叉"）

绞 kɒ⁵¹（自主）——绞 gɒ³¹（非自主）

啃 k'ən⁵¹（用于山芋等）——啃 gən³¹（用于骨头）

搁 koʔ⁵（自主、主动）——搁 goʔ²（非自主、被动）

刮 kuaʔ⁵（自主、主动）——guaʔ²（非自主、被动）

温州方言也有这样的例子：

跳 thie⁴²（两脚离地全身向上或向前的动作）——跳 die²⁴（行走）

锯 ku⁴²（用锯把东西拉开，比如：锯木头）——锯 gu¹¹（用钝的刀来回切割）

断 tø⁴²（～价钱：讨价还价）——断 dø¹¹（～根：疾病彻底治愈）

坦 tha⁴²（敞开，吐露。比如：～苦，叫苦，诉说苦处）——坦 da¹¹（空旷的平地）

争 tsie³³（不相同；缺欠（争不显：相差很少）；够标准；人的神志不正常）——争 dzie³¹（争夺；争辩）

架 ko⁴²（量词）——架 go¹¹（支撑）

这些有清浊两读的字通过声母发音的改变派生出相近的意义，这些意义或是感情色彩不同，或是适用的对象不同，或是范围不同，或是搭配不同，或是词性不同，还有的是自主与非自主及主动与被动的差别。

"清浊交替"曾经是汉语的一种构词手段，温州话和苏州话还保留着这种构词的方式。这些清音和浊音字大多数具有派生关系，但有些清音字和浊音字之间是没有意义联系的，它们二者是文白读的关系，比如"争"和"架"，浊音是白读音，是本方言固有的，清音是文读，属于外来的层次。

温州话和苏州话还有些古清声母字只有浊音一读，湖南方言清音浊读的字基本上只读浊音。据潘悟云（1991），在上古汉语中，浊声母表自动、清声母表使动这种形态的语音表现，一定是相当普遍的，后来随着形态现象的消失，大部分的异读在口语中消失。比如"败"字在《广韵》中读"薄迈切"，"自破曰~"；又读"补迈切"，"破他曰~"，现代汉语方言一般只有一种读音了。当然，清浊两读不一定都是自动和使动在形态上的语音表现。在湖南方言和温州、苏州话清音浊读的例子中，以下这些字在《广韵》里是有清浊两读的：

扁：方典切，山开四上先帮；符善切，山开四上仙並
背：补妹切，蟹合一去灰帮；蒲昧切，蟹合一去灰並
藩：甫烦切，山合三平元帮；附袁切，山合三平元並
扮：晡幻切，山开二去山帮；房吻切，臻合三上文奉
断：丁贯切，山合一去桓端；徒管切，山合一上桓定
俱：举朱切，遇合三平虞见；其遇切，遇合三去虞群
堤：都奚切，蟹开四平齐端；田黎切，蟹开四平齐定
突：他骨切，臻合一入没透；陀骨切，臻合一入没定
跳：他弔切，效开四去啸透；徒聊切，效开四平萧定
抽：丑鸠切，流开三平尤彻；直由切，流开三平尤澄
桶：他孔切，通合一上董透；徒摠切，通合一上董定
别 区别：方列切，山开三入薛帮；皮列切，山开三入薛並
曾：作滕切，曾开一平登精；昨棱切，曾开一平登从

有些字的浊音读法《广韵》失收，我们在《集韵》里发现了：

脯：蒲故切，遇合一暮去並
爆：弼角切，江开二入觉並
扑：弼角切，江开二觉入並
滂：蒲光切，宕开一唐平並
订：待鼎切，梗开四迥上定
踏：达合切，咸开一入合定
贷：敌德切，曾开一德入定

湿：席入切，深开三辑入邪

（"掏"在《广韵》里是浊声母字，徒刀切，效开一平豪定；在《集韵》里是清声母字，土刀切，效开一平豪透。）

以上这些字在大多数的汉语方言里保留了清音的读法，"曾"一般两种读法都保留，在湖南方言（包括湘西乡话）和苏州话、温州话里或多或少保留着浊音的读法。

还有些字浊音的来源比较特殊，比如"搬"字。"搬"，原本作"擎"，音盘，《集韵》浦官切，是手不正的意思，属于浊声母字。后来俗作"搬"，意思也变了，表示搬运、搬移，读音也变成清声母了，北潘切。温州话将"搬"读浊音可能是沿袭"擎"的读法。

有些清音浊话的字本来只有清音一读，只是人们在学习普通话时受到字形的影响，读成了浊音。比如：逞（呈）、痊（全）、拯（丞）、锻（段）、蜕（兑）、胎（台）、诏（召）、绊（拌）、卜（扑）等字。括号里的字都是浊声母，括号外的字本来是清声母，人们受形声字字形的影响，把括号外的字也读成了浊音。这些字带有书面语色彩，在口语里不常用。另外，"箅"可能是受到字形相近的"篦"的影响读成了浊音。

还有一些古清声母字读浊音是训读的缘故，这些训读字也出现在其他方言中。溆浦湘语、东安土话和温州话"娶"读浊音，训读为"聚"（才句切），成都、长沙等地也是将"娶"训读为"聚"。双峰湘语、新化湘语、东安土话、冷水滩岚角山土话"企"读浊音，训读为"徛"（渠绮切），成都、武汉、长沙、南昌、梅县、广州、阳江、厦门、潮州、福州等地也将"企"训读为"徛"。

在古全清声母浊读和古次清声母浊读形成原因的解释中，均有"移民矫枉过正"的观点，"矫枉过正"属于不成功的模仿。我们认为，像"匹、割、站、搞、脏、坡、岔、丑、扯、抓、带、昼、劲、旷"等字有可能是人们在学习强势方言或普通话时误读的字，属于不成功的模仿。

与吴语相比，湖南方言中属于不成功模仿的古清声母浊读字要多些。除白沙乡话"扁、爆、背"等字保留了浊音的古读外，"割、岔、丑、扯、坡、锯"等字属于不成功的模仿。湖南泸溪南部土家语的汉语借词也存在类似的情况（加粗字是清音浊化的字）：

商店 sã³³dã¹³ | 卷（卷衣服）dʑyã⁵⁵ | 到 du³⁵ | 渴 go³⁵（材料来自田德生等 1986）

山 za⁵⁵ | 萝卜 la³³bɛ³³ | 伯父 bo³³tɕhi³³（伯大）| 镜子 dzau¹³tɕĩ³³（照镜）| 出 dzu⁵⁵ | 爬坡 bo⁵⁵bu¹³（坡爬）| 这 dʑia²¹（材料来自李敬忠 2000）

这些借词除了"卜"在泸溪湘语读浊音、"坡"在泸溪乡话读浊音外，其他字词在周边汉语方言里都读清音，泸溪土家语把它们读成浊音应该是不成功模仿造成的。

湖南湘西苗语东部方言的汉语借词也存在把本来读清音的汉语借词读成浊音的现象，以下材料来自杨再彪（2004）（加粗字是清音浊读的字）。

	花垣吉卫	吉首阳孟	保靖中心	泸溪小章	吉首丹青	龙山蹬上
萝卜	l̥ha⁵⁴pɤ³¹	la³¹pɤ¹¹	pi⁵⁵la³¹pu¹¹	lɑ²⁴bu³³	lɑ²⁴bu¹¹	lɔ³⁵bu²²
砧板	qo³⁵pha⁴⁴	tɕi⁴⁴qɛ³¹	o⁵⁵tɕi³³qɛ³⁵	tsen⁵³pɛ³³	tsen⁵⁵pɛ⁵³	tsen⁴⁴bɛ²²
扁担	pjɛ⁵⁴dɛ³⁵	pjɛ⁵⁴tɛ³¹	o⁵⁵pi³¹dɛ⁵⁵	pjɛ³⁵tɛ³³	pjɛ⁵³tɛn¹¹	pjɛ³⁵tɛ̃²²
对面	tɕi³⁵tu²²	ti³³mjɛ³¹	tɕi³³tu³³	tui²¹mjɛ³³mjɛ³⁵	dui³⁵mjɛ³⁵	kwi²²i⁴⁴
朵	cɑ⁴⁴	ka⁴⁴	ka³³	duo²¹	tɯ³⁵	tuo⁴⁴
等	taŋ²²	taŋ³³	taŋ³³	daŋ⁵⁵	tɤ⁵⁵pho⁵⁵	da³⁵tɔ⁴⁴
吐	ɢe⁴⁴	ɢe⁴⁴/ʈhei³⁵	du³⁵	thɯ⁵³	thɔ³¹	thu⁴
面子	mjɛ³⁵tsɿ⁵⁴	mjɛ³¹tsɿ⁴⁴	mie⁵⁵dzɿ³¹	mie³⁵tsɿ⁵³	mjɛ³⁵tsɿ⁵³	mjɛ²²tsɿ⁴⁴
草鞋	ɕo⁵⁴dzho³⁵	ɕo³⁵doŋ³¹	ɕo³³daŋ⁵⁵	tsho³⁵xɛ⁵³	kho³¹n̥aŋ⁵³	sɔ²²nã⁵⁴
涨（~水）	taŋ²²	taŋ³³	taŋ³³	daŋ⁵⁵u⁵³	ɖu³⁵	dzã³⁵
价	ɢa⁵⁴	ɢha³⁵	ɢa³¹	zei³⁵	tɕa³¹dzɛ³⁵	ga²²
钩子	qo³⁵qɤ⁴⁴	pa⁴⁴qɤ⁴⁴	pa³³qo³³	ci²¹gɯ³⁵	kɯ⁵³kɯ⁵³	kɯ⁴⁴tsɿ²²

除了"卜"之外，其他字词在周边汉语方言里读清音。"卜、板、担、对、等、吐、子、草、涨、价、钩"这些汉语借词，有的苗语方言点读浊音，有的苗语方言点读清音。读清音有两种可能：要么是借入时就是读清音的，要么是借入时读浊音之后清化了。如果是第一种情况，说明各方言点借入这些汉语借词情况不一样，模仿成功的读清音，模仿不成功的读浊音。如果是第二种情况，说明各方言点由于模仿不成功将本来读清音的汉

语借词读成了浊音，后来有些方言点浊音发生了清化的音变。

　　古清声母浊读字现象分布比较零散，不像前两种类型那样成系统，字词也不集中，这是因为造成古清声母浊读的原因比较复杂：或是由"清浊交替"造成的，或是本来就有浊读，或是受到字形的影响，或是属于训读，或是由于不成功的模仿导致的，特别是不成功的模仿多为偶然因素，随意性比较强。本来就有清浊两读的字在湖南方言（包括湘西乡话）和苏州语、温州话里保留着浊音的读法，"清浊交替"是温州、苏州吴语古清声母浊读的重要因素，受字形影响和不成功模仿是湖南方言（包括湘西乡话）古清声母浊读的主要原因。

　　古清声母浊读类型只发生在保留浊声母的语言里，汉语方言只有吴语、湘语和保留浊音的官话、乡话、湘南土话才有这样的现象，南部土家语和保留浊声母的湘西苗语也有古清声母浊读，而北部土家语没有古清声母浊读现象，同是湘西苗语东部方言，贵州松桃大兴苗语也没有古清声母浊读现象。由此看来，自身音系保留浊音是古清声母浊读现象发生的必要条件，而古全清声母浊读和次清声母浊读类型没有这样的要求。

　　与第一种、第二种类型不同的是，古清声母浊读字一般读阳调。对于南部吴语帮端母浊读变声不变调，曹志耘（2002）认为可做两种不同的解释：一是帮端母特殊读法具有"清声母的性质"，因而它们没有混入"浊声母"的行列，也就没有与阳调类相配合；还有一种可能是，南部吴语帮端母的特殊声母读法是比较晚的时候（声调系统分阴阳）才出现。原因是如果帮端母的音变发生在声调系统分阴阳之前，那些变作 m、n、l、b、d 等声母的方言（至少是那些没有先喉特征或先喉特征不明显的方言，比如浦城），其帮端母字更应该走浊声母的演变道路：声调读阳调类。

　　我们可以把这两种解释理解为帮端母特殊演变的两个阶段：帮端母读先喉塞音是早期的语音现象，当声调分阴阳时，由于帮端母的先喉现象具有"清声母的性质"，读先喉塞音的帮端母读阴调类。壮侗语读 ʔb、ʔd 的字也是属于阴调类的，情况类似。而变作 m、n、l、b、d 等声母那是声调系统分阴阳之后的事了，其声调仍然保持阴调。第二种类型浊读的古次清声母字读阴调说明古次清声母浊读是后期的语音现象，至少是在声调分阴阳之后了。第三种类型浊读的古清声母字读阳调倒不一定说明这种浊读现象发生在声调分阴阳之前，受到字形的影响和训读造成的古清声母浊读很难判断是发生在声调分阴阳之前还是之后。

第三节　湘西乡话来母字的演变

一　湘西乡话来母字今读

湘西乡话古来母字声母今读比较复杂，有边音、鼻音、浊擦音、清擦音、浊塞擦音、清塞擦音等，[①] 以白沙乡话为例：

l：锣 ləɯ⁴⁵ | 露 lu²⁴ | 赖 lo²⁴ | 犁 li⁴⁵ | 累 la⁵³ | 履 li⁵³ | 老 lɑu⁵³ | 楼 la⁴⁵ | 柳 lia⁵³ | 蓝 lõ⁴⁵ | 腊 lɤ⁴² | 镰 liɛ⁴⁵ | 拦 loŋ⁴⁵ | 浪 loŋ²⁴ | 粮 lioŋ⁴⁵ | 力 liəɯ⁴² | 零 lõ⁴⁵ | 笼 lai⁴⁵ | 六 lia⁴² | 龙 lyɤ⁴⁵

z：来 zai²¹³ | 梨 za²¹³ | 漏 za²⁴ | 李 za²¹³

s：鳞 sẽ⁴⁵

dz：林 dzai²¹³ | 淋 dzai²¹³ | 懒 dzoŋ⁵³ | 乱 dzoŋ²⁴

dʑ：里 dʑi⁵³ | 流 dʑiəɯ²¹³

ts：聋 tsai⁴⁵

tɕ：留 tɕiəɯ²¹³

古来母字今读擦音、塞擦音是湘西乡话声母的重要特点。杨蔚（2010b）统计了 14 个今读擦音、塞擦音的古来母字。经过调查，我们找到了 16 个例字。以下是湘西乡话五个代表点古来母字今读擦音、塞擦音的情况[②]（空格表示该点没有此字的读音）：

---

① 据杨蔚（2010b），辰溪县船溪、沅陵县渭溪、溆浦县木溪乡话受辰溪话的影响部分来母字念 d。湘西乡话 l 和 n 是自由变体，伍云姬、沈瑞清（2010）统一记 l，赵日新、李姣雷（2014）统一记 n，本文统一记 l。

② 文中湘西乡话材料均为笔者调查所得。笔者调查了湘西乡话 11 个点，因篇幅限制表中只列五个代表点。

表 3.5　湘西乡话古来母今读擦音、塞擦音的例字

	沅陵清水坪	沅陵棋坪	泸溪白沙	古丈高峰	辰溪船溪
来	zɤ²¹³	zɐ²¹³	zai²¹³	zɤ²¹³	zai²¹³
梨	zɐ²¹³	za²¹³	za²¹³	za²¹³	dza²¹³
漏	zɐ³³	za⁵⁵	za²⁴	za³³	za²⁴
李	dzɐ³⁵	dza³⁵	za²¹³	dza³⁵	dza²¹³
乱	dzɤŋ³³	dzẽ⁵⁵	dzoŋ²⁴	dzɤŋ³³	dzoŋ²⁴
懒	dzɤŋ³³	dzẽ³⁵	dzoŋ⁵³	dzoŋ³⁵	dzoŋ⁵³
林			dzai²¹³		dzai²¹³
淋	zai²¹³	zai²¹³	dzai²¹³	dzai²¹³	dzai²¹³
立	dzɐ³³	dza⁵⁵	dza²⁴	dza³³	dza²⁴
裂	dza³³	dza⁵⁵	dzo²⁴	dza³³	liɛ²⁴
落	dzɤɯ⁴²	dzɤɯ⁴²	dzu⁴²	dʑiəɯ⁴²	dzɤɯ⁴²
里	dʑiɛ⁴²	dʑiɛ⁴³	dʑiɛ⁴²	dʑiɛ⁴²	dʑiɛ⁴²
流	dʑiəɯ²¹³	dzɤɯ²¹³	dʑiəɯ²¹³	dʑiəɯ²¹³	dzɤɯ²¹³
留	liəɯ⁵⁵	tsɤɯ³³	tɕiəɯ²¹³	tɕiəɯ⁵⁵	liəɯ²⁴
聋	tsʌɯ⁵⁵	tsʌɯ³³	tsai⁴⁵	tsau⁵⁵	tsʌɯ⁵⁵
鳞②	ɕi⁵⁵	ɕi³³	sẽ⁴⁵	ɕi⁵⁵	sẽ⁴⁵

二　闽语来母字今读擦音的解释

除了湘西乡话，闽北区、闽中区和邵将区方言也有古来母字今读擦音的现象，②一般称作来母 s 声，类似的例字共有 31 个，在闽语各区分布不一，最多的是建阳（23 个）。关于古来母字今读 s 声母现象的解释，归纳起来大致有三种：

第一种认为此现象源于上古汉语，持此观点的主要有梅祖麟、罗杰瑞、杨剑桥、李如龙、郑张尚芳和秋谷裕幸等；第二种认为是闽地底层母语干扰的系统性表现，杜桂伦持此观点；第三种认为是中古来母 l 演变的结果，以张光宇、王福堂、丁启阵等为代表。

---

① 伍云姬、沈瑞清（2010），杨蔚（1999）将"鱼鳞"标音为 ȵiəɯ⁵⁵ɕi⁵⁵（古丈高峰）、ȵiəɯ⁵⁵sẽ⁵⁵（沅陵），均认为本字是鱼星。其实该读音符合来母臻开三平声字"鳞"的音韵地位。

② 刘泽民（2004）提到客赣方言"林、淋、临、凛"四个来母字有些点读擦音或送气塞擦音。

梅祖麟、罗杰瑞、杨剑桥、李如龙、郑张尚芳和秋谷裕幸等认为古来母字今读 s 声母源于上古汉语，但他们对来母 s 声的上古音拟测不一样。

梅祖麟、罗杰瑞（1971）认为来母 s 声来自上古 *CL 型的复辅音，演变的路径为：

*CL → *lh → s
         ↓
         l。

杨剑桥（1998）持相同的观点。

李如龙（1983）将来母 s 声的古音拟测为送气流音 *lh。罗杰瑞（2005）同意此观点。

梅祖麟、罗杰瑞（1971），李如龙（1983），罗杰瑞（2005）将来母上古音拟测为清边音是因为他们发现来母 s 声字在闽西北各点都读为阴调类（阴去和阴入），闽南话读 s 声母的例字在阴、阳去可区别的泉州话也是属于阴去调。杜桂伦（2014）也认为在早期古汉语进入闽地时，汉语的古次浊来母字有一部分受到母语干扰而转读清边音。理由之一是闽南、闽东留下次浊去声字归读阴调的白读痕迹。但王福堂（2005）指出："就整个闽方言来看，次浊字虽然有读入阴调的情况，但闽北话来母字并没有这种现象。"建瓯话来母 s 声仄声字读阳去。"仄声字读阳去是古浊上、浊去、浊入调部分合流的结果。平声字读阴去则是建瓯话近期发生的阳平调和阴去调因调值相近而合流的结果，这种调类分派和声母清浊的情况无关。因此，建瓯话来母 s 声母字实际上只和阳调配合。"至于闽北话这部分来母平声、入声字在邵武话中读入声则是一种小称变调。和平、高塘的情况类似。既然闽北话来母 s 声母字主要是和阳调配合，拟为清边音就不合适了。

郑张尚芳（2002a）不同意将上古来母字拟为复辅音声母和清鼻流音声母："虽然我也主张上古汉语有复辅音声母和清鼻流音声母，但闽西北来母读 s 似乎与之关系不大。"郑张尚芳（2003）认为闽语来母 s 声是从上古来母 *r 演变而来的。邓享璋（2007）认为来母 s 声的音变过程为：*r → z → s。秋谷裕幸（2011）拟测了闽语各次方言来母 s 声的演变：在闽北、闽中和邵将 *r 先变为 *ʒ，然后再清化为 ʃ，闽中和邵将区的多数方言仍然保持这一阶段的读音，而在闽北区这个声母进一步发展为 s。在闽南、

闽东区 *r 则变为 *l。

目前多数上古音专家认为上古来母不是 *l，而是 *r，但各家似乎还没有确定这个 *r 的详细音值。正如秋谷裕幸（2011）所说："拟测上古音 *r 的证据主要来自少数民族语言尤其是藏语（藏文）中的同源词和越南语中的汉语借词。藏缅语中的 r 的表现十分丰富……面临这种复杂情况，难以拟测出上古来母的实际音值。"用这个不能确定音值的 *r 来拟测来母 s 声字的音变过程未免有些勉强。

张光宇、王福堂、丁启阵等认为来母 s 声是中古来母 l 演变的结果，但他们对中古来母 l 演变为声母 s 的解释各不相同。

张光宇（1989）认为中古来母（边音）声母到闽西北白读舌尖擦音的变化可以视为外流空气由舌边改道经由舌央的变化。丁启阵（2002）认为"闽西北那些念 s 声的'来'母字，现存所知的读音（s-）很可能是变音，而不是本音"。因为"在舌尖声母这一区位，闽西北跟别处闽语之间的对应相当自由，几无界限。这个现象，不见得有什么历史背景，它可能只是同一音区内的自由滑行所致"。可是就他文章所举的例子看只能证明 s > l 的演变，不能证明 l > s 的演变。他认为"有 s > l，可能有 l > s"，但他在文中评述张光宇的观点时却说"有 A > B，不一定就有 B > A"。

王福堂（2005）认为声母 s 是来母本身音变的结果，没有特殊的来源。"建瓯话来母 s 声母字既然只和阳调配合，它早期就应该经历过浊声母 z 的阶段，目前的清声母音值 s 只是后来浊音清化的结果。这样，建瓯话这部分来母字声母的音变过程就应该是：l → z → s。"张光宇（2011）将闽语来母 s 声演变路径表示为 l > z > s，与王福堂（2005）观点一致。

三 湘西乡话来母字今读塞擦音、擦音

（一）湘西乡话古来母字今读擦音、塞擦音的演变途径

王福堂（2005）、郑张尚芳（2002a）、张光宇（2011）都认为湘西乡话古来母字今读浊擦音塞擦音和闽语古来母字今读擦音是相同音变的结果。王福堂（2005）指出："［湖南泸溪乡话］来母字声母共有三种音值 l、z、dz，其中 z、dz 显然是边音擦音化的结果。因此，闽北话来母字的声母 s

也可能是同样音变的结果。"郑张尚芳（2002a）提出："从以上各种事实看，我赞同流音本身齿擦音化的主张，闽语'来'、'以'母原先的读法大概类同布依、越语，而且跟乡话、白语有平行的演化关系。"张光宇（2011）指出："浊擦音 z 是流音 l、r 与清擦音 s 的桥梁，只不过行进方向相反。湖南沅陵乡话：来 ₌zɛ、犁 za 就是来母读 z 的例子。闽西北、闽中可能也经历过沅陵一样的变化成为今貌；永安方言在细音前 s 变为 ʃ，将乐没有条件限制都读为舌叶音，代表后续发展。"

我们也认为湘西乡话与闽语读擦音的古来母字共同经历了 l→z→s 的平行演变，而后湘西乡话部分读擦音的古来母字又发生了塞擦化的音变。湘西乡话来母字今读擦音、塞擦音的演变途径拟为：

l → z → s → ts/tɕ
      ↘ dz/dʑ

王福堂（2005）、张光宇（2011）均认为闽语来母是经历了浊擦音 z 阶段才读 s 的，因为今读 s 的来母字均读阳调。湘西乡话今读擦音、塞擦音的来母字有阴平和阳平两种，古来母今读浊擦音、浊塞擦音的平声字一般读阳平，今读清擦音、清塞擦音的平声字一般读阴平。因此，我们同意杨蔚（2010b）的观点：来母读塞擦音、塞音（作者按：应为擦音）是在平声字分化之前的早期语音现象。

（二）湘西乡话古心母、生母、书母字今读塞擦音的演变

湘西乡话清擦音塞擦化的语言现象同样发生在古心母、生母、书母字上。心母、生母、书母在中古一般拟为清擦音，闽语、客家话、粤语、吴语、徽语、官话、湘语、赣语等方言都有心母、生母、书母读塞擦音现象，其中闽语最多。以下是湘西乡话古书母、心母、生母今读塞擦音的情况：

表 3.6　湘西乡话古书母、心母、生母今读塞擦音的例字

	沅陵清水坪	沅陵棋坪	泸溪白沙	古丈高峰	辰溪船溪
书书	tɕiəɯ⁵⁵	tsəɯ³³	tɕiəɯ⁴⁵	tɕiəɯ⁵⁵	tsəɯ⁴⁵
翅书	tsʅ³³	tsʅ⁵⁵	tsʅ²⁴	tsʅ³³	tsʅ²⁴
水书	tsu³⁵	tsu³⁵	tsu⁵³	tsu³⁵	tsu⁵³

（续表）

	沅陵清水坪	沅陵棋坪	泸溪白沙	古丈高峰	辰溪船溪
少（多少）书	tsɑu³⁵	tsɑu³⁵	tsɑu⁵³	tsɑu³⁵	tsɑu⁵³
湿书	dʑiɛ³³	dʑiɛ⁵⁵	dʑi²⁴	dʑi³³	dʑi²⁴
室书	tɕi⁴²	tɕi⁴²	tɕi⁴²	tɕi⁴²	tɕi⁴²
升书	tsaŋ⁵⁵	tsã³³	tsai⁴⁵	tsaŋ⁵⁵	tsʌɯ⁴⁵
春书	tsʌɯ⁵⁵	tsʌɯ³³	tsai⁴⁵	tsau⁵⁵	tsʌɯ⁴⁵
岁心	tsuɑ³³	tsuɑ⁵⁵	tso²⁴	tsuɑ³³	tsuɑ²⁴
嫂心	tsʰau⁵³	tsʰau³⁵	tsʰau⁵³	tsʰau³⁵	tsʰau³⁵
涩生	tɕio⁴²	tɕio⁴²	tɕiəɯ⁴²	tɕio⁴²	tɕiəɯ⁴²

古书母、心母、生母今读塞擦音的例字还有：

舍（舍弃）书：八什坪 dzo³⁵

守书：白沙 tɕiəɯ⁵³ | 红土溪 tsəɯ⁵³ | 八什坪 tɕiəɯ³⁵

束书：红土溪 tsu⁵³

碎心：梁家潭、李家田 tsʰuei²⁴ | 白沙 tɕʰyɛ⁵⁵ | 筲箕湾 tɕʰy²⁴ | 清水坪 tsʰuei²¹³

塞心：白沙 tsɤ⁴²

撕心：梁家潭、筲箕湾、六堡话 dza⁵³ | 八什坪、红土溪、船溪、白沙 za⁴⁵ | 李家田 dza⁴⁵ | 草潭、清水坪 dzɛ³⁵ | 高峰 dza³³

渗生：白沙 dzɤ⁵³

古书母、心母、生母今读塞擦音，学界或认为是早期现象，或认为是底层语音现象。谢留文（2003）、邓享璋（2007）认为古心母、书母、生母今读塞擦音是一种早期现象。杨蔚（2010a）也认为湘西乡话古心母、书母、生母今读塞擦音是一种早期现象。潘悟云（2002a）认为书母本来就有书、昌两读，昌母一读在中原地区很早就已消失，所以古代字书没有记录下来，但是在闽语中却保留下来。郑张尚芳（2003）认为心、生母字读塞擦音的现象可以用"精、庄带塞化流音"来解释。郑张尚芳（2005）认为闽南书母字的塞擦音读法属于底层语音现象。杜桂伦（2014）认为古心母、书母、生母今读塞擦音反映闽地非汉语底层的母语干扰。

闽语古心母、书母、生母今读塞擦音大部分送气，少部分不送气。古生母读送气塞擦音，古心母除了"僧"其他都读送气塞擦音，古书母今读送气塞擦音多于不送气塞擦音或持平。"僧"读不送气塞擦音可能是受"曾"读音的影响所致。湘西乡话古心母、书母、生母读塞擦音的数量仅次于闽语，和闽语不同的是不送气塞擦音多于送气塞擦音。除了心母的"嫂""碎"①等读送气塞擦音外，其余均读不送气塞擦音。不仅如此，湘西乡话的"湿书""舍书""撕心"等字今读浊塞擦音，这些表现也与只读清塞擦音的闽语不同。

我们认为湘西乡话古心、生、书母今读塞擦音是自身演变的结果，我们将演变途径拟为：

s → ts/tɕ → dz/dʑ

湘西乡话古心母、生母、书母今读不送气清塞擦音，不是从浊塞擦音清化而来的，而是直接从清擦音 s 演变过来的。这是因为古心母、生母、书母今读不送气清塞擦音的平声字念阴平。

而湘西乡话古心母、生母、书母今读浊塞擦音是从清塞擦音演变而来的。湘西乡话除了古心母、生母、书母个别字今读浊塞擦音，还有其他古清声母字今读浊音的情况，字数很少，以白沙乡话为例：爆帮 bɑu²⁴ | 跌端 da²⁴ | 扁帮 bia⁵³ | 坡滂 bɤɯ⁴⁵ | 岔穿 dza²⁴ | 扯昌 dzɤ⁵³ | 割见 gɤɯ²⁴ | 丑穿 dziəɯ²⁴。这种清音浊读现象在周边的湘西官话和湘语里也存在，比如：

吉首官话：算帮 bi¹¹ | 滂滂 baŋ¹¹ | 匹滂 bi¹¹ | 脯非 bu¹¹ | 掏透 dau¹¹ | 逞彻 dzen¹¹ | 痊溪 dzuan¹¹

泸溪湘语：卜帮 bu²¹³ | 扑滂 bu²¹³ | 匹滂 bi²⁴ | 趴滂 bo⁵³ | 割见 gei²¹³ | 逞彻 dzẽ²⁴ | 痊溪 dzuã²⁴

我们认为，湘西乡话古来母今读浊塞擦音与古心母、生母、书母今读浊塞擦音的演变是不一样的，它是从浊擦音演变而来的。古来母今读浊塞擦音的字不仅数量多，而且存在同一个字在不同的方言点或读浊塞擦音或

---

① 谢留文（2003）指出，并不是今天所有的古心母、书母、生母今读塞擦音都是早期现象。比如"碎"在官话里文读是送气塞擦音，白读是擦音，可见读送气塞擦音是新起的。我们认为湘西乡话"碎"读送气塞擦音也是其他方言影响的结果，湘西乡话说（杯子）"碎了"一般说"坏了"，表示（杯子）被打烂了。

读浊擦音的现象。表 3.5 显示："李"在沅陵清水坪、沅陵棋坪、古丈高峰、辰溪船溪乡话里今读 dz，泸溪白沙乡话今读 z；"淋"在泸溪白沙、古丈高峰、辰溪船溪乡话里今读 dz，沅陵清水坪、沅陵棋坪乡话今读 z；"梨"在辰溪船溪乡话里今读 dz，沅陵清水坪、沅陵棋坪、古丈高峰、泸溪白沙乡话今读 z。由此看来，湘西乡话不仅清擦音发生了塞擦化音变，浊擦音同样发生了塞擦化音变。

（三）湘西乡话古定母字今读清擦音和浊塞擦音的演变

除了古来母字外，湘西乡话古定母字也有今读擦音和塞擦音的现象。定母字的"道"和"动"在湘西乡话里分别读清擦音和浊塞擦音。以白沙乡话为例：道 sɑu^{53}｜动 dzai^{53}。

湘西乡话部分古定母字声母读同来母，例字如下（空白表示该点没有此字读音）：

表 3.7　湘西乡话古定母读同来母的例字

	沅陵清水坪	沅陵棋坪	泸溪白沙	古丈高峰	辰溪船溪
大定	lu^{33}	lu^{55}	ləɯ^{24}	lu^{33}	ly^{24}
啼定	liɛ^{213}	liɛ^{213}	liɛ^{213}	liɛ^{213}	liɛ^{213}
地定	liɛ^{33}	liɛ^{55}	li^{24}	liɛ^{33}	li^{24}
桃定	lɑu^{213}	lɑu^{213}	lɑu^{213}	lɑu^{213}	lɑu^{213}
掉定	liəɯ^{35}	liəɯ^{35}	liəɯ^{24}	liəɯ^{33}	
簟定	lai^{35}	lai^{35}	lai^{53}	lai^{35}	lai^{53}
田定	lai^{213}	lai^{213}	lai^{213}	lai^{213}	lai^{213}
甜定	lai^{213}	lai^{213}	lai^{213}	lai^{213}	lai^{213}
糖定	loŋ^{213}	lẽ^{213}	loŋ^{213}	lɤŋ^{213}	loŋ^{213}
读定	ləɯ^{33}	ləɯ^{55}	lu^{24}	ləɯ^{33}	ləɯ^{24}

湘西乡话部分古澄母字声母也读同来母，字数比古定母字声母读同来母的少，以白沙乡话为例：迟 li^{213}｜肠 lioŋ^{213}｜虫 lyɤ^{213}。湘西乡话还存在部分古澄母字今读塞音的现象，以白沙乡话为例：柱 tʰia^{53}｜住 tiəɯ^{24}｜槌锤 tiəɯ^{213}｜绸 tia^{213}｜橡 tiɛ^{213}｜尘 tyɤ^{45}｜侄 tʰi^{45}｜场长短 dioŋ^{213}｜丈 tʰioŋ^{53}｜仗 tioŋ^{24}｜着睡着 tʰəɯ^{45}｜直值 tʰiəɯ^{45}｜择 tia^{24}｜重轻重 tʰyɤ^{53}。由此可见，部分古澄母字与古定母字合流读塞音后，进一步演变为边音 l。

我们认为古定、澄母字今读边音是后起的变化，并没有参与古来母字擦音化和塞擦化的音变。因为我们发现：今读边音 l 的古定母、澄母平声字念阳平，这和今读边音 l 的古来母平声字念阴平的情况不一样。古定、澄母字声母今读边音是平声分阴阳之后的演变。

四 湘西苗语与土家语古来母的汉语借词

湘西主体少数民族是苗族和土家族，苗族和土家族主要集中在湘西土家族苗族自治州。湘西苗族、土家族和汉族长期接触，语言相互渗透，相互影响，苗语和土家语留下了不同时期的汉语借词。湘西苗语的汉语来母字借词有今读擦音、塞擦音的情况，以下的材料来自杨再彪（2004）：

	花垣吉卫	吉首阳孟	保靖中心	泸溪小章	吉首丹青	龙山蹬上
梨	$pi^{44}z\alpha^{42}$	$pei^{44}z\alpha^{31}$	$pi^{31}z\alpha^{35}$	$pi^{53}ja^{24}$	$pi^{55}\gamma a^{31}$	$pi^{44}tsho^{44}$
漏	$z\mathrm{uu}^{35}$	$z\mathrm{uu}^{54}$	$z\mathrm{uu}^{55}$	uu^{53}	$t\alpha^{33}$	e^{54}
锋利	$z\alpha^{31}$	$z\alpha^{11}$	$z\alpha^{11}$	$z\alpha^{24}$	γa^{11}	$z\alpha^{22}$
高粱	$z\gamma^{44}$	$z\gamma^{44}$	zo^{33}	$z\alpha^{55}$	γa^{55}	$kɔ^{44}\textlambda\tilde{a}^{44}$
锣	$qo^{35}tɕen^{44}$	$qo^{54}tɕoŋ^{44}$	$o^{55}tɕi^{33}$	$doŋ^{33}lo^{33}$	$tsɛ^{55}$	tse^{35}
龙	$t\alpha^{35}zoŋ^{42}$	$t\alpha^{54}zoŋ^{31}$	$t\alpha^{31}zaŋ^{35}$	$zaŋ^{21}$	$\gamma\mathrm{uu}^{31}$	$\gamma\tilde{a}^{35}$
凉	$tsɛ^{22}$	$tsɛ^{33}$	$tsɛ^{33}tu^{33}$	$zɛ^{55}$ $zɛ^{55}$	$dzɛ^{35}$	$dzɛ^{35}$
缝隙	$ʂa^{44}ʂa^{44}$	$ʂa^{21}ʂa^{21}$	$o^{55}ʂa^{33}ʂa^{33}$	$la^{21}la^{35}$	$d\alpha^{35}qh\alpha^{35}$	$khu^{22}khu^{22}$

杨再彪（2004）将苗语中的汉语来母字借词分为 A、B 类对应层。"A 类对应层：古汉语'来'母对应苗语 z①。这类与苗语的声母、韵母和声调对应读音差异都大，时间应该较早。我们称为上古借词层。B 类对应层：声母相同，古汉语'来'母 l 对应苗语 l。这类例词根据韵母和声调情况，明显可以再分为两个小类。即 B_1 类，苗语读音韵母和声调与今汉语方言差别较大，不合现代借词读音规律，因而时间应该较早一些，我们称为中古借词层。B_2 类，苗语读音韵母和声调与今汉语方言较接近或一致，应属于近代或较晚时期借词，称为现代借词层。"由此看出，杨再彪（2004）将苗语

---

① 包括 $z(z、z)/ʂ, tɕ(ts)/dz$。

汉语来母字借词分为上古借词层、中古借词层和现代借词层。其中上古借词层、中古借词层的苗语读音韵母和声调都与今汉语方言差别大，只是因为 A 类对应层 ʐ 与今汉语方言来母今读 l 相差大，才划为上古借词层。我们认为这种观点欠妥，我们主张 B_1 类对应层早于 A 类对应层。湘西苗语最早借来汉语方言的来母字是读 l 的，当汉语方言的来母字演变为擦音和塞擦音时，湘西苗语再次借入这些来母字，形成今读擦音和塞擦音的借词层，A 类对应层实为中古借词层。

湘西土家语的汉语来母字借词也出现了今读擦音、塞擦音的情况，以下的材料来自田德生等《土家语简志》(1986)：

	北部土家语	南部土家语
露	so⁵⁵tsʰe²¹	ʔa²¹la⁵⁵tsʰo⁵⁵tsʰe³⁵
李子	sa⁵⁵si⁵⁵	li³³tsi²¹
漏	xɨe²¹	ze¹³
两	tsi⁵⁵	dzi³³
犁	tɕhe²¹	ɦi¹³

湘西苗语和土家语汉语来母字借词今读擦音和塞擦音的遗留与当地汉语方言接触的深度密切相关，与当地汉语方言接触越频繁，遗留就越少。花垣吉卫、吉首阳孟苗语来母字汉语借词今读擦音和塞擦音字数最多，泸溪小章、吉首丹青字数偏少，龙山蹬上苗语字数最少。这是因为如今的湘西龙山蹬上苗语使用人口少，处于汉语包围中，深受西南官话的影响。花垣吉卫和吉首阳孟地处苗语分布中心地带，受西南官话影响最小。湘西土家语情况类似，如今的湘西北部土家语使用人口多，交通相对闭塞，与汉语接触较少，受西南方言影响较小。而南部土家语交通较为便捷，与当地汉语方言接触密切，受汉语方言影响较大，因此我们看到湘西北部土家语来母字汉语借词今读擦音和塞擦音字数比南部土家语多。

五 余论

据笔者掌握的资料看，土家语中汉语借词的历史层次只有徐世璇(2014)一文提及，她认为"借自于不同时代或者来源于不同方言土语的同义异形借词并存,形成了汉语借词内部的不同层次"。对苗语中汉语借词的历史层次的论述较多,大多用苗语音系和汉语的中古音系做比较分析,而且大都根据调类的对应来确定新老借词。声调与中古汉语调类对应的借词是老借词,声调与当地汉语方言调值对应的借词是新借词。陈宏(2009)尝试以汉语音韵学有关声母的研究成果和周边方言声母的演变规律为重要参照,结合贵州松桃大兴苗语①自身的音韵发展,对所表现的历史层次加以分析。文中他将今读边音的来母字看作现代、中古层次汉语借词,将今读擦音的来母字借词视为上古层次汉语借词,这与杨再彪(2004)的观点基本一致。杨再彪(2004)、陈宏(2009)将今读擦音的来母字借词均视为上古层次汉语借词,是因为擦音与今汉语方言来母今读 l 相差大。

湘西苗语和土家语周边的汉语方言主要是西南官话和湘语,古丈、泸溪等地的苗语、土家语区周边有乡话分布。如今湘西湘语和官话确实没有古来母字今读擦音和塞擦音的现象,但是湘西乡话中却还存在。我们推想,古来母字今读擦音和塞擦音原是湘西汉语方言的语音特征,这个语音特征通过汉语借词也借进了湘西苗语和土家语。湘西汉语方言由于受到强势官话的影响比较大,这种现象基本已经消失了,只有湘西乡话还保留着,湘西苗语和土家语各代表点也不同程度地保留着。湘西乡话保守性比较强,我们在做湘西苗语、土家语借词的历史层次研究时不妨参照湘西乡话的语音演变规律。

第四节　湘西乡话果摄字的演变

一　引言

中古果摄包括果开一歌韵、果合一戈韵、果开三戈韵和果合三戈韵。

---

① 贵州松桃大兴苗语属于苗语东部方言(又称湘西苗语)第一土语区,距湘西花垣县吉卫镇约 80 公里,当地的汉语方言属于西南官话川黔方言黔北片。

果开三戈韵和果合三戈韵辖字少，湘西乡话中常见的是"茄靴"，"茄"一般读 yɛ/y，"靴"的主要元音一般读同假摄。湘西乡话的果摄一等字读音比较复杂，泸溪白沙乡话果摄一等字有 11 种读音类型：ɤ、o、i、u、əɯ、ai、ei、uai、ɑŋ、oŋ；辰溪船溪乡话有 11 种读音类型：u、y、o、ɑ、əɯ、iɛ、uɤ、yɛ、ei、ɑŋ、oŋ；古丈高峰和沅陵清水坪乡话有 7 种读音类型：ɤ、o、u、ɑ、əɯ、iɛ、oŋ。读法如此复杂，主要是因为语音演变和语言接触导致的各个历史层次形成了叠置。

本节讨论湘西乡话果摄一等字的历史层次，选取泸溪白沙、泸溪梁家潭、泸溪李家田、泸溪八什坪、泸溪红土溪、古丈高峰、古丈草潭、沅陵清水坪、沅陵棋坪、沅陵筲箕湾、辰溪船溪乡话和古丈山枣六保话 12 个代表点作为考察对象，从层次比较典型的泸溪白沙乡话入手，分析果摄字的历史层次。然后通过层次关系再联系其他乡话的层次，全面反映湘西乡话果摄字的主体层次和非主体层次。

有关层次的说法主要有两派。一是何大安、王洪君、陈忠敏等先生主张的，他们的"层次"概念严格对应于国际语言学界对 strata 的定义，限指语言接触造成的"本语成分与外语成分成规模的共存"，而由单音系自发演变造成的先后阶段不算作层次。一是潘悟云、郑张尚芳、李如龙等先生主张的，他们把"层次"与汉语史各阶段的语音对当放在第一位，因此"层次"不仅包括因外音系渗入而造成的内外层次，也包括单音系自发音变引发的先后阶段差异。王福堂先生考虑到扩散式音变与文白层次均表现为同一古音类的无条件分化，且有可能被说话人错析为文白异读，因此主张也将扩散式音变的新旧形式称作"层次"，但依据成因再作"同源层次"（王洪君 2011）。本节的层次参照王福堂先生的说法，将因本方言自身演变而构成的音类叠置和因借入异方言而构成的音类叠置都称为层次，分别叫作同源层次和异源层次。

二 主体层次的读音

方言的自身演变和方言间的接触会产生同源层次和异源层次。一般来说，这两类层次所辖的例字都不会很多，属于非主体层次；至于主体层次，是指本方言某个历史音类的大部分辖字都具有的读音，亦即主要层次（郑伟 2013）。湘西乡话果摄一等歌韵和戈韵的主体层次已经合流，泸溪白沙乡话果摄一等字主体层次读 əɯ，与之相同的还有梁家潭、八什坪乡话，湘西乡话果摄一等字主体层次还有以下几种读音类型：

u：高峰、草潭、清水坪、棋坪乡话，山枣六保话

ɯ：李家田乡话

uɛ：红土溪、筲箕湾乡话

uɤ：船溪乡话

音韵学界多数学者认为，《切韵》时代歌戈韵读 a。唐宋以后，汉语各大方言果摄字元音大都经历了 a > ɑ > o 的后高化历史音变。张维佳（2002）认为，a > o 的演变过程是从宋代汉语西北方音开始的。罗常培先生的《唐五代西北方音》中，歌韵字有 33 个，其中 31 个读 a，2 个读 o。当时模韵读 o 或 uo，藏汉对音材料《千字文》为 uo，《大乘中宗见解》《阿弥陀经》《金刚经》为 o。可见，作为音类，a 韵不可能在唐五代演变成 o 韵。乔全生（2008）持不同的意见，他认为歌韵到唐五代时开始向 o 转变，这种转变具体表现在反映唐五代西北方音的几种文献中：梵汉对音、汉藏对音和《变文》用韵。到 11 世纪回鹘文汉字译音，歌戈韵开口一等已经变为 o 了。

湘西官话果摄一等字一般读 o，反映了唐宋以后的语音层次。湘西乡话果摄一等字在此基础上继续高化，各个方言点有着各种不同的后续演变。李家田乡话和六保话读 ɯ，高峰、草潭、清水坪、棋坪乡话读 u，形成了 o > ɯ > u 的高化路线。白沙、梁家潭、八什坪乡话 əɯ，红土溪、筲箕湾乡话 uɛ 和船溪乡话 uɤ 是 u 发生裂化音变的结果。

湘西湘语辰溆片果摄一等字今读主要有三种类型：əɯ、ɯ、o，只有两江话果摄合口一等戈韵有几个白读音念 u，这与湘语长益片及娄绍片的部分地区果摄合口一等少数字白读韵母 u 的现象类似。湘西高峰、草潭、清水坪、棋坪乡话和山枣六保话果摄字无论开口一等歌韵还是合口一等戈韵大部分读 u，与东安土话、吴语相同。郑张尚芳（1983）认为温州歌韵"原来统一读 o，唇音与合口字先高化为 u，其他字再逐步跟上，随后出现 u 元音

的声化、复化、前移等现象"。湘西乡话的情况与吴语相似，只是在高化为 u 之前，可能还经历了 ɯ 这一阶段。

湘西高峰、草潭、清水坪、棋坪乡话和山枣六保话果摄一等字高化读 u，并未与遇摄模韵完全合流。遇摄模韵端组和精组字部分发生了裂化音变或展唇化音变，读 əɯ/ɤ，但果摄字没有这样的现象。

三 非主体层次的读音

（一）白沙乡话果摄字读 ai

白沙乡话果摄读 ai 的有两个字：坐、座。白沙乡话果摄字读 ai 的字与蟹摄、止摄部分字相混，例字如下：

坐果合一戈	座果合一戈	来蟹开一咍	爱蟹开一咍	内蟹合一灰	尾止合三微
tsai^{213}	tsai^{213}	zai^{213}	ŋai^{213}	lai^{53}	mai^{35}

白沙乡话果摄读 ai 的层次属于上古时期，只限于"坐"一字，"座"是采用规则借贷的方式从官话借过来的。郑张尚芳（1983）在研究温州话歌韵读 ai 的现象时认为：歌韵读 ai，和灰、泰合读法相同，这和古老的语音现象，即古音学所谓歌微通转有关。古汉语在歌微通转时期，歌部应和微部一样带 i 尾。元月歌三部和文物微三部相应，都是 -n、-t、-i，温州歌韵念 ai 就是这种古老语音格局的遗存。郑张尚芳给上古歌部拟的音正是 *ai。王力早期给上古歌部拟的音是 *a，晚年也改拟为 *ai。

李家田、梁家潭乡话和山枣六保话"坐"也读 tsai^{213}，属于同一层次。

山枣六保话、梁家潭乡话称"母亲"为 ai^{45}niaŋ^0，红土溪乡话称"祖母"为 ai^{45}nioŋ^{45}，"姐姐"为 ai^{45}tɕie^{45}，筲箕湾乡话称"姐姐"为 ai^{55}tɕie^{55}，我们认为 ai 的本字是词头"阿"。郑张尚芳（1983）认为"文献、方言、兄弟语三方面都说明词头'阿'的 a 音源远流长"。湘西乡话其他代表点词头"阿"也是读 a 音，只有山枣六保话、梁家潭、红土溪、筲箕湾乡话保留了"阿"的上古音 ai 的读法。

八什坪、草潭、高峰、棋坪、清水坪、筲箕湾乡话和山枣六保话中表近指意义的"这"读 ai，零声母，阴平，疑为果摄字"个"。"个"繁体字为"箇"，用来指代，相当于"这"或"那"。《广韵·箇韵》："箇，凡也。"

郑张尚芳（1983）指出："温州话又以量词变读入声调作为一种表示近指的语法手段，如'本'paŋ³是一本，'本'paŋ⁷就表示这本，'个'kai⁵读作kai⁷也就表示这个。由于'个'是最常用的量词，它的近指式容易进一步发展为专用指词。"我们认为湘西乡话是以量词"个"变读阴平调作为表示近指的语法手段。

关中方言、苏州话和梅县话的"个"也有零声母的读法。张维佳（2002）认为关中方言"那"读uæ、uei或u，恐怕是来自果摄的另一个字"个"。关中方言"个"的声母经常脱落，做量词除了读kæ、kuæ外，还读为uæ，做指代词读u、uei。苏州话表示"这个"之义有三种说法：kE⁴⁴kɤʔ²¹、E⁴⁴kɤʔ²¹、gɤʔ²² kɤ，其中第三种读音表示泛指。前两种说法中的kE⁴⁴和E⁴⁴应该都是"个"的读音，E⁴⁴是kE⁴⁴脱落声母演变而来。梅县表示"这个"之义有两种说法：kɛ³¹kɛ⁵¹、ɛ³¹kɛ⁵¹，kɛ³¹和ɛ³¹的本字也是"个"，kɛ³¹脱落声母变为ɛ³¹。张维佳（2002）认为关中方言"个"零声母的读法都是从kuæ发展而来的，并认为"关中方言读零声母可能是由于k本身有圆唇化倾向，被韵母同化，最后消失"。湘西八什坪、草潭、高峰、棋坪、清水坪、筲箕湾乡话和山枣六保话"个"以及苏州话、梅县话"个"的韵母都不是合口呼，也同样有零声母的读法，可见"个"读零声母并不是因为声母k受到韵母的同化而消失。笔者认为表指代意义的"个"读零声母是由于经常位于词语的开头，使用比较频繁，声母被磨损掉了。

梁家潭乡话表近指意义的"个"读nai⁴⁵，表远指意义的"那"读nɑ²⁴，"个"声母读n是受到"那"声母n的感染所致，因为我们发现八什坪、草潭、高峰、棋坪、清水坪、筲箕湾乡话和山枣六保话的"那"和"个"都是读零声母的。

因此，我们认为，八什坪、梁家潭、草潭、高峰、棋坪、清水坪、筲箕湾乡话和山枣六保话表近指意义的"个"也属于这个层次。

（二）白沙乡话果摄字读 ɑŋ

白沙乡话表近指意义的"这"读nɑŋ，阴平，很可能也是"个"。白沙乡话的"个"可能是受到鼻音声母的影响，由ai演变为ɑŋ，ɑŋ和ai属于同一语音层次。李家田、红土溪和船溪乡话"个"也读 naŋ，与之相同。

（三）白沙乡话果摄字读 uai

泸溪白沙乡话读 uai 的果摄字只有"河 uai²¹³"。白沙乡话开口一等字滋生介音 u 的现象很少见，湘西乡话其他代表点蟹摄开口一等端系和见系有部分字读合口呼，例字如下：

李家田乡话：栽 tsuɑ⁴⁵ | 猜 tsʰuɑ⁴⁵ | 开 kʰuɑ⁴⁵ | 改 kuɑ⁵³ | 代—代 tʰuɑ⁴⁵ | 盖 kuɑ²⁴ | 害 uɑ²⁴

筲箕湾乡话：栽 tsuɑ⁴⁵ | 猜 tsʰuɑ⁴⁵ | 开 kʰuɑ⁴⁵

红土溪、船溪乡话：猜 tsʰuɑ⁴⁵ | 盖 kuɑ²⁴

八什坪乡话：猜 tsʰuɑ³³ | 盖 kuɑ⁵⁵

高峰、清水坪乡话：盖 kuɑ⁵⁵

草潭、棋坪乡话：盖 kuɑ³³

白沙乡话把这些口语常用字读作 o。湘西乡话假摄合口二等字也有这种对应，白沙乡话读 o，其他乡话读 uɑ。我们推想白沙乡话蟹摄开口一等字端系和见系字也是经历了 uɑ 的阶段，而后和假摄合口二等字一同演变为 o。湘西乡话蟹摄开口一等演变的过程大致是：

ai → uai → ua → uɑ → uo → o

湘语娄邵片双峰、娄底和湘乡等地蟹摄开口一等端系和见系少数口语常用字也带介音 u，例字（来自陈晖 2006）如下：

	抬	开	盖	害
双峰	due¹³	kʰue⁵⁵	kue³⁵	xue²²
娄底	te¹³	kʰue⁴⁴	kue³⁵	ɣue²¹
湘乡	duai¹³	kʰuai⁵⁵	kuai⁴⁴	ɣuai¹¹

湘语辰溆片蟹摄开口一等端系和见系字如今不带介音 u，但据《溆浦县志》（熊显忠 1921）记载："四区人（指溆浦县低庄、花桥等地）语器皿有盖之盖曰桂。"由此可以推想，湘语辰溆片蟹摄开口一等端系和见系字曾经也是带介音 u 的。

我们认为湘语蟹摄开口一等经历了以下的音变：

$$ai \rightarrow uai \begin{matrix} \nearrow uei \\ \rightarrow ue \end{matrix}$$

由此可见，湖南地区方言史上韵母为 ai 的端系和见系字滋生介音 u 的现象比较常见。我们认为，白沙乡话果摄字读音 uai 是由 ai 滋生介音 u 演变而来的，和 ai 属于同一语音层次。

（四）白沙乡话果摄字读 i

白沙乡话果摄读 i 的只有两个字：多 ti⁴⁵ | 拖 tʰi⁴⁵。

温州"个、左、大、裸"等字也读 i，郑张尚芳（1983）指出：比照"个"字读 ki 从 kai → ke → ki 变来，"裸"原也读 lai⁴，那么"左、大、裸"读 i 韵可能也同样经过 ai → e → i 的过程。ai → e、e → i 都是常见的变化，因此 e 和 i(ei) 可认为都是从 ai 韵分化的，同属于 ai 这个层次。

我们认为白沙乡话果摄字 i 的读音也是从 ai 韵分化的，经历的演变过程可能是这样的：ai → iɛ → i。

李家田、梁家潭乡话和山枣六保话属于该层次的也读 i，也是"多、拖"两字。红土溪、船溪、筲箕湾、八什坪、高峰、清水坪、棋坪乡话属于该层次的读 iɛ，辖字四个：多、拖、坐、座。草潭"拖"读 i，"多、坐、座"读 iɛ。请比较：

	白沙	李家田	八什坪	草潭	高峰	清水坪	筲箕湾
多果开一歌	ti⁴⁵	ti⁴⁵	tiɛ³³	tiɛ³³	tiɛ⁵⁵	tiɛ⁵⁵	tiɛ⁵⁵
拖果开一歌	tʰi⁴⁵	tʰi⁴⁵	tʰiɛ³³	tʰiɛ³³	tʰiɛ⁵⁵	tʰiɛ⁵⁵	tʰiɛ⁵⁵
坐果合一戈	tsai²¹³	tsai²¹³	tɕiɛ²¹³	tɕiɛ²¹³	tɕiɛ²¹³	tɕiɛ²¹³	tɕiɛ²¹³

"坐、座"在白沙、李家田、梁家潭乡话和山枣六保话里读 ai，由此我们推测 iɛ、i 是从 ai 演变而来的，而 iɛ → i 的演变在白沙、李家田、梁家潭乡话和山枣六保话里很常见。比如"借、歇"等字在白沙乡话、梁家潭、李家田和山枣六保话里读 i，其他乡话读 iɛ。

（五）白沙乡话果摄字读 ei

白沙乡话果摄读 ei 的只有两个字：簸 pei⁵³ | 破 pʰei²⁴。

郑张尚芳（1983）认为温州方言果摄字读 ei 是 i 韵前加一稍开的 e 复化而来的。孙小花（2006）认为山西晋方言果摄字读 ei 也是由 i 演变过来的：ie>i>ei。湘南土话中果摄字也有 ei 类音的读法，刘祥友（2009）认为湘南土话果摄字读 ei 是 ai 高化的结果。a 上移为 e，与 -i 尾有很大的关系，由于 i 是个高元音，a 很容易受其拉力的作用高化。我们认为白沙乡话果摄字 ei 是 ai 高化的结果，不仅与 -i 尾有关，也与双唇音声母有关。

梁家潭、李家田、红土溪、船溪、筲箕湾乡话和山枣六保话属于该层次的读 ei，读 ei 的也是两个字：簸、破。高峰、草潭、清水坪、棋坪乡话属于该层次的读 ɤ，也是"簸、破"两字。八什坪乡话属于该层次的也读 ɤ，辖字有：破 pʰɤ⁵⁵ | 簸 pɤ³⁵ | 坡 bɤ⁴²。这些读 ɤ 的字是由 ei 演变而来的，演变途径可能是 ai→ei→ɤ，因为我们发现白沙、梁家田、船溪等乡话遇摄合口一等和蟹摄开口一等读 ei 的字，八什坪、高峰、清水坪、棋坪、草潭乡话也是读 ɤ 的。请比较：

	梁家潭	白沙	船溪	高峰	清水坪	草潭
破果合一	pʰei²⁴	pʰei²⁴	pʰei²⁴	pʰɤ³³	pʰɤ³³	pʰɤ⁵⁵
粗遇合一	tsʰei⁴⁵	tsʰei⁴⁵	tsʰei⁴⁵	tsʰɤ⁵⁵	tsʰɤ⁵⁵	tsʰɤ³³
土遇合一	tʰei⁵³	tʰei⁵³	tʰei⁵³	tʰɤ³⁵	tʰɤ³⁵	tʰɤ³⁵
做遇合一	tsei²⁴	tsei²⁴	tsei²⁴	tsɤ³³	tsɤ³³	tsɤ⁵⁵
菜蟹开一	tsʰei²⁴	tsʰei²⁴	tsʰei²⁴	tsʰɤ³³	tsʰɤ³³	tsʰɤ⁵⁵

湘西乡话还有个别见系字也读 ei。比如梁家潭、李家田乡话和山枣六保话"饿 ŋei²⁴"，八什坪乡话"个 kei⁵⁵、饿 ŋei⁵⁵"。我们认为，这些读 ei 的字和白沙乡话"簸 pei⁵³、破 pʰei²⁴"不属于同一个层次，而是由 əɯ 演变而来的。这些乡话代表点果摄字均有 əɯ 的读音，梁家潭、八什坪乡话的主体层是 əɯ，虽然李家田乡话的主体层是 ɯ，山枣六保话的主体层是 u，但李家田乡话和山枣六保话部分字读 əɯ：

李家田乡话：驼 təɯ²¹³ | 荷 ɣəɯ²¹³

山枣六保话：磨 məɯ⁴⁵ | 磨 məɯ²⁴ | 货 xəɯ²⁴

湘西乡话 əɯ→ei 的演变也出现在遇摄鱼韵见系"渠、锯、去"等字里。梁家潭、八什坪、李家田乡话读 ei，白沙、高峰、清水坪、筲箕湾等

乡话读 əɯ。山枣六保话"渠"读 əɯ，"锯、去"读 ei，例字如下：

	梁家潭	八什坪	六保话	李家田	白沙	高峰	清水坪
渠	gei213	gei213	gəɯ213	gei213	gəɯ213	gəɯ213	gəɯ213
锯	kei24	kei55	kei24	kei24	kəɯ24	kəɯ33	gəɯ33
去	kʰei24	kʰei55	kʰei24	kʰei24	kʰəɯ24	kʰəɯ33	kʰəɯ33

梁家潭"去年"的"去"读 kʰei24，"回去"的"去"读 kʰəɯ24，也说明了 əɯ → ei 的演变关系。

（六）白沙乡话果摄字读 ɑ

白沙乡话果摄读 ɑ 的字有：阿 ɑ45 ｜ 大 tɑ213/dɑ24。"阿 ɑ45"通常用于称谓词，比如：祖母 ɑ45ȵiaŋ45 ｜ 母亲 ɑ45ma0。"大 tɑ213"重叠后是"姑姑"的意思，湘西乡话的情况比较一致。周边官话和湘语也是这样称呼姑姑的，"大 tɑ213"属于文读层。

白沙乡话"大"读 dɑ24 时是父亲的意思。[明] 沈榜《宛署杂记·民风二·方言》："父曰爹，又曰别，又曰大。"郑张尚芳（1983）认为"大"和《广韵》"爹，北方人称父"的"爹"（徒可切）也有音义联系，"徒可""唐佐"仅声调不同。胡士云（1994）指出，"大"是"爹"（徒可切）的俗字。郭熙（2006）认为就目前看到的资料，"大"类和"爹"类似乎应该是同一来源。胡士云（2007）进一步指出："'大'本不是亲属称谓，后来成为'爹'字早期读音的白字，还有写作'达、答、丹'的，它们和'爹'在字形上没有关系，上古和中古时期的语音也不同，被用来作为'爹'的白字是在一些地区入声消失、清浊不再对立的时候，这个时期大约在明代。"但是我们发现白沙、李家田、红土溪、船溪乡话和山枣六保话都读浊音 dɑ24。

郭熙（2006）认为很难在书面文献中找到"大"类父亲称谓的记载，留下文字记录的近代小说大概只有《金瓶梅》。贺卫国（2010）却指出，在明清文献中，"大"类父亲称谓并非罕见。"就成书年代而言，存在'大'类父亲称谓记载的文献集中在明末至清中叶这段时期。看来，在清中叶以前，'大'类父亲称谓词在北方部分区域可能已经到了相当流行的程度。"

大概明清时期"大"类父亲称谓词传入了湘西乡话。

郭熙（2006）认为今天用"大"类的地区集中在西北，呈片状分布。吴方言有"阿大"的说法，郑张尚芳（1983）认为温州用 $a^7da^6(dε)$ 称父亲和叔父。据《汉语方言地图集》（曹志耘 2008），山东、安徽、江苏北部、湖北北部也有分布，四川、重庆和贵州也有零星分布，江西没有"大"的说法，湖南方言也只有湘西乡话称父亲为"大"或"阿大"，显得非常特殊。

湘西乡话其他代表点（除了筲箕湾乡话外）"阿"，一般都有 ɑ 的读法。"大 ta^{213}"重叠都是表"姑姑"的含义。李家田、红土溪、船溪乡话和山枣六保话也称父亲为 $dɑ^{24}$，梁家潭乡话"那"读 $nɑ^{24}$，这些都属于同一历史层次。果摄字读 ɑ，属于中古的历史层次。湘西乡话的"阿 ɑ"和梁家潭乡话"那 $nɑ^{24}$"属于乡话自身的滞古层，湘西乡话的"大 $ta^{213}/dɑ^{24}$"属于官话里的滞古层，两个不同来源的滞古层重新融合为一个层次。

北方官话果摄字"那、他、大、啊、阿"等字读同麻韵，属于潘悟云（2002a）提出的"滞二等"现象。湘西乡话的麻韵一般高化为 o（白沙乡话读 ɤ），果摄字"阿"和"大"并不跟随麻韵高化，而是继续滞后，结果进入了蟹摄。

（七）白沙乡话果摄字读 ɤ

白沙乡话果摄读 ɤ 的有三个字：何何个：谁 $xɤ^{45}$ | 蓑 $sɤ^{45}$ | 课 $k^hɤ^{213}$。白沙乡话果摄读 ɤ 的字与假摄字相混，例字如下：

何果开一歌	蓑果合一戈	麻假开二麻	沙假开二麻	遮假开三麻
$xɤ^{45}$	$sɤ^{45}$	$mɤ^{45}$	$sɤ^{45}$	$tsɤ^{45}$

我们认为白沙乡话"何何个：谁$xɤ^{45}$""蓑$sɤ^{45}$"读同假摄字，属于上文提到的"滞二等"现象，它们没有参与白沙乡话果摄字中古以后 o→u→ɯ 的音变，而是入麻韵后随着麻韵发生了展唇化的音变。除了梁家潭和李家田乡话"何何个：谁"读同主体层外，其他乡话"何何个：谁"读 o，也与假摄字相混。除白沙乡话外，其他乡话"蓑"一般不与假摄字相混。

白沙乡话"课 $k^hɤ^{213}$"属于外借层，虽然也是读同假摄，但应该是从官话借过来的，属于文读音。其他乡话都将"课"读作 o，白沙乡话的"课"与其他乡话的读音不同，因为白沙乡话是采用对应借贷的方式借入的，其他乡话点则采用音值借贷的方式。

（八）白沙乡话果摄字读 u

白沙乡话果摄读 u 的有两个字：笋 lu⁴⁵ | 荷荷包蛋 u²¹³。这两个字应该是白沙乡话果摄字 u → əɯ 演变的滞留，属于中古以后的层次。梁家潭乡话的"笋 lu⁴⁵"和八什坪乡话的"我 βu³⁵"属于同一种情况。

（九）白沙乡话果摄字读 o

白沙乡话果摄读 o 的字有六个：俄 ŋo²⁴ | 荷荷花 xo²⁴ | 玻 po⁴⁵ | 螺 lo²⁴ | 科 kʰo⁴⁵ | 火 fo⁵³。周边的官话果摄一等字除了"那、他、大、啊、阿"等读 a 外，一般读 o。"俄、荷荷花、玻、螺、科"在湘西乡话里都读 o，均是从官话借过来的，属于官话渗透层。

"火"是个例外。"火 fo⁵³"是白读音，文读 xəɯ⁵³。白沙乡话"火"与蟹摄、止摄支韵部分字相混，属于较早的语音层次。李家田、八什坪、船溪、红土溪、筲箕湾乡话"火"也读 fo⁵³，梁家潭、高峰、清水坪、草潭、棋坪乡话"火"的韵母读 ɑ，也与蟹摄、止摄支韵部分字相混。山枣六保话"火"读 uɑ，疑是因受到声母 x 的影响而滋生了介音 u。例字如下：

	梁家潭	李家田	白沙	船溪	高峰	清水坪	六保话
火果合一戈	fɑ⁵³	fo⁵³	fo⁵³	fo⁵³	fɑ³⁵	fɑ³⁵	xuɑ⁵³
抬蟹开一	tɑ²¹³	to²¹³	to²¹³	to²¹³	tɑ²¹³	tɑ²¹³	tɑ²¹³
牌蟹开二	pɑ²¹³	po²¹³	po²¹³	po²¹³	pɑ²¹³	pɑ²¹³	pɑ²¹³
赔蟹合一	pɑ²¹³	po²¹³	po²¹³	po²¹³	pɑ²¹³	pɑ²¹³	pɑ²¹³
皮止开三	fɑ²¹³	fo²¹³	fo²¹³	fo²¹³	fɑ²¹³	fɑ²¹³	xuɑ²¹³

（十）白沙乡话果摄字读 oŋ

白沙乡话果摄读 oŋ 的字只有一个：那 noŋ²⁴。

温州读 oŋ 的有三个字"糯、懦、么"，均是鼻音声母字。郑张尚芳（1983）认为"ŋ 尾（温州鼻尾只有 ŋ）显然是由声母同化而增生的。oŋ 实际上是 o 韵的一种变体"。郑伟（2013）指出：众多吴语的果摄 o 在有些声母后会滋生鼻音色彩，例如：启东四甲话"薄～荷 bõ⁶"，新昌"蓑 soŋ¹"，桐乡、湖州话"磨 moŋ²"，长兴"糯 noŋ⁶"。常熟方言也有类似的演变，不局限于鼻音声母。徐越（2007）认为这种现象属于后高圆唇元音后的鼻尾增生。

湘西乡话除了梁家潭"那"的韵母读 a、山枣六保话"那"的韵母读 o 外，一般读 oŋ。我们也认为湘西乡话"那"读 oŋ 实际上是 o 韵的一种变体。o 属于后高圆唇元音，n 是鼻音声母，容易增生鼻音韵尾。李家田乡话"那"既可以说 noŋ²⁴，也可以说 no²⁴，表明 oŋ 与 o 确实存在演变的关系。白沙乡话果摄字读 oŋ 属于中古以后的语音层次。

四 非主体层次的类型

白沙乡话果摄一等字非主体层次包括音变滞后层、条件音变层和官话渗透层。

（一）音变滞后层

不同历史时期的扩散式音变会产生各种音变的滞后形式，王福堂（2005）称之为"离散式音变中断后保留下来的古老读音"。白沙乡话果摄一等字有以下几种读音属于滞后现象：ai、uai、i、ɤ（何/蓑）、o（火）、ɑ（阿）、u。

ai 属于上古时期的语音层次，uai、i、o（火）都是上古语音 ai 的后续演变。果摄字读 ai、i、o（火）的字与蟹摄合流。uai 是 ai 滋生介音 u 演变而来的，白沙乡话蟹摄字里没有这样的读音，这是因为白沙乡话原本读 uai 的蟹摄字发生了 uai → ua → uɑ → uo → o 的演变。

一般认为，中古果摄字元音韵尾 i 已失落。白沙乡话的 ɑ（阿）属于中古的语音层次。ɤ（何/蓑）是中古后期的"滞二等"现象，与假摄字合流。果摄字读 u 也是中古以后的滞后层。

（二）条件音变层

语言演变过程中，某个历史音类由于内部语音条件的不同，从而产生音值的分化。白沙乡话果摄字读 ei 只限于帮组字，属于条件音变。"那"受到声母 n 的影响读作 oŋ，"个"受到声母 n 的影响读 ɑŋ，也是果摄字的条件音变。

（三）官话渗透层

白沙乡话一直处于官话的包围之中，受到了不同时期官话的影响。ɑ（大 tɑ²¹³/dɑ²⁴）、ɤ（课）、o（俄荷_{荷花}玻螺科）均是从官话借过来的，属于官话渗透层。

下面将白沙乡话果摄字 11 种读音类型和其他乡话代表点相对应的读音列出如下：

	白沙	梁家潭	李家田	八什坪	红土溪	船溪	高峰	草潭	六保话	清水坪	筲箕湾	棋坪
1	ɯ	ɯ	ɯ	əɯ	ɜu	uɤ	u	u		u	u	ɜu
2	ai	ai	ai	ai	ai		ai	ai	ai	ai	ai	ai
3	ɑŋ	ɑŋ		ɑŋ	ɑŋ							
4	uai											
5	i	i	i	iɛ	iɛ	iɛ	iɛ	i/iɛ	i	i	iɛ	i
6	ei	ei	ei	ɤ	ei	ei	ɤ	ɤ	ei	ɤ	ei	ɤ
7a	ɑ（阿）	ɑ	ɑ	ɑ	ɑ	ɑ	ɑ	ɑ		ɑ		
7b	ɑ（大）											
8a	ɤ（何）		o	o	o	o	o	o		o	o	o
8b	ɤ（课）	o										
9	u	u		u								
10a	o（火）	ɑ	o	o	o	ɑ	o	uɑ	o	ɑ	o	ɑ
10b	o											
11	oŋ		oŋ	oŋ	oŋ	oŋ	oŋ		oŋ	oŋ	oŋ	

类型 1 是果摄字的主体层次，反映唐宋以后的语音层次。类型 7b、8b、10b 是官话的渗透层，属于外源层次。类型 3、6、11 是条件音变层，其余的读音类型是音变的滞后形式，条件音变和滞后音变属于自身的演变，是同源层次。

语音的演变总是从少数字开始，湘西乡话果摄字同源层次还有一种形式是音变的超前层，这是相对于主体层次来说的。李家田乡话个别字读 u，比如：箩 lu⁴⁵ | 舵 tu⁵³。这说明主体层 ɯ 又开始了高化音变。高峰、草潭、棋坪、筲箕湾、清水坪乡话和山枣六保话还有部分字读 əɯ，这些字是从主体层 u 演变而来的。八什坪、梁家潭、李家田乡话和山枣六保话个别见系

字读 ei，这个 ei 是从 ɔɯ 演变而来的。这些都是果摄字自身演变的超前形式。

各个发展阶段的读音同时并吞，高化、裂化、元音滋生或脱落等音变形式多种多样，音变的滞后和超前现象比较普遍，官话的渗透影响持续不断，再加上条件音变，因此湘西乡话果摄一等字读音复杂且读法多样。各种音变均呈扩散式，即使是同类声母条件的字，也常常不是同时变，所以说，湘西乡话果摄一等字读法之多，可以认为是不同语音层次的各种读音积累的结果。

第五节 湘西乡话遇摄字的演变

中古遇摄包括合口一等模韵和合口三等鱼韵、虞韵。本节选择调查比较深入的泸溪白沙乡话作为研究的突破口，通过层次关系联系其他乡话的层次，来梳理湘西乡话遇摄字的读音层次和演变。本节的层次参照王福堂先生的说法，将因本方言自身演变而构成的音类叠置和因借入异方言而构成的音类叠置都称为层次，分别叫作同源层次和异源层次。

一 模韵

（一）主体层次

据王力（1985），汉语史上模韵由古至今大概经历了这样的演变过程：a/ua → ɔ/uɔ → o → u。从先秦到东汉都分开合口；到南北朝失去这种对立，读为 o；隋唐时期进一步演变为 u。官话多半继承了隋唐时期的读法。

湘西乡话模韵主体层次的读音与声母有关，大致可分为四种类型，分别以泸溪白沙、古丈高峰、辰溪船溪乡话和古丈山枣六保话为代表：

	泸溪白沙	古丈高峰	辰溪船溪	六保话
帮组	u	u	u	u
端组	u	əɯ	əɯ	u
泥组	u	əɯ	əɯ	u
精组	əɯ	u	əɯ	u
见晓组	u	u	u	u

湘西乡话帮见晓组一般读 u。泸溪白沙乡话端泥组读 u，精组读 əɯ，泸溪李家田、泸溪梁家潭等乡话属于此种类型；古丈高峰乡话端泥组读 əɯ，精组读 u，古丈草潭、沅陵清水坪等乡话属于此种类型；辰溪船溪乡话端泥精组读 əɯ，泸溪红土溪、泸溪八什坪、沅陵棋坪等乡话属于此种类型。古丈山枣六保话端泥来精组读 u，沅陵筲箕湾乡话属于此种类型。

中古模韵一般拟作 *o，湘西乡话模韵帮见晓组字读作 u，是 *o 高化的结果。湘西乡话模韵端泥精组部分字读 əɯ，这是自身的演变还是客话的影响呢？辰溪湘语模韵端泥精组字读 əɯ，辰溪船溪乡话与此相同。泸溪湘语模韵端泥组字读 u，精组字读 əɯ，泸溪白沙、泸溪李家田、泸溪梁家潭等乡话与此相同，但泸溪红土溪、八什坪乡话端泥精组字均读 əɯ。古丈、沅陵官话模韵字端泥精组字读 u，古丈山枣六保话和沅陵筲箕湾乡话与此相同，但古丈高峰、古丈草潭、沅陵清水坪等乡话端泥组字读 əɯ，沅陵棋坪乡话端泥精组字读 əɯ，不与古丈、沅陵官话相同。

湘西乡话模韵读 əɯ 的情况与客话并不完全一致，因此我们认为湘西乡话模韵字 əɯ 是自身演变的结果。湘西乡话模韵字 əɯ 一般发生在端泥精组，湘西乡话端泥精组今读舌位靠前的舌尖音，而后元音 u 舌位靠后，发音时从口腔前到口腔后需要做较大的位移，中间容易滋生过渡性滑音，再加上湘西乡话的 u 圆唇度不高，从而发生裂化，演变的路径为 u→（əu）→əɯ。湘西乡话模韵字帮见晓组一般保留了 u 音，帮组字保留 u 的读音与唇音有关，唇音与圆唇元音 u 的收紧点都在唇部，二者兼容，从而阻止了裂化的产生。见晓组字和后元音 u 发音部位均靠后，发音协调，因此保留了 u 的读音。

在湘西乡话中，u→əu→əɯ 这种裂化音变属于扩散式音变，白沙乡话模韵端泥组字读 u，口语常用字"渡"却读 əɯ。山枣六保话模韵字一般读 u，但口语常用字"肚"已经变为 əɯ 了。

湘西乡话模韵主体层次大部分字音属于白读音，也有部分字音是明显的文读音，比如"慕、奴、芦、诉、孤、污"等，这些文读音是从客话或普通话里借过来的，形成了文白共处一个层次的现象。有些借词采用了音值借贷的方式，造成了音变的例外。比如泸溪八什坪、白沙乡话模韵精组字一般读 əɯ，但八什坪乡话借词"醋、苏、诉"读 u，白沙乡话借词"租、醋"读 u，泸溪湘语模韵精组字也是读 əɯ 的，这种例外是普通话影响所致。

湘西高峰、草潭、清水坪、棋坪乡话果摄一等字高化读 u，端泥精组字并未像模韵那样发生裂化音变，这是因为模韵 u 发生裂化在前，等到果摄一等字高化读 u，模韵已经完成了裂化音变。

（二）非主体层次

1. 白沙乡话模韵字读 au

白沙乡话模韵读 au 的字只有一个：路 sau⁵³。湘西乡话其他代表点属于该层次的都只有"路"这个字，"路"读 au 音在湘西乡话非常一致，而且声母均读擦音 s，湘西其他汉语方言和民族语言目前没有发现模韵读 au 的字，白沙话的这个读者可能是古音的遗留。音韵学界一般将上古模韵拟作 *a，白沙乡话模韵读 au 可能是从 a 演变而来的，由于受到后元音 u 的影响，a 变成了 ɑ。

2. 白沙乡话模韵字读 oŋ

白沙乡话模韵读 oŋ 的字只有一个：五 oŋ⁵³。

筻箕湾、李家田、红土溪、梁家潭、船溪乡话和山枣六保话属于该层次的也读 oŋ，也只有"五"一个字。高峰、清水坪、草潭、棋坪乡话的"香炉碗"的"炉"也读 loŋ⁵⁵。"五"古音是 *ŋo/ŋu，其可能的变化是 ŋo → õ → oŋ，或 ŋu → ŋ̇ → oŋ，这是鼻音声母影响韵母的结果。

草潭、高峰、清水坪乡话"五"读 ɤŋ。八什坪、棋坪乡话"五"读 ẽ。我们认为 ɤŋ、ẽ 是从 oŋ 演变而来的，这些乡话代表点咸山宕江摄字也有 oŋ—ɤŋ—ẽ 的对应：

	白沙	筻箕湾	高峰	清水坪	棋坪	八什坪
甘 咸开一	koŋ⁴⁵	koŋ⁴⁵	kɤŋ⁵⁵	kɤŋ⁵⁵	kẽ³³	kẽ³³
伞 山开一	soŋ⁵³	soŋ⁵³	sɤŋ³⁵	sɤŋ³⁵	sẽ³⁵	sẽ³⁵
钢 宕开一	koŋ⁴⁵	koŋ⁴⁵	kɤŋ⁵⁵	kɤŋ⁵⁵	kẽ³³	kẽ³³
双 江开二	soŋ⁴⁵	soŋ⁵⁵	sɤŋ⁵⁵	sɤŋ⁵⁵	sẽ³³	sẽ³³

3. 白沙乡话模韵字读 ei

白沙乡话模韵读 ei 的字出现在端精组：土 tʰei⁵³ | 粗 tsʰei⁴⁵ | 做 tsei²⁴。

梁家潭、棋坪乡话属于该层次的读音和辖字与白沙乡话一样。红土溪属于该层次的读 ei/i，辖字：做粗 ei｜土 i，i 是 ei 的单元音化。高峰、棋坪乡话属于该层次的读 ɤ，辖字：粗、土、做、吐、兔。清水坪乡话属于该层次的读 ɤ，辖字：吐、粗、土、做。草潭乡话属于该层次的也读 ɤ，辖字：兔、粗、土、做。八什坪乡话属于该层次的读 ɤ/ɛ，辖字：土 ɤ｜粗做 ɛ。我们发现，白沙乡话果摄合口一等、蟹摄开口一等读 ei 的字，八什坪、高峰、清水坪、棋坪、草潭乡话也读 ɤ。

	白沙	八什坪	高峰	清水坪	棋坪	草潭
土遇合一	tʰei⁵³	tʰɤ³⁵	tʰɤ³⁵	tʰɤ³⁵	tʰɤ³⁵	tʰɤ³⁵
破果合一	pʰei²⁴	pʰɤ⁵⁵	pʰɤ³³	pʰɤ⁵⁵	pʰɤ³³	pʰɤ⁵⁵
菜蟹开一	tsʰei²⁴	tsʰei⁵⁵	tsʰɤ³³	tsʰɤ⁵⁵	tsʰɤ³³	tsʰɤ⁵⁵

因此我们认为八什坪、高峰、清水坪、棋坪、草潭乡话模韵 ɤ 的读音是 ei 的地域变体。

山枣六保话属于该层次的读 ei/ai，辖字：粗 ei｜土做 ai。需要说明的是，"土"单说读 tʰai⁵³，"上土"的"土"读 tʰei⁵³。白沙乡话的情况刚好相反，"土"单说的时候读 tʰei⁵³，"堆土"的"土"读 tʰai⁵³。"做"单说读 tsei²⁴，"做梦"的"做"读 tsei²⁴，"做生意"的"做"读 tsai²⁴。筲箕湾乡话属于该层次的读 ei/ɛ，辖字：土做 ei｜粗 ɛ。八什坪乡话"粗、做"也读 ɛ，我们认为 ɛ 是 ai 单音化的结果，演变的路径为 ei → ai → ɛ。

湘西乡话模韵端精组字部分读 əɯ，部分读 ei 类音，ei 是不是从 əɯ 演变而来的？湘西乡话通摄字就有 əɯ → ei → ai 的演变。山枣六保话通摄合口一等字读 əɯ，梁家潭乡话读 ei，白沙、李家田和船溪乡话读 ai，形成了 əɯ → ei → ai 的音变。可是我们发现高峰、草潭、清水坪、筲箕湾乡话和山枣六保话精组字读 u 而不读 əɯ，由此可见，ei 不可能是 əɯ 演变而来的。湘西乡话模韵端精组字读 əɯ 应该是正在发生的语音演变，高峰等乡话还没有这样的音变，白沙等乡话只有精组字读 əɯ，高峰等乡话只有端泥组读 əɯ，而模韵端精组字都有读 ei 类音的现象，因此我们认为模韵端精组字读 ei 类音应该发生在读 əɯ 之前，但是无法判定它是模韵演变过程中哪个阶段的条件音变。

4. 白沙乡话模韵字读 o

白沙乡话模韵读 o 的字有三个：模~模范~ mo⁴⁵ | 塑 so²⁴ | 摹 mo²⁴

白沙乡话这三个字是从泸溪湘语借过来的，属于文读层。湘西乡话其他代表点这三个字也读 o，也属于文读层，是从周边客话借过来的。

白沙乡话模韵非主体层次共有四种读音类型：ɑu、oŋ、ei、o。ɑu、oŋ 属于滞古层，ei 属于条件音变层，o 属于官话渗透层。

二 鱼虞相混

《切韵》中鱼虞二韵是分立的，《切韵·序》中说："支脂鱼虞，共为不韵。"颜之推在《颜氏家训·音辞篇》中提到"北人以庶为戍，以如为儒"，可见南北朝时期北人鱼虞相混，而南方话则鱼虞有别。鱼虞相混是中古以后的层次，湘西乡话鱼虞相混层既有白读音，也有文读音。

（一）白沙乡话鱼虞韵读 iəɯ

鱼韵读 iəɯ 的字有：驴 liəɯ⁴⁵ | 蛆 tɕʰiəɯ⁴⁵ | 猪 tiəɯ⁴⁵ | 鱼 n̠iəɯ⁴⁵ | 女 n̠iəɯ⁵³ | 煮 tɕiəɯ⁵³ | 絮 ɕiəɯ²⁴ | 书 tɕiəɯ⁴⁵

虞韵读 iəɯ 的字有：蛛 tiəɯ⁴⁵ | 厨 tiəɯ²¹³ | 珠 tɕiəɯ⁴⁵ | 输 ɕiəɯ⁴⁵ | 住 tiəɯ²⁴

白沙乡话鱼韵读 iəɯ 的字在上古属于鱼部，虞韵读 iəɯ 的字在上古属于侯部。鱼虞韵读 iəɯ 的字与流摄尤韵合流。

秋谷裕幸（1999）曾提出，吴语处衢片方言有八项音韵特征和闽语的表现一致，其中包括舌齿音虞韵字和尤韵的合流。郑张尚芳（2002c）将吴语和闽语的虞、尤合韵视为"中古后期虞韵 iu 以后生成的层次"。但是郑伟（2013）却主张吴语和闽语的虞、尤合韵是南朝吴语的继承。戴黎刚（2012）认为流摄和遇摄之间的一致性应该是闽语比较后起演变的结果。闽语流摄和遇摄虽然有部分字同读 iu 音类，但是这两个摄各自分属的历史层次不同，流摄读为 iu 音类的属于文读音层次，而遇摄读为 iu 音类的属于白读音层次。白沙乡话的虞、尤合韵现象与吴语和闽语不同，鱼韵也参与其中了。鱼虞韵读 iəɯ 音类是白读音层次，流摄尤韵读 iəɯ 的字部分属于文读音层次，部分属于白读音层次，"手、流、瘦"这些字似乎比较古老，

"邮、纠、灸"等是从客话或普通话借过来的。白沙乡话鱼虞韵白读音 iəɯ 应该是和流摄尤韵白读合流，这种合流现象发生在鱼虞合流之后，应该是中古以后的演变。

湘西乡话其他代表点（筲箕湾乡话除外）属于该层次的读音也是 iəɯ，辖字也基本相同。白沙、红土溪和船溪乡话将"筷子"的"筷"读为 kʰuɑ²⁴，山枣六保话、李家田、高峰、清水坪、梁家潭、棋坪、八什坪乡话念为 tiəɯ，实为"箸"，"箸"这个字也属于鱼虞尤韵合流的层次。棋坪、清水坪乡话"滤"读 iəɯ，李家田乡话"徐"读 iəɯ，也是属于该层次。

筲箕湾乡话属于这个层次的字读 y/əɯ，比如：蛆 tɕʰy⁴⁵ | 书 tɕy⁴⁵ | 鱼 ny⁴⁵ | 煮 tɕy⁴² | 絮 ɕy²⁴ | 蛛 ty⁴⁵ | 珠 tɕy⁴⁵ | 输 ɕy⁴⁵ | 住 təɯ²⁴ | 箸 dəɯ²⁴ | 厨 təɯ⁴⁵，读 əɯ 的都是澄母字，应该是受到了澄母的影响。红土溪、船溪乡话章组字"书、煮、珠"读 əɯ，是受到章组声母影响失掉了介音 i 所致。

（二）白沙乡话鱼虞韵读 ia

鱼韵读 ia 的字有：滤 lia²⁴

虞韵读 ia 的字有：柱 tʰia⁵³

白沙乡话鱼虞韵读 ia 的音类都是白读音。"柱"在湘西乡话中的读音完全一致，均读 ia/iɐ，高峰、草潭、棋坪乡话的"滤"也是读 ia/iɐ。红土溪和船溪乡话的"芋"读 ia，也属于这个层次。湘西乡话流摄尤韵白读音也是 ia/iɐ，"柱、滤、芋"与流摄尤韵白读音合流。我们认为鱼虞尤韵读 ia 是鱼虞尤韵合流读 iəɯ 后发生的后续音变：iəɯ → iei → iai → ia。前文说过湘西乡话侯韵字中古以后经历了 u → əu → əɯ → ei → ai → a 的演变，可见湘西乡话尤韵和侯韵的发展是平行的。

白沙乡话虞韵有两个白读音读为 ei 的字：腐坏 fei⁵³ | 扶 fei²¹³。"腐、扶"是虞韵非组字，鱼韵没有非组字，很容易把虞韵非组读 ei 的字误认为是鱼虞有别层次，但是我们发现尤韵非组"浮"也是读 ei 的，白沙乡话虞韵读 ei 的字也属于鱼虞韵和尤韵合流的层次。当鱼虞尤韵合流演变为 iei 时，由于非组声母使得介音 i 脱落，从而读为 ei 音。由此看来，白沙乡话虞韵读 ei 的字也属于鱼虞相混层。

山枣六保话、红土溪、梁家潭、船溪、八什坪、李家田乡话属于该层次的读 ei。山枣六保话、红土溪、梁家潭、船溪乡话辖字：腐扶。八什坪乡话辖字：腐麸扶。李家田乡话辖字：符扶。高峰、草潭、棋坪、清水坪乡话属于该层次的读 ɤ。高峰、草潭乡话辖字：符腐麸。棋坪乡话辖字：腐符扶。清水坪辖字：腐扶。筲箕湾乡话属于该层次的读 ε，辖字：腐麸扶。

（三）白沙乡话鱼虞韵读 u

鱼韵读 u 的字有：著 tsu^{213} | 鼠 su^{42} | 舒 su^{45} | 黍 su^{42} | 处处所 tsʰu^{42}

虞韵读 u 的字有：朱 tsu^{45} | 斧 fu^{53} | 舞武 vu^{53} | 腐豆腐 fu^{53} | 付 fu^{213} | 务 vu^{213} | 傅 fu^{53} | 符 fu^{24}

u 出现在非组和知章组字里。

（四）白沙乡话鱼虞韵读 y

鱼韵读 y 的字有：举 tɕy^{42} | 序 ɕy^{213} | 巨拒距据 tɕy^{53} | 许 ɕy^{42} | 徐 ɕy^{24}

虞韵读 y 的字有：瞿 dʑy^{24} | 聚 tɕy^{213} | 芋 y^{53}

y 只出现在精组和见系字里。

（五）白沙乡话鱼虞韵读 uei

鱼韵读 uei 的字有：吕 luei^{42} | 旅 luei^{42} | 虑 luei^{42}

虞韵读 uei 的字有：屡 luei^{42}

uei 只出现在泥来母字里。

（六）白沙乡话鱼虞韵读 əɯ

鱼韵读 əɯ 的字有：助 tsəɯ^{53} | 楚 tsʰəɯ^{42}

虞韵读 əɯ 的字有：数数学 səɯ^{213}

白沙乡话鱼虞韵 u、y、uei、əɯ 音类出现在新的文化词里，属于文读音，是晚近从周边客话借入的。这几个读音出现的环境是互补的，属于同一个语音层次。八什坪乡话精组字读 uei，与泥来母字读音相同。高峰、草潭、清水坪、筲箕湾乡话、山枣六保话庄组字读 u，与知章组字读音相同。其他代表点该层次的读音与白沙乡话相同,辖字一致。

三 鱼虞有别

罗常培(1931)《〈切韵〉鱼虞的音值及其所据方言考》,指出南北朝时代"鱼、虞有别"的地区主要集中在"太湖周围"。后来周法高(1948)认为中古时代并不仅仅只有南方江东一带鱼、虞有别,广大的北方地区也是可以区分鱼、虞的。潘悟云(2002b)证明了唐代"长江以南和西北地区的中古方言是能够区分鱼、虞的"。根据前人的研究,在现代汉语方言中,最能反映鱼、虞有别的方言是吴语、闽语和客家话,赣语、徽语、湘语和官话部分字能体现鱼、虞有别。粤语[①]和平话没有区分鱼、虞的层次。

鱼、虞有别应该包括两种情况:鱼韵有不同于虞韵的读音和虞韵有不同于鱼韵的读音。一般来说,鱼韵读音不同于虞韵的现象常见一些,人们在研究鱼虞有别现象时较多地关注鱼韵白读不同于虞韵。根据笔者掌握的资料,汉语方言鱼韵白读音不同于虞韵分为两种情况。1. 限于见系字,见于官话方言、晋语、粤语和湘语。北京、南京、济南、西安、扬州、太原话等"去"字有鱼虞不混的白读音,武汉、成都、扬州话"去锯"二字反映鱼虞有别。湘语"去锯渠"体现了鱼虞有别。2. 不限于见系字,吴语、闽语、客家话、徽语和赣语属于这种情况。

鱼虞有别实际上还应该包括虞韵读音不同于鱼韵。就拿闽语莆仙话来说,鱼韵只有ø与y两种读音,虞韵的读音共有五种类型:iu、iau、u、ou、y。y属于鱼虞相混的层次。鱼韵的ø与虞韵的iu、iau、u、ou都属于鱼虞有别的层次。

湘西乡话存在鱼虞有别层次,包括鱼韵有不同于虞韵的读音和虞韵有不同于鱼韵的读音两种。

(一)鱼韵不同于虞韵的读音

1. 白沙乡话鱼韵字读əɯ

白沙乡话鱼韵字"渠 gəɯ²¹³、锯 kəɯ²⁴、去 kʰəɯ²⁴"属于鱼虞有别的层

[①] 粤语只有"锯"的白读音不同于虞韵,麦耘先生认为这是个"特例"。

次，筲箕湾、红土溪、棋坪、船溪乡话属于该层次的也是这三个字，读音与白沙乡话相同。李家田、梁家潭、八什坪乡话属于该层次的读音为 ei，辖字：渠锯去。需要说明的是，李家田乡话"回去"的"去"读 ei，"去年"的"去"读 ẽ。梁家潭乡话"去年"的"去"读 ei，"回去"的"去"读 əɯ。八什坪乡话"回去"的"去"读 ei，"去年"的"去"读 ɤ。

山枣六保话属于该层次的读音为 əɯ/ei，辖字：渠 əɯ | 锯 ei | 去 ei，高峰乡话属于该层次的读音为 əɯ，辖字：锯去，清水坪乡话属于该层次的读音为 əɯ/ɤ，辖字：渠 əɯ | 锯 əɯ | 去 ɤ。需要说明的是，山枣六保话"回去"的"去"读 ei，"去年"的"去"读 ai。高峰乡话"回去"的"去"读 əɯ，"去年"的"去"读 ɤ。

湘西乡话部分代表点"去"有两种读音，请看湘西乡话"去"读音的比较：

	白沙	梁家潭	草潭	高峰	八什坪	李家田	六保话
（回）去	əɯ	əɯ	əɯ	əɯ	ei	ei	ei
去（年）	əɯ	ei	ɤ	ɤ	ɤ	ẽ	ai

我们认为，"去"的两种读音存在音变关系。"回去"是动词，"去年"是名词，动词"回去"的"去"意义更加实在，比"去年"的"去"的读音稳定些。从比较中可以看出湘西乡话"去"的演变轨迹是：

$$\text{əɯ} \to \text{ei} \to \begin{cases} \text{ɤ} \\ \text{ẽ} \\ \text{ai} \end{cases}$$

这也是湘西乡话鱼韵字读 əɯ 类音（鱼虞有别层次）的演变轨迹。湘西乡话读 əɯ 类的鱼韵字（鱼虞有别层次）集中在见系声母字，辖字与湘语相同。虞韵见系字一般没有 əɯ 类的读音，只有筲箕湾、高峰、草潭、清水坪、棋坪乡话"瞿"读 əɯ 类音，杨蔚（2010b）和伍云姬、沈瑞清（2010）因此将鱼韵字读 əɯ 类音视为鱼虞合流的层次。我们认为"瞿"读 əɯ 类音是受到了普通话同音字的影响。同为姓氏的"朱"，湘西乡话部分代表点读 tsu，部分代表点却读 tiəɯ。"朱"是章组字，湘西乡话章组声母读 tɕ 或 ts，不读 t，"朱"读成 tiəɯ 是受到了鱼韵知组字"猪 tiəɯ"的影响。"瞿"的情况与"朱"类似，部分代表点的"瞿"读 y，部分代表点读 əɯ 类音，读 əɯ 类音是受鱼韵"渠"的影响，不影响其他读 əɯ 类的鱼韵字的性质。

2. 白沙乡话鱼韵字读 ei

白沙乡话鱼韵读 ei 的字有：初 tsʰei⁴⁵ | 锄 tsei²¹³。白沙乡话"梳"读 sẽ⁴⁵，我们认为 ẽ 是从 ei 演变而来的，与 ei 属于同一层次。

李家田乡话属于该层次的字也读 ei，辖字：初锄梳。高峰、草潭、清水坪、棋坪乡话属于该层次的字读 ɤ，辖字：初锄梳。红土溪、船溪乡话属于该层次的字读 ei/ẽ，辖字：初 ei | 梳锄 ẽ，山枣六保话、筲箕湾和梁家潭乡话属于该层次的字读 ei，辖字：初梳。八什坪乡话属于该层次的字读 ɤ/ɛ，辖字：梳 ɤ | 初 ɛ。

湘西乡话读 ei 的鱼韵字均属于庄组声母，吴语、闽语、赣语、徽语、湘语等庄组声母后韵母读音都跟知、照组声母后的韵母不一样。湘语鱼韵庄组字读音同于一等模韵端精组字的读音，湘西乡话的鱼韵庄组字 ei 类音也是同于模韵端精组字的白读音。彭建国、郑焱霞（2008）认为湘语这类读音是庄组声母的卷舌性质造成的。卷舌声母与舌位前高的 i 介音产生了冲突，冲突的结果是 i 介音脱落，混入了一等模韵的舌齿音。我们也认为湘西乡话鱼韵庄组字读 ei 类音是庄组声母的卷舌性质造成的。

山枣六保话、李家田、梁家潭乡话见系字和庄组字鱼韵字均有 ei 的读音，但分属两个不同的层次。见系字 ei 是从 əɯ 演变而来的，属于鱼韵自身的演变。而庄组字读 ei 是混入模韵后发生的演变。

湘西乡话虞韵庄组字没有 ei 类音，鱼韵庄组字在鱼虞合流之前已经读同一等模韵了。

3. 白沙乡话鱼韵字读 o

白沙乡话鱼韵读 o 的字只有一个字：所 so⁴²，湘西乡话其他代表点属于该层次的也只有"所"，而且读音相同。这个字是从周边客话或普通话借过来的，属于文读音。所以尽管虞韵没有读 o 的字，但"所"不属于中古鱼虞有别的现象。

中古汉语里鱼韵的音值拟音经历了从圆唇元音到不圆唇元音的转变。高本汉（1915）拟为 *-iʷo，罗常培（1931）把鱼韵拟作 *-io，取消了高氏的 ʷ，因为他发现《韵镜》中收鱼韵的第十一转记作"开",《七音略》该转亦记作"重中重"。这一改订至今为多数学者所遵从。不过有些学者把鱼韵的主要元音拟作圆唇性比较弱的 *ɔ,如周法高(1948)、李荣(1952)、邵荣芬(1982)等。平山久雄(1995)认为中古的鱼韵是 *-iə,秋谷裕幸(2002)也同意拟为 *iə。潘悟云(2002b)将《切韵》鱼韵拟为 *-ɯ。陈忠敏(2013)同意潘悟云观点。湘西乡话不同于虞韵的鱼韵字读音也是开口的。

陈忠敏(2013)将南方方言鱼虞有别读音(鱼韵白读层)分为两个层次:第一层次来源于 ua,第二层次来源于 ɯ。鱼韵读 əɯ 类的字应该属于第二层次。潘悟云(1999)指出:后高元音前面往往会增生出一个过渡音(glide)ə,后高元音 ɯ 前面也会发生同样的音变:ɯ>ᵊɯ>əɯ。湘西乡话鱼韵读 ei 类的字似乎也属于第二层次,实际上属于鱼模相混层,它的来源不是 ɯ。

(二)虞韵不同于鱼韵的读音

1. 白沙乡话虞韵读 a

白沙乡话虞韵读 a 的字有:株 ta⁴⁵ | 取 tsʰa⁵³ | 娶 tsʰa⁵³ | 数动词 sa⁵³ | 竖 dza²⁴ | 树 tsa²⁴ | 数名词 sa²⁴ | 雨 va⁵³。

白沙乡话这些读 a 的鱼韵字与流摄字合流:

数遇合三虞韵	陡流开一侯韵	取遇合三虞韵	够流开一侯韵	雨遇合三虞韵	有流开三尤韵
sa⁵³	ta⁵³	tsʰa⁵³	ka²⁴	va⁵³	va⁵³

白沙乡话读 a 的虞韵字除"雨"上古属于鱼部字外,其余都是上古侯部字。闽语莆仙话虞韵和流摄侯韵字都有 iau 音类,戴黎刚(2012)认为这不是上古流摄和遇摄同归侯部的体现。虞韵读为 iau 音类属于白读音层次,而流摄读为 iau 音类的是文读音层次。白沙乡话读 a 的虞韵字和侯韵字都是白读音,它们是不是反映了上古流摄和遇摄同归侯部呢?上古的侯部字读 *o,到了中古读作 *u,湘西乡话侯韵字中古以后经历了 u → əu → əɯ → ei → ai → a 的演变。湘西官话侯韵字一般读 əu,湘语侯韵字一般读 ai,湘西乡话在 ai 的基础上失去 i 韵尾演变为 a 了。由于读 a 的"雨"上古属于鱼部字而非侯部字,因此我们认为白沙乡话虞韵

读 a 不是上古流摄和遇摄同归侯部的体现，而是白沙乡话中古虞韵的自身发展。

除草潭、清水坪乡话属于该层次的字读 ɐ 外，其他乡话代表点一般读同白沙乡话，辖字也相同。ɐ 可以看作 a 的地域变体。李家田、梁家潭乡话和山枣六保话"树"读 tɕia²⁴，韵母可能是受声母的影响滋生了介音 i。

白沙乡话"雨"反映了鱼虞韵和尤韵的合流：雨遇合三虞韵 vaɤ⁵³ = 有流开三尤韵 vaɤ⁵³，属于鱼虞相混的层次。

2. 白沙乡话虞韵读 ɤ

白沙乡话虞韵读 ɤ 的字有两个：父 bɤ⁵³ | 母 mɤ⁵³。"祖父"称 au⁴⁵bɤ，"外祖父"称 kɤ⁴⁵bɤ，"外祖母"读作 kɤ⁴⁵mɤ。

潘悟云（2002a）指出："母"字应该还有一个明母虞韵的读音，《广韵》失收。施向东（2015）也认为"'母'字上古音属之部，音 mɯ，但是也有鱼部的读音。《礼记·内则》'淳母'郑注：'母读曰模'，是其证矣。《诗经》'母'字亦有与鱼部押韵者，《鄘风·蝃蝀》二章'朝隮于西，崇朝其雨。女子有行，远兄弟父母。''母'与'雨'韵，押入鱼部。'母'有鱼部读音，故可以与'毋'（明母鱼部）同字而做否定词。盖'母'字本音明母鱼部，读 ma，转入之部后，其本音不泯，造作新字留存之。'毋、姥（姆）'皆是也。"

白沙乡话"父、母"与假摄麻韵字合流，潘悟云（1999）把吴、闽语鱼（虞）韵读入麻韵视为三等读入二等的历史音变。他认为三等介音刚出现的时候，大概还是 ɯ 之类的音。中古的三等介音 ɯ 与二等介音 ɰ 当然不是同时出现的，当二等介音变作 ɯ 的时候，三等介音已经从 ɯ 变作 i 了。当上古三等介音已经变作 i 的时候，有些常用字的变化速度慢了一拍，介音还停留在 ɯ 的阶段，这时候二等的介音刚刚从 r 变作 ɯ，于是三等就与二等合流了。需要指出，三等读入二等现象只在上古的音韵框架内进行，如鱼（虞）韵只读入麻韵，脂韵只读入皆韵，东₃只读入江韵。这说明这种音韵现象发生于上古，正是各方言白读层次形成的阶段。白沙乡话与假摄麻韵字合流的虞韵"父、母"两字属于上古的历史层次。

筲箕湾、红土溪、草潭、清水坪、棋坪、八什坪乡话"母"也读同麻韵。

陈忠敏（2013）指出：在赣、徽方言和大多数吴语里我们没有发现虞韵今韵母读音有层次的不同，可是在吴语的处衢片方言和闽语里，虞韵的层次差异是十分明显的，并将南方方言虞韵读音分为三个层次：iu、u、y，其中 iu、u 是鱼虞有别的层次。第一层次 iu 是中古以前的读音，而且读音只含上古侯部字。第二层次 u 包含上古侯部和鱼部。第三层次是晚近的官话移入层，还是鱼虞相混层。湘西乡话虞韵的层次差异也是十分明显的，虞韵鱼虞有别的读音为：a、ɤ。虞韵 a 类的读音只含上古侯部字，应该属于第一层次。ɤ 属于上古鱼部字，与假摄麻韵字合流属于上古现象，也属于第一层次。湘西乡话虞韵鱼虞相混的读音有：iəɯ、ia、u、y、uei、əɯ。u、y、uei、əɯ 属于虞韵的第三层次无疑。iəɯ、ia 不是晚近官话移入的，而是自身的演变，比 u、y、uei、əɯ 的层次早。这样看来，湘西乡话虞韵里鱼虞相混的层次有两个，我们把 iəɯ、ia 归为鱼虞相混次晚层，u、y、uei、əɯ 归为鱼虞相混最晚层。湘西乡话虞韵没有陈忠敏先生提出的属于鱼虞有别的第二个层次。

四 总结

我们现在来总结一下白沙乡话鱼虞韵的文白读层次。

白沙乡话鱼韵白读音：əɯ、ei、iəɯ、ia；文读音：u、y、uei、əɯ。

白沙乡话虞韵白读音：a，ɤ、ei、iəɯ、ia；文读音：u、y、uei、əɯ。

鱼韵的白读音 əɯ（见系）、ei（庄组）和虞韵的白读音 a、ɤ 属于鱼虞有别层次。其中 ei（庄组）属于鱼模合流层，a 是上古流摄和遇摄同归侯部的反映，ɤ 是虞韵读入麻韵二等的反映。

白沙乡话白读音 iəɯ、ia、ei（非组）和文读音 u（非组和知章组）、y（见系）、uei（泥组）、əɯ（庄组）属于鱼虞相混的层次。u（非组和知章组）、y（精组和见系）、uei（泥组）、əɯ（庄组）层次是晚近官话移入的。iəɯ、ia、ei（非组）属于中古以后鱼虞尤韵合流的层次。

白沙乡话的鱼虞韵叠置了三个层次：鱼虞有别层、鱼虞相混次晚层和鱼虞相混最晚层，其中鱼虞有别层、鱼虞相混次晚层属于白读音，鱼虞相混最晚层属于文读音。

	鱼韵	虞韵
鱼虞有别层	əɯ、ei	a、ɤ
鱼虞相混次晚层	iəɯ(ia、ei)	
鱼虞相混最晚层	u(y、uei、əɯ)	

在判断鱼虞是否有别这个问题上，我们认为应该注意以下几点：

1. 同一个音类可能分属鱼虞有别和鱼虞相混的层次。鱼韵见系字和庄组字都有 əɯ 音类，但见系字 əɯ 音类是白读音，属于鱼虞有别的层次，庄组字 əɯ 音类是文读音，属于鱼虞相混的层次。

2. 确认鱼虞有别要看同组声母字是否韵母不同。比如鱼韵见系字白读音 əɯ 是因为虞韵见系字白读音读 a 被确认为鱼虞有别层次。鱼韵庄组字白读音 ei 是因为虞韵庄组字白读音读 a 被确认为鱼虞有别层次，虽然虞韵非组字白读音也读 ei。

3. 确认鱼虞相混不一定要求同组声母字韵母相同。虞韵非组白读音与尤韵合流读 ei，虽然鱼韵没有非组字的读音，但鉴于白沙乡话中古以后发生过鱼虞尤韵合流的现象，我们这才判断虞韵非组读 ei 的字为鱼虞相混的层次。

4. 鱼虞相混层也可以发生在白读层里。陈忠敏（2013）曾指出：在各方言里，鱼虞相混层大概都可以算作文读音。但在湘西乡话里，鱼虞相混次晚层的读音是白读。戴黎刚（2012）认为"鱼虞是否有别"不能充当区分闽语历史层次的标准，泉州话的 ue(ɔ) 音类既是白读音，又能够"鱼虞相混"。建瓯话也有类似的情况：一方面建瓯话鱼韵的 u 音类和虞韵的 u 音类都属于白读音层次；另一方面，按照陈忠敏的观点，即"鱼虞相混"层归晚近的文读音层次，建瓯话鱼韵、虞韵读为 u 音类的层次又当属于文读层。其实只要认为鱼虞相混层也可以发生在白读层里，戴黎刚说的这种现象就不矛盾了。"鱼虞是否有别"还是可以充当区别闽语历史层次的标准的，泉州话的 ue(ɔ) 音类和建瓯话 u 音类既是白读音，又属于"鱼虞相混"。据彭建国、郑焱霞（2008），湘语鱼虞相混层既有同源层次也有异源层次。鱼虞相混这种现象不仅发生在北方官话里，也发生在湘西乡话、湘语和闽语等汉语方言的自身演变中。

第六节　湘西乡话元音的高化链移

一　引言

链移指音系中发音部位或发音方法上具有某种关系的多个声母、韵母或声调，向着同一方向变化，而大致保持彼此原有的关系，表现为A变成B，B变成C，C变成D，或B变成A，C变成B，D变成C等（王福堂2005：16—17）。前者是推链方式，后者是拉链方式。拉波夫（Labvo 1994：116）认为元音链移包括长元音高化、短元音低化、后元音前化。其中以长元音高化似最为常见。汉语的元音链移常常与元音高化有关，汉语历史上发生过长元音链移式高化大转移，汉语方言也存在元音高化链移现象。徐通锵（2008：442）指出吴语宁波话、苏州话和湘语双峰话都存在蟹假果遇流摄元音高化链移式音变的模式。王福堂（2005：17）指出吴方言、老湘语和徽州方言蟹假果遇摄字韵母发生了元音高化链移。陈立中（2005：167—183）认为吴语、湘语、湘南土话、粤北土话、北部平话、沅陵乡话、徽语、东北部闽语及闽西客家话等方言中都存在蟹假果遇等摄字主要元音连锁变化现象。

二　湘西湘语元音高化链移

我们先来看看湘西湘语流蟹假果遇摄字韵母白读的读音：

湘西湘语流摄开口一等、开口三等庄组字韵母的白读与蟹摄开口一等文读字合流，读 ei/εi。

湘西湘语蟹摄开口一二等字韵母读 a。

湘西湘语假摄开口二三等韵主要元音读 o/ɔ/ɒ。

湘西湘语果摄开口一等韵一般与合口一等韵合流读作 ɯ。武溪、八什坪、潭溪等地读 əɯ。

湘西湘语遇摄合口一等端精组字的韵母一般读 əɯ/əu，帮见系字的韵母读 u。武溪、潭溪、八什坪等地遇摄合口一等端组字的韵母读 u。

表 3.8 湘西湘语和官话流蟹假果遇摄字的今读

		武溪湘语（泸溪）	辰阳湘语（辰溪）	卢峰湘语（溆浦）	解放岩官话（泸溪）
流摄	钩	kei⁴⁵	kei⁴⁵	kei⁴⁴	kəu⁴⁴
蟹摄	拜	pa²¹³	pa²¹³	pa³⁵	pɛi³⁵
假摄	马	mo⁴²	mɔ⁴²	mɒ²⁴	ma⁴²
果摄	锣	ləɯ²⁴	lɔ²⁴	lo²¹³	lo¹¹
遇摄	徒	du²⁴	dəu²⁴	dəɯ²¹³	dəɯ¹¹
	粗	tsʰəu⁴⁵	tsʰəu⁴⁵	tsʰəɯ⁴⁴	tsʰəɯ⁴⁴
	裤	kʰu²¹³	kʰu²¹³	kʰu³⁵	kʰu³⁵

表 3.8 举例说明湘西湘语流蟹假果遇摄字的白读音，并与湘西客话做了比较。湘西乡话和湘西客话遇摄的端精组字韵母都有裂化现象，但湘西乡话的流摄字韵母前化，蟹摄字韵尾脱落，假摄和果摄字韵母后化高化（武溪湘语果摄字出现了裂化），这些现象湘西客话没有。

湘语和吴语的元音高化链移现象比较普遍。徐通锵（2008：442）认为湘语和吴语元音链移高化现象发生在流蟹假果遇五摄："双峰话元音链移式音变的模式与苏州话一样：蟹二的 *ai 单元音化为 -a 后使麻二的 *a 高化为 -o，而这个 -o 又迫使歌（戈）韵的 -o 高化为 -ʊ，而这个 -ʊ 又迫使模韵的 *u 复元音化为 -əu，并由此而推动侯韵的 *əu 变为 -e。"张光宇（1999：33—44）也持相同观点。王福堂（2005：17）认为吴方言、老湘语和徽州方言蟹假果遇摄字参与了元音高化链移，没有提及流摄侯韵。陈立中（2004：167—183）认为湘语、吴语及周边方言主要元音的连锁变化发生在蟹假果遇摄字里，文章也没有提及流摄。彭建国（2009：454—461）提出：吴语和湘语的元音高化链移式音变只涉及果、假、蟹三摄，不涉及遇、流两摄。因为他发现吴语和湘语绝大多数点果一高化为 u 后，都是直接与模韵合流，并没有推动模韵裂化。湘语模韵部分字韵母出现裂化是发音时生理上的原因造成的。城步和武冈的模韵没有裂化，但侯韵出现前元音的读法，而湘语大多数点端精组出现了裂化，但侯韵却并没有产生双峰这类读音。可见，说模韵 *u 裂化从而推动侯韵产生前元音是难以成立的。作者认为吴语、湘语区侯韵读音的形成来源于早期长江流域一带方言侯韵较早期的形式 *eu。

湘西湘语也只有部分模韵字出现裂化，集中在端精组字上（武溪、潭溪、八什坪等地只有精组字韵母裂化），帮组和见组字韵母没有出现裂化。彭建国、郑焱霞（2008：83—88）认为舌尖音模韵容易发生裂化现象是因为舌尖音舌位靠前，而后元音 u 舌位靠后，发音时舌头要从口腔前到口腔后做较大的位移，所以中间容易滋生出过渡性的滑音，之后滑音逐渐取代主元音的地位，而原来的主元音则退守到韵尾的位置，即 u > əu > əu。这种裂化与链移没有关系。我们也认为湘西湘语模韵字没有参与元音高化链移。解放岩官话没有发生元音高化链移现象，但出现了模韵端精组字裂化的情况，可以证明模韵的裂化与元音高化链移没有关系。

一般认为是蟹二的 *ai 单元音化启动了这条音变链。朱晓农（2005：1—6）针对长元音链式高化提出两种假说：一种是由 a 引起的"说者启动"，另一种是由 ai 引起的"听者启动"。他更倾向"说者启动"，认为高化链移一般是推链式的，起因可能是由于低元音拉长后难以长时间维持大张口状态，在恢复初始混元音状态的过程中发音器官时间错配，下巴舌位已经开始恢复初始状态而发声还没完全结束，因而造成低长元音 a 最后阶段带有一个央化的滑音 ə，从而启动了推链高化。而彭建国（2009：454—461）倾向于认为吴语、湘语音变链属于"听者启动"，由 ai 启动。因为如果是由 a 启动的话，那么就会有如下推导：如果 a 没有高化，就不会"留下空位"拉动 ai 单化。事实上，吴语和湘语中都有一些点，麻二维持 -a/ɑ 的低舌位没有高化，而蟹二却照样单元音化了。

我们认为湘西湘语元音高化音变链是从蟹摄开始的：蟹摄 ai 失落韵尾，推动假摄后化并高化，假摄的移位又推动果摄的高化或裂化，此为推链音变。但我们认为湘西湘语的流摄侯韵字参与了这场音变：流摄侯韵前元音的产生与模韵 *u 裂化确实无关，但与蟹摄有关，蟹摄失落韵尾后空出了音位 ai，吸引流摄字来填补，发生了拉链音变。这是推链和拉链交叉进行的链移：先是蟹摄侯韵字 ai 失落韵尾启动推链高化，同时拉动流摄字来填补。解放岩官话蟹摄字没有失落韵尾，流摄字也就没有前化。湘西湘语流摄侯韵字后来高化为 ɛi，与蟹摄开口一等字文读同音。溆浦卢峰话流摄侯韵字读 ei 也是后来的演变，在卢峰话里，蟹摄开口一等文读字也读 ei，比如：

楼~流开一~ ₂lei = 来~蟹开一~ ₂lei　　钩~流开一~ ₂kei = 该~蟹开一~ ₂kei

正如潘悟云（2010：1—15）所说：人类的发音器官与听觉器官从古至今没有什么变化，所以古代与现代发生的自然音变也基本相同。在汉语史上曾发生过果摄字和蟹摄字 ai 失落韵尾的现象。一般认为，果摄字在上古时带有韵尾 -ai。到中古时，果摄字韵尾已经消失了，主要元音由舌面前低元音 a 逐渐后化成了舌面后低元音 ɑ。中古以后，果摄字的主要元音逐渐高化，近代时主要元音念成了半低的 ɔ；到了现代北京话中果摄字的主要元音念成舌面后半高元音 o。可见北京话里果摄字主要元音经历了 ai → a → ɑ → ɔ → o 的高化音变，韵尾 i 的脱落是果摄字后化高化音变的起因。中古时期蟹摄二等字读 ai，有少数字跑到"麻沙"韵（按：该韵主要为中古麻韵二等字）去了，即读 a，其代表字有：佳、罢、洒、崖、涯、卦、挂、蛙、画、话，等等（钟明立 2006：7—9）。ai 失落韵尾应该是音变的类型学共性，朱晓农（2005：1—6）的"听者启动"假说能很好地解释 ai 失落韵尾现象。

在湘西湘语里，咸山摄字也出现了韵尾脱落的现象：武溪、八什坪、潭溪等地咸山摄舒声一二等字白读为 a，其他点一般白读 ɛ。咸山摄舒声开口三四等字（知系字除外）韵母一般读 iɛ。山摄舒声合口一二等（非帮组）字韵母一般读 uɛ，咸山摄舒声合口三（四）等字韵母一般读 yɛ。

因此，我们认为湘西湘语元音高化链移发生在流蟹假果摄字里，推链和拉链两种方式都有。蟹摄字韵母 ai 失落韵尾是元音高化链移的动因。

三　湘西乡话元音高化链移

湘西乡话也存在元音高化链移音变，我们考察了湘西乡话 12 个代表点的流蟹假果摄字的读音。沅陵乡话代表点：清水坪、筲箕湾、棋坪；泸溪乡话代表点：白沙、红土溪、李家田、八什坪和梁家潭；古丈乡话代表点：高峰、草潭、山枣（六保话）；辰溪乡话代表点：船溪。需要说明的是湘西乡话韵母读音复杂，各种历史层次叠置，语言接触外借的读音与自身演变的读音交织在一起，同一韵摄读法多样，比如泸溪白沙乡话果摄一等字有 11 种读音类型。我们就流蟹假果摄字的主体层次的白读音来讨论湘西乡话元音高化链移。据郑伟（2013：356—364），主体层次指本方言某个历史音类的大部分辖字都具有的读音，亦即主要层次。

流摄开口一等字和流摄开口三等庄组字主体层次除了清水坪和草潭读 ɐ 外，其余读 a。

蟹摄开口一二等字主体层次一般读 o，高峰、草潭、清水坪、棋坪乡话读 ɑ。

假摄开口二三等字主体层次一般读 o，白沙乡话读 ɤ。

果摄一等字主体层次白沙、梁家潭、八什坪乡话读 əɯ，高峰、草潭、清水坪、棋坪乡话、山枣六保话读 u，李家田乡话读 ɷ，红土溪、筲箕湾、船溪乡话读 uɛ/ɤɯ。

我们可以把湘西乡话流蟹假果元音高化链移分为六种类型：

清水坪型：ɐ（流摄）—ɑ（蟹摄）—o（假摄）—u（果摄）

白沙型：a（流摄）—o（蟹摄）—ɤ（假摄）—əɯ（果摄）

李家田型：a（流摄）—o（蟹摄、假摄）—ɷ（果摄）

八什坪型：a（流摄）—o（蟹摄、假摄）—əɯ（果摄）

船溪型：a（流摄）—o（蟹摄、假摄）—ɤɯ（果摄）

渭溪型：a（流摄）—o（蟹摄）—u（假摄）—ui（果摄）（渭溪型根据杨蔚 2010b：108）

我们发现湘西乡话流蟹假果摄元音高化链移与湘西湘语有所不同：流摄字韵尾脱落，蟹摄字发生了后高化，渭溪型的假摄字继续高化。下面选择沅陵清水坪、沅陵渭溪和泸溪八什坪乡话与湘西官话、湘西湘语做对比：

湘西官话：əu（流摄）—ai（蟹摄）—a（假摄）—o（果摄）

湘西湘语：ai（流摄）—a（蟹摄）—o（假摄）—ɷ/əɯ（果摄）

沅陵清水坪乡话：ɐ（流摄）—ɑ（蟹摄）—o（假摄）—u（果摄）

沅陵渭溪乡话：a（流摄）—o（蟹摄）—u（假摄）—ui（果摄）

泸溪八什坪乡话：a（流摄）—o（蟹摄、假摄）—əɯ（果摄）

湘西乡话可能经历过一场像湘西湘语那样的元音高化链移：蟹摄字 ai 失落韵尾后，推动了假摄的后高化、果摄的高化和裂化，并吸引流摄字元音前化变为 ai 来填补空位。而后在此基础上又开始了新一轮的元音高化，流摄字 ai 失落韵尾，推动蟹摄字 a 元音后化为 ɑ 或者高化为 o。沅陵清水坪乡话蟹摄字后化为 ɑ，与读 o 的假摄字没有冲突，链移停止。泸溪八什坪乡话蟹摄字高化为 o 后，由于假摄占据 o 不动，链移无法继续发生，只好与假摄字合流。而沅陵渭溪乡话的链移却没有停止，假摄字继续高化为 u，果摄字裂化为 ui，沅陵渭溪乡话的元音高化链算是湘西乡话中最长的了。卷入这次元音高化连锁变化的还有咸山摄舒声开口三四等（非见系）字。由于流摄字失落韵尾留下了一个空位 ai，吸引咸山摄舒声开口三四等（非见系）字来填补。在湘西乡话里，咸山摄舒声开口三四等（非见系）字一般读 ai，例字如下：

	尖咸开三	甜咸开四	浅山开三	天山开四
沅陵清水坪乡话	tsai^{55}	lai^{213}	tsʰai^{35}	tʰai^{55}
泸溪白沙乡话	tsai^{45}	lai^{213}	tsʰai^{53}	tʰai^{45}
古丈高峰乡话	tsai^{55}	lai^{213}	tsʰai^{35}	tʰai^{55}
辰溪船溪乡话	tsai^{45}	lai^{213}	tsʰai^{53}	tʰai^{45}

湘西乡话这轮新的元音高化链移发生在流蟹假果咸山摄，推链和拉链两种方式都有。流摄字 ai 失落韵尾是这次元音高化链移的起因。

四　余论

朱晓农（2005：1—6）指出："据有关材料，汉语历史上长元音链移式高化大转移发生过至少两次。第一次发生在《切韵》以前，西晋以后到北朝初期，涉及歌鱼侯幽四部……鱼部、侯部依次高化，逼迫幽部裂化出位。后一次发生在《切韵》以后，涉及麻二歌模侯豪。歌韵、模虞鱼依次高化，逼迫侯韵裂化出位，再把豪韵压低。"汉语历史上的第一次长元音链移式高化表述为：*ai > *a > *o > *u > *ou。这与湘语和吴语的元音高化链移类似。陈立中（2005：167—183）认为湘语和吴语假、果、遇摄字主要元音反时针方向运动的幅度远大于北京话及其他许多方言，原因在于"湘语和吴语相关方言点蟹摄字韵尾的脱失，主要元音演变为 a，给假、果、遇摄字主要元音的反时针运动增添了新的动力。它冲击了这些方言中业已形成的分别以 a、o、u 为主要元音的假、果、遇摄字，使得这些方言里这三摄字的主要元音发生了连锁变化"。在流蟹假果摄主要元音高化的运动幅度上，湘西乡话明显大于湘语和吴语，动力来自于流摄字 ai 韵尾的消失，主要元音演变为 a，冲击了分别以 a、o、ɷ 为主要元音的蟹、假、果摄，开始了新的一轮元音高化链变，并波及咸山摄。这次链变与汉语历史上的第一次长元音链移式高化也类似，只是变化的力度已不如以前，除了渭溪乡话假摄和果摄也参与其中，大部分代表点只有流摄和蟹摄参与，形成了流蟹假果摄字元音的新格局。

王力（1985）指出："元音高化是常见的事实。"汉语元音高化链移的动力经常来自于 ai 韵尾的消失。第一次长元音链移式高化如此，湘语和吴语的假果摄主要元音连锁变化亦如此。湘西湘语假果摄与湘西乡话蟹假果摄主要元音发生高化的动力也是 ai 韵尾的消失。虽然每次元音高化链变管控的韵摄不一样，但是促发高化的音理机制却是相同的。韵尾消失引起元音高化链移在宁波方言里也发生过。据徐通锵（2008：211），由于咸山摄开口一二等非见系韵母 -ɛn 韵的 -n 消失变成 -ɛ，蟹开一韵母 -ɛ 被迫高化为 -e，引起了咸山开口一等见组、咸开一覃端系、蟹摄泰韵帮组、灰韵帮端组和止摄帮组字韵母的连锁变化。不同的是宁波方言高化的是前元音，湘西湘语与湘西乡话高化的是后元音。宁波方言的元音高化链移是顺时针运动方向，湘西湘语与湘西乡话的元音高化链移是逆时针运动方向。

链移也是语音系统制约下的产物（王福堂 2005：17）。链移分为推链和拉链两种。推链是指某个语音成分发生音变之后因排斥相同或相似的语音成分引发的连锁反应。拉链是指某个语音成分变成新形式后吸引其他语音成分填补空位而引发的连锁反应。这两种方式湘西湘语和湘西乡话都有，但以推链为主。不管推链还是拉链，都属于语音系统的调整。当某一元音高化之后，如果变得和另一个语音成分相同或相似，则面临两种选择：或者归并，或者推挤。归并会给语音系统带来压力，造成更多的同音现象，从而带来语言交际的不便，于是有些方言点开始自我音系的调整，推挤更多的元音加入高化的队伍，同时吸引其他元音填补留下的空位，达到音系的平衡。也有些方言点自我调整能力不强，高化的连锁变化进行得并不彻底,最终承受了归并的压力,导致链移的过早结束。各地语音系统调整能力的强弱是元音高化链移长短因地而异的原因。

彭建国(2009:454—461)认为:这种演变(指高化链移的演变)的共性并非中古以前的音系共同格局,而更可能只是中古以后一种音变类型的共性。值得一提的是,湘西湘语和湘西乡话元音高化链移音变都发生在白读音中,文读音没有参与,说明在官话侵蚀之前湘西湘语和湘西乡话已经完成了元音高化链移。

第七节　湘西乡话声调的特殊演变

一　引言

湘西乡话主要分布在湖南省西部的沅陵县以及与沅陵交界的泸溪、辰溪、溆浦、古丈等地。当地人把境内的西南官话和湘语称作"客话",其中沅陵、古丈的客话属于西南官话吉永片,泸溪、辰溪、溆浦的客话属于湘语辰溆片。沅陵官话共五个调类:阴平、阳平、上声、去声和入声。古平声按声母的清浊分阴阳,古全浊声母上声字归去声,古入声不论声母的清浊读入声。古丈官话共四个调类:阴平、阳平、上声和去声。古平声按声母的清浊分阴阳,古全浊声母上声字归去声,古入声不论声母的清浊一般归阳平。泸溪湘语、辰溪湘语和溆浦湘语共五个调类:阴平、阳平、上声、阴去和阳去。古浊声母平声字文读阳平,白读阴平。古全浊声母上声字归阳去。古去声按声母清浊各分阴阳。古清声母入声字一般归阳平,古浊声母字入声字文读阳平,白读阴去。

湘西乡话共五个调类:阴平、阳平、上声、去声和入声。湘西乡话与中古汉语声调对应关系比较复杂:古次浊声母平声字大部分读阴平,少数读阳平和去声。古全浊声母平声字一般读阳平,少数读阴平和去声。古全清、次清、次浊声母上声字一般读上声,少数字读入声。古全清、次清、次浊声母去声字一般读去声,少数读阳平或上声。今读浊音、不送气清音的古全浊上声字读上声和去声,今读送气清音的古全浊上声字读上声。今读浊音、不送气清音的古全浊去声字读去声,今读送气清音的古全浊去声字读上声和阴平。古全清、次清、次浊声母入声字一般读入声,少数读阳平和去声。今读浊音的古全浊入声字一般读去声,今读送气清音的古全浊入声字一般读阴平,今读不送气清音的古全浊入声字一般读阳平。

本节分析湘西乡话声调演变的特殊现象,包括:古浊声母平声字今读阴平、阳平和去声,古全清、次清、次浊声母上声字今读入声,古全清、次清、次浊声母去声字今读阳平或上声,古全清、次清、次浊声母入声字今读去声或阳平,以及古全浊仄声字声调的特殊演变。以下列出的是12个湘西乡话代表点的声调系统。

表3.9 湘西乡话代表点的声调系统

	阴平	阳平	上声	去声	入声
沅陵清水坪 古丈高峰	55	213	35	33	42
泸溪白沙 泸溪梁家潭 泸溪李家田 泸溪红土溪 沅陵筲箕湾 古丈山枣六保话 辰溪船溪	45	213	53	24	42
古丈草潭 沅陵棋坪 泸溪八什坪	33	213	35	55	42

注:古丈高峰乡话有个24调,只见于借词,不列入表内。

二 古浊声母平声字今读阴平、阳平和去声

湘西乡话古次浊声母平声字大部分读阴平,少数字读阳平和去声。今读阳平的字集中在云、以、来母,泥、明、日母个别字,微母和疑母没有阳平字。以泸溪白沙乡话为例:

来母:来 zai²¹³ | 鸬 lu²¹³ | 梨 za²¹³ | 流 dziəu²¹³ | 留 tɕiəu²¹³

云母：移 dʑiɛ²¹³ | 摇 zɑu²¹³ | 窑 zɑu²¹³ | 盐 ziɛ²¹³ | 檐 ziɛ²¹³ | 匀 zuai²¹³ | 洋 zoŋ²¹³ | 羊 zoŋ²¹³ | 杨 zoŋ²¹³ | 融 zai²¹³ | 熔 zai²¹³ | 赢 zai²¹³

以母：围 y²¹³ | 园 zoŋ²¹³ | 云 yɛ²¹³ | 王 oŋ²¹³ | 雄 ɕyɛ²¹³

泥母：娘 ȵioŋ²¹³

明母：谋 məɯ²¹³ | 明明天 mai²¹³

日母：如 zu²¹³

其他乡话代表点古次浊声母平声字今读阳平的字基本一致，只有以下几个字表现有差异：

"留"仅白沙乡话读阳平，船溪乡话读去声，其余乡话点读阴平。

"洋""羊"梁家潭乡话读阴平，其他乡话点读阳平。

"儿"梁家潭、李家田乡话读阳平，其他乡话点读阴平。

"明天"的"明"只有白沙、李家田、红土溪乡话读阳平，其他代表点读阴平。

"熊"除高峰、梁家潭乡话读阳平调，其他代表点多读去声。

我们可以看到，今读阳平的古次浊声母平声字的声母以念浊塞擦、浊擦音（dʑ/z/ʑ）的居多（李家田乡话个别字读 dz：园 dzoŋ²¹³ | 梨 dza²¹³），但并不是所有的今念浊塞擦、浊擦音的古次浊声母平声字都读阳平，比如："油"读阴平 za⁴⁵。

古次浊声母平声字读阴平还是阳平规律不明显。在白沙乡话中，同一音韵地位的"羊、洋"读阳平，但"阳"读阴平。即使是同一个字，在不同的词里，有的读阴平，有的读阳平。比如：明年、明白、清明的"明"均读阴平，但"明天"的"明"读阳平。

王辅世（1982）认为：瓦乡话正处于阴平和阳平的分立之中，我们同意这种看法。湘西乡话古清声母平声字一般读阴平，个别读阳平。比如沅陵清水坪、沅陵棋坪、古丈高峰乡话都将"敲 kʰɑu²¹³"读作阳平。而古全浊声母平声字一般念阳平，少数念阴平，以下是读阴平的例字：

泸溪白沙：提 di⁴⁵

古丈高峰：查 dzo⁵⁵ | 提 di⁵⁵ | 蒲 bu⁵⁵

辰溪船溪：提 di⁴⁵ | 蒲 bu⁴⁵

湘西乡话平声字按照声母的清浊分为阴阳，全浊声母平声字今读阳平，次浊声母声调一般跟清声母保持一致。那些今读浊塞擦音、浊擦音的古次浊声母云、以、来母平声字由于与全浊声母平声字声母合流，声调受全浊声母平声字的影响而读阳平，而泥、明、日母平声字的声调则是受到了周边湘语、官话的影响，开始向全浊声母平声字声调靠拢。湘西乡话平声分阴阳没有彻底完成，出现了相混的状况：古清声母平声字个别读阳平，今读浊音的古全浊声母平声字少数念阴平，读浊塞擦音、浊擦音的古次浊声母平声字声调的演变基本上与全浊声母平声字一致，其他次浊声母平声字大部分读阴平，少数字读阳平。

另外，湘西乡话古次浊声母平声字少数读去声。以白沙乡话为例：
罗 ləɯ^{24}｜芦 lu^{24}｜刘 liəɯ^{24}｜男 lã^{24}｜梅 mei^{24}｜熊 ɕioŋ^{24}｜铅 yã^{24}｜容 ioŋ^{24}

郑焱霞（2010：192）认为白沙乡话古次浊声母平声字读作去声的比较多，可能与阳平与去声相混有关，因为"白沙乡话阳平的调值214，去声的调值24，也是极容易相混的"。我们发现这些读去声的次浊声母平声字都是借词，不是乡话固有的词，属于文读层。湘西乡话古次浊声母平声字读去声是因为受到了周边客话的影响，不是自身演变的结果。沅陵官话、古丈官话、泸溪湘语和辰溪湘语的古浊声母平声字大多读阳平。沅陵清水坪乡话、泸溪白沙乡话、辰溪船溪乡话按照音值借贷的方式从周边的客话借来古浊声母平声字的声韵调，沅陵官话的阳平调值33 与沅陵清水坪乡话去声调值33 相同，泸溪湘语、辰溪湘语的阳平调值24 与泸溪白沙、辰溪船溪乡话去声调值24 相同，就形成了湘西乡话古浊声母平声字念去声的现象。而古丈高峰乡话声调系统里没有类似古丈官话阳平24 的调值，直接借入的24 调成为借词特有的调值。

湘西乡话古全浊声母平声字除读阳平和阴平之外，还有少数字今读去声。以下是今读去声的古全浊声母平声的例字：

白沙：瞿 dʐɿ^{24}｜葵 bei^{24}｜袍 bau^{24}｜曹 dzau^{24}｜仇 dzɿəɯ^{24}｜徒 du^{24}｜蒲 bu^{24}｜菩 bu^{24}｜徒 du^{24}

梁家潭：瞿 dʐɿ^{24}｜葵 guei^{24}｜袍 bau^{24}｜停 dẽ^{24}｜屠 dəɯ^{24}

李家田：瞿 dʐɿ^{24}｜提 di^{24}｜葵 guei^{24}｜袍 bau^{24}｜停 dẽ^{24}｜禾 ɷ^{24}｜徒 du^{24}

红土溪：徐 ɕy²⁴ | 瞿 dzy²⁴ | 葵 bei²⁴ | 袍 bau²⁴ | 曹 dzau²⁴ | 停 diẽ²⁴ | 徒 dəɯ²⁴ | 屠 dəɯ²⁴

船溪：查 dzo²⁴ | 徐 ɕy²⁴ | 瞿 dʑy²⁴ | 葵 bəɯ²⁴ | 袍 bau²⁴ | 曹 dzau²⁴ | 仇 dzəɯ²⁴ | 停 dẽ²⁴ | 徒 dəɯ²⁴

清水坪：查 dzo³³ | 徐 ɕy³³ | 葵 guei³³ | 袍 bau³³ | 曹 dzau³³ | 仇 dzəɯ³³ | 禾 u³³ | 蒲 bu³³ | 菩 bu³³ | 徒 du³³

棋坪：徐 ɕy⁵⁵ | 葵 guei⁵⁵ | 停 doŋ⁵⁵ | 蒲 bu⁵⁵ | 菩 bu⁵⁵

这些古全浊声母平声字均是从周边湘语和官话借过来的，今读去声的原因与古次浊声母平声字今读去声的原因相同。

三 古全清、次清、次浊声母上声字今读入声

湘西乡话古全清、次清、次浊声母上声字一般读上声，少数字读入声。"洒、举、海、挤、紫、表、吼、巧、藕、铲、厂、亩、每"这些字在调查的乡话代表点里均读入声，其他字是否读入声存在地域差异。

古全清声母上声字今读入声的例字：

左：白沙 tsəɯ⁴²，李家田 tsɷ⁴²，红土溪 tɕy⁴²

蚤：李家田、红土溪 tsɑ⁴²

敢：高峰、草潭、清水坪、棋坪 kã⁴²

醒：高峰、草潭、清水坪 sai⁴²

古次清声母上声字读入声的例字：

可：李家田 kʰɷ⁴²，清水坪、棋坪 kʰo⁴²

吐：梁家潭 tʰu⁴²

蠢：白沙、梁家潭、高峰、草潭、清水坪、棋坪 tsʰuai⁴²

捧：梁家潭 pʰei⁴²，高峰 pʰau⁴²，草潭、清水坪、棋坪 pʰʌɯ⁴²

古次浊声母上声字读入声的例字：

友：红土溪、船溪 zã⁴²

惹：白沙 zɤ⁴²

郑焱霞（2010）怀疑蕨枝坪乡话与白沙乡话古清上字今读上声和今读入声的字原来可能也是一类。"因为：1）按古来源而言，入声调应该来源于

入声韵，因为入声本来就入声韵而言；2）蕨枝坪乡话与白沙乡话上声调值为 53，入声调值为 42，两者极为相近，很容易相混。"问题是高峰、草潭、清水坪、棋坪乡话的上声调值为 35，入声调值为 42，就很难相混了。我们认为全清、次清、次浊声母上声字今读入声是周边湘语和官话影响的结果，这些读入声的字都是文读音，湘西乡话入声调值 42 与周边的湘语和官话上声调值 42 刚好一致，湘西乡话这些全清、次清、次浊声母上声字因此读了入声调。

四 古全清、次清、次浊声母去声字今读阳平或上声

湘西乡话古全清、次清、次浊声母去声字一般读去声，梁家潭、白沙、李家田、红土溪、船溪乡话少数字读阳平，草潭、棋坪、清水坪、高峰乡话少数字读上声，现以古全清母字为例：

古全清声母去声今读阳平的例字：

最：白沙、李家田、红土溪、船溪 tsuei²¹³

会会计：白沙、李家田、红土溪、船溪 kʰuai²¹³

怪：白沙 kuai²¹³

再：梁家潭、白沙、李家田、红土溪、船溪 tsai²¹³

戏：梁家潭、白沙、李家田、红土溪、船溪 ɕi²¹³

将：梁家潭 tɕiaŋ²¹³

古全清声母去声今读上声的例字：

假：高峰、草潭 tɕia³⁵

再：高峰、草潭、清水坪、棋坪 tsai³⁵

最：高峰、草潭、清水坪、棋坪 tsuei³⁵

会会计：草潭、棋坪 kʰuai³⁵

戏：高峰、草潭、清水坪、棋坪 ɕi³⁵

店：清水坪、棋坪 tiã³⁵

将：清水坪 tɕiaŋ³⁵，棋坪 tɕiã³⁵

粽：高峰、草潭、清水坪、棋坪 tsoŋ³⁵

绣：高峰、草潭、清水坪 ɕiɯ³⁵

以上例字都是文化词形成的文读层，梁家潭、白沙、李家田、红土溪、船溪乡话的阳平调值与泸溪湘语和辰溪湘语的去声调值相同，均为213。高峰、草潭、清水坪、棋坪乡话的上声调值与古丈官话和沅陵官话的去声调值相同，均为35。因此我们认为这些字的声调受到了周边的湘语和官话的影响。

五 古全清、次清、次浊声母入声字今读去声或阳平

湘西乡话古全清、次清、次浊声母入声字一般读入声，少数读去声或阳平。

现以古全清声母入声字为例，湘西乡话古全清声母入声字除"湿、媳、滴"等字均读去声以外，其他字是否读去声存在地域差异，只有白沙乡话读去声的字有：扎 $tsɤ^{24}$ | 钵 $pəɯ^{24}$ | 骨 ko^{24} | 刮 ko^{24} | 雀 $tsəɯ^{24}$ | 鲫 $tɕi^{24}$ | 烛 $tɕiəɯ^{24}$，其他字的情况如下：

割：梁家潭、白沙、船溪 $gəɯ^{24}$，高峰 $gɤ^{33}$，草潭、棋坪 $gəɯ^{55}$

鸽：李家田、红土溪 $kɷ^{24}$

杀：船溪 $ɕia^{24}$

刮：李家田 $kuɑ^{24}$

啄：白沙、红土溪、船溪 tso^{24}

握：白沙、李家田、红土溪、船溪 u^{24}

色：梁家潭、李家田 sai^{24}

锡：红土溪 $ɕi^{24}$

北：红土溪、梁家潭 pai^{24}

伯：红土溪 pai^{24}

歇：李家田 $ɕi^{24}$

古全清声母入声今读阳平的例字有：

鸽：高峰、棋坪 ko^{213}，白沙 $kɤ^{213}$

不：清水坪、草潭 $pɐ^{213}$，梁家潭、白沙、李家田、红土溪、船溪 pa^{213}

削：梁家潭、白沙、李家田、红土溪、船溪 $ɕiɑu^{213}$

啄：高峰、棋坪 $tsʰuɑ^{213}$，清水坪、草潭 $tsuɑ^{213}$

握：清水坪、棋坪 u^{213}，草潭 o^{213}

亿：梁家潭、白沙、李家田、红土溪、船溪 i²¹³

只：白沙 tɕie²¹³

色：清水坪、草潭 sɐ²¹³，棋坪 sa²¹³

缩：清水坪 su²¹³

周边泸溪湘语、辰溪湘语的全清、次清、次浊声母入声字一般归阳平，阳平调值为24。梁家潭、白沙、李家田、红土溪、船溪乡话从这些方言里借入字词的时候采用了规则借贷和音值借贷两种方式。或者归入了自身声调系统的阳平调类，读213调；或者直接借入了泸溪湘语、辰溪湘语阳平调值24，在这些乡话的声调系统里24调是去声，因此形成了全清、次清、次浊声母入声字少数读去声或阳平的现象。具体到某字采用何种借贷方式，并没有明显的规律，在白沙乡话中，"鸽、不、削"字读阳平213调，"啄、割、鲫"等字读去声24调。同一个"鸽"字，李家田、红土溪乡话读去声24调，白沙乡话读阳平213调。

草潭、棋坪、清水坪、高峰乡话全清、次清、次浊声母入声字也受到周边方言入声归阳平的影响，与梁家潭、白沙、李家田、红土溪、船溪乡话不同的是，今读去声的情况比阳平少。像"鸽、啄、握、色"等字，梁家潭、白沙、李家田、红土溪、船溪乡话读去声，草潭、棋坪、清水坪、高峰乡话读阳平。

六　全浊仄声字声调的特殊演变

湘西乡话古全浊仄声字的声调演变与声母的今读有关，今读浊音、不送气清音的古全浊上声字读上声和去声，今读送气清音的古全浊上声字读上声，今读浊音的古全浊去声字读去声，今读不送气清音的古全浊去声字读上声和去声，今读送气清音的古全浊去声字读阴平和上声。今读浊音的古全浊入声字一般读去声，今读不送气清音的古全浊入声字读阳平和去声，今读送气清音的古全浊入声字一般读阴平。

以白沙乡话为例：

古全浊声母上声今读浊音的字读去声和上声：竖 dza²⁴ | 抱 bɑu²⁴ | 负 ba²⁴ | 淡 doŋ²⁴ | 蚌 baŋ²⁴ | 像 dzia²⁴ | 罪 dzo⁵³ | 象 dzioŋ⁵³ | 动 dzai⁵³。

古全浊声母上声今读不送气清音的字读去声和上声：痔 tsʅ²⁴ | 倍 pei⁵³ | 柿 sʅ⁵³。

古全浊声母上声今读送气清音的字读上声：舵 tʰəɯ⁵³ | 柱 tʰia⁵³ | 在 tɕʰi⁵³ | 弟 tʰi⁵³ | 是 tɕʰi⁵³ | 跪 tɕʰy⁵³ | 妇 pʰa⁵³ | 件 tɕʰiɛ⁵³ | 辫 pʰiɛ⁵³ | 断 tʰoŋ⁵³ | 近 tɕʰiɛ⁵³ | 菌 tɕʰyɛ⁵³ | 丈 tʰioŋ⁵³ | 上 tsʰoŋ⁵³ | 重 tʰyɤ⁵³。

古全浊声母去声今读浊音的字读去声：射 dzɤ²⁴ | 袋 dai²⁴ | 字 dza²⁴ | 穗 zu²⁴ | 盗 dɑu²⁴ | 袖 dziəɯ²⁴ | 顺 zuai²⁴ | 匠 dzioŋ²⁴ | 定 doŋ²⁴ | 洞 dai²⁴ | 缝—条缝 vai²⁴。

古全浊声母去声今读不送气清音的字读上声和去声：住 tiəɯ²⁴ | 树 tsa²⁴ | 兑 to²⁴ | 鼻 pi²⁴ | 笓 pi²⁴ | 事 tsa²⁴ | 豆 ta²⁴ | 仲 tsoŋ²⁴ | 递 ti⁵³ | 背背诵 pei⁵³ | 赚 tsuã⁵³ | 邓 tẽ⁵³ | 共 tɕyɤ⁵³。

古全浊声母去声今读送气清音的字读阴平和上声：代—代 tʰo⁴⁵ | 地 tʰi⁴⁵ | 自 tɕʰiəɯ⁴⁵ | 柜 tɕʰy⁵³ | 菢孵，抱小鸡 pʰɑu⁵³ | 刨 pʰɑu⁵³ | 轿 tɕʰiɑu⁵³ | 垫 tʰai⁵³。

古全浊声母入声今读浊音的字读去声：舌 dʑi²⁴ | 薄 bəɯ²⁴ | 勺 dzəɯ²⁴ | 食 ziəɯ²⁴。

古全浊声母入声今读不送气清音的字读阳平和去声：杂 tso²¹⁴ | 笛 ti²¹⁴ | 毒 tu²¹⁴ | 局 tɕy²⁴。

古全浊声母入声今读送气清音的字读阴平：十 tsʰʅ⁴⁵ | 拾 tsʰʅ⁴⁵ | 侄 tʰi⁴⁵ | 凿 tsʰəɯ⁴⁵ | 着睡着，附着 tʰəɯ⁴⁵ | 贼 tsʰei⁴⁵ | 直 tʰiəɯ⁴⁵ | 值 tʰiəɯ⁴⁵ | 白 pʰɤ⁴⁵ | 石 tsʰɤ⁴⁵ | 属 tɕʰiəɯ⁴⁵ | 熟 tɕʰiəɯ⁴⁵。

湘西乡话今读浊音和不送气清音的古全浊声母上声字念上声和去声，这说明湘西乡话浊上归去还没有完成。部分今读不送气清音的古全浊声母去声字念上声有可能是受周边的湘语和官话的影响，因为这些例字均是文读层的读音。周边泸溪湘语、辰溪湘语的古全浊声母去声字读阳去55，与梁家潭、白沙、李家田、红土溪、船溪乡话的上声调值53相近，借入后折合成53并入上声；沅陵、古丈官话的古全浊声母去声字读去声35，与草潭、棋坪、清水坪、高峰乡话的上声调值35相同，借入后直接并入上声，湘西乡话"弟、共、电、邓、郑"等字普遍读上声是周边的官话和湘语渗透而来。

湘西乡话今读浊音的古全浊声母入声字一般念去声，今读不送气清音的古全浊声母入声字念阳平，这和泸溪湘语、辰溪湘语古全浊声母入声字声调的层次相似，去声（泸溪湘语、辰溪湘语是阴去）是本土固有的语音层次，阳平是从官话借入的，只不过泸溪湘语、辰溪湘语的古入声字的浊音清化了而已。白沙、李家田、梁家潭和船溪乡话今读不送气清音的古全浊声母入声字个别念去声 24，这是因为泸溪湘语和辰溪湘语的阳平读 24 调，白沙、李家田、梁家潭和船溪乡话直接借入湘语阳平的 24 调值，与古全清、次清、次浊声母入声字少数读去声的道理一样。

湘西乡话古全浊声母仄声字今读送气清音的声调演变不同于今读浊音和不送气清音。今读送气清音的古全浊声母上声、去声字合流念上声，今读送气清音的古全浊声母入声字念阴平，周边的湘语和官话里均没有这种现象。曹树基（1991）指出："宋代及十四世纪对湘西的移民是极其重要的。其中，尤以明初时间短而移入多显得最为重要。湘西江西移民后裔估计至少占湘西移民后裔的 60% 以上。"今读送气清音的古全浊声母仄声字声调会不会与湘西地区曾接受大量的江西移民有关呢？

湘西乡话南邻湘语辰溆片和湘西南汉语方言，湘西辰溆地区和湘西南地区也曾接受过大量的江西移民。湘语辰溆片大水田、龙潭、桥江、大渭溪话古全浊声母平声字今逢塞音、塞擦音读不送气浊音，仄声字读送气清音。湘语辰溆片低庄、岗东、龙潭和湘西南麻阳高村、中方泸阳、中方新路河等地古全浊声母今逢塞音、塞擦音无论平仄一般读送气清音。据瞿建慧（2010a：62），大水田、龙潭、岗东等地部分古全浊声母上声字与清声母上声字合流，大水田、龙潭、桥江、低庄、大渭溪等地部分古全浊声母上、去声字与清声母平声字合流，大水田、岗东、龙潭、低庄等地清声母入声字部分今读阴平。据胡萍（2007：137—151），湘西南麻阳高村、中方泸阳、中方新路河等地古全浊声母上、去声字部分读阴平，古全浊声母上声字部分读上声，清声母入声字部分读阴平。这些带有赣语色彩的语音特征，应该是江西移民赣语影响的结果，但这些方言点的古全浊声母去声字并未与古全浊声母上声字合流读上声，古全浊声母入声字一般读去声而非阴平。据孙宜志（2007）、李冬香（2005），江西赣语和湖南赣语均未有古全浊声母上、去声字合流念上声以及古全浊声母入声字念阴平的现象。因此我们认为湘西乡话今读送气清音的古全浊声母仄声字的声调特点是自身演变的结果。另外，湘西乡话清声母入声字没有归阴平的现象。湘西乡话个别古全浊声母去声字今读阴平，不像赣语古全浊声母上声字和去声字都有读阴平的现象。由此看来，湘西乡话声调演变受赣语影响的可能性不大。

七　结语

　　曹志耘（1998）把汉语方言声调演变分为两大类型：自变型和他变型。湘西乡话古次浊声母平声字大部分读阴平，今读送气清音的古全浊声母上声、去声字念上声，今读送气清音的古全浊声母入声字念阴平是湘西乡话的特点，也是自身演变的结果。

　　湘西乡话处于湘语和官话的包围之中，在长期的语言接触过程中，受到了这些强势方言的严重侵蚀，形成了今读声调与中古声调错综复杂的对应关系。伍云姬、沈瑞清（2010：21—22）指出：古丈乡话清上、次浊上小部分字读入声，清去、次浊去部分字读上声，部分全浊入读阳平可能是受官话调值的影响。湘西乡话古次浊声母平声字大部分读阴平，少数读阳平，今读浊音和不送气清音的古全浊声母上声字多数念上声，少数念去声，说明湘西乡话受到了周边湘语和官话平分阴阳和浊上归去的影响，但这些变化还没有彻底完成。古次浊声母、古全浊声母平声字少数读去声；古全清、次清、次浊声母上声字少数读入声；梁家潭、白沙、李家田、红土溪、船溪乡话古全清去、次清去、次浊去少数字读阳平，草潭、棋坪、清水坪、高峰乡话少数字读上声；部分今读不送气清音的古全浊声母去声字念上声；全清、次清、次浊声母入声字少数读去声或阳平；今读不送气清音的古全浊声母入声字念阳平。这些现象都是湘语和官话长期渗透的结果。

　　瞿建慧（2010b）将接触性音变中的借贷分为"规则借贷"和"音值借贷"两种，并认为：当该方言声调的调值与权威方言相似时，方言会采用音值借贷的方式借入权威方言声调。湘西乡话借入周边的湘语和官话的声调，多采用音值借贷的方式直接借入调值，规则借贷的方式比较少，这是因为湘西乡话与周边的湘语和官话声调系统的调值大多相同或相近。周边的湘语和官话上声 42 调与湘西乡话的入声调值 42 相同，沅陵官话的阳平 33 调与清水坪乡话的去声调值 33 相同，泸溪湘语、辰溪湘语的阳平调 24 与白沙、梁家潭、李家田和船溪乡话的去声调值 24 相同，泸溪湘语、辰溪湘语的去声调 213 与梁家潭、白沙、李家田、红土溪、船溪乡话的阳平 213 调值相同，古丈官话和沅陵官话的去声 35 调与高峰、草潭、清水坪、棋坪乡话的上声 35 调值相同；沅陵官话阳平 33 调与棋坪乡话的阴平 334 相近，泸溪湘语、辰溪湘语的阳去 55 调与梁家潭、白沙、李家田、红土溪、船溪乡话的上声 53 调值相近。调值的借入要受到本方言声调系统的制约，湘西乡话与周边的湘语和官话的调值相同或相近，是湘西乡话常用音值借贷方式借入外方言的重要因素。

第四章 湘西乡话的接触与演变规律

第一节 湘西乡话的地域差异与演变

一 湘西乡话的地域差异

湘西乡话的语言面貌存在一定的地域差异,下面将分析泸溪白沙、泸溪梁家潭、泸溪李家田、泸溪八什坪、泸溪红土溪、古丈高峰、古丈草潭、沅陵清水坪、沅陵棋坪、沅陵筲箕湾、辰溪船溪乡话和古丈山枣六保话这12个代表点语音、词汇和语法的差异。

(一)语音方面

1.声母

湘西乡话声母读音基本一致,只有章组和晓母字存在地域差异,章组字山枣六保话、梁家潭、白沙、李家田一般读 tɕ,而其他乡话读 ts。山枣六保话非母部分字读 x,例如:发发现 xuɑ⁴² | 方 xoŋ⁵⁵ | 放 xoŋ²⁴ | 犯 xoŋ²⁴。晓母部分字读 f,例如:昏 fai⁴⁵ | 婚 fẽ⁴⁵ | 荤 fai⁴⁵ | 欢 fɑ̃⁴⁵。

2.韵母

湘西乡话韵母读音复杂,各种历史层次叠置,语言接触外借的读音与自身演变的读音交织在一起,同一韵摄读法多样,以下就韵摄主体层次的白读音进行地域差异比较。

(1)果摄一等字白沙、梁家潭、八什坪乡话读 əɯ,高峰、草潭、清水坪、棋坪乡话读 u,李家田乡话、山枣六保话读 ɯ,红土溪、筲箕湾乡话读 uɛ,船溪乡话读 uɤ。

（2）假摄开口字主要元音一般读 o，白沙乡话读 ɤ。假摄合口字一般读 uɑ，白沙乡话读 o。

（3）遇摄模韵字见晓组字一般读 u，其他声组有以下几种读音类型：

帮端泥组字读 u，精组字读 əɯ： 白沙、李家田、梁家潭；

端泥组字读 əɯ，帮精组字读 u： 高峰、草潭、清水坪；

端泥精组字读 əɯ，帮组字读 u： 船溪、红土溪、八什坪、棋坪；

帮端泥精组字读 u： 山枣六保话、筲箕湾。

遇摄鱼虞韵主体层次，筲箕湾乡话鱼虞韵读 y/ɯ，其他代表点读 iəɯ。

（4）蟹摄开口一二等字白沙、红土溪、船溪、八什坪乡话读 o，山枣六保话、筲箕湾、李家田乡话读 uɑ，其他代表点读 ɑ。蟹摄开口四等字草潭、清水坪乡话读 ɐ，其他代表点读 a。蟹摄合口字筲箕湾、白沙乡话读 o，其他代表点读 uɑ。

（5）止摄开口三等字草潭、清水坪乡话读 ɐ，其他代表点读 a。

（6）流摄字草潭、清水坪乡话读 ɐ，其他代表点读 a。

（7）咸山摄舒声开口一二等和山摄舒声合口一二等字，清水坪、棋坪、高峰、草潭、八什坪乡话读 oŋ 的字在筲箕湾、白沙、红土溪、船溪乡话一般读 õ，在山枣六保话、梁家潭、李家田乡话一般读 ɑŋ。清水坪、高峰、草潭乡话读 ɤŋ 的字在棋坪、八什坪乡话里读 ẽ，其他代表点读 oŋ。

山摄舒声合口三四等章组字，山枣六保话和李家田乡话读 yɛ，其他代表点读 uai。

（8）深臻摄舒声开口三等章组字，清水坪、棋坪、高峰、草潭、八什坪乡话读 ai，其他代表点读 iɛ。

臻摄舒声合口三等章组字，山枣六保话和李家田乡话读 yɛ，其他代表点读 uai。

（9）宕摄开口一等、江摄开口二等、宕摄开口三等庄组、章组字和宕摄合口舒声字，清水坪、高峰、草潭乡话读 ɤŋ，棋坪、八什坪乡话读 ẽ，其他代表点读 oŋ（山枣六保话和梁家潭、李家田乡话宕摄开口三等章组字读 ioŋ）。

宕摄舒声开口三等字（庄、章组字除外），清水坪、高峰、草潭、棋坪、八什坪乡话读 iẽ，其他代表点读 ioŋ。

（10）曾摄舒声开口一三等字，筲箕湾、红土溪乡话读 ʌɯ，山枣六保话读 əɯ，白沙、李家田乡话读 ai，梁家潭乡话读 ei，棋坪、八什坪乡话读 ã，清水坪、高峰、草潭乡话读 aŋ。

（11）梗摄开口二等和开口三等庚韵帮组字、开口四等端组舒声字，清水坪、棋坪、高峰、草潭、八什坪乡话读 oŋ，筲箕湾、白沙、红土溪、船溪乡话一般读 õ，山枣六保话、梁家潭、李家田乡话一般读 aŋ。

梗摄舒声开口三四等字（端组字除外），清水坪、棋坪、高峰、草潭、八什坪乡话读 i/ŋ，山枣六保话读 iẽ，其他代表点读 ẽ。

（12）通摄合口一等和通摄合口三等非组、章组舒声字，清水坪、筲箕湾、红土溪、棋坪、草潭乡话读 ʌɯ，白沙、李家田、八什坪乡话读 ai，梁家潭乡话读 ei，高峰乡话读 au，山枣六保话、船溪乡话读 əɯ（山枣六保话通摄合口三等章组舒声字读 iəɯ）。

通摄舒声合口三等知组、泥组和见组字，白沙乡话读 yɤ，筲箕湾、红土溪、船溪乡话读 yɛ，梁家潭乡话读 i，李家田乡话读 iai，清水坪、棋坪、草潭乡话读 iʌɯ，八什坪、高峰乡话读 iau，山枣六保话读 iəɯ、mei）。

3. 声调

梁家潭、白沙、李家田、红土溪、船溪乡话古全清去、次清去、次浊去少数字读阳平，草潭、棋坪、清水坪、高峰乡话少数字读上声。

（二）词汇方面

湘西乡话词汇也存在一定的地域差异，下面选择六个乡话代表点进行比较：

	沅陵清水坪	沅陵棋坪	泸溪白沙	泸溪红土溪	古丈草潭	古丈高峰
今天	今朝 ti⁵⁵ti²	今朝 ti³³tiau²	今日 tɕian²¹³oŋ²	今日 tɕian²¹³oŋ⁴²	今朝 ti³³tiau³³	今朝 ti⁵⁵tiau²
中午	日头 ŋ̍⁴²lɤ²	日里 ẽ⁴²la²	半间 poŋ²⁴kɤ²	半间 poŋ²⁴ko²	日里 ɤŋ⁴²la²	日里 oŋ⁴²la²
玉米	苞米 pau⁵⁵miẽ³⁵	苞米 pau³³mi³⁵	苞谷 pau⁴⁵ku²	苞谷 pau⁴⁵ku²	苞米 pau³³mi²	苞米 pau⁵⁵mie⁵⁵
棉花	棉花 mie⁵⁵xua²	棉花 mie³³xua²	棉□ mɤ²⁴mi²	棉□ məu⁴²mi²	棉花 mie³³xua²	棉花 mie⁵⁵xua²
禾苗	秧苗 iẽ⁵⁵miau⁵⁵	苗 miau³³	禾 əɯ²¹³	禾 əɯ²¹³	苗 miau³³	苗 miau⁵⁵

词						
萝卜	萝卜 lu⁵⁵pʰai⁴²	萝卜 lu³³pʰai⁴²	卜 pʰei⁴⁵	卜 pʰei⁴⁵	萝卜 lu³³pʰai²	萝卜 lu⁵⁵pʰai²
南瓜	瓜 kua⁵⁵	瓜 kua³³	青瓜 tsʰē⁴⁵ko²	青瓜 tsʰẽ⁴⁵kua⁴⁵	南瓜 la²⁴kua²	南瓜 loŋ⁵⁵kua²
柚子	柑 koŋ⁵⁵	柑 koŋ³³	橙子 dzē²⁴tsɿ²	橙子 dʑiẽ²⁴tsɿ²	柑 koŋ³³	柑 koŋ⁵⁵
虎	豹虎 pau³³kʰu⁵⁵	虎 kʰu³⁵	虎 kʰu⁵³	虎 kʰu⁵³	虎 kʰu³⁵	豹虎 pau³³kʰu³⁵
麂子	麂子 tɕi³⁵tsɐ²	麂子 tɕi³⁵tsa⁵⁵	黄麂 oŋ²¹³tɕi⁴²	黄麂 oŋ²¹³tɕi²	麂子 tɕi³⁵tsɿ²	麂子 tɕi³⁵tsa²
晚饭	黑饭 kʰɤ⁴²moŋ⁵⁵	黑饭 kʰɤ⁴²moŋ²	夜饭 zɤ²⁴mõ⁴⁵	夜饭 zo²⁴mõ⁴⁵	黑饭 kʰɤ⁴²moŋ²	黑饭 kʰɤ⁴²moŋ²
热水	热水 dzɤ⁴²tsu²	热水 dzɤ⁴²tsu²	□水 pɤ⁴⁵tsu⁵³	□水 po⁴⁵tsu⁵³	热水 dzɤ⁴²tsu²	热水 dzɤ⁴²tsu²
被子	被絮 fa³⁵ɕiəɯ⁵⁵	被絮 fa³⁵səu⁵⁵	被子 fo⁵³tsɿ²	被子 fo⁵³sɿ²	被絮 fa³⁵ɕiəɯ²	被絮 fa³⁵su⁵⁵
枕头	枕头 tsai³⁵tɐ²	枕头 tsai³⁵ta²	枕脑 tɕie⁵³lau²	枕脑 tɕie⁵³lau²	枕头 tsai³⁵tɐ²	枕头 tsai³⁵ta²
篮	簟 dʐ³³	提篮 di⁵⁵la²	篮 lõ⁴⁵	篮 lõ⁴⁵	簟 dʐ⁵⁵	□ zoŋ²¹³
垃圾	渣子 tso⁵⁵tsɐ³⁵	渣子 tso³³tsa³⁵	肮脏 au⁵³tsau⁴⁵	肮脏 au⁴⁵tsau⁴⁵	渣子 tso³³tsɐ³⁵	□□ kʰo²¹³lo⁵⁵
灯	灯 taŋ⁵⁵	灯 tã³³	灯 tai⁴⁵	亮 lioŋ²⁴	灯 taŋ³³	灯 taŋ⁵⁵
伯母	□□ mo⁵⁵mo²	□娘 mo³³ȵia²	伯娘 pɤ²⁴ȵiaŋ²	□伯 ȵiaŋ²¹³pai²⁴	□□ mo³³mo²	□□ mo⁵⁵mo²
弟弟	□□ xa³⁵zɿ⁵⁵	□ xa³⁵	老 lau⁴²	老 lau⁴²	□□ xa³⁵zɿ²	□□ xa³⁵zɿ²
味道	味道 miẽ²³tʰau²	味道 mi⁵⁵tʰau²	味 vi⁵³	味道 vi⁵³tau²	味道 mi⁵⁵tʰau²	味道 mi³³tʰau²
声音	声气 sɿ⁵⁵tɕʰi²	声气 sɿ³³tɕʰi²	腔口 tɕʰioŋ⁴⁵kʰa²	腔口 tɕʰioŋ⁴⁵kʰa²	声气 sɿ³³tɕʰi²	声气 sɿ⁵⁵tɕi²
身体	身体 sē⁵⁵tʰi²	身头 sai³⁵ta²	身架 ɕie⁴⁵kəu²	身架 ɕie⁴⁵kau²	身头 sai³³tɐ²	身头 sai⁵⁵ta²
量	□ au³³	□ au⁵⁵	□ ie²⁴	□ iɛ²⁴	□ au⁵⁵	□ au³³
钱	铜钱 dai²¹³tsai²	钱 tsai²¹³	铜钱 dai²¹³tsai²	铜钱 ai²¹³tsai⁴⁵	铜钱 dai²¹³tsai²	钱 tsai²¹³
游泳	澡浴 tsau³⁵dzu⁵⁵	泅浴 dʑia²¹³zu⁵⁵	泅江 dʑia²¹³koŋ²	泅水 dʑia²¹³tsu⁵³	泅浴 dʑie²¹³zu⁵⁵	泅水 dʑia²¹³tsu³⁵
咬	□ ȵio⁴²	□ ȵio⁴²	□ za⁴²	□ za⁴²	□ ȵio²	□ ȵio²
吮吸	□ fu⁵⁵	□ fu³³	□ tsəɯ²¹³	□ ʌɯ³³	□ fu³³	□ fu⁸⁵
告诉	讲 kaŋ³⁵	话 ua⁵⁵	报 pau²⁴	报 pau²⁴	讲 kaŋ³⁵	讲 kaŋ³⁵
拿	□ to⁵⁵	□ to³³	□ ȵiã²	□ ȵia²	□ to³³	□ to⁵⁵
埋	□ bau⁵⁵	□ bau³³	埋 mē⁴⁵	埋 mē⁴⁵	□ bau³³	□ bau⁵⁵/埋 mɤ⁵⁵
扇	摇 dzau³⁵	摇 zau²¹³	扇 ɕie⁴⁵	扇 ɕie⁴⁵	摇 zau²¹³	摇 zau²¹³
跨	跨 dʑio⁴²	跨 dʑio²	丫 ɤ⁴⁵	丫 o⁴⁵	跨 dʑio²	跨 dʑio³³
慢	慢 mɤŋ³³	慢 moŋ⁵⁵	□ zɿ⁵³	□ zɿ⁵³	慢 moŋ⁵⁵	慢 moŋ³³
肮脏	□□ pʰa⁵⁵la²	□□ pʰa³⁵la²	肮脏 a²¹³tsa⁴⁵	肮脏 au⁴⁵tsau⁴⁵	□□ pʰa⁵⁵la²	□□ pʰa³³la²
钝	□ mu⁵⁵	□ ŋo³³	□ lu⁴⁵	□ ləɯ⁵³	□ mu³³	□ ŋu⁵⁵
酸	□ tsʰɤ⁵⁵	□ tsʰɤ²	酸 suã⁴⁵	酸 suã⁴⁵	□ tsʰɤ²	酸 suã²
前边	头边 tɐ²¹³pi⁵⁵	头边 ta²¹³pi³⁵	□里 lau⁴⁵lioŋ²	□里 lau⁵³lioŋ⁴⁵	头边 tɐ²¹³pi³⁵	头边 ta²¹³pi³⁵

（三）语法方面

1. 名词后缀"子"在山枣六保话、梁家潭、草潭、高峰、李家田乡话里有三种读音：tsɿ、tsa、ti，其他代表点只有两种：tsɿ、tsa。山枣六保话、白沙、红土溪、梁家潭、李家田、船溪等乡话后缀"子"的使用频率比其他代表点高。

2. 山枣六保话和高峰、草潭乡话表示完成有时不用动态助词"了"。

3. 棋坪、清水坪、草潭、船溪、高峰乡话在语序上与其他代表点有些不同，比如差比句只能说"一天比一天大"，不能说"一天大一天"，而其他代表点可以说。

从语言面貌来看，我们可以把这12个代表点大致分为两类：

A类：沅陵筲箕湾、辰溪船溪、泸溪梁家潭、泸溪李家田、泸溪红土溪、泸溪白沙乡话、古丈山枣六保话；

B类：沅陵棋坪、沅陵清水坪、古丈草潭、古丈高峰、泸溪八什坪乡话。

A类乡话主要分布在沅水干流流域，B类乡话主要分布在酉水流域。

古丈山枣六保话属于乡话（邹晓玲2013），主要分布在古丈县山枣乡的火麻村、高寨村、筲箕田村、磨刀村，岩头寨乡的银坪村、梓木坪村、碗沟溪村。从语言面貌来看，古丈县山枣和岩头寨的乡话属于B类乡话，山枣六保话却属于A类乡话。据调查，居住在古丈县内操山枣六保话的人，主要有杨、周、李三种姓氏，来自泸溪县八什坪乡。为什么叫作六保话呢？这和甲保制有关。清嘉庆二十一年（1816），改行甲保制，十户为甲，十甲为保。民国《泸溪续志》载：1938年泸溪县共建两镇八乡，1949年泸溪行政区划孝安乡的地理范围大致相当于现在的八什坪和梁家潭。孝安乡下设八个保，其中六保辖烟坨、均田坪、杜家寨、榆树坪、欧溪，现今这些地点正好属于八什坪的乡话区。我们在调查古丈山枣六保话的时候发现发音合作人把"泸溪"说成"六保"。他们从泸溪县六保迁过来，在他们眼里，六保可能就是泸溪的代名词。属于A类乡话的山枣六保话处在B类乡话的包围之中，受到了B类乡话的影响，因此带有混合色彩。

泸溪八什坪乡东南距泸溪县白沙镇49公里，东临沅陵县二酉乡，北与古丈县河蓬乡交界，墟场在梯溪坪村三角潭。三角潭位于泸溪、沅陵、古丈三县交界处，到了赶集的日子，来自泸溪八什坪、沅陵棋坪、古丈山枣的瓦乡人纷纷来三角潭赶集。笔者调查的泸溪八什坪三角潭乡话接近沅陵二酉乡棋坪乡话，发音合作人也说先祖是从沅陵二酉乡莲花池搬过来的。泸溪八什坪乡话也可以分成两类：靠近梁家潭的花园坪、塘食溪等地的乡话类似于 A 类；靠近沅陵的梯溪坪、李什坪、大村潭和杜家寨村等地的乡话类似于 B 类。杨蔚（2010b）记录的八什坪乡话应该是 A 类的乡话。B 类八什坪乡话与 A 类乡话长期接触，受到了 A 类乡话的影响，因此带有混合色彩。

二 从湘西乡话地域差异看接触与演变

（一）湘西乡话地域差异反映的自身的演变

湘西乡话通摄合口一等字的读音类型如下：

ʌɯ：清水坪、筲箕湾、棋坪、红土溪、草潭、船溪乡话

əɯ：山枣六保话

ai：白沙、李家田、八什坪乡话

ei：梁家潭乡话

ɑu：高峰乡话

例字如下：

	六保话	白沙	梁家潭	清水坪	高峰
动	dzəɯ^{53}	dzai^{53}	dzei^{53}	dzʌɯ^{35}	dzɑu^{35}
同	dəɯ^{213}	dai^{213}	dei^{213}	dʌɯ^{213}	dɑu^{213}
聋	tsəɯ^{45}	tsai^{45}	tsei^{45}	tsʌɯ^{55}	tsɑu^{55}
公	kəɯ^{45}	kai^{45}	kei^{45}	kʌɯ^{55}	kɑu^{55}

山枣六保话通摄合口一等字读 əɯ，与流摄开口一等字文读音相同，高峰乡话读 ɑu，与效摄开口一二等字读音相同。

从湘西乡话通摄合口一等字的地域差异来看，我们认为湘西乡话通摄合口一等字可能有两种演变途径：

① uŋ—əɯ—ai—ei

② uŋ—əɯ—ʌɯ—ɑu

uŋ—əɯ 可能还经过 u 阶段，uŋ 失去韵尾变 u，u 发生裂化音变成了 əɯ。əɯ—ʌɯ—ɑu（湘西乡话 ɑu 的韵尾 u 拢得不圆），是一个元音不断低化的音变过程。əɯ—ai—ei 的演变在湘语辰溆片也存在，发生在流摄字里：

əɯ（解放岩）—ai（武溪）—ei（卢峰）

例字如下：

	解放岩	武溪	卢峰
狗	kəɯ⁴²	kai⁴²	kei²⁴
偷	tʰəɯ⁴⁴	tʰai⁴⁵	tʰei⁴⁴

əɯ 元音前化变为 ai（实际音值为 εi），ai 元音高化变为 ei。

湘语、赣语也有侯韵读同效摄、流摄的现象，与湘西乡话通摄合口一等字今读类似。陶寰（2003）认为"侯韵读 eu 应是这些方言（赣、吴、湘、徽——作者注）的一个共同的历史层次"。彭建国（2007）也认为湘语侯韵读 eu。孙宜志（2014）认为"早期侯韵读 εu 更加合理一些。从江西赣方言的实际情况看，虽然有些点侯韵读其他的读音，但都可以认为是发展演变而来的。"湘西乡话 əɯ 是否由 eu/εu 发展演变而来，笔者没有找到相关的证据。

（二）湘西乡话地域差异反映的接触性演变

1. 语音方面

前文提到湘西乡话古全清、次清、次浊声母去声字一般读去声，梁家潭、白沙、李家田、红土溪、船溪乡话少数字读阳平，草潭、棋坪、清水坪、高峰乡话少数字读上声。读阳平和上声的字的声调是周边的湘语和官话影响的结果。梁家潭、白沙、李家田、红土溪、船溪乡话的阳平调值与泸溪湘语和辰溪湘语的去声调值相近，均为 213，高峰、草潭、清水坪、棋坪乡话的上声调值与古丈官话和沅陵官话的去声调值相同，均为 35。这是湘西乡话声调的地域差异反映的接触性音变，声母和韵母也存在这样的地域差异，请看这些姓氏在不同方言点里的读音：

	清水坪	筲箕湾	棋坪	白沙	红土溪	草潭	六保话	高峰
曹	dzɑu³³	dzɑu²⁴	tsau²¹³	dzɑu²⁴	dzɑu²⁴	tsau²¹³	dzɑu²⁴	dzɑu²⁴
宋	sʌɯ³³	sʌɯ²⁴	sʌɯ⁵⁵	soŋ²¹³	sʌɯ²⁴	sʌɯ⁵⁵	səɯ²⁴	sau³³
瞿	dʑy³³	kəɯ²¹³	kɤ²¹³	dʑy²⁴	dʑy²⁴	kɤ²¹³	dʑy²⁴	kəɯ²¹³
朱	tsu⁵⁵	tsu⁴⁵	tiəɯ³³	tiəɯ⁴⁵	tiəɯ⁴⁵	tiəɯ³³	tsu⁵⁵	tiəɯ⁵⁵
谭	tɤŋ²¹³	dã²⁴	tẽ²¹³	dã²⁴	dɛ²⁴	tɤŋ²¹³	dã²⁴	tɤŋ²¹³
陈	dzai²¹³	dzẽ²⁴	tiɛ²¹³	dzai²⁴	dzẽ²⁴	tiɛ²¹³	dzẽ²⁴	dzẽ²⁴

"曹"在清水坪等乡话里声母读浊音 dz，棋坪等乡话读 ts。dzɑu²⁴ 是从客话借过来的，湘西乡话的从母字一般已经清化了。

"宋"在清水坪等乡话里韵母读 ʌɯ/əɯ/au，白沙乡话读 oŋ，soŋ²¹³ 和客话的读音一致，是从客话借过来的，湘西乡话的通摄合口一等字已经读开尾韵了。

"瞿、朱、谭、陈"在湘西乡话各地声母和韵母读音也各不相同。筲箕湾等乡话"瞿"的读音体现了乡话遇摄合口三等字见系字保留舌根音、鱼虞有别的特点，白沙乡话读同客话。棋坪等乡话"朱"的读音体现了乡话知组字读舌上音的特点，清水坪等乡话读同客话。清水坪等乡话"谭"的读音体现了乡话古全浊声母部分字清化、咸山摄读后鼻韵尾的特点，红土溪等乡话读同湘语，白沙等乡话读同官话。清水坪等乡话"陈"的读音体现了乡话臻摄字读开尾韵的特点。棋坪等乡话"陈"的读音体现了乡话知组字读舌上音的特点，筲箕湾等乡话读同客话。

2. 词汇方面

湘西乡话在自身的发展过程中，除了使用原来的语言材料创造新词以外，还从周边的客话吸收借词，借词丰富了湘西乡话的词汇系统，也改变了湘西乡话的音韵结构。

湘西乡话保留了一些古老的说法，请看例子：

	清水坪乡话	棋坪乡话	白沙乡话	红土溪乡话	草潭乡话	高峰乡话
筷子	箸	箸/筷子	筷子	筷子	箸/筷子	箸
	tiəɯ⁵⁵	tiəɯ⁵⁵/kʰua²⁴tsʅ⁵	kʰo²⁴tsʅ²	kʰua²⁴tsʅ²	tiəɯ⁵⁵/kʰua²⁴tsʅ⁵	tiəɯ³³
篮	豆	提篮	篮	篮	豆	□
	dɐ³³	di³³lã²	lõ⁴⁵	lõ⁴⁵	dɐ³³	zoŋ²¹³

钱	铜钱	钱	铜钱	铜钱	铜钱	钱
	dai²¹³tsai²	tsai²¹³	dai²¹³tsai⁴⁵	ai²¹³tsai⁴⁵	dai²¹³tsai²	tsai²¹³
嘴巴	口	口	口	口	口	口/嘴巴
	kʰɐ³⁵	kʰa³⁵	kʰa⁵³	kʰa⁵³	kʰɐ³⁵	kʰa³⁵/tɕy³⁵po²
浦市	浦市	浦市	浦溪	浦溪	浦市	浦溪
	pʰu⁴²sʅ²	pʰu⁴²sʅ²	pʰu⁵³kʰa²	pʰu⁵³kʰa²	pʰu⁴²sʅ²	pʰu³⁵kʰa²
古丈	古丈坪	古丈坪	古丈	古丈	古丈坪	古丈坪
	ku³⁵tsa⁵⁵foŋ³⁵	ku⁵⁵tsa⁵⁵foŋ²	ku⁴²tsaŋ²	ku⁴²tsaŋ²	ku⁴²tsɐ²foŋ²	ku³⁵tsa³⁵foŋ³⁵

在湘西乡话里,"筷子"说"箸","篮"说"豆","钱"说"铜钱","嘴巴"说"口","浦市"说"浦溪","古丈"说"古丈坪",这些都是湘西乡话固有的说法,其他的说法都是借自客话。

湘西乡话有些词的说法比较特殊,比如:

	清水坪乡话	棋坪乡话	白沙乡话	红土溪乡话	草潭乡话	高峰乡话
野葱	胡葱	细蒜	细蒜	细蒜	胡葱	胡葱
	vu²¹³tsʰʌɯ²	ɕi⁵⁵sẽ³³	ɕi²⁴son²	ɕie²⁴son⁴⁵	vu²¹³tsʰʌɯ²	vu²¹³tsʰau²
下巴	嘴巴	嘴巴	下嘴巴	下嘴巴	下嘴巴	嘴巴
	tɕy³⁵po²	tɕy³⁵pau²	ɣ⁵³tɕy²pɤ²	o⁵³kʰa²fo²	o³⁵tɕy⁵³po²	tɕy³⁵po²
南瓜	瓜	瓜	青瓜	青瓜	南瓜	南瓜
	kua⁵⁵	kuɑ³³	tsʰẽ⁴⁵ko²	tsʰẽ⁴⁵kua⁴⁵	lã²⁴kua²	loŋ⁵⁵kua²
鸭蛋	鸭鸡蛋	鸭鸡蛋	鸭蛋	鸭蛋	鸭蛋	鸭鸡蛋
	u⁴²ɐ⁵⁵kɤŋ²	u⁴²ka³³kẽ²	əɯ⁴²koŋ²	y⁴²koŋ⁴²	u⁴²kɤŋ²	u⁴²ka⁵⁵kɤŋ³³
赚钱	赚铜钱	赚钱	赚铜钱	捞铜钱	赚款	赚钱
	tyɛ³³dai²¹³tsai⁵⁵	tyɛ⁵⁵tsai³⁵	tsuã⁵³dai²¹³tsai⁴⁵	lau²⁴ai²¹³tsai²	tyɛ⁵⁵kʰuaŋ⁵⁵	tyɛ³³tsai²¹³

在湘西乡话里,"野葱"叫作"细蒜",瓦乡人应该是在大蒜出现以后才接触胡葱的,因为胡葱的叶子没有大蒜细,所以称作"细蒜","胡葱"的说法是从客话借过来的。湘西乡话把"嘴巴"称作"口",而把"下巴"称作"嘴巴",如果把"下巴"称作"下嘴巴",则是借自客话了。湘西乡话把"南瓜"叫作"青瓜"或者"瓜",叫"青瓜"可能是因为"南瓜"没有成熟时瓜皮呈青色,"南瓜"的说法是从客话借过来的。湘西乡话把"鸭蛋"叫作"鸭鸡蛋",乡话区原来可能只有一种蛋——鸡蛋,在瓦乡人的意识里,蛋就是鸡蛋。引进鸭子有了鸭蛋后,这种蛋是鸭子生的,于是就在

"鸡蛋"的前面加一个修饰语素"鸭"。"鸭蛋"的说法借自客话。湘西乡话"赚钱"叫作"赚铜钱",铜钱是中国古代钱币最常见的一种,北宋以后才开始出现纸币——"交子"。虽然现在乡话区也已经不使用铜钱了,但在瓦乡人的意识里,"铜钱"就是"钱"的代名词,"赚钱"是从客话里借过来的。

相对于古丈乡话和沅陵乡话,泸溪乡话受湘语影响较大,以下的说法,沅陵乡话、古丈乡话不同于官话,但泸溪乡话与泸溪湘语相同,应该是受到了客话的影响。

	沅陵清水坪乡话	沅陵官话	古丈高峰乡话	古丈官话	泸溪白沙乡话	泸溪湘语
柚子	柑 koŋ^{55}	柚子 iəɯ^{35}tsʅ^{2}	柑 koŋ^{55}	大柑子 ta^{35}kã^{55}tsʅ^{2}	橙子 dzẽ^{24}ts^{2}	橙子 dzẽ^{24}tsʅ^{2}
闪电	扯闪 dza^{35}sai^{35}	扯火闪 ts^{h}ɛ^{42}xo^{24}sɛ^{2}	扯闪 dza^{35}sai^{35}	扯火闪 ts^{h}ɤ^{42}xo^{24}ɕiɛ^{2}	扯火闪 dzɤ^{53}xəɯ^{42}ɕiɛ^{2}	扯火闪 tɕ^{h}iɷ^{42}xo^{24}ɕiɛ^{2}
板栗	□□子 tɕio^{213}sʅ^{213}tsɐ^{2}	板栗 pã^{42}li^{2}	□□子 tɕio^{213}sʅ^{2}tsa^{2}	板栗 pã^{42}li^{2}	板栗 poŋ^{53}li^{2}	板栗 pã^{42}li^{2}
晚饭	黑饭 k^{h}ɤ^{42}moŋ^{55}	夜饭 iɛ^{35}fã^{2}	黑饭 k^{h}ɤ^{42}moŋ^{2}	夜饭 iɛ^{35}xuã^{2}	夜饭 zɤ^{24}mõ^{45}	夜饭 iɷ^{55}ɸa^{2}
热水	热水 dzɤ^{42}tsu^{35}	□水 pa^{55}suei^{2}	热水 dzɤ^{42}tsu^{2}	□水 pa^{55}suei^{2}	□水 pɤ^{45}tsu^{2}	□水 po^{45}su^{2}
四合院	四间室 ɕi^{33}kau^{42}tɕi^{42}	四合院 sʅ^{35}xo^{2}yã^{35}	四合室 ɕi^{24}xo^{2}tɕi^{42}	四合院 sʅ^{35}xo^{2}yã^{35}	院子室 yɛ^{24}tsʅ^{2}tɕi^{2}	院子屋 yɛ^{24}tsʅ^{2}u^{24}
台阶	岩□□ ŋa^{55}dzɤŋ^{213}sɑu^{35}	台阶 dai^{24}kai^{55}	岩□ ŋa^{55}taŋ^{2}	阶沿 kai^{55}iã^{24}	码头 mɤ^{53}tai^{2}	码头 mo^{42}dai^{24}
伯母	□□ mo^{55}mo^{2}	伯娘 pæ^{33}ȵiaŋ^{2}	□□ mo^{55}mo^{2}	伯娘 pei^{24}ȵiaŋ^{2}	伯娘 pɤ^{24}ȵiaŋ^{2}	伯娘 pai^{24}ȵiaŋ^{2}
拿	□ to^{55}	□ na^{33}	拿 to^{55}	拿 na^{24}	□ lie^{45}	□ ȵie^{45}
棉衣	棉花衣 miɛ^{55}xuɑ^{55}i^{2}	棉衣 miã^{33}i^{2}	棉花衣 miɛ^{55}xuɑ^{55}i^{2}	棉花衣 miã^{24}xuɑ^{55}i^{2}	絮衣 ɕiəɯ^{24}i^{45}	絮衣 suei^{213}i^{2}

以下口语常用词语,沅陵、古丈乡话与官话说法相近,泸溪乡话与泸溪湘语说法相近,可能是湘西乡话与客话长期接触造成的,也可能因为二者本身同源。

第四章　湘西乡话的接触与演变规律　　137

	沅陵清水坪乡话	沅陵官话	古丈高峰乡话	古丈官话	泸溪白沙乡话	泸溪湘语
星星	星 ɕi^{55}	星星 ɕie^{55}ɕiẽ^2	星子 ɕi^{55}ta^{55}	星子 ɕiẽ^{55}tsʅ^2	天星子 tʰai^{45}sẽ^{45}tsa^2	天星子 tʰie^{45}sẽ^{45}tsʅ^2
稻谷	谷子 ku^{42}tsɐ^2	谷子 ku^{33}tsʅ^2	谷子 ku^{42}tsa^2	谷子 ku^{24}tsʅ^2	谷 ku^{42}	谷 ku^{24}
荸荠	荸荠 bu^{55}ɕi^2	荸荠 bu^{33}ɕi^2	荸荠 bu^{55}ɕi^2	荸荠 bu^{24}ɕy^2	荸荠子 bu^{24}tɕi^{2}tsa^2	荸荠子 bu^{213}tɕʰie^{2}tsʅ^2
麂子	麂子 tɕi^{213}tsɐ^2	麂子 tɕi^{42}tsʅ^2	麂子 tɕi^{213}tsa^{55}	麂子 tɕi^{42}tsʅ^2	黄麂 oŋ^{213}tɕi^{42}	黄麂 uaŋ^{24}tɕi^{42}
裤腰带	裈腰带 kuai^{55}iau^{55}du^2	裤腰带 kʰu^{33}iau^{55}tai^{35}	裤腰带 kuai^{55}iau^{55}tu^2	裤腰带 kʰu^{35}iau^{55}tai^{35}	裈带子 kuai^{45}təɯ^{24}tsa^2	裤带子 kʰu^{213}ta^{213}tsʅ^2
羊癫疯	羊癫疯 zɤŋ^{213}ta^{55}fʌɯ^2	羊癫疯 iaŋ^{33}tiã^{55}foŋ^{55}	羊癫疯 zɤŋ^{35}ta^{55}fau^2	羊癫疯 iaŋ^{24}tiã^{55}foŋ^{55}	猪包疯 tiəɯ^{45}pau^{2}fai^2	猪头疯 tsu^{45}dai^{55}foŋ^{45}
秤盘	秤盘 tsʰaŋ^{33}pɤŋ^{213}	秤盘 tsʰẽ^{35}bã^{24}	秤盘 tsʰaŋ^{33}pɤŋ^{213}	秤盘 tsʰẽ^{35}bã^{24}	秤盘子 tsʰai^{24}poŋ^{213}tsa^2	秤盘子 tɕʰie^{213}bɐ^{24}tsʅ^2
闻	闻 vai^{55}	闻 vẽ^{33}	闻 vai^{55}	闻 vẽ^{24}	嗅 tɕʰioŋ^{45}	嗅 ɕioŋ^{213}
告诉	讲 kaŋ^{35}	讲 kaŋ^{42}	讲 kaŋ^{35}	讲 kaŋ^{42}	报 pau^{24}	报 pau^{213}
跨	跨 dʑio^{42}	跨 dʑia^{33}	跨 dʑio^{33}	跨 dʑia^{24}	丫 ɤ^{45}	丫 o^{45}

3. 语法方面

（1）湘西乡话单音节词比较多，湘西乡话有些单音节词在湘西客话里对应的说法为双音节词语或多音节词语，比如：卜（萝卜）、蚓（蚯蚓）、箸（筷子）等。有的乡话代表点里出现的双音节或多音节的说法则是从湘西客话里借过来的。例子如下：

	沅陵清水坪乡话	沅陵官话	古丈高峰乡话	古丈官话	泸溪白沙乡话	泸溪湘语
萝卜	萝卜 lu^{55}pʰai^{42}	萝卜 lo^{33}bu^2	萝卜 lu^{55}pʰai^2	萝卜 lo^{24}bu^2	卜 pʰei^{45}	萝卜 ləɯ^{24}bu^2
蚯蚓	蚓 zuai^{35}	□□儿 tɕʰy^{24}tɕʰy^{24}ɚ	□蚓 tsʰo^{55}zue^{55}	□蚓 tɕʰy^{24}sau^2	蚓 zuai^{53}	□蛇 ɕiəɯ^{24}ɕiω^2
米糊	米糊子 miɛ^{35}vu^{213}tsɯ^{55}	米糊糊 mi^{42}xu^{33}xu^2	米糊子 miɛ^{35}vu^{213}tsa^2	米糊糊 mi^{42}fu^{24}fu^2	糊 u^{213}	米糊糊 mi^{42}u^{213}u^2
筷子	箸 tiəɯ^{55}	筷子 kʰuai^{35}tsʅ^2	箸 tiəɯ^{33}	筷子 kʰuai^{35}tsʅ^2	筷子 kʰo^{24}tsʅ^2	筷子 kʰuai^{213}tsʅ^2

桃	桃 lau²¹³	桃子 dau³³tsʅ²	桃 lau²¹³	桃子 dau²⁴tsʅ²	桃子 lau²¹³tsʅ	桃子 dau²⁴tsʅ²
梨	梨 zɐ²¹³	梨子 li³³tsʅ²	梨 za²¹³	梨子 li²⁴tsʅ²	梨子 za²¹³tsʅ	梨子 li²⁴tsʅ²
鸭	鸭 u⁴²	鸭子 ŋa³³tsʅ²	鸭 u⁴²	鸭子 ia²⁴tsʅ²	鸭子 ŋɔɯ⁴²tsʅ	鸭子 ω²⁴tsʅ²
袜子	袜 vɑ²¹³	袜子 vɑ³³tsʅ²	袜子 vɑ²¹³	袜子 uɑ²⁴tsʅ²	袜子 vo²¹³tsʅ	袜子 vω²⁴tsʅ²
名字	名 mi⁵⁵	名字 miẽ³³tsʅ²	名字 mi⁵⁵dza²	名字 miẽ²⁴tsʅ²	名 mẽ⁵³	名字 mẽ²⁴tsʅ²

从例词可以看出，相对于沅陵清水坪和古丈高峰乡话，泸溪白沙乡话因受到泸溪湘语的影响，"子"尾词增多。还有些字白沙乡话表达为单音节词，有的方言点却是"子"尾词的说法。白沙乡话这些字的说法是从泸溪湘语借过来的，例子如下：

	清水坪乡话	棋坪乡话	白沙乡话	草潭乡话	高峰乡话
棍子	棍 kuɐ³³	棍子 kuai⁵⁵tsa⁵⁵	棍 kuai²⁴	棍子 ku⁵⁵tsɐ²	棍子 kuai³³tsa²
筛子	筛子 sai⁵⁵tsai³⁵	筛子 sɑ³³⁴tsa³⁵	筛 so⁴⁵	筛子 sɑ³³⁴tsɐ²	筛子 sɑ⁵⁵tsa²
稻谷	谷子 ku⁴²tsɐ²	谷子 ku⁴²tsa²	谷 ku⁴²	谷子 ku⁴²tsɐ²	谷子 ku⁴²tsa²
柜子	柜子 kuei³⁵tsʅ²	柜子 kuei³⁵tsʅ²	柜 tɕʰy⁵³	柜 kuei³⁵	柜 kuei³⁵

湘西乡话构词后缀"头"较多，以下的词语湘西客话都没有词缀"头"，如果乡话的说法里没有词缀"头"，那是借自湘西客话。

	清水坪乡话	棋坪乡话	白沙乡话	红土溪乡话	草潭乡话	高峰乡话
城里	街里 kɑ⁵⁵lɐ²	城里 tsʅ²¹³la³⁵	街头 ko⁴⁵ta⁴⁵	街头 ko⁴⁵ta⁴⁵	城里 tsʅ³³lɐ²	街里 kɑ⁵⁵la⁵⁵
乡下	乡里 ɕiẽ⁵⁵la²	乡里 ɕiẽ³³la²	乡里 ɕioŋ⁴⁵lioŋ⁴⁵	乡里头 ɕioŋ⁴⁵lioŋ⁵³ta²	乡里 ɕiẽ³³⁴la²	乡里 ɕiẽ⁵⁵la²
集市	场 diẽ²¹³	场 diẽ³¹⁵	场 dioŋ²¹³	场头 dioŋ²¹³ta²	场 dẽ²¹³	场 dẽ²¹³
家乡	老室 lau³⁵tɕi⁴²	老室□ lau³⁵tɕitsʰo²	老室头 lau⁵³tɕi²⁴ta²	老地方 lau⁵³tʰi⁴⁵poŋ⁴⁵	老室 lau³⁵tɕi⁴²	老室 lau³⁵tɕi²
滩	滩头 tʰɤŋ⁵⁵tɐ⁵⁵	滩 tʰẽ³³	滩 tʰoŋ⁴⁵	滩头 tʰoŋ⁴⁵ta⁴⁵	沟滩头 kɐ³³tʰɤŋ⁵⁵tɐ²	滩 tʰɤŋ⁵⁵

晚上	夜里	黑头	夜头	夜头	夜里	夜头
	zo³³lɐ²	kʰɤ⁴²ta²	zɤ²⁴ta⁴⁵	zu²⁴ta²	zo⁵⁵lɐ²	kʰɤ⁴²ta²
后来	尾来	尾头	以后	尾头	尾来	尾来
	mai³⁵zɤ²	mai³⁵ta²	i⁴²xəɯ⁵³	mai⁵³ta²	mai³⁵zɤ²	mai³⁵zɤ²¹³

（2）湘西乡话里"跟"除了做动词，还可以做介词、连词等，相当于普通话里的"把、从、顺着、给、和"等。以红土溪乡话为例：

① 介词，引进受事，表处置，相当于普通话的"把"。

　　kai⁴⁵ mai⁴⁵pi²⁴ tɑu²　　　　　　把门关上！

　　跟　门　闭　倒

② 介词，表示动作方向，相当于普通话的"从""顺着、沿着"。

　　zei²⁴ kai⁴⁵ pʰo⁴⁵ so⁴⁵ zai²¹³　　他从白沙来。

　　他　跟　白　沙　来

　　kai⁴⁵ uai²¹³piɛ⁴⁵ õ²¹³　　　　　顺着河边走！

　　跟　河　边　行

③ 介词，引进与事，相当于普通话的"给"。

　　kai⁴⁵ guɛ⁵³mai⁵³ pai⁴² tsəɯ⁴⁵　给我买本书！

　　跟　我　买　本　书

④ 连词，表并列，相当于普通话的"和"。

　　guɛ⁵³kai⁴⁵ ȵiɛ⁵³i⁴⁵ tɕʰi² kʰəɯ²　我和你一起去。

　　我　跟　你　一　起　去

受周边湘语的影响，红土溪乡话出现了几种说法并存使用现象，比如第①种用法可以说pʌɯ⁴⁵（帮），第④种用法可以说dʌɯ²¹³（同）。

第①种用法清水坪、棋坪、草潭乡话和山枣六保话说"把"，第②种用法山枣六保话说"从"，第③种用法棋坪乡话说"替"，第④种用法筲箕湾乡话说"同、和"，都是受周边客话影响的结果。

（3）湘西乡话否定副词"不"读pa²¹³，说pu²¹³是受到了客话的影响，试比较：

	清水坪乡话	棋坪乡话	白沙乡话	红土溪乡话	草潭乡话	高峰乡话
不（去）	pu²¹³	pa²¹³	pa²¹³	pa²¹³	pɐ²¹³	pa²¹³
不香	pu²¹³tɕʰiẽ⁵⁵	pa²¹³tɕʰiẽ³³	pa²¹³tɕʰioŋ⁴⁵	pa²¹³tɕʰioŋ⁴⁵	pa²¹³tɕʰiẽ³³	pa²¹³/pu²¹³tɕʰiẽ⁵⁵
不认识	ȵiɛ³⁵pu²tau³⁵	ȵiɛ²¹³pu²tau³⁵	ȵiɛ²⁴pu²tau²	ȵiɛ²⁴pu²tau²	ȵiɛ⁵⁵pu²tau³⁵	ȵiɛ²¹³pu²tau³⁵

三 从湘西客话地域差异看湘西汉语方言的分化

由于交通便利和生存需要，湘西瓦乡人开始走出乡话区，学会了客话，成了双语人，对内说乡话，对外说客话。瓦乡人说的客话也存在地域差异，并与纯客话区的人说的客话有些不同，这些差异是乡话、湘语和普通话影响导致的。笔者调查了泸溪县白沙屈望瓦乡人说的客话（简称白沙屈望客话）和泸溪县李家田瓦乡人说的客话（简称李家田客话），还调查了泸溪县武溪（原县城）湘语，泸溪县李家田纯客话区人说的湘语，用来作比较。

（一）客话地域差异形成的因素

1. 乡话的影响

在第二语言习得中，母语对学习者的影响普遍存在。根据"母语迁移"理论，在第二语言的习得过程中，学习者的第一语言即母语的使用习惯会直接影响第二语言的习得，对其起到积极促进或消极干扰的作用。乡话是瓦乡人的母语，瓦乡人学习客话时，不可避免地受到乡话的影响。

（1）语音方面

白沙屈望乡话假摄字主要元音读展唇元音 ɤ，受此影响，白沙屈望客话假摄字主要元音也读展唇元音 ɤ，而李家田乡话、李家田客话、李家田湘语和武溪湘语读 o。

白沙屈望乡话止摄知三章组字读 ts 组，受此影响，白沙屈望客话止摄知三章组字也读 ts 组，而李家田乡话、李家田客话、李家田湘语和武溪湘语读 tʂ。

请看例字：

	白沙屈望乡话	白沙屈望客话	李家田乡话	李家田客话	李家田湘语
麻	mɤ⁴⁵	mɤ²⁴	mo⁴⁵	mo²⁴	mo²⁴
虾	xɤ⁴⁵kai⁴⁵	xɤ⁴⁵mi²	xo⁴⁵kai²	xo⁴⁵mi²¹³	xo⁴⁵mi²¹³
尝	sʅ²¹³	sʅ²¹³	ʂʅ²¹³	ʂʅ²¹³	ʂʅ²¹³
墨汁	mai²⁴tsʅ²¹³	mai²⁴tsʅ²⁴	mei⁴²tʂʅ²	mei²⁴tʂʅ²¹³	mei²⁴tʂʅ²¹³

（2）词汇方面

以下词语，李家田客话的说法与李家田湘语和武溪湘语不同，应该是受到了李家田乡话的影响。

	李家田乡话	李家田客话
雾	mu²⁴lu²	mu⁵³lu²
鹅卵石	mu⁴²gu⁴²ŋa²	mo⁴²gu⁴²ŋa²⁴
坡	岭头 liɛ⁴⁵ta²	岭上 lioŋ⁴²ʂaŋ²
猕猴桃	ʑoŋ²¹³ti⁴²bu²¹³lu⁴⁵	iaŋ²⁴bu²¹³lu⁵⁵
磕头	tɕʰioŋ²⁴zo⁴²	tɕʰiaŋ²¹³zɤ²
（一）架（飞机）	条 lau²¹³	条 diau²⁴
摔	pʰau⁴⁵	pʰau⁴⁵
都	通 tʰai⁴⁵	通 tʰoŋ⁴⁵
关（门）	闭 pi²⁴	闭 pi²¹³
轮子	滚子 kuai⁵³tsʅ²	滚子 kuẽ⁴²tsʅ²

能体现白沙屈望客话受到白沙屈望乡话影响的例子较少：白沙屈望乡话"茄"说 dʑyɛ²¹³，受乡话的影响，白沙屈望客话说 dʑyɛ²⁴。

2. 湘语的影响

（1）语音方面

李家田客话、武溪湘语和李家田湘语"寺"读作 tsʅ⁵⁵，李家田客话的读音受到了湘语的影响。

受湘语的影响，李家田客话深臻曾梗摄舒声开口三（四）等韵读同一等韵，比如：李家田客话、武溪湘语和李家田湘语"病"都读 pẽ⁵⁵。李家田客话蟹摄主要元音读 a，比如：李家田客话、武溪湘语和李家田湘语"筛"都读 sa⁴⁵。李家田客话鼻音声母的通摄入声字韵母读同通摄舒声字，比如：李家田客话、武溪湘语和李家田湘语"木"读 moŋ²⁴。李家田客话咸山摄开口三四等字和合口字主要元音读 ɛ，比如：李家田客话、武溪湘语和李家田湘语"远""煎""关"等字主要元音读 ɛ。李家田客话咸山摄入声开口三四等字读 i，比如：李家田客话、武溪湘语和李家田湘语"篾"读 mi²⁴。李家田客话泥组蟹摄合口一等字读 uei，比如：李家田客话、武溪湘语和李家田湘语"雷"读 luei²⁴。李家田客话古浊平声字白读为阴去，比如：李家田客话、武溪湘语和李家田湘语"筒"读 doŋ²¹³，阴去。

（2）词汇方面

白沙屈望客话"雾"说"罩子"，"鹅卵石"说"鸡子岩/卵石"，"摔"说 pa⁴²，和武溪湘语一样。白沙屈望客话的这些说法是受到了湘语的影响。

李家田客话"闪电"说 tɕʰio⁴²xo²⁴ɕiɛ²扯火闪，"蜻蜓"说 dziau²⁴niaŋ²⁴，"伯母"说 pai²⁴niaŋ²⁴伯娘，"铅笔"说 yã²⁴pi²⁴，"答应"说 kʰẽ⁴²青，和李家田湘语、武溪湘语一样。李家田客话的这些说法是受到了湘语的影响。

（3）语法方面

① 李家田客话和李家田湘语、武溪湘语一样，"来"可以表示将行体。比如：

李家田客话　ʂu⁴² kai⁴⁵ lai²⁴ liau²　　水快要开了。
　　　　　　水　开　来　了
　　　　　　lo²⁴tsɿ²xoŋ²⁴ lai²⁴ liau²　　辣椒快要红了。
　　　　　　辣　子　红　来　了

② 把形容词充当的状语移到动词的宾语或补语后面，这也是湘语的特点（侯精一 2002）。李家田客话和李家田湘语、武溪湘语一样，也有这样的用法。

李家田客话 ŋo⁴² tɕiẽ³⁸⁵ zɿ²¹³ tɕʰi²⁴ liau²¹³ i²⁴ tsʰa⁴⁵ pau⁴² ti² 我今天饱饱地吃了一餐。
　　　　　　我　今　日　吃　了　一　餐　饱　的
　　　　　　tʰa⁴⁵ kʰẽ²¹³ liau² i²⁴ kau²¹³ xau⁴² ti²　他好好地睡了一觉。
　　　　　　他　睏　了　一　觉　好　的

3. 普通话的影响

相对于李家田客话来说，白沙屈望客话的湘语特征不明显，主要是因为受普通话的影响比较大。

（1）语音方面

白沙屈望客话，"寺"读 sɿ⁵⁵，声母读同普通话。"病"读 piẽ⁵⁵，"筛"读 sai⁴⁵，"木"读 mu²⁴，"篾"读 miɛ²⁴，"雷"读 lei²⁴，韵母读同普通话。"远"读 yã⁴²，"煎"读 tɕiã⁴⁵，"关"读 kuã⁴⁵，韵母读音与普通话相近。"筒"读 doŋ²⁴，声调与普通话一样读阳平。

（2）词汇方面

白沙屈望客话有些词的说法与普通话相同，而李家田客话与武溪湘语、李家田湘语的说法相同或相近。比如：

	白沙屈望客话	武溪湘语	李家田客话	李家田湘语
闪电	闪电 sã⁴²tiã⁵⁵	扯火闪 tɕʰio⁴²xo²⁴ɕiɛ²	扯火闪 tɕʰio⁴²xo²⁴ɕiɛ²	扯火闪 tɕʰio⁴²xo²⁴ɕiɛ²
蜻蜓	蜻蜓 tɕʰiẽ⁴⁵diẽ²⁴	□娘 dziau²⁴ȵiaŋ²⁴	□娘 dziau²⁴ȵiaŋ²⁴	□娘 dziau²⁴ȵiaŋ²⁴
蝗虫	蝗虫 xuaŋ²⁴dzoŋ²⁴	蹦公子 pu⁵⁵ko²dzioŋ²¹³	蹦虫 pu⁵⁵dzioŋ²¹³	蹦虫 pu⁵⁵dzioŋ²¹³
垃圾	垃圾 la⁴⁵tɕi²	□□ ai²¹³sai²	□□ ai²¹³ɕiɛ²¹³	□□ ai²¹³se²
父亲	爸 pɑ⁴⁵	爷 io²⁴	爷 io²⁴	爹 tia⁴⁵
伯母	伯母 pai²⁴mu²	伯娘 pai²⁴ȵiaŋ²⁴	伯娘 pai²⁴ȵiaŋ²⁴	伯娘 pai²⁴ȵiaŋ²⁴
铅笔	铅笔 tɕʰiã⁴⁵pi²⁴	铅笔 yã²⁴pi²⁴	铅笔 yã²⁴pi²⁴	铅笔 yã²⁴pi²⁴
答应	答应 tɤ²⁴iẽ²	肯 kʰẽ⁴²	肯 kʰẽ⁴²	肯 kʰẽ⁴²

（3）语法方面

1. 受普通话的影响，白沙屈望客话"来"没有表示将行体的用法。

2. 受普通话的影响，白沙屈望客话不能把形容词充当的状语移到动词的宾语或补语后面。

（二）湘西客话地域差异的形成环境

各自母语（乡话）的地域差异造成了湘西客话的不同，乡话影响的程度也会造成客话的差异，李家田客话受乡话的影响比白沙屈望客话大，形成了李家田客话和白沙屈望客话的地域差异。除此之外，白沙屈望客话受普通话的影响大，李家田客话受湘语的影响大，这也是造成白沙屈望客话和李家田客话差异的重要原因。

白沙原是上堡乡的一个行政村，辖屈望、岩坪和白沙三个自然村。其中，屈望自然村是最大的自然村，百余户人家，90%的村民为张姓和唐姓，杨姓有四户，顾姓有一户，全部为解放初期的外迁户。1993年省民政厅批准成立白沙镇，所辖的屈望、岩坪和白沙变为居委会。1995年，随着县人民政府从武溪镇迁往白沙，县直单位陆续迁到白沙，屈望居委会正式变更为屈望社区。2005年县直部门和城区居民全部划归四个社区管理，车站、电力局、公路局等单位划归屈望社区。在屈望村变成屈望社区之前，屈望村全村人都会说乡话，日常交际都用乡话。屈望村有一所小学，只设一、二年级，学生到了三年级就去白沙大队小学上学。白沙大队小学的学生基本上来自屈望、岩坪和白沙三个自然村，因为都会说乡话，学生之间也用乡话交谈，只有上课的时候老师才会用不太标准的普通话讲课。等上了初中或者去距离较近的武溪、浦市等地做事，屈望村的瓦乡人才开始学习客话。屈望村客话成分比较复杂，除了乡话的底层之外，还有武溪湘语、浦市湘语和普通话成分。由于屈望村村民学客话比较晚，在学客话之前已经接受了学校教育和大众传媒的普通话影响，所学的客话里掺杂了普通话的成分。屈望村村民的客话大多模仿武溪湘语，部分模仿浦市湘语，比如，咸山摄开口一二等字武溪湘语读a，浦市湘语说ε，屈望村客话读音与武溪湘语一样。但"洋苕"武溪湘语说"洋薯"，屈望村客话说"地萝卜"，和浦市湘语一样。屈望客话模仿的对象还存在个体差异，有的人"不"说mi[55]，模仿的是武溪湘语，有的人"不"说mau[55]，模仿的是浦市湘语。

李家田乡共辖11个行政村，乡话主要分布在朱食洞村、杨斌庄、红岩村、辛女溪村、李家田村。李家田是个半客半乡的乡镇，瓦乡人和说湘语的人接触频繁，而且从小就和说客话的人打交道，很早就学会了客话。双语人的大量存在加快了乡话和湘语的相互渗透。相对于白沙屈望客话，李家田客话遗留的乡话成分比较多，湘语的色彩也浓些。

（三）从客话地域差异看湘西汉语方言的分化

白沙屈望客话和李家田客话在语音、词汇和语法方面存在一定的差异，与武溪湘语、李家田湘语也有些不同，表现出泸溪湘语的内部差异。

传统方言学理论一般认为方言作为语言的地区变体是语言分化的结果，然而大量的实际语言材料表明，与不同语言的接触可能是造成方言分歧的另一种重要原因，换句话说，方言在某种意义上也是语言融合的结果（谭晓平 2012）。其实，李如龙早在 2001 年就提出："形成方言的主要原因是社会的分离、人民的迁徙、地理的阻隔、民族的融合和语言的接触。语言的接触包括方言与共同语及方言间的接触，以及不同民族语言间的接触，由于语言接触和渗透而产生新的方言差异乃至形成新区方言，这也是常见的现象。"陈保亚（2005）一文重点讨论了汉语和民族语言的接触在汉语方言形成过程中的作用，并指出：民族语言的母语干扰和母语转换是导致汉语方言形成的两种基本方式。

湘西乡话与周边客话接触之后，瓦乡人开始成为双语人，但他们模仿客话说的客话并不十分标准，属于不成功的模仿，这就形成了客话的内部差异。屈望村发音合作人张大军也这样对我们说："我们说的客话，虽然是模仿武溪话，但武溪人一听就知道我们是瓦乡人。"即使都是瓦乡人，都学习客话，但因为模仿的对象不同，受母语（乡话）干扰的程度不同，与目标语（湘语）接触的深浅不同，所说的客话也存在差异。李家田客话和白沙屈望客话不同，最主要的原因在于白沙屈望客话受到了普通话的影响。李家田客话和李家田湘语的不同之处在于李家田客话保留的乡话成分更多一些，比如"雾"，李家田湘语说 tsɑu^{213}tsʅ^2 罩子，和武溪湘语一样，而李家田客话说 mu^{55}lu^2，和李家田乡话近似。"轮子"，李家田湘语说 luẽ^{24}tsʅ^2，和武溪湘语一样，而李家田客话说 kuẽ^{42}tsʅ^2，与李家田乡话相同。我们可以想象，现在说李家田湘语的人原来也是说乡话的，只是受湘语的影响较早，从双语人变成了单语人，完成了母语转换。如果白沙屈望瓦乡人有朝一日放弃了乡话，从双语人变成了单语人，白沙屈望客话稳定下来了变成白沙屈望湘语，它的普通话成分通过口耳相传固化，这就会形成泸溪湘语的进一步分化。

当强势语言与弱势语言发生接触时，学界往往关注弱势语言发生的变化，很少想到接触带来的另一个结果——强势语言的分化。泸溪乡话与泸溪湘语接触，不仅仅是改变了泸溪乡话的使用功能和语言结构，还会造成泸溪湘语内部的分化。比如李家田湘语受乡话的影响，说"摔"为 p^hau^{45}，说"跨"为 o^{45}，说"关（门）"为 $pi^{24}_{闭}$，而武溪湘语则分别说 pa^{42}、$dzio^{55}$、$kuã^{45}$。李家田湘语和武溪湘语的差别表现了泸溪湘语的内部差异。

由此可以看出，母语的干扰和母语转换不仅存在于民族语言里，也存在于汉语方言里，不仅民族语言的母语干扰和母语转换导致汉语方言形成，汉语方言的母语干扰和母语转换也会导致汉语方言的形成和分化。

第二节　湘西乡话的接触与演变规律

任何语言既按照自身的规律演变，又与其他语言或方言发生接触。演变与接触性质也完全不同，对于音系的影响也完全不同。演变造成一套字音的音值渐进以致音类合流，接触却造成两套不同的字音分合关系（王洪君 2014）。湘西乡话由于保留了大量的古音特点，又不断发生系统的自身演变，与周边语言和方言不能通话，语言的归属未能确定。另一方面由于长期受到周边的湘语、官话的影响，语音、词汇和语法形成了不同的历史层次。本书的第三章讨论了湘西乡话有特色的音韵现象，分析这些音韵的共时类型，区分了接触与演变的成分，认为古全浊声母平声字今读浊音不一定都是古音的保留，部分是周边客话影响的结果。古全浊声母仄声字今读送气清音是浊音清化而来的，并非受到了赣语的影响。湘西乡话与闽语今读擦音的来母字共同经历了 l→z→s 的平行演变。湘西乡话果摄一等非主体层次包括音变滞后层、音变超前层、条件音变层和官话渗透层。湘西乡话模韵非主体层次包括条件音变层和官话渗透层。湘西乡话鱼虞韵叠置了三个层次：鱼虞有别层、鱼虞相混次晚层和鱼虞相混最晚层，鱼虞相混层既有同源层次也有异源层次。湘西乡话可能经历过一场像湘西湘语那样的元音高化链移，而后在此基础上又开始了新一轮的元音高化。湘西乡话声调的特殊演变多是湘语和官话影响所致，一般采用音值借贷的方式。本节将讨论湘西乡话接触与演变的规律。

一 湘西乡话的演变规律

共同保留、共同创新与共同脱轨是历史语言学探讨语言关系的三个参考指标（张光宇2006）。湘西乡话是一种语言面貌复杂、归属难定的土语，它的自身演变包含三个要素：保留、创新和脱轨。保留是指继承旧质要素，创新和脱轨是指演变中的新质要素。创新是指内部发展的新起变化，是前有所承的。脱轨是指内部规律无法解释的新质要素，是来历不明的。

（一）保留

湘西乡话的保留表现在语音、词汇和语法三个方面。

语音方面：无论平仄保留古全浊声母、非组部分字读同重唇、知组部分字读同端组、见组开口二等读舌根音、古晓匣母部分字读塞音、邪禅读塞擦音、歌读 ai 韵、鱼虞分立、支脂之三分、纯四等韵读如洪音、江通同音、保留入声调类。

词汇方面：裈（裤）、履（鞋）、犬（狗）、荈（茶）、铛（炒菜的锅）、鼎（做饭的锅）、啼（哭）、立（站）、薪（柴）、凳（床）、室（屋）、着（穿）、舐（舔）、字（喜欢）、铰（剪）、狭（窄）、甘（甜）、面（脸）、哈（玩）、行（走）等。

语法方面：①副词放在动词的后面做补语。

红土溪乡话：ȵiɛ^{53} oŋ^{213} ɕiɛ^{45} 　　　　　　你先走。
　　　　　　你　行　先

②介词"在/到"组成的介宾短语做补语。

红土溪乡话：foŋ^{24} i^{24} kẽ^{45} pɑ^{42} tɕʰiɛ^{55} to^{24} tsɿ^{2} tɑ^{2} 　　在桌子上放一支笔。
　　　　　　放　一　根　笔　在　桌　子　头

（二）创新

古全浊声母平声字清化后一般读不送气清音、古全浊声母入声字大多数读送气清音、古定澄母部分字今读鼻边音、日母部分字读鼻音、古来/喻（以）母部分字今读擦音、匣母读零声母、流蟹假果摄元音高化、支微入鱼、阳声韵并入阴声韵、韵摄合并厉害、塞音韵尾消失、次浊声母平声字今读阴平、古全浊上去声部分字今读上声、今读送气清音的古全浊声母入声字念阴平、异调变韵，这些语音现象都属于湘西乡话演变的创新。

（三）脱轨

湘西乡话存在古滂并母部分字读轻唇音的语音现象，与"轻唇读如重唇"的现象相反，这种现象在汉语方言中是罕见的。以下几个字的读音也很特别：

干，《广韵》，古寒切，见母。湘西乡话"干"的声母都读作送气清音 k^h。

敲，《广韵》，苦教切，溪母，去声；又口交切，溪母，平声。泸溪白沙和红土溪乡话"敲"读去声，声调与第一个反切合。清水坪、高峰等地乡话"敲"读阳平，声调与两个反切均不合。

翻，《广韵》，孚袁切，敷母，平声。湘西乡话"翻"都读上声。

二 湘西乡话的接触规律

瞿建慧（2007）认为泸溪（白沙）乡话是具有混合色彩的湘语。杨蔚（2010b）也认为湘西乡话是一种保留着古湘楚语的许多特征，兼具现代湘语的一些特点，同时杂糅客赣等方言成分的特殊汉语方言。

地处湘鄂川黔的湘西地区，史称"武陵五溪"。春秋战国时代，居住着土著"蛮、濮"民族及部分"巴人"。楚武王三十七年（704年），楚国势力开始越长江南下，"开濮地而有之"，楚人逐步侵入沅水中下游，带来了湘语的前身——楚语。秦汉两代，中央专制政权曾挥师伐蛮。光绪十一年本《湖南通志》载："今沅陵县粟姓系秦人。东汉时期，伏波将军马援征'武陵蛮'，称兵二十万，全军覆没，士兵逃散。"唐朝段成式《酉阳杂俎》载："马伏波有余兵十家不返。自相婚姻，有二百余户。"秦汉时期这些从中原和关中地区不断南下进入湘西的中原华夏族系的成员与楚人以及部分土著"蛮越"族成员相融合，形成了湘西境内的汉民族，原始湘语也逐步形成了（瞿建慧 2010c）。湘西乡话也脱胎于这种原始湘语。

张琨（1992）认为：(瓦)乡话是官话没有进展到这个地区之前的土话。伍云姬、沈瑞清（2010）指出："从董的叙述来看，说瓦乡话的人到古丈的时间不长，只有数百年，但是先于说西南官话的人。"在北宋之前，湘西地区的汉语方言应该是湘语，而湘西瓦乡人因为地处高山深谷之间，交通不便，几乎与世隔绝，保留了更多的古音特点，自身的演变也逐渐偏离湘西主流的湘语，与湘西主流湘语渐行渐远了。

北宋靖康之乱，"一部分移民还溯沅水而上，进入湖南西部的辰州和沅州"。北方居民迁徙规模大，人数多，大大增加了南来的北方和中原人的成分，而原以楚人为主体的土著居民所占比例则大为减少，改变了湘西汉民族内部结构。再加上移民迁徙的时间和地域相对集中，他们的语言（官话）不仅难以被本地湘语同化，反而给当地湘语造成了巨大的冲击，湘西湘语受到了官话的严重侵蚀（瞿建慧 2010c）。湘西乡话也不例外。

宋元以后，湘西境内再次形成了移民浪潮，由于江西田无旷土、民无闲人，自然要向地广人稀、物产丰富的湘西迁移。明王朝推行移民屯垦政策，江西移民再次迁入湘西。明清时期"江西填湖广"增加了湘西汉民族中江西移民的比重，这是湘西汉民族内部结构的第二次大变迁。江西移民给湘西方言带来了不可忽视的影响。但无论是从影响的地理范围，还是从影响的音类数量来看，赣语对湘西汉语方言的影响力远远不及西南官话对其产生的影响（瞿建慧 2010c）。从湘西乡话的语言面貌来看，赣语对湘西乡话的影响也是微乎其微。杨蔚（2010a）也曾指出："湘西乡话与赣语客家话的相似点是零星的，不成体系。"乡话区的移民史以及当地一些大姓家谱相当多地记载了来自江西的移民情况，但从两种方言的比较来看，赣语、客家话还不足以对湘西乡话的性质产生影响。

20世纪以来，随着交通日益便利，族外通婚越来越普遍，湘西瓦乡人与外界交往越来越频繁，周边的湘语、官话对湘西乡话的结构系统产生严重侵蚀，音位规律发生紊乱，固有的词汇和表现形式逐渐被替代，再加上学校教育和大众媒介的普及，普通话对湘西乡话产生了不可忽视的影响，加速了湘西乡话的衰变进程。另一方面，大多数的瓦乡人学会了客话，成为双语人，有些瓦乡人甚至还放弃了乡话，变成客话的单语人。

(一) 接触的途径

语言的接触分为直接接触和间接接触。直接接触指使用不同语言的人直接进行口头语言交际。间接接触是通过书面语或现代通讯媒体进行的间接交际。

湘西乡话与其他语言、方言的接触多采用直接接触的方式，也有间接接触的方式。比如白沙屈望客话的语言系统里既有泸溪湘语的成分，也有普通话的成分。泸溪湘语的成分是白沙屈望瓦乡人与泸溪说湘语的人直接进行口头语言交际形成的，而普通话成分是书面语或现代通讯媒体进行的间接交际形成的。

(二) 借贷的形式

湘西乡话与湘西客话发生接触后，由于湘西乡话是弱势方言，湘西乡话从湘西客话里借入了语音、词汇和语法，下文以泸溪乡话为例。

1. 语音的借贷

泸溪乡话长期处在西南官话、泸溪湘语、苗语、土家语等语言（方言）的多重包围之中，不可避免地受到了它们的影响，特别是泸溪湘语。

在语音演变方面，泸溪乡话与泸溪湘语存在着一致性，形成了明显的地域性特征。比如：古全浊声母不同程度地保留了浊音的读法、古全浊声母入声字清化、见组开口二等读舌根音、匣母读零声母、泥来母洪混细分、蟹假果元音高化链、支微入鱼、流摄与蟹摄合流、塞音韵尾消失等（瞿建慧 2012）。这些在泸溪乡话中普遍存在的共性很难说是泸溪乡话受到泸溪湘语影响的结果，有可能是同源成分，有可能是平行演变的结果。如果在泸溪乡话局部地区出现与泸溪湘语相同的现象，我们则认为这种现象有可能是泸溪湘语影响的结果。泸溪白沙乡话、梁家潭乡话、八什坪乡话没有卷舌音，我们在李家田乡话里发现了卷舌音，而且和泸溪湘语一样都是出现在 ʅ、u 的前面，这种现象在湘西其他县市是找不到的。我们认为泸溪李家田乡话的卷舌音可能是受到泸溪湘语的影响。

	李家田乡话	泸溪湘语
老鼠	lau^{35}ʂu^2	lau^{42}ʂu^2
豆豉	ta^{24}ʂʅ^{55}	tai^{55}ʂʅ^2

翅膀	tʂʅ²⁴poŋ²	tʂʅ²¹³paŋ²
耳屎	liai⁵³ʂʅ	ɚ⁴²ʂʅ²
泅水 游泳	dzia²¹³tsu⁵	dziɤɯ²⁴ʂu²
出来	tʂʰu⁴²zai²¹³	tʂʰu²⁴lai²⁴

在泸溪，官话从北、西、南三面对湘语形成了围攻之势，泸溪湘语受到了官话的冲刷和消磨，泸溪乡话也不例外。新增 ã、iã、uã、yã、ẽ、iẽ、uẽ、yẽ、ɑŋ、iaŋ、uaŋ 等韵母，入声字声调归派阳平，这些现象不仅改变了泸溪湘语的语音面貌，也改变了泸溪乡话的音韵格局。ã、iã、uã、yã、ẽ、iẽ、uẽ、yẽ、ɑŋ、iaŋ、uaŋ，这些韵母是泸溪乡话从官话中借来的，可能还借助了起中介作用的泸溪湘语。例如：

班 pã⁴⁵	餐 tsʰã⁴⁵	叹 tʰã²¹³	柑 kã⁴⁵	限 xã⁵³
仙 ɕiã⁴⁵	电 tiã⁵⁵	燕 iã²¹³	钳 dziã²⁴	欠 tɕʰiã²¹³
馆 kuã⁴²	管 kuã⁴²	赚 tsuã⁵³	缎 tuã⁵³	碗 uã⁴²
全 dzyã²⁴	捐 tɕyã⁴⁵	铅 yã²⁴	元 yã²⁴	原 yã²⁴
声 sẽ⁴⁵	井 tsẽ⁴²	证 tsẽ²¹³	根 kẽ⁴⁵	神 sẽ²⁴
经 tɕiẽ⁴⁵	铃 liẽ²⁴	芹 dziẽ²⁴	民 miẽ²⁴	困 kʰuẽ²¹³
尊 tsuẽ⁴⁵	婚 xuẽ⁴⁵	损 suẽ⁴²	纯 dzuẽ²⁴	存 tsyẽ²⁴
荣 yẽ²⁴	永 yẽ⁴²	营 yẽ²⁴	均 tɕyẽ⁴⁵	项 xɑŋ⁵³
蚌 pɑŋ⁵³	缸 kɑŋ⁴⁵	厂 tsʰɑŋ⁴²	党 tɑŋ⁴²	刚 tɕiaŋ⁴⁵
姜 tɕiaŋ⁴⁵	奖 tɕiaŋ⁴²	矿 kʰuaŋ²¹³	广 kuaŋ⁴²	往 uaŋ⁴²

2. 词汇的借贷

李如龙等（1995）在谈到福建双方言区词汇渗透的时候指出，福建双方言区借词的方式有四种：借贷、并用、混合和取代。泸溪乡话区属于双方言区，泸溪湘语与泸溪乡话接触最为频繁，泸溪乡话有许多词语是从泸溪湘语借来的，我们将从普遍存在的取代、并用和混合三种形式谈谈泸溪乡话与泸溪湘语的词汇借用关系。

（1）取代

取代指的是甲方言放弃自己原有的说法而改用乙方言的说法，这是泸溪乡话借词最主要的形式。在取代时，泸溪乡话或者直接借用泸溪湘语的读音，或者把泸溪湘语的说法折合为本方言的读音。下面我们来看看白沙乡话、梁家潭乡话、李家田乡话与泸溪湘语的取代关系，"+"表示取代，"—"表示没被取代。

（a）泸溪乡话直接借用泸溪湘语的取代形式。

	泸溪湘语	白沙乡话	梁家潭乡话	李家田乡话
猴子	猴子 xəɯ²⁴tsʅ²	—	—	+
蟋蟀	蛐蛐 tɕʰy⁴⁵tɕʰy⁴⁵	—	+	+
靴子	靴子 ɕio⁴⁵tsʅ	+	—	+
男人	男的 lã²⁴ti²	—	+	+
刘	刘 lieɯ²⁴	+	—	+
向	向 ɕiaŋ²¹³	+	—	+
一共	一起 i²⁴tɕʰi⁴²	—	+	+
吊瓜	吊瓜 tiɑɯ²¹³kua⁴⁵	—	—	+

李家田乡话直接取代泸溪湘语的最多，梁家潭乡话与白沙乡话情况差不多。

（b）把泸溪湘语折合为泸溪乡话读音的取代形式。

	泸溪湘语	白沙乡话	梁家潭乡话	李家田乡话
橡皮	擦子 tsʰo²⁴tsʅ²	擦子 tsʰo⁴²tsa²	擦子 tsʰo⁴²tsa²	橡皮 dʑioŋ⁵³fo²¹³
筷子	筷子 kʰuɑ²¹³tsʅ²	筷子 kʰo²⁴tsʅ²	箸 tiəɯ²⁴	箸 tiəɯ²⁴
早饭	早饭 tsau⁴²ɸa⁵³	早饭 tsau⁴⁵mõ⁴⁵	朝饭 tiau⁴⁵maŋ⁴⁵	早饭 tsau⁵³maŋ⁴⁵
鱼鳞	鱼鳞壳 y²⁴lẽ²⁴kʰau²	鱼鳞 ȵiəɯ⁴⁵sẽ⁴⁵	鱼鳞壳 ȵiəɯ⁴⁵liẽ⁴⁵kʰa²	鱼鳞 ȵiəɯ⁴⁵sẽ⁴⁵
潲水	潲水 sau²¹³ʂu⁴²	浓水 lyɤ⁴⁵tsu²	潲水 sau²⁴tsu²	浓水 liei⁴⁵tsu²
汤圆	汤圆 tʰaŋ⁴⁵yã²⁴	汤圆 tʰaŋ⁴⁵yã⁴⁵	汤圆 tʰoŋ⁴⁵yã⁴⁵	□□□ kaŋ⁴⁵bu²¹³lu²

李家田、梁家潭、白沙乡话都存在采用折合形式借用泸溪湘语读音的现象。李家田"橡皮"读为 dʑioŋ⁵³fo²¹³，是借用普通话的说法，而白沙、梁

家潭乡话则采用和泸溪湘语一样的说法，它们都把语音折合了。"筷子"李家田、梁家潭乡话保留了乡话自身的读法 tiəɯ²⁴（箸），在白沙乡话里"筷子"被泸溪湘语的说法取代，不使用 tiəɯ²⁴（箸），而折合成 kʰo²⁴tsʅ²（筷子）。梁家潭乡话把"早饭"称为 tiɑɯ⁴⁵maŋ⁴⁵（朝饭），"朝饭"是存古的形式。在说"早"的时候，白沙、梁家潭、李家田乡话都有用"朝"的形式，例如 tiɑɯ⁵⁵ta²（朝头早上），白沙、李家田乡话"早饭"的说法借自泸溪湘语的说法并折合了语音。梁家潭乡话的"鱼鳞"直接采用泸溪湘语的说法，将其改造之后读为 ȵiəɯ⁴⁵liẽ⁴⁵kʰa²（鱼鳞壳），取代了白沙、李家田乡话自身 ȵiəɯ⁴⁵sẽ⁴⁵的说法。白沙和李家田乡话仍保留原来"浓水"的说法，梁家潭乡话借用泸溪湘语中"潲水"的语音形式，并加以折合。李家田乡话把"汤圆"称作 kaŋ⁴⁵bu²¹³lu²（□□□），bu²¹³lu²（□□）在泸溪乡话里表示圆形的东西，圆果子都可称为 bu²¹³lu（□□），白沙乡话和梁家潭乡话借用了泸溪湘语"汤圆"的形式，并加以折合。

（2）并用

并用指的是各个来源或各个层次的说法在一种方言中并存，这种现象在泸溪乡话中并不常见，举例如下：

	泸溪湘语	白沙乡话	梁家潭乡话	李家田乡话
已婚女人	妇女 fu²¹³n̪y⁴²	女子家□ n̪iəɯ⁴⁵tsa⁴⁵kəɯ²tɕʰi²	妇女 mo⁴⁵li²	妇女 / 媳妇 fu²¹³n̪y²/ɕi²⁴pʰa²
右手	右手 iəɯ⁵⁵ɕiəɯ²	右手 / 顺手 iəɯ⁵³ɕiəɯ²/zuai²⁴ɕiəɯ²	顺手 zuɛ²⁴ɕiəɯ⁵³	右手 / 顺手 zia⁴⁵ʃiəɯ²/zyɛ⁴⁵ʃiəɯ²
瘸子	跛子 pɑ⁴⁵tsʅ²	跛子 pɤ⁴⁵tsʅ²	跛脚 pɑ⁴⁵kəɯ²	跛子 / □子 po⁴⁵ti²/n̪io⁴⁵ti²
图章	章子 tʂaŋ⁴⁵tsʅ²	章子 tsaŋ⁴⁵tsʅ²	印子 / 章子 iɛ²⁴tsʅ²/tsaŋ⁴⁵tsʅ²	章 tɕiaŋ⁴⁵
揩	揩 kʰa⁴⁵	揩 kʰa⁴⁵	□ tɕʰiəɯ⁴²	□ / 揩 tɕʰiəɯ⁴²/ kʰa⁴⁵
骗	□ bã²⁴	□ / □ pã⁵³/bã²⁴	骗 / □ piɛ²⁴/ pã⁵³	□□ / □ tai⁴²sʅ²/bã²⁴
笨	苕 ɕiau²⁴	蠢 tsʰuai⁴²	苕 / 蠢 ɕiau²⁴/ tsʰuɛ⁴²	苕物 dʑiau²⁴vai²

我们选取的词中，妇女 fu²¹³ny⁴²、右手 iəɯ⁵³ɕiəɯ²、章子 tʂaŋ⁴⁵tsɿ²、揩 kʰa⁴⁵、骗 bã²⁴、苕 ɕiɑu²⁴ 属于泸溪湘语的词语，泸溪乡话部分方言点在借入这些词语的同时拥有属于乡话的说法，例如：媳妇 ɕi²⁴pʰa²、顺手 zyɛ⁵⁵ɕiəɯ⁵³、印子 iɛ²⁴tsɿ²、□ tɕʰiəɯ⁴²、歹识 tai⁴²sɿ²、蠢 tsʰuai⁴²。根据表格，我们可以看出，李家田乡话的并用方式比梁家潭乡话要多，白沙乡话最少。语言的主要功能是交际，并用给交际带来了不必要的麻烦，我们不难想象，泸溪乡话这些并用的形式将会逐渐消失。

（3）混合

混合指的是甲方言在借用乙方言的说法时，不是全盘照搬，而是只借用其中的某个语素，再与其他的语素结合，构成一个兼有甲、乙两种方言的说法。

	泸溪湘语	白沙乡话	梁家潭乡话	李家田乡话
屋檐	屋檐 u²⁴iɛ²⁴	瓦檐 o⁵³ziɛ²¹³	瓦檐 □ ua⁵³ziɛ²¹³kʰa²	室檐 tɕi⁴²ziɛ²¹³
洗衣机	洗衣机 ɕi⁴²i⁴⁵tɕi⁴⁵	澡衣机 tsɑu⁵³i⁴⁵tɕi⁴⁵	澡衣机 tsɑu⁵³i⁴⁵ka⁴⁵	澡衣机 tsɑu⁵³i⁴⁵ka⁴⁵
洗衣粉	洗衣粉 ɕi⁴²i⁴⁵ɸẽ⁴²	澡衣粉子 tsɑu⁵³i⁴⁵pai⁵³tsa²	澡衣粉 tsɑu⁵³i²pai⁵³	澡衣粉 tsɑu⁵³i²pai⁵³
钱包	钱包 dziɛ²⁴pɑu⁴⁵	铜钱包 dai²¹³tsai⁴⁵pɑu⁴⁵	钱包 dziã²¹³pɑu⁴⁵	铜钱包 dai²¹³tsai²pɑu⁴⁵

室檐、屋檐，借用泸溪湘语语素"檐"，再加上乡话自身语素"室"，形成室檐 tɕi⁴²ziɛ²¹³（李家田乡话）。"洗"在乡话中用作"澡"，洗衣机、洗衣粉说成"澡衣机""澡衣粉"，是泸溪乡话语素加上泸溪湘语或官话语素形成的。钱包在梁家潭乡话中读 dziã²⁴pɑu⁴⁵，与西南官话一致，白沙、李家田采用的均是乡话加泸溪湘语或官话的混合形式：铜钱+包，"钱"在乡话里说成"铜钱"，"钱包"说成"铜钱包"。这种混合方式李家田乡话比白沙、梁家潭乡话更多一些。

3. 语法的借贷

湘语的子尾读音为 tsɿ，白沙乡话子尾读音为 tsa/tsɿ，梁家潭乡话子尾读音为 tsa/tsɿ/ti，李家田乡话子尾读音为 tsa/tsɿ/ti，举例如下：

第四章　湘西乡话的接触与演变规律　155

	泸溪湘语	白沙乡话	梁家潭乡话	李家田乡话
烟雾	烟子 iɛ⁴⁵tsʅ²	烟 iɛ⁴⁵	烟 uɛ⁴⁵	烟子 yɛ⁴⁵tsa²
桃	桃子 dɑu²⁴tsʅ²	桃子 lɑu²¹³tsʅ²	桃子 lɑu²¹³ti²	桃子 lɑu²¹³ti²
茄子	茄子 dʑio²⁴tsʅ²	茄 dʑyɛ²¹³	茄子 dʑyɛ²¹³ti²	茄子 dʑy²¹³ti²
梨	梨子 li²⁴tsʅ²	梨子 za²¹³tsʅ²	梨子 za²¹³ti²	梨子 dza²¹³ti²
舌头	舌子 ɕiɛ²¹³tsʅ²	舌子 dʑi²⁴tsʅ²	舌根 di²⁴kai²	舌子 dʑi²¹³ti²
影子	影子 iẽ⁴²tsʅ²	影子 iẽ⁴²tsʅ²	样子 zioŋ²⁴ti²	影子 ŋẽ⁵³ti²
镰刀	镰子 liɛ²⁴tsʅ²	镰子 liɛ⁴⁵tsa²	镰□ liɛ⁴⁵tiẽ³⁵	镰子 iɛ⁴⁵tsʅ³⁵
哑巴	哑子 o⁴²tsʅ²	哑子 ɤ⁵³tsʅ²	哑子 o⁵³ti²	哑子 o⁵³ti²
鞋面	鞋面子 xɑ²⁴miɛ⁵⁵tsʅ²	履面子 li⁵³miɛ²⁴tsa²	履面 li⁵³miɛ²	履面子 li⁵³mẽ²⁴ti²
纸媒儿	火媒子 xo⁴²mi²⁴tsʅ²	纸媒 tɕi⁵³mi²	—	火媒子 fo⁵³mi²ti²
瘸子	跛子 pɑ⁴⁵tsʅ²	跛子 pɤ⁴⁵tsʅ²	跛脚 pɑ⁴⁵kəɯ²	跛子/□子 po⁴⁵ti²/ȵio⁴⁵ti²
店铺	店面子 tiɛ⁵⁵miɛ⁵⁵tsʅ²	店面 tai³⁵miɛ²	店铺 tai²⁴pʰu⁴⁵	店门子 tai²⁴mẽ²⁴ti²
星星	天星子 tʰiɛ⁴⁵sẽ⁴⁵tsʅ²	天星子 tʰai⁴⁵sẽ⁴⁵tsa²	星星 ɕiɛ⁴⁵ɕiɛ⁴⁵	天星子 tʰai⁴⁵sẽ⁴⁵tsa⁵³
麸子	麦麸子 mai²⁴fu⁴⁵tsʅ²	麦粉 mo²¹³pai⁵³	麦粉 mo⁴²pai²	麦麸子 mɷ⁴²fei⁴⁵ti²
冰	凉杠子 lẽ⁴²kã⁴²tsʅ²	凉杠 liɑu²⁴ka⁴⁵	凉杠子 liɛ²⁴kɑu²⁴tsa²	凉杠子 liɛ²⁴kaŋ⁴²ti²

在15个词中，泸溪湘语的使用"子"的频率与李家田乡话一致，契合度达到了100%，白沙乡话出现"子"共9次，达到60%；梁家潭乡话使用"子"有6次，仅有40%。从使用频率来说，李家田乡话与泸溪湘语的关系最为亲近。从使用形式来看，白沙乡话使用6个tsʅ尾，李家田乡使用

1次tsŋ尾，梁家潭0次使用tsŋ尾。梁家潭乡话使用的子尾词中，有6次使用ti，ti的出现频率达到了100%。李家田乡话有12次使用ti，出现频率达到81%，白沙乡话0次使用ti。白沙乡话有3次使用tsa，梁家潭有1次使用tsa，李家田有2次使用tsa。由此我们从量化统计的角度，可以看出白沙乡话里tsŋ尾的使用多于tsa尾，而且在白沙乡话里没有出现ti尾，白沙乡话子尾受泸溪湘语的影响最大。

（三）借贷的方式

瞿建慧（2010b）将借贷分为音值借贷和规则借贷。音值借贷又分为等值借贷、近似借贷和对应借贷。湘西乡话的借贷包括音值借贷和规则借贷两种。

声调借贷举例：湘西乡话存在古全清、次清、次浊声母入声字少数读去声或阳平的现象。梁家潭、白沙、李家田、红土溪、船溪乡话从湘语借入全清、次清、次浊声母入声字的时候采用了音值借贷和规则借贷两种方式。或者直接借入了泸溪湘语、辰溪湘语阳平调值24，这属于音值借贷。而在泸溪湘语中24调是去声调，所以形成了全清、次清、次浊声母入声字少数读去声的现象。或者按照声调的对应规律，归入了自身声调系统的阳平调类，读213调，这属于规则借贷。

词语借贷举例：

	清水坪乡话	棋坪乡话	白沙乡话	红土溪乡话	草潭乡话	高峰乡话
水泥	水泥 tsu³⁵lie²¹³	水泥 suei⁴²li²	水泥 tsu⁴⁵li⁴⁵	洋泥 zoŋ²¹³lie²	水泥 tsu³⁵li²	水泥 tsu³⁵li⁵⁵
端午	端午 toŋ⁵⁵ŋ̍³⁵	端午 toŋ³³ŋ̍³⁵	端午 tuã⁴⁵u²	端午 tuã⁴⁵u²	端午 toŋ³³ŋ̍³³	端午 toŋ⁵⁵ŋ̍³⁵
豌豆	豌豆 ŋ̍⁵⁵tɤ²	豌豆 ŋ̍³³ta²	豌豆 uã⁴⁵ta²	豌豆 uã⁴⁵tɯ²	豌豆 ŋ̍³³tɤ²	豌豆 ŋ̍⁵⁵ta²
电风扇	电风扇 tiã³⁵foŋ⁵⁵sã³⁵	电扇 tiã³³sã³⁵	风扇 fai⁴⁵ɕie²	风扇 fʌŋ⁴⁵ɕie²⁴	电风扇 tiã³⁵foŋ³³sã³⁵	电风扇 tiã³⁵foŋ⁵⁵sã²¹³
洗衣粉	洗衣粉 ɕi⁴²i⁵⁵fe²	洗衣粉 ɕi⁴²i³³fe²	澡衣粉子 tsau⁵³i⁴⁵pai⁵³tsa²	澡衣粉子 tsau⁵³i⁴⁵pai⁵³tsŋ²	洗衣粉 ɕi⁴²i³³fe²	澡衣粉 tsɑu³⁵i⁵⁵pai²

"水泥"说 suei⁴²li², 属于音值借贷, 说 tsu³⁵liɛ²¹³ 属于规则借贷。"豌豆"说 uã⁴⁵təɯ², 属于音值借贷, 说 oŋ³³ta² 属于规则借贷。"电风扇"说 tiã³⁵foŋ³³sã²¹³/tiã³⁵sã², 属于音值借贷, 说 fʌɯ⁴⁵ɕiɛ²⁴/fai⁴⁵ɕiɛ² 属于规则借贷。"洗衣粉",说 ɕi⁴²i³³fẽ² 属于音值借贷, 说 tsau³⁵i⁵⁵pai² 属于规则借贷。

湘西乡话借词的借贷方式有如下特点:

① 同一个借词,不同的方言点采用不同的借贷方式。同一个"子",清水坪、棋坪、草潭和高峰乡话多采用规则借贷方式,白沙和红土溪乡话多采用音值借贷方式,比如:

	清水坪乡话	棋坪乡话	白沙乡话	红土溪乡话	草潭乡话	高峰乡话
蜜蜂	fʌɯ³³tsɐ²	fʌɯ³³tsa²	fai⁴⁵tsʅ²	fʌɯ⁴⁵tsʅ²	fʌɯ³³tsɐ²	fau⁵⁵tsa⁵⁵
里子	liəɯ³⁵tsɐ³³	liəɯ³⁵tsa²	liəɯ⁵³tsʅ²	liəɯ⁵³tsʅ²	liəɯ³⁵tsɐ²	liəɯ³⁵tsa⁵⁵
镜子	tɕiɛ³³tsɐ²	tɕiɛ⁵⁵tsa⁵⁵	tɕiɛ²⁴tsʅ²	tɕiɛ²⁴tsʅ²	tɕiɛ⁵⁵tsɐ⁵⁵	tɕiɛ³³tsa⁵⁵

② 在一个借词内,不同的字可以采用不同的借贷方式。比如:"豌豆"白沙乡话说 uã⁴⁵ta²,"豌 uã⁴⁵"属于音值借贷,"豆 ta²"属于规则借贷。

(四) 借贷的机制

① 借贷方式与借词出现的早晚有关

较晚出现的借词多用音值借贷方式,较早出现的借词多用规则借贷方式。比如"笔""毛笔""钢笔"先出现,所以称 pa²/pɐ² 的多;"粉笔""铅笔"后出现,所以称 pi²。

	清水坪乡话	棋坪乡话	白沙乡话	红土溪乡话	草潭乡话	高峰乡话
粉笔	fẽ⁴²pi²	fẽ⁴²pi²	fẽ⁴²pi²	fẽ⁴²pi²	fẽ⁴²pi²	fẽ⁴²pi²
铅笔	tɕʰiã⁵⁵pi²	yã³³pi²	yã²⁴pi²	yã²⁴pi²	tɕʰiã³³pi²	tɕʰiã⁵⁵pi²
钢笔	kɤŋ⁵⁵pɐ⁴²/kaŋ⁵⁵pi³⁵	kẽ³³pa²	koŋ⁴⁵pa²	koŋ⁴⁵pa²	kaŋ³³pɐ²	kaŋ⁵⁵pa²
毛笔	mau⁵⁵pɐ²	mau³³pa²	mɑu⁴⁵pa²	mɑu⁴⁵pa²	mau³³pɐ²	mau⁵⁵pa²

② 借贷方式与年龄的大小有关

较晚出现的借词,老派多采用规则借贷,新派多采用音值借贷。比如"飞机"老派多说 fi⁴⁵ka⁴⁵, 新派多说 fi⁴⁵tɕi⁴⁵。

③ 借贷方式与借词的结构有关

动词性借词使用规则借贷方式比名词性借词更多。下面比较湘西乡话"打球"与"篮球""足球""羽毛球"的说法：

	筲箕湾乡话	棋坪乡话	白沙乡话	红土溪乡话	高峰乡话
打球	kʰo⁵³dʑia²¹³	kʰuɑ³⁵dʑia²¹³	kʰo⁵³dʑia²¹³	kʰo⁵³dʑia²¹³	kʰuɑ⁵⁵dʑia²¹³
篮球	lã²⁴dʑiəɯ²⁴	lã³³dʑiəɯ²	lõ⁴⁵dʑia²¹³	lã²⁴dʑia²¹³	lã⁵⁵dʑia²¹³
足球	tsu²⁴dʑiəɯ²⁴	tsu²⁴dʑiəɯ²	kəɯ⁴²tʰi⁴²dʑia²¹³	tsu²⁴dʑia²¹³	tsu²⁴dʑia²
羽毛球	y⁴²mau²dʑia²¹³	y⁴²mɑu³³dʑia²	ka⁴⁵mau⁴⁵dʑia²¹³	y⁴²mau⁴⁵dʑia²¹³	ka⁵⁵mau⁵⁵dʑia²¹³

"打球"的"球"所有的方言点都说 dʑia²¹³，"篮球""足球""羽毛球"的"球"有的方言点说 dʑia²¹³，有的方言点说 dʑiəɯ²⁴。

（五）借贷的层次

湘西乡话，与湘西客话长期接触，由于一直是弱势方言，不同的时期从湘西客话借入不同的借词，形成了借贷的层次。现代借词中，有的方言点较晚的借词取代了较早的借词，有的方言点较晚的借词与较早的借词并存。20世纪80年代以前，"火柴""煤油灯""水泥""肥皂"，湘西客话称作"洋火""洋油灯""洋灰""洋碱"，后来又改叫"火柴""煤油灯""水泥""肥皂"，现在很少有人讲"洋火""洋油灯""洋灰""洋碱"。湘西乡话说"洋火""洋碱"还比较多，"洋油亮""洋泥"说得少，请看例子：

	清水坪乡话	棋坪乡话	白沙乡话	红土溪乡话	山枣六保话	高峰乡话
火柴	洋火 zɤŋ²¹³fa³⁵	洋火 iã³³xo²	洋火 zoŋ²¹³fo²	洋火 zoŋ²¹³fo²	火柴 xo⁴²dzai²⁴	洋火 zoŋ²¹³fa³⁵/iaŋ²¹³xo²
肥皂	洋碱 iaŋ⁵⁵tɕiã²	洋碱 iã⁵⁵tɕiã²	洋碱 iaŋ²⁴tɕiã²	洋碱 zoŋ²¹³tɕiã²	肥皂 fei²¹³tsau²	肥皂 fei²¹³tsau²
煤油灯	煤油灯 mei⁵⁵zɤ⁵⁵toŋ²	煤油灯 mei³³za²tã²	煤油灯 mei⁴⁵za⁴⁵tai²	洋油亮 zoŋ²¹³za⁴⁵lioŋ²⁴	煤油灯 mei⁴⁵ia²təɯ⁵⁵	煤油灯 mei⁵⁵za²taŋ²
水泥	水泥 tsu³⁵liɛ²¹³	水泥 suei⁴²li²	水泥 tsu⁴⁵li⁴⁵	洋泥 zoŋ²¹³liɛ²	水泥 suei⁴²li²	水泥 tsu³⁵li³⁵

在这里，"洋火""洋油灯""洋泥""洋碱"是较早的借词，"火柴""煤油灯""水泥""肥皂"是较晚的借词。

（六）接触的结果

1. 湘西乡话语言结构的紊乱

湘西乡话与湘西客话接触后语言结构发生了变化，可分为两个阶段。第一阶段，湘西乡话按照固有的语音特点、结构规律对外来的客话成分进行改造，使之符合固有的语言规律，同自身系统有机地融为一体，不断地丰富和发展湘西乡话的表现手段，增强了湘西乡话的表现力。这个阶段常用规则借贷的方式。第二阶段，自身的调适创新能力日渐削弱，结构系统内部异质成分增多，结构系统发生紊乱，语言表现力急剧衰退。这个阶段常用音值借贷方式。在采用音值借贷方式的时候，如果本系统没有形同或相似的语音形式，就会出现音位的增加、语音规律的紊乱。比如湘西乡话新增了鼻音韵母 ã、iã、uã、yã、ẽ、iẽ、uẽ、yẽ，这些都是湘西乡话从客话里借过来的，湘西乡话原来没有这些鼻化音，外来的客话语音干扰了湘西乡话的音位系统。湘西乡话古次浊声母平声字一般是读阴平的，少数字读阳平，还有少数字读去声，这些读去声的字是湘西乡话采用音值借贷的方式从周边客话借入的，这就造成了湘西乡话声调规律的混杂与紊乱。

2. 湘西客话内质的不均衡

湘西乡话与湘西客话接触，不仅仅改变了湘西乡话的使用功能和语言结构，还会造成湘西客话内部的分化。湘西乡话一直受到周边的湘语和官话的侵蚀，可以想象，以前的乡话的范围比现在要大得多，在湘西客话的强大的冲击下，瓦乡人纷纷放弃了乡话，从双语人变为不懂乡话的单语人，许多原来说乡话的地方变成了湘语区和官话区。据伍云姬、沈瑞清（2010），"1907年古丈县只有40%左右的寨子能说客话（包括仅说客话和兼说客话的）。而1998年，全县100%的寨子全说客话，而且越来越多的寨子从瓦乡话和客话并用到只说客话。"如果是第二语言习得，转用的客话往往会保留原有语言的某些特征，比如：发音特点、词汇的造词理据和语法结构等，这就形成了湘西客话的内部差异。

3. 湘西乡话使用功能的退化

由于湘西乡话区经济文化落后，湘西乡话处于弱势地位，湘西乡话与湘西客话接触以后，湘西乡话受到了湘西客话的制约。徐世璇（2007b）认为"弱势语言在语言接触中所受到的制约首先表现在使用功能上，语言的正常使用受到干扰，通行范围缩小，使用人口减少，社会功能弱化"。这些表现在湘西乡话里都存在，湘西乡话还出现了语言传承断代。泸溪白沙朝阳社区会说乡话的人主要集中在曾祖父辈以上。白沙兴沙社区、白沙沅江社区和梁家潭乡红岩村父辈和儿童里有部分人不会说乡话。湘西乡话在家庭域中使用率较高，在工作域、教育域中使用率较低，特别是教育域。湘西乡话最重要的祭祀仪式是"跳香"，在"跳香"仪式上巫师念的咒语都是客话，就连瓦乡人平日里唱的山歌也是用客话。湘西乡话与湘西客话接触导致湘西乡话逐渐衰退乃至处于濒危状态，本书的下编将调查研究湘西乡话濒危的现状，探讨湘西乡话濒危的特征、原因和保护对策。

第五章　湘西乡话音系与词汇对照表*

第一节　湘西乡话音系

一、沅陵清水坪乡话音系

1. 声母 26 个，包括零声母。

p	布牌粉笔	pʰ	破劈辫白	b	抱篦负坡	m	门饭尾问	f	反火匹皮	v	网袜房雨
t	多搭抬猪	tʰ	梯断丈直	d	铜袋淡场					l	年辣田肠
ts	栽钟钱少	tsʰ	取千拆凿	dz	字懒船竖			s	三收生索	z	羊儿来顺
tɕ	贵借墙珠	tɕʰ	亲牵近切	dʑ	茄流匠袖	ȵ	女浓肉银	ɕ	心血瘦手	
k	瓜脚古舅	kʰ	开渴虎干	g	葵割狂	ŋ	饿牙牛眼	x	孩活海欢	
∅	衣瓦烟围也红									

说明：

① [b d dz dʑ g] 发音时浊音重而明显。

② [n l] 自由变读，本文统一为 [l]。

③ [ʐ] 声母只有一个字"食"，读音为 ʐiəɯ³³，未列入声母表。

2. 韵母 40 个，包括自成音节的 [ŋ̍]。

---

* 本章收录湘西乡话 8 个代表点的音系和词汇材料。其中，沅陵县有 3 个代表点：清水坪、筲箕湾、棋坪；泸溪县有 2 个代表点：白沙、红土溪；古丈县有 3 个代表点：高峰、草潭和山枣（六保话）。

本章收录词语 1200 条，以日常生活用词为主。一个词有几种表达方式，用斜杠"/"表示。发生连读变调时，只标变调，不标本调。

调查时记不出来的字音，如该方言不说或发音人想不起来等就空着。

ɿ	翅儿赢事十	i	西刺七名青	u	锣布吹葛薄	y	嘴跪贵醉围
ɑ	抬海牌赔袜	iɑ	假恰夏驾杀	uɑ	花盖催快滑		
ɤ	粗梳来舌北						
o	火沙搭夹百	io	写斜鹊历烛				
ɐ	取买鸡皮头	iɐ	也柱秋六绿	uɐ	国或狱		
		iɛ	多齐镰接新			yɛ	茄脆圈血军
ai	尖山恨密盆			uai	外灌村犬横		
ei	杯煤肥飞梅			uei	亏锤葵最桂		
au	刀炒臭剥壳	iau	桥嚼浇票要				
ɯʌ	彭通送钟蜂	ɯʌ	虫穷龙胸浓				
ɔɯ	兔牛落饿肚	uɐi	猪齿袖直竹				
ã	馒办产刊汉	iã	仙电燕钳欠	uã	馆管缎专环	yã	全捐宣元原
ẽ	张身证梁涨	iẽ	墙娘民饼丈	uẽ	尊盾损存昆	yẽ	熨群君训永
ɑŋ	帮讲灯称煤	iɑŋ	耳良奖详央	uɑŋ	疮矿广往狂		
ɤŋ	甘拦官汤方						
oŋ	耽单桑装生	ioŋ	凶雄勇拥庸				
ŋ̍	二人日						

说明：

① 韵母 [o] 拼唇音声母时中间有一个不太明显的 [u]。

② 韵母 [ai uai] 在去声和入声字中开口度变小，实际音值为 [ɛI]。[au iau] 的韵尾圆唇不明显，接近 [aɯ iaɯ]，在去声和入声字中开口度变小，实际音值为 [ɤɯ iɤɯ]。

③ [ei uei iɑ uɐ ã iã uã yã uẽ yẽ uɑŋ ioŋ] 基本上只见于文读。[ã iã uã yã] 的 [ã] 实际音值为 [æ̃]。

3. 单字调 5 个，不包括轻声。

调类	调值	例字
阴平	55	箱车麻牙十白
阳平	213	肠茄壶抬一不

上声	35	古土顶轿递妹
去声	33	大靠亮抱割药
入声	42	壁铁绿麦谷腊

二、沅陵筲箕湾乡话音系

1. 声母 30 个，包括零声母。

p 布牌粉笔	pʰ 破劈辫白	b 抱箧负坡	m 门饭尾问	f 反火匹皮	v 网袜房雨
t 多搭抬猪	tʰ 梯断丈直	d 铜袋淡场			l 年辣田肠
ts 栽钟钱少	tsʰ 取千拆凿	dz 字懒舌查		s 三收生索	z 羊儿来顺
	tʃʰ 吹穿村寸			ʃ 深孙笋	ʒ 匀顺闰
tɕ 贵借墙珠	tɕʰ 亲牵近切	dʑ 茄流匠袖	ȵ 女浓肉银	ɕ 心血瘦手	ʑ 食竖药钥
k 瓜脚古舅	kʰ 开渴虎干	g 葵割狂渠	ŋ 饿牙牛眼	x 孩活海欢	
ø 衣瓦烟围也红					

说明：

①[b d dz dʒ dʑ g] 发音时浊音重而明显。

②[n l] 自由变读，本文统一为 [l]。

③[tʃ] 声母只有一个字"砖"，[dʒ] 只有一个字"船"，未列入声母表。

2. 韵母 38 个。

ɿ 翅痣十市志	i 西刺接湿逼	u 价租搭伯读	y 大书醉瘦血
ɑ 排海解晒背	iɑ 假恰夏驾杀	uɑ 花栽斋催乖	
o 麻改赔挂鸽	io 写鹊历		
a 取买梯头铁	ia 也柱九六绿		
ɛ 粗梳在盐针	iɛ 多齐镰新顶	uɛ 锣朵吹活寸	yɛ 茄锁圈军虫
ai 来尖山万跟		uai 外灌穿村横	
ei 破做戴舌黑		uei 亏葵最桂辉	
au 刀炒臭剥壳	iau 桥嚼浇票要		
ʌɯ 灯升桐梦钟			
me 饿去鸭急葛	ieu 猪留求休优又		

ã	馒办产刊汉	iã	仙电燕钳欠	uã	馆管缎专环	yã	全捐宣元原
ẽ	清星赢名请	iẽ	镜槟丙敬庆	uẽ	尊盾损存昆	yẽ	熨群君训永
õ	耽绊生平钉						
ɑŋ	帮肯当抗昌	iɑŋ	良奖详央谅	uɑŋ	矿广往狂爽		
oŋ	甘搬汤装二	ioŋ	墙江勇雄用				

说明：

① 韵母 [o] 拼唇音声母时中间有一个不太明显的 [u]。

② 韵母 [ai uai] 在去声和入声字中开口度变小，实际音值为 [ɛi]。[ɑu iɑu] 的韵尾圆唇不明显，接近 [ɑɯ iɑɯ]，在去声和入声字中开口度变小，实际音值为 [ɤɯ iɤɯ]。

③ [iɑ uei ã iã uã yã iẽ uẽ yẽ iɑŋ uɑŋ ioŋ] 基本上只见于文读。[ã iã uã yã] 的 [ã] 实际音值 [æ̃]。

④ [ɤ] 韵母只有一个字"父"，未列入韵母表。

3. 单字调 5 个，不包括轻声。

调类	调值	例字
阴平	45	箱车麻牙十白
阳平	213	肠茄壶抬一不
上声	53	古土顶轿递妹
去声	24	大靠亮抱湿药
入声	42	壁铁绿麦谷腊

三、沅陵棋坪乡话音系

1. 声母 27 个，包括零声母。

p 布牌粉笔	pʰ 破劈辫白	b 抱篦负坡	m 门饭尾问	f 反火被皮				v 网袜房雨
t 多搭抬猪	tʰ 梯断丈直	d 铜袋淡场						l 年辣田肠
ts 栽钟钱少	tsʰ 取千拆凿	dz 字懒船竖			s 三收生索	z 羊儿来顺
tɕ 贵借墙室	tɕʰ 亲牵近切	dʑ 匠袖球棋	ȵ 女浓肉银		ɕ 心响血歇
k 瓜脚古舅	kʰ 开渴虎干	g 葵割狂渠	ŋ 饿牙牛眼		x 孩活海欢	ɣ 红后学狭
∅ 衣瓦烟围也红

说明：

① [b d dz dʑ g] 发音时浊音重而明显。

② [n l] 自由变读，本文统一为 [l]。

③ [m l ŋ] 在去声字中气流变强，韵头或韵腹为 [i u y] 的零声母字逢去声时韵母前带有摩擦成分，声母实际音值为 [j w ɥ]。

2. 韵母 38 个，包括自成音节的 ŋ

ɿ	翅事十赢易	i	提刺稀七清	u	锣补吹葛脚	y	醉贵锤喂围
ɑ	抬拜皮插八	iɑ	假恰夏驾甲	uɑ	瓜猜腿滑骨		
ɤ	粗初是舌北						
o	麻掐白隔尺	io	斜写鹊历				
a	取梯师头铁	ia	也柱刘件六				
ɛ	来得	iɛ	多齐染新踢			yɛ	茄脆拳血军
ai	尖山跟真们			uai	灌砖犬村横		
ei	杯飞碑肥煤			uei	亏葵最桂辉		
ɑu	刀臭摇丑剥	iɑu	桥嚼浇票要				
ʌɯ	东棚封葱钟	iʌɯ	浓笼虫胸重				
əɯ	饿徒起流薄	iəɯ	猪鱼袖直食				
ã	痰帮当讲灯	iã	良奖详央谅	uã	矿广往狂爽		
ã	馒办产刊汉	iã	仙电燕钳欠	uã	馆管缎专环	yã	全捐宣元原
ẽ	甘滩搬汤二	iẽ	墙筋帐乡唱	uẽ	尊盾损存昆	yẽ	熨群君训永
oŋ	担豌饭洋生	ioŋ	凶雄勇拥庸				

说明：

① 韵母 [o] 拼唇音声母时中间有一个不太明显的 [u]。

② 韵母 [ai uai] 在去声和入声字中开口度变小，实际音值为 [ɛɪ]。[ɑu iɑu] 的韵尾圆唇不明显，接近 [ɑɯ iɑɯ]，在去声和入声字中开口度变小，实际音值为 [ɤɯ iɤɯ]。

③ [iɑ ei uei ã iã uã yã uẽ yẽ ã iã uã ioŋ] 基本上只见于文读。[ã iã uã yã] 的 [ã] 实际音值为 [æ̃]。

3. 单字调 5 个，不包括轻声。

调类	调值	例字
阴平	33	箱车麻牙十白
阳平	213	肠茄壶抬一不
上声	53	古土顶轿递妹
去声	55	大靠亮抱湿药
入声	42	壁铁绿麦谷腊

说明：

① 阴平33尾部略升，实际调值是334。

四、泸溪白沙乡话音系

1. 声母27个，包括零声母。

p	布牌粉笔	pʰ	破劈辫白	b	抱篦负坡	m	门饭尾问	f	反火匹皮	v 网袜房雨
t	多搭抬猪	tʰ	梯断丈直	d	铜袋淡场					l 年辣田肠
ts	栽钟钱少	tsʰ	取千拆凿	dz	字懒船竖			s	三收生索	z 羊儿来顺
tɕ	贵借墙真	tɕʰ	亲是近切	dʑ	茄匠袖舌	ȵ	女浓肉银	ɕ	心血瘦手	ʑ 食盐檐
k	瓜脚古舅	kʰ	开渴虎干	g	葵我渠	ŋ	饿牙牛眼	x	孩活海欢	
∅	衣瓦烟围也红									

说明：

① [b d dz dʑ g] 发音时浊音重而明显。

② [n l] 自由变读，本文统一为 [l]。

2. 韵母38个。

ɿ	翅指瓷十实	i	四西笛舌七	u	布兔出鼓缩	y	锯嘴贵雪玉
ɑ	排海解晒背	iɑ	假恰夏驾杀				
ɤ	蓑沙蜡瞎白	iɤ	写斜历			yɤ	靴写穷农耳
o	火花栽皮八	io	约虐确				
a	取买梯头铁	ia	也柱九六绿				
		iɛ	惊心镰缠齐			yɛ	茄拳劝菌晕
ai	棚山万分灯			uai	砖团春孙顿		
ei	煤递粗黑葵			uei	桂最律亏位		

au	刀臭帽靠剥	iau	桥朝削浇嚼					
ou	哥去救夺脚	iuei	手竹书直锤					
ã	班餐叹柑限	iã	仙电燕钳欠	uã	馆管赚缎豌	yã	全捐铅元原
ẽ	声井证根神	iẽ	警经铃芹民	uẽ	尊婚损纯困	yẽ	荣永营均存
õ	蓝单痰杏停						
aŋ	蚌缸厂党项	iaŋ	姜奖刚今良	uaŋ	矿旷广往狂		
oŋ	半放庄丰二	ioŋ	涨丈粮强箱				

说明：

① 韵母 [o] 拼唇音声母时中间有一个不太明显的 [u]。

② 韵母 [ai uai] 在去声和入声字中开口度变小，实际音值为 [ɛɪ]。[au iau] 的韵尾圆唇不明显，接近 [aɯ iaɯ]，在去声和入声字中开口度变小，实际音值为 [ɤɯ iɤɯ]。

③ [ia uei ã iã uã yã ẽ iẽ uẽ yẽ aŋ iaŋ uaŋ ioŋ] 基本上只见于文读。[ã iã uã yã] 的 [ã] 实际音值为 [æ̃]。

3. 单字调 5 个，不包括轻声。

调类	调值	例字
阴平	45	箱车麻牙十白
阳平	213	肠茄壶抬一不
上声	53	古土顶轿递妹
去声	24	大靠亮抱湿药
入声	42	壁铁绿麦谷腊

五、泸溪红土溪乡话音系

1. 声母 27 个，包括零声母。

p	布牌粉笔	pʰ	破劈辫白	b	抱箆负扁	m	门饭尾问	f	反火被皮	v	网袜房雨
t	多搭抬猪	tʰ	梯断丈直	d	铜袋淡场					l	年辣田肠
ts	栽钟钱少	tsʰ	取千拆凿	dz	字懒船竖			s	三收生索	z	羊儿来顺
tɕ	贵借墙真	tɕʰ	亲是近切	dʑ	茄匠袖舌	ȵ	女浓肉银	ɕ	心血杀深	ʑ	盐檐药钥
k	瓜脚古舅	kʰ	开渴虎干	g	割我渠	ŋ	饿牙牛眼	x	孩活海欢		

∅ 衣瓦烟围也红

说明：

① [b d dz dʑ g] 发音时浊音重而明显。

② [n l] 自由变读，本文统一为 [l]。

2. 韵母 38 个。

ɿ	翅痣指瓷十	i	西刺湿棉七	u	笋价枯水搭	y	左嘴葛雪药
ɑ	海排家解晒	iɑ	假恰夏驾杀	uɑ	瓜猜催快滑		
o	火麻抬插白	io	斜写鹊				
ə	取梯鸡师头	iə	柱秋酒六绿				
		iɛ	齐镰接枕镜	uɛ	歌可我活春	yɛ	锣吹圈熨重
ai	来尖甜恨盆			uai	砖荦孙荷横		
ei	破粗戴黑脉			uei	桂最律亏位		
ɑu	刀臭摇剥壳	iɑu	桥朝削浇嚼				
ɯʌ	帮棚封葱钟	iʌɯ	浓笼虫胸重				
əɯ	鹅坝徒流急	iəɯ	猪袖直				
ã	班餐叹柑限	iã	仙电燕钳欠	uã	馆管赚缎豌	yã	全捐铅元原
ẽ	梳声证根名	iẽ	警经铃芹民	uẽ	尊婚损纯困	yẽ	荣永营均存
õ	耽单争柄听						
ɑŋ	蚌缸厂当堂	iɑŋ	姜奖刚今良	uɑŋ	矿旷广往狂		
oŋ	胆滩糖藤二	ioŋ	香姜场梁丈				

说明：

① 韵母 [o] 拼唇音声母时中间有一个不太明显的 [u]。

② 韵母 [ai uai] 在去声和入声字中开口度变小，实际音值为 [ɛɪ]。[ɑu iɑu] 的韵尾圆唇不明显，接近 [ɑɯ iɑɯ]，在去声和入声字中开口度变小，实际音值为 [ɤɯ iɤɯ]。[o] 逢去声和入声开口度变小，实际音值为 [ɵ]。

③ [iɑ uei ã iã uã yã uẽ yẽ ɑŋ iɑŋ uɑŋ] 基本上只见于文读。[ã iã uã yã] 的 [ã] 实际音值为 [æ̃]。

3. 单字调 5 个，不包括轻声。

调类	调值	例字
阴平	45	箱车麻牙十白
阳平	213	肠茄壶抬一不
上声	53	古土顶轿递妹
去声	24	大靠亮抱湿药
入声	42	壁铁绿麦谷腊

六、古丈草潭乡话音系

1. 声母 27 个，包括零声母。

p 布牌粉笔　pʰ 破劈辫白　b 抱篦负坡　m 门饭尾问　f 反被皮　v 网袜房雨

t 多搭抬猪　tʰ 梯断丈直　d 铜袋淡场　　　　　　　　　　　　l 年辣田肠

ts 栽钟钱少　tsʰ 取千拆凿　dz 字懒船竖　　　　　　s 三收生索　z 羊儿来顺

tɕ 贵借墙室　tɕʰ 亲牵近切　dʑ 匠袖球棋　nʑ 女浓肉银　ɕ 心血瘦手　ʑ 食钥

k 瓜脚古舅　kʰ 开渴虎干　g 葵割狂　　ŋ 饿牙牛眼　x 孩活火欢

ø 衣瓦烟围也红

说明：

① [b d dz dʑ g] 发音时浊音重而明显。

② [n l] 自由变读，本文统一为 [l]。

③ [m l ŋ] 在去声字中气流变强，韵头或韵腹为 [i u y] 的零声母字逢去声时韵母前带有摩擦成分，声母实际音值为 [j w ɥ]。

2. 韵母 39 个，包括自成音节的 [ŋ̍]。

ɿ	翅事十赢易	i	提刺稀七清	u	锣补吹葛脚	y	醉贵为喂围
ɑ	抬拜皮插八	iɑ	假恰夏驾甲	uɑ	瓜猜腿滑骨		
ɤ	粗在是舌北						
o	麻掐白隔尺	io	斜写鹊历				
ə	取梯师头铁	iə	也柱刘件六				
		iɛ	多齐染新踢			yɛ	茄脆拳血军
ai	尖山跟真们			uai	灌砖犬村横		
ei	杯飞碑肥煤			uei	亏葵最桂辉		

ɑu	刀臭摇丑剥	iau	桥嚼浇票要					
ʌɯ	东棚封葱钟	iʌɯ	浓笼虫胸重					
ɔɯ	饿徒起牛烛	iɔɯ	猪鱼袖直食					
ã	馒办产刊汉	iã	仙电燕钳欠	uã	馆管缎专环	yã	全捐宣元原	
ẽ	恨梁张丈亮	iẽ	墙姜乡唱箱	uẽ	尊盾损存昆	yẽ	熨群君训永	
ɑŋ	当讲灯饮帮	iaŋ	良奖详央谅	uaŋ	矿广往狂爽			
ɤŋ	五滩甘搬汤							
oŋ	担豌饭洋生	ioŋ	凶雄勇拥庸					
ŋ̍	二人日旱							

说明：

① 韵母 [o] 拼唇音声母时中间有一个不太明显的 [u]。

② 韵母 [ai uai] 在去声和入声字中开口度变小，实际音值为 [ɛɪ]。[ɑu iau] 的韵尾圆唇不明显，接近 [ɑɯ iɑɯ]，在去声和入声字中开口度变小，实际音值为 [ɤɯ iɤɯ]。

③ [ia ei uei ã iã uã yã uẽ yẽ ɑŋ iaŋ uaŋ ioŋ] 基本上只见于文读。[ã iã uã yã] 的 [ã] 实际音值为 [æ̃]。

3. 单字调5个，不包括轻声。

调类	调值	例字
阴平	33	箱车麻牙十白
阳平	213	肠茄壶抬一不
上声	53	古土顶轿递妹
去声	55	大靠亮抱湿药
入声	42	壁铁绿麦谷腊

说明：

① 阴平33尾部略升，实际调值是334。

七、古丈山枣六保话音系

1. 声母27个，包括零声母。

p 布牌粉笔 pʰ 破劈辫白 b 抱篦负坡 m 门饭尾问 f 反平欢魂 v 网味缝雨

t	多搭抬猪	tʰ	梯断丈直	d	铜袋淡场			l	年辣田肠
ts	栽钟钱少	tsʰ	取千拆凿	dz	字懒竖查			s	三收生索	z	洋儿来顺
tɕ	贵借墙真	tɕʰ	亲是近七	dʑ	茄匠袖船	ɲ	女浓肉银	ɕ	心瘦手歇	ʑ	食盐惹羊
k	瓜脚古舅	kʰ	开渴虎干	g	葵割渠狂	ŋ	饿牙牛眼	x	孩火盒皮
∅	衣瓦烟围也红

说明：

① [b d dz dʑ g] 发音时浊音重而明显。

② [n l] 自由变读，本文统一为 [l]。

2. 韵母 36 个。

ɿ	翅指瓷十实	i	借四接棉舌	u	笋徒渴脚谷	y	脆跪喂茄勺
ɑ	海拜摆矮八	iɑ	假恰夏驾甲	uɑ	火瓜栽推皮		
o	巴爬榨马腊						
ɷ	鹅牙搭凿白	iɷ	斜车野惹尺				
a	取梯梨头铁	ia	柱秋修六绿				
		iɛ	镰心鲜辛劈	uɛ	顺墩	yɛ	砖劝缺温春
ai	沙去来尖跟			uai	外灌孙闰棍		
ei	破粗救急北			uei	桂最亏血钥		
ɑu	刀包帽靠剥	iɑu	桥削浇臭嚼				
ɤu	渠割索朋东	iɤu	猪齿流升虫				
ã	胆班餐限欢	iã	仙电燕钳欠	uã	馆管赚缎豌	yã	全捐铅元原
ẽ	声证根清星	iẽ	警经铃芹名	uẽ	尊婚损纯困	yẽ	荣永营均军
ɑŋ	南厂帮娘生	iɑŋ	姜奖刚今良	uɑŋ	矿旷广往狂		
oŋ	甘滩满汤装	ioŋ	箱乡墙张肠				

说明：

① 韵母 [o] 拼唇音声母时中间有一个不太明显的 [u]。

② 韵母 [ai uai] 在去声和入声字中开口度变小，实际音值为 [ɐɪ]。[ɑu iɑu] 的韵尾圆唇不明显，接近 [ɑɯ iɯ]，在去声和入声字中开口度变小，实际音值为 [ɤɯ iɤɯ]。

③ [iɑ uei ã iã uã yã uẽ yẽ iɑŋ uɑŋ] 基本上只见于文读。[ã iã uã yã] 的 [ã]

实际音值为 [æ]。

3. 单字调 5 个，不包括轻声。

调类	调值	例字
阴平	55	箱车麻牙十白
阳平	213	肠茄壶抬一不
上声	53	古土顶轿第妹
去声	24	大靠亮抱湿药
入声	42	壁铁绿麦谷腊

说明：

① 上声调值为 35，少数读为 53，是乡话之间互相影响的结果。

八、古丈高峰乡话音系

1. 声母 27 个，包括零声母。

p 布牌粉笔	pʰ 破劈辫白	b 抱篦负坡	m 门饭尾问	f 反火匹皮	v 网袜房雨
t 多搭抬猪	tʰ 梯断丈直	d 铜提淡场			l 年辣田肠
ts 栽钟钱少	tsʰ 取千拆凿	dz 字懒船竖		s 三收生索	z 羊儿来顺
tɕ 贵借墙珠	tɕʰ 亲牵近切	dʑ 茄流匠袖	ȵ 女浓肉银	ɕ 心响手血	ʑ 食
k 瓜脚古舅	kʰ 开渴虎干	g 葵割狂	ŋ 饿牙牛眼	x 孩活海欢	
∅ 衣瓦烟围也红					

说明：

① [b d dz dʑ g] 发音时浊音重而明显。

② [n l] 自由变读，本文统一为 [l]。

2. 韵母 37 个，包括自成音节的 [ŋ̍]。

ɿ 翅儿赢事十	i 西刺名青七	u 锣古葛活索	y 嘴跪为锤醉
ɑ 抬牌皮杀袜	iɑ 假恰夏驾甲	uɑ 瓜盖推滑骨	
ɤ 粗来移舌北			
o 麻搭腊百尺	io 写斜鹊历		
a 梯师买头铁	ia 也柱修六绿		
	iɛ 齐镰金镜歇		yɛ 茄脆拳军雪

ai	尖针田跟盆			uai	灌砖犬孙药			
ei	煤肥碑妹梅			uei	亏葵最桂辉			
ɑu	刀臭铜剥壳	iɑu	桥浇要虫嚼					
əu	徒去牛急读	iəu	猪齿流直烛					
ã	馒办产刊汉	iã	仙电燕钳欠	uã	馆管缎专环	yã	全捐宣元原	
ẽ	恨陈梁张丈	iẽ	墙亮江箱肠	uẽ	尊盾损存昆	yẽ	熨群君训永	
ɑŋ	帮讲当灯升	iɑŋ	耳良奖详央	uɑŋ	疮矿广往狂			
ɤŋ	甘滩汤装平							
oŋ	南豌生明听	ioŋ	凶雄勇拥容					
ŋ̍	二人日							

说明：

① 韵母 [o] 拼唇音声母时中间有一个不太明显的 [u]。

② 韵母 [ai uai] 在去声和入声字中开口度变小，实际音值为 [ɛɪ]。[ɑu iɑu] 的韵尾圆唇不明显，接近 [ɑɯ iɑɯ]，在去声和入声字中开口度变小，实际音值为 [ɤɯ iɤɯ]。

③ [ei uei iɑ ã iã uã yã uẽ yẽ uɑŋ ioŋ] 基本上只见于文读。[ã iã uã yã] 的 [ã] 实际音值为 [æ̃]。

3. 单字调 5 个，不包括轻声。

调类	调值	例字
阴平	55	箱车麻牙十白
阳平	213	肠茄壶抬一不
上声	35	古土顶轿递妹
去声	33	大靠亮抱湿药
入声	42	壁铁绿麦谷腊

第二节 湘西乡话词汇对照表

	清水坪	筲箕湾	棋坪	白沙	红土溪	草潭	山枣	高峰
A 天文地理								
一、日月星辰								
太阳	ŋ⁴²dɐ²	oŋ²⁴ta²	ẽ⁴²da²	oŋ²⁴ta²ko²	oŋ⁴²da²	ŋ⁴²dɐ²	oŋ⁴²da²	ŋ⁴²da²
月亮	ɲyɛ⁴²lie²	yɛ⁴²lyɛ²	yɛ⁴²lie²	lioŋ⁴²lioŋ⁴⁵pa²pa²	y⁴²lioŋ²	yɛ⁴²lẽ²	yɛ⁴²lioŋ²	ɲyɛ⁴²lie²
星星	ɕi⁵⁵	sẽ⁴⁵	ɕi³³	tʰai⁴⁵sẽ⁴⁵tsʅ²	tʰai⁴⁵sẽ⁴⁵tsʅ²	ɕi³³	sẽ⁵⁵	ɕi⁵⁵tsa⁵⁵
二、风云雷雨								
刮风	tsʰu⁵⁵fʌɯ⁵⁵	dzʌɯ⁵³fʌɯ⁴⁵	tsʰu³³fʌɯ³³	dzai⁵³fai⁴⁵	kʰᵊ³e⁵³fʌɯ⁴⁵	tsʰu³³fʌɯ³³	tsʰu⁵⁵fɑu⁵⁵	dzau³⁵/kuɑ³³fɑu⁵⁵
乌云	u⁵⁵yɛ²¹³	u⁴⁵yɛ⁴⁵	kʰɤ⁴²yɛ²¹³	kʰei⁴²yɛ²¹³	kʰei⁴²yɛ²¹³	u³³yɛ²¹³	u⁵⁵yɛ²¹³	kʰɤ⁴²yɛ²¹³
打雷	kʰuɑ³⁵tuei⁵⁵	kʰo⁵³tiɑu⁴⁵kʌɯ⁴⁵	kʰa³⁵y³³	kʰo²tiɑu⁴⁵	kʰo⁵³tyʰ⁴⁵	kʰuɑ³⁵tuei³³	kʰuɑ³⁵tuei⁵⁵	kʰuɑ³⁵ty⁵⁵
闪电	dza³⁵sai³⁵	dza⁵³xo²sẽ²	dza³⁵sai³⁵	dzɤ⁵³xɤɯ⁴²ɕie²	dzo⁵³xo²ɕie⁵³	dza³⁵sai³⁵	dza⁵³ɕie⁵³	dza³⁵sai³⁵
下雨	dzeɯ⁴²vɐ³⁵	dzu²vɐ⁴⁵	dzeɯ⁴²vɐ³⁵	dzu²vɐ⁵³	dzeɯ⁴²vɐ⁵³	dzʌ⁴²vɐ³⁵	dzeɯ⁴²vɐ⁵³	dʑeɯ⁴²vɐ³⁵
虹	ɕia⁵⁵yɛ²¹³	mo²¹³ie⁴⁵yɛ²	mo³⁵ẽ⁵⁵zau³⁵	mɤ⁵³zẽ²¹³	mo⁵³ʑie²¹³	tsʰai⁴²xoŋ²	mɔ⁵³ie²	mo³⁵ɤŋ³
三、冰雪霜露								
冰	lioŋ³³kaŋ⁵⁵	lau²⁴ka⁴⁵tiau²	liã⁵⁵kã⁵⁵	liau²⁴ka⁴⁵	liau²⁴ka⁴⁵tsʅ²	lioŋ⁵⁵kaŋ⁵⁵	lieɯ²⁴kaŋ³³	lioŋ³³kaŋ³³
下雪	dzɤ⁴²ɕyɛ⁴²	dzu⁴²ɕy⁴²	dzeɯ⁴²ɕyɛ⁴²	dzu⁴²ɕy⁴⁵	dzeɯ⁴²ɕy⁴²	dzɤ⁴²ɕyɛ⁴²	dzu⁴²suei⁴²	dʑieɯ⁴²ɕyɛ⁴²
霜	sɤŋ⁵⁵	soŋ⁴⁵	pʰo³³sẽ³³	pʰɤ⁴⁵soŋ⁴⁵	pʰo⁴⁵soŋ⁴⁵	pʰo³³sɤŋ²	pʰω⁵⁵soŋ⁵⁵	sɤŋ⁵⁵
露	leu³³tsu²	lu²⁴tsu²	leu⁵⁵tsu⁵⁵	pʰɤ⁴⁵lu²/lu²⁴tsu²	lau²⁴tsu²	leu⁵⁵tsu⁵⁵	lu²⁴tsu²	leu³³

（续表）

	清水坪	筲箕湾	棋坪	白沙	红土溪	草潭	山枣	高峰
雾	mu⁵⁵lu³³	tsau²tsa²	tsau⁵⁵tsa⁵⁵	tsau²⁴tsa²	tsau²⁴tsɿ²	tsau²tsɐ²	tsau²⁴tsa²	tsau³³tsa⁵⁵
四、气候								
天气	tʰai⁵⁵sai³³	tʰai⁴⁵sa²	tʰai³³saɛ̃⁵⁵	tʰai⁴⁵tɕʰɿ²	tʰai⁴⁵sa²	tʰai³³	tʰai⁵⁵sɐ²	tʰai⁵⁵sai²
晴天	kʰɤŋ⁵⁵tʰai⁵⁵	kʰoŋ⁴⁵tʰai⁴⁵	kʰɛ̃³³tʰai²	kʰoɛ̃oŋ²⁴ta²	tʰai⁴⁵kʰoŋ⁴⁵	kʰɤŋ³³tʰai²	tʰai⁴⁵kʰoŋ⁵⁵	kʰɤŋ⁵⁵tʰai²
阴天	mɑu³³tʰai⁵⁵	mɑu²⁴tʰai⁴⁵	mɑu³³tʰai²	mɑu⁴⁵tʰai⁴⁵	mɑu²⁴tʰai⁴⁵	mɑu³³tʰai²	mɑu²⁴tʰai²	mɑu⁵⁵tʰai²
雨天	vɛ³⁵tʰai²	va⁵³tʰai⁴⁵	va³⁵tʰai²	va⁵³tʰai⁴⁵	va⁵³tʰai⁴⁵	vɛ³⁵tʰai²	va²tʰai³	va³⁵tʰai²
旱天	tʰai⁵⁵kʰɤŋ⁵⁵	tʰai⁴⁵oŋ⁵³	yɛ̃³⁵tʰai²	tʰai⁴⁵oŋ⁵³	tʰai⁴⁵oŋ⁵³	ŋ̍³⁵tʰai²	kʰoŋ⁵⁵oŋ⁵⁵	tʰai⁵⁵ɤŋ³⁵
五、田土山河								
水田	tsu³⁵lai²¹³	tsu⁵³lai²¹³	tsu³⁵lai²¹³	tsu⁵³lai²¹³	tsu⁵³lai²¹³	tsu³⁵lai²¹³	tsu⁵³lai²¹³	tsu³⁵lai²¹³
田埂	lai²¹³kʰɤŋ³⁵	lai²¹³kʰoŋ⁵³	lai²¹³dzɛ³⁵	lai²¹³kʰoŋ⁵³	lai²¹³kʰoŋ⁵³	lai²¹³kʰɤŋ⁵³	lai²¹³kʰoŋ⁵³	lai²¹³kʰɤŋ³⁵
泥	ȵie⁵⁵	bi²⁴ȵie⁴⁵	bi⁵⁵nãʑ̃/bi⁵⁵ȵiɛ³³	bi²⁴li²⁴	bi²⁴ȵie⁴⁵	bi⁵⁵ȵiɑŋ²	zoŋ²¹³pʰɯ²	bi³³ȵie²
灰尘	xɤ⁵⁵tie²¹³	pai⁵³ȵioŋ²	xɤ⁵⁵tie²¹³	xei⁴⁵tiɤ⁴⁵	xei⁴⁵tiɑu⁴⁵	xɤ³³tie²	xei⁵⁵tiɑu²	xɤ⁵⁵tʰie²
石头	ŋe⁵⁵lɑu³⁵ku⁵⁵	ŋa⁴⁵	ŋa³³lɑu²ku⁵⁵	ŋa⁴⁵lɑu⁵³ku²	ŋa⁴⁵lɑu²ku²	ŋe⁴²lɑu²ku²	ŋa⁵⁵lɑu²ku⁵⁵	ŋa⁵⁵lɑu²ku⁵⁵
鹅卵石	ke⁵⁵tsɛ⁵⁵ŋe⁵⁵	ka⁴⁵tsa⁴⁵ŋa²	ka³³tsa⁵⁵ŋa²	ka⁴⁵koŋ²ŋa⁴⁵	pɑu⁵³kuʔŋã²⁴	ke³³tsɐ³³ŋɐ²	ka⁵⁵tsa²¹³ŋa²¹³	ka⁵⁵tsa⁵⁵ŋa²
山腰	sai⁵⁵tɤŋ⁵⁵ɕiɑu⁵⁵	sai⁴⁵lioŋ⁴⁵tyɛ⁴⁵	pɛ̃⁵⁵sai²	poŋ²⁴sai⁴⁵ta²	poŋ²⁴sai³³daʔ²	pɤŋ⁵⁵sai³³daʔ²	pɤŋ³⁵sai⁵⁵ta²	pɤŋ³³sai⁵⁵ta²
山脚	sai⁵⁵ku⁴²te²	sai⁴⁵kəu⁴²ta²	sai³³ku⁴²	sai⁴⁵kəu²⁴ta²	sai⁴⁵te⁵³	sai³³te³⁵xɛ²	sai⁵⁵kəu⁴²	sai⁵⁵ku²
坡	bu⁴²	bəu⁴²	bɤ⁴²	bəu⁴⁵ta²	pʰo⁴⁵ta⁵³	bu⁴²	bu⁴²	bu⁴²
浪	lɤŋ³³	lioŋ²⁴ta⁴⁵	lɛ̃⁵⁵	lɑŋ⁵³	loŋ²⁴	loŋ³³xo²	loŋ³³tsa²	lɤu³³lɤŋ³⁵
江	lu⁵⁵kʰɤ⁵⁵	tɕioŋ⁴⁵	kɛ̃⁴²	koŋ⁴⁵	koŋ⁴⁵	tɕiɑŋ³³	vu⁵³	tɕiɛ̃⁵⁵
河	kʰɤ⁵⁵	uɛ²¹³	u²¹³	uai²¹³ta⁴⁵	ue²¹³ta⁴⁵	kʰɤ³³	kʰa⁵⁵	u²¹³
溪	gəu²¹³	kʰa⁴⁵	kʰa³³	uai²⁴lioŋ⁵³	kʰa⁴⁵lioŋ⁵³	gəu²¹³	kʰa⁵⁵	kʰa⁵³

（续表）

	清水坪	筲箕湾	棋坪	白沙	红土溪	草潭	山枣	高峰
渠	tsu³⁵kɤ²	gəɯ²¹³	gəɯ²¹³	tsu⁵³gəɯ²¹³	ka⁴⁵gəɯ⁴⁵	tsu³⁵kʰɤ²	pɔ²⁴ta²	tsu³⁵kʰa²
潭	doŋ²¹³	doŋ⁵³	tɛ̃²¹³	doŋ⁵³	toŋ²¹³lioŋ⁴⁵	tɤŋ²¹³	ɕie⁵⁵doŋ⁵³	doŋ²¹³
池塘	ti³³doŋ²¹³	ti²¹³toŋ⁴⁵	doŋ²¹³	tsu⁵³doŋ⁵³	doŋ⁵³	dzɿ²¹³tɤŋ²¹³/doŋ³⁵	dzɿ²¹³doŋ⁵³	doŋ²¹³/dzɿ⁵⁵doŋ⁵⁵
井	tsu³⁵kʰoŋ²	tsu⁵³kʰo²	tsu³⁵kʰoŋ⁵⁵	tsʰẽ²⁴tsu²	tsʰẽ⁴⁵tsu⁵³doŋ⁵³	tsu³⁵kʰoŋ⁴²	tsu⁵³kʰoŋ²	tsu³⁵kʰoŋ⁴²
沟	kɛ⁵⁵	gəɯ²¹³	ka³³	gəɯ²¹³	ka⁴⁵gəɯ⁴⁵	ke³³	ka⁵⁵gəɯ²	ka⁵⁵
岸	ɤŋ⁴²tɛ⁵⁵	kʰa⁴⁵pi²⁴ta²	ẽ⁵⁵	uai²¹³pie⁴⁵ta⁵³	ue²¹³pie⁴⁵ta⁴⁵	ɤŋ⁵⁵te²	oŋ⁵⁵ta²	ɤŋ³³ta²
滩	tʰɤŋ⁵⁵te⁵⁵	tʰoŋ⁴⁵ta⁴⁵	tʰẽ³³	tʰoŋ⁴⁵	tʰoŋ⁴⁵ta⁴⁵	tʰɤŋ⁵⁵te²	tʰoŋ²¹³ta²	tʰɤŋ⁵⁵
六、城乡处所								
城里	ka⁵⁵le²	ko⁴⁵ta⁴⁵	tsɿ²¹³la³⁵	ko⁴⁵ta⁴⁵	ko⁴⁵ta⁴⁵	tsɿ³³le²	dzẽ²⁴li²	ka⁵⁵la⁵⁵
乡下	ɕie⁵⁵le²	ɕioŋ²¹³lioŋ⁴⁵	ɕie³³la²	ɕioŋ⁴⁵lioŋ²¹³	ɕioŋ⁴⁵lioŋ⁵³ta²	ɕie³³le²	ɕioŋ⁵⁵xo²la²	ɕiẽ⁵⁵la²
集市	die²¹³	dioŋ²¹³ta⁴⁵	die²¹³	dioŋ²¹³	dioŋ²¹³ta²	dẽ²¹³	dioŋ²¹³	dẽ²¹³
街道	ʌɯ³³le⁵⁵	ko⁴⁵ta⁴⁵	kʰai²¹³li²	ko⁴⁵ai²⁴	ko⁴⁵ʌɯ²⁴	ka³³ʌɯ²	kua⁵⁵ta²	ka⁵⁵ɑɯ³³la²
地方	kʰaŋ²¹³le²	lõ²¹³dioŋ⁴⁵	ka²¹³li²	tʰi⁴⁵poŋ⁴⁵	tʰi⁴⁵poŋ⁴⁵	kʰaŋ²¹³xaŋ²	kʰaŋ⁴²oŋ²	kʰaŋ²¹³la²
家乡	lau³⁵tɕi⁴²	lau⁵³tɕi²⁴	lau³⁵tɕi⁴²da²	lau⁵³tɕi²⁴ta²	lau⁵³tʰi⁴⁵poŋ⁴⁵	lau²⁴tɕi⁴²	lau⁵³tɕi⁴²	lau³⁵tɕi²
泸溪	lu³³tɕʰi²	lu⁴⁵tɕʰi⁴⁵	leɯ⁵⁵lie⁵⁵	uai²⁴lioŋ²	uai²⁴lioŋ⁴⁵	lu²⁴tɕʰi²	lia⁴²pau⁵³	lu²⁴tɕʰi²
浦市	pʰu⁴²sɿ²	pʰu⁴²kʰa²	pʰu⁴²sɿ²	pʰu⁵³kʰa²	pʰu⁵³kʰa²	pʰu⁴²sɿ²	pʰu⁴²tɕʰi⁵⁵	pʰu³⁵kʰa²
沅陵	ka⁵⁵le²	sai⁴⁵lioŋ²	nie³³lie⁵⁵	yã⁴⁵nĩ⁴⁵	o⁵³tsa²⁴	nie³³lie²	yã²⁴lie²	sai³⁵tsa³⁵
古丈县	ku³⁵tsɤ⁵⁵foŋ²	ku⁴²tsaŋ²	ku⁵⁵tsa⁵⁵foŋ²	ku⁴²tsaŋ²	ku⁵³tsaŋ²	ku⁴²tsɤ⁴⁵foŋ²¹³	ku⁵⁵tsa²foŋ²¹³	ku³⁵tsa²foŋ³⁵
	ɕia³⁵	ɕia⁵³	ɕia³⁵/uai⁵⁵	ɕioŋ⁴⁵lioŋ²	ɕiã⁵³lioŋ²	ɕia³⁵	ɕia³⁵	ɕia³⁵

(续表)

	清水坪	筲箕湾	棋坪	白沙	红土溪	草潭	山枣	高峰
B 时令时间								
一、年月日时								
今年	tɕi⁵⁵lai⁵⁵	tɕi⁴⁵lai⁴⁵	tɕi³³lai²	tɕi⁴⁵lai⁴⁵	tɕi⁴⁵lai⁴⁵	tɕi³³lai²	ti⁵⁵lai²	tɕi⁵⁵lai²
明年	moŋ⁵⁵lai⁵⁵	mo⁴⁵lai⁴⁵	moŋ³³lai²	mɤ⁴⁵lai²	mo⁴⁵lai²	moŋ³³lai²	mɯ²⁴lai²	moŋ⁵⁵lai²
去年	kʰɤ³³lai⁵⁵tɕiɯ⁵⁵	kʰəɯ²⁴lai⁴⁵tɕy⁴⁵	kʰəɯ²⁴lai⁵⁵tsəɯ³³	kʰəɯ²⁴lai⁴⁵tɕiɯ⁴⁵	kʰəɯ⁴⁵lai⁴⁵tsəɯ²	kʰɤ⁵⁵lai²tɕiɯ³³	kʰai²⁴lai²	kʰɤ³³lai²
前年	dʑie²¹³lai²tɕiɯ⁵⁵	dʑie²¹³lai²tɕy⁴⁵	dʑie²¹³lai³³tsəɯ⁵⁵	dʑie²¹³lai⁴⁵tɕiɯ²	dʑie²¹³lai⁴⁵tsəɯ²	dʑie²¹³lai²tɕiɯ³³	kʰai²⁴dʑie²¹³lai⁵⁵tɕiɯ⁵⁵	dʑie²¹³lai²
后年	ɐ³⁵lai⁵⁵	a⁵³lai⁴⁵	ya³⁵lai²	a⁴⁵lai²	a⁵³lai⁴⁵tsəɯ²	ɐ³⁵lai²	a³⁵lai²	a³⁵lai²
年初	kʰɑ⁵⁵lai⁵⁵	kʰua⁴⁵lai⁴⁵ta⁴⁵	lai³³ta²¹³	lai⁴⁵ta²¹³	lai⁴⁵ta²⁴	lai³³tɕ	lai⁵⁵tʂʰu⁵⁵	lai⁵⁵ta²¹³
年底	lai⁵⁵mo²¹³	lai⁴⁵so⁴²tso²¹³liɯ²	lai³³mai³⁵	lai⁴⁵to⁵³	lai⁴⁵ta⁵³	lai³³tɕ	lai⁵⁵ti⁴²	lai⁵⁵mai³⁵
每年	mei⁴²lai⁴²	mei⁴²lai⁴⁵	mẽ⁴²lai²	mei⁴²lai⁴⁵	mei⁴²lai²	mei⁴²lai²	mei²⁴i⁴²lai²	məɯ⁴²lai⁵⁵
正月	tʂ̩⁵⁵ɲyɛ⁴²koŋ²	tsẽ⁴⁵ɲy⁴²	tʂ̩³³ɲiɛ³⁵koŋ²	tsẽ⁴⁵ɲiəɯ⁴²kəɯ²	tsẽ⁴⁵ɲiəɯ⁴²kəɯ²	tʂ̩³³ɲyɛ⁴²koŋ²	tɕi⁵⁵ɲy⁴²	tʂ̩⁵⁵ɲyɛ⁴²
闰月	zuai³³ɲyɛ⁴²	ʒuai²⁴ɲy⁴²	zuai⁵⁵ɲiɛ⁴²	zuai²⁴ɲiəɯ⁴²	zuai²⁴ɲiəɯ⁴²	zuai⁵⁵ɲy⁴²	zuai²⁴ɲy⁴²	zuai³³ɲyɛ⁴²
月底	yɛ³⁵ti²	ɲy⁴²tʰie⁵³	mẽ³⁵ɲyɛ⁴²	ɲiəɯ⁴²to²	ɲiəɯ⁴²ta⁵³	ɲyɛ²¹³ta³⁵	yɛ²⁴ti⁴²	ɲyɛ⁴²ta³⁵
今天	ti⁵⁵ti²	tɕiaŋ²¹³oŋ²	ti³³tiɯ²	tɕiaŋ²¹³oŋ²	tɕiaŋ²¹³oŋ⁴²	ti³³tiɯ⁴²	ti⁵⁵ta²	ti⁵⁵tiɯ²
昨天	kʰo³³tɕiɯ⁵⁵	kʰəɯ²⁴tɕy⁴⁵	kʰo⁵⁵tsəɯ⁵⁵	kʰəɯ²⁴tɕiɯ⁴⁵	kʰəɯ²⁴tsəɯ²⁴	kʰo⁵⁵tɕiɯ⁵⁵	kʰo²⁴tɕie²	kʰo³³tɕiɯ²
明天	moŋ⁵⁵tiɯ³⁵	mei²¹³tia⁴⁵	moŋ³³tiɯ³⁵	mie²¹³tie⁴⁵	mai²¹³tiɯ⁴⁵	moŋ³³tiɯ²	mɑɯ²¹³tiɯ⁵⁵	moŋ⁵⁵tiɯ²
后天	a³⁵ŋ⁴²	a⁵³oŋ⁴²	ya³⁵ẽ²	a⁵³oŋ⁴²	a⁵³oŋ⁴²	ɐ³⁵ŋ²	a⁵³oŋ²	a³⁵ŋ⁴²
大后天	lɑɯ³⁵a³⁵ŋ⁴²	lɑɯ⁵³a⁵³oŋ⁴²	lɑɯ³⁵ya³⁵ẽ²	lɑɯ⁵³a⁵³oŋ⁴²	lɑɯ⁵³a⁵³oŋ⁴²	lɑɯ³⁵ɐ³⁵ŋ²	lɑɯ⁵³a⁵³oŋ²	lɑɯ³⁵a³⁵ŋ⁴²

（续表）

	清水坪	筲箕湾	棋坪	白沙	红土溪	草潭	山枣	高峰
前天	dzie²¹³⋅ŋ⁴²	dzie²¹³⋅oŋ⁴²	dzie²¹³⋅ẽ²	dzie²¹³⋅oŋ⁴²	dzie²¹³⋅oŋ⁴²	dzie²¹³⋅ŋ²	kʰω²⁴dziɑŋ²¹³⋅oŋ²	dzie²¹³⋅ŋ⁴²
大前天	lau³⁵dzie²¹³⋅ŋ⁴²	lau⁵³dzie²¹³⋅oŋ⁴²	lau³⁵dzie²¹³⋅ẽ⁴²	lau⁵³dzie²¹³⋅oŋ⁴²	lau⁵³dzie²¹³⋅oŋ⁴²	lau³⁵dzie²¹³⋅ŋ²		lau³⁵dzie²¹³⋅ŋ⁴²
一天	i²¹³⋅ŋ⁴²	i²¹³⋅ŋ⁴²	i²¹³⋅ẽ²	i²⁴⋅ioŋ⁴²	i²⁴⋅ioŋ⁴²	i²¹³⋅ŋ²	i²⁴⋅ioŋ²	i²⁴⋅ŋ⁴²
半天	pɤŋ³³⋅ŋ⁴²	poŋ²⁴⋅ioŋ⁴²	pẽ⁵⁵⋅ẽ²	poŋ²⁴⋅ioŋ⁴²	poŋ²⁴⋅ioŋ⁴²	poŋ⁵⁵⋅ŋ²	poŋ²⁴⋅ioŋ²	pɤŋ³³⋅ŋ⁴²
日子	ŋ⁴²ku²	oŋ⁴²kɐuɹ²	ẽ⁴²ku²	oŋ⁴²kɐuɹ²	oŋ⁴²⋅tsʅ²	ŋ⁴²ku²	oŋ⁴²kω²	ŋ⁴²ku²
早晨	tiau⁵⁵te²	tiau⁴⁵kue⁵³	tiau³³ta²	tsʰẽ⁴⁵tsau⁵³	tsʰe⁴⁵tsau⁵³	tiau³³te²	tiau⁵⁵ta²	tiau⁵⁵ta²
中午	ŋ⁴²le²	poŋ²⁴⋅ko⁴²fo²	ẽ⁴²la²	poŋ²⁴⋅kɤ²	poŋ²⁴⋅ko²	ŋ⁴²le²	ioŋ⁴²ta²	ŋ⁴²la²
晚上	zo³³le²	kʰei⁴²fo²	kʰɤ⁴²ta²	zɤ²⁴⋅ta⁴⁵	zu²⁴⋅ta²⁴	zo⁵⁵⋅le⁵⁵/kʰɤ⁴²fo²	zio⁵⋅ta²⁴	kʰɤ⁴²ta²
天亮	tʰai⁵⁵mẽ⁵⁵	tʰai⁴⁵lioŋ²⁴	tʰai³³lie⁵⁵	tʰai⁴⁵lioŋ²⁴	tʰai⁴⁵lioŋ²⁴	tʰai³³lie⁵⁵	tʰai⁵⁵lioŋ²⁴	tʰai⁵⁵lie³³
天黑	tʰai⁵⁵kʰɤ⁴²	tʰai⁴⁵kʰei⁴²	tʰai³³kʰɤ⁴²	tʰai⁴⁵kʰei⁴²	tʰai⁴⁵kʰei⁴²	tʰai³³kʰɤ⁴²	tʰai⁵⁵kʰei⁴²	tʰai⁵⁵kʰɤ⁴²
黄昏	sa⁴²kʰɤ⁴²	tsʰo⁴⁵⋅puˀti⁴⁵kʰei⁴²	sa⁴²kʰɤ⁴²	so⁴²kʰei⁴²	mau⁴⁵mau⁴⁵kʰei⁴²	sa⁴²kʰɤ⁴²	sua⁴²kʰei⁴²	sa⁴²kʰɤ⁴²
整夜	kai³⁵zo³³	kẽ⁴²zo²⁴	kai⁴²zo⁵⁵	kẽ⁴²zɤ²⁴	kẽ⁴²zu²⁴	kai⁴²zo²	kẽ⁴²ziω²⁴	kai⁴²zo³³
半夜	pɤŋ³³zo³³	poŋ²⁴zo²⁴	pẽ⁵⁵zo⁵⁵	poŋ²⁴zɤ²⁴	poŋ²⁴zu²⁴	poŋ⁵⁵zo²	poŋ²⁴ziω²⁴	poŋ³³zo³³
更			kẽ³³	koŋ⁴⁵	kẽ⁴⁵		kẽ⁵⁵	koŋ⁵⁵
一会儿	i²¹³⋅ka⁵⁵tse⁵⁵	i²⁴⋅ko²⁴tsa²	i²¹³⋅ka⁵⁵tsa⁵⁵	nia⁴⁵⋅tsa²zʅ²	nia²⁴⋅tsa²zʅ²¹³	i²¹³⋅ka³³tse⁵⁵	i²⁴⋅kaŋ⁴²kaŋ²	i²⁴⋅ka⁴²tsa⁵⁵
后来	mai³⁵zɤ²	o³⁵mai⁵³	mai³⁵tsa	mai⁴⁵ta²	mai⁵³ta²	mai³⁵zai	mai⁵³zai²¹³	mai³⁵zɤ²¹³
现在	ai⁵⁵tɕʰi²	lai⁵³dzi²	ai³³tɕʰi²	laŋ⁴⁵kɐuɹ²dziɐu²	laŋ⁴⁵bai²⁴	ai³³tɕʰi²	ai⁵⁵tɕʰi⁴²	ai⁵⁵tɕʰi³³

（续表）

	清水坪	筲箕湾	棋坪	白沙	红土溪	草潭	山枣	高峰
二、时令节日								
春天	tsʰuai⁵⁵tʰai²	tʃʰuai⁴⁵tʰai⁴⁵	tsʰuai³³tʰai²	tsʰuai⁴⁵tʰai⁴⁵	tsʰue⁴⁵tʰai⁴⁵	tsʰuai³³tʰai³³	tɕʰye⁵⁵tʰai⁵⁵	tsʰuai⁵⁵tʰai²
夏天	dzɤ³³tʰai²	dzei²⁴tʰai⁴⁵	dzɤ⁴²tʰai²	dzi²⁴tʰai⁴⁵	dzei⁴²tʰai⁴⁵	dzɤ⁴²tʰai²	ɕia²¹³tʰia²	dzɤ⁴²tʰai²
秋天	tɕʰie⁵⁵tʰai²	tɕʰia⁴⁵tʰai⁴⁵	tɕʰia³³tʰai²	sa⁴⁵gəɯ²	zuai²⁴tɕʰia⁴⁵	kau³³tɕʰie³³	tɕʰiəɯ²¹³tʰia²	tɕʰia⁵⁵tʰai²
冬天	tʌɯ⁵⁵tʰai²	tʌɯ⁴⁵tʰai⁴⁵	tʌɯ³³tʰai²	tai⁴⁵tʰai⁴⁵	tʌɯ⁴⁵tʰai⁴⁵	tʌɯ³³tʰai³³	təɯ⁵⁵tʰai⁵⁵	tau⁵⁵tʰai²
立春	kau⁵⁵tsʰuai⁵⁵	kau⁴⁵tʃʰuai⁴⁵	kau³³tsʰuai³³	li²⁴tsʰuai⁴⁵	li²⁴tsʰuai⁴⁵	kau³³tsʰuai³³	li²⁴tɕʰye⁵⁵	tɕiau⁵⁵tsʰuai⁵⁵
雨水	y⁴²suei⁴²	va⁵³tsu²	va³⁵tsu⁵⁵	va⁵³tsu²	va⁵³tsu²	y⁴²suei²	va³⁵tsu⁵³	va³⁵tsu⁵⁵
春分	tsʰuẽ⁵⁵fẽ⁵⁵	tʃʰuai⁴⁵faĩ⁴⁵	tsʰuẽ³³fẽ³³	tsʰuai⁴⁵fẽ⁴⁵tɕie²⁴	tsʰuẽ⁴⁵fẽ⁴⁵	tsʰuẽ³³fẽ³³	tsʰuẽ⁵⁵fẽ⁵⁵	tsʰuai⁵⁵fəu²
谷雨	ku³³y⁴²	ku⁴²va⁴²	ku⁴²va²¹³	ku⁴²va⁴²	ku⁴²va⁴²	ku⁴²ve²¹³	ku⁴²va²	ku⁴²va²
立秋	kau⁵⁵tɕʰie⁵⁵	li²⁴tɕʰia⁴⁵	kau³³tɕʰia³³	li²⁴tɕʰia⁴⁵	zuai²⁴tɕʰia⁴⁵	kau³³tɕʰie³³	kau⁵⁵tɕʰia⁵⁵	tɕʰiau⁵⁵tɕʰia⁵⁵
白露	pʰo⁴²lio⁴²	pʰo⁴⁵lu⁴²	pʰo³³lu⁵⁵	pʰʌɤ⁴⁵lu⁴²	pʰo⁴⁵ləɯ⁴⁵	pai²⁴lu³⁵	pʰɷ⁵⁵lu²	pʰo⁵⁵ləɯ²
小雪	ȵiaŋ²¹³ɕyɛ⁴²	ɕiau⁴²ɕyɛ⁴²	ȵiã²¹³ɕyɛ⁴²	ɕiau⁴²su⁴²	ɕiau⁴⁵ɕyɛ²⁴	ȵiaŋ²¹³ɕyɛ⁴²	ɕiau²⁴ɕyɛ²	ȵiaŋ²¹³ɕyɛ⁴²
历书	lio⁴²te²	lio⁴⁵ta²	lio⁴²ta²	liɤ²⁴ta²	liəɯ⁴²ta²	lio⁴²te²	lio⁴²ta⁴²	lio⁴²ta²
初一	tsʰɤ⁵⁵ʅ²	tsʰei⁴⁵ʅ²	tsʰɤ³³⁻⁴²ʅ¹	tsʰei⁴⁵ʅ¹	tsʰei⁴⁵⁻²⁴ʅ¹	tsʰɤ³³⁻⁴²ʅ¹	tsʰʅ⁵⁵⁻⁴²ʅ¹	tsʰɤ⁵⁵ʅ¹
清明	tɕʰi⁵⁵miẽ²	tsʰẽ⁴⁵mie²	tɕʰi³³mie²	tsʰẽ⁴⁵mẽ²	tsʰẽ⁴⁵mie⁴⁵	tɕʰi³³mie³³	tɕʰi³³mie²	tɕʰi⁵⁵mi²
端午	toŋ⁵⁵ɤŋ³⁵	tuã⁴⁵u²	toŋ³³e³⁵	tuã⁴⁵u²	tuã⁴⁵u²	toŋ³³ŋ³³	tua⁵⁵u²	toŋ⁵⁵ɤŋ⁵⁵
中秋	pa⁴²ȵyɛ⁴²tsʰʅ⁵⁵ɤŋ³⁵	tsoŋ⁴⁵tɕʰiəɯ⁴⁵	tsoŋ³³tɕʰiəɯ³³	pɤ²⁴ȵiau⁴²ʅ⁴⁵oŋ³³	mei⁴⁵fsoŋ⁴⁵	mei⁴⁵fsoŋ³³	tsoŋ⁵⁵ləɯ⁵⁵	tsoŋ⁵⁵tɕʰiəɯ⁵⁵
重阳	dziaɯ²¹³zẽ⁴⁵	dzɤɤ²¹³zoŋ⁴⁵	dziaɯ²¹³zẽ⁴⁵	dzɤɤ²¹³zoŋ⁴⁵	dzoŋ²⁴iɑŋ²	dziaɯ²¹³zɤŋ²	dziaɯ²¹³ziɷ²	dziau²¹³zɤŋ²
除夕	soŋ⁵⁵tsʰʅ⁵⁵zo³³	soŋ⁴⁵tsʰʅ⁴⁵zo²⁴	sẽ³³tsʰʅ³³zo²	soŋ⁴⁵tsʰʅ⁴⁵zɤ²¹³	soŋ⁴⁵tsʰʅ⁴⁵zu²¹³	soŋ³³tsʰʰʅ³³zo²	soŋ⁵⁵tsʰʅ⁵⁵ziɷ²	ku³³tsʅ⁵⁵

（续表）

	清水坪	筲箕湾	棋坪	白沙	红土溪	草潭	山枣	高峰
C 农事农具								
一、农事								
耕田	lie⁵⁵lai²¹³	kai⁴⁵tʃʰuai⁴⁵	lie³³lai²¹³	li⁴⁵lai²¹³	sɑ⁵³lai²¹³	lie³³lai³³	sɑ⁵³lai²¹³	lie⁵⁵lai²¹³
整田	tsai³⁵lai²¹³	tsẽ⁴²lai²¹³	po⁵⁵lai²¹³	tɕie⁵³lai²¹³	pɑ̃⁵³lai²¹³	tsai²¹³lai³³	tɕie⁴²lai²¹³	tsẽ⁴²lai²¹³
插秧	tsɑ⁵⁵iẽ⁵⁵	tsʰo⁴²lai²¹³	tsɑ³³iẽ³³	tsʰo²¹³ɤ²¹³	tsʰo⁴²lai²¹³	tsɑ³³iẽ³³	tsuɑ⁵⁵ioŋ⁵⁵	tsɑ⁵⁵iẽ⁵⁵
割稻	gəu³³ku⁴²tsɤ²	gəu⁴²əɯ²¹³	gəu⁵⁵ku⁴²tsᶞ	gəu²¹³ɤ²¹³	gəu²⁴əɯ²¹³	gəu⁴²ku⁴²tsᶞ²	gei²⁴lai²¹³	gəu³³ku⁴²tsɑ²
收成	sᶞ⁵⁵tɑ²	sɑ⁴⁵tɑ⁴⁵	sɑ³³tsʰl⁵⁵	sɑ⁴⁵tɑ⁴⁵	sɑ⁴⁵tɑ⁴⁵	sᶞ³³tᶞ²	ɕia⁵⁵tɑ²	sɑ⁵⁵tɑ²
下种	o³⁵tsʌɯ³⁵	o⁵³tsʌɯ⁵³	yo³⁵tsʌɯ³⁵	ɤ⁵³tsai⁵³	o⁵³tsʌɯ⁵³	o³⁵tsʌɯ³⁵	o⁵³tɕieɯ⁵³	o³⁵tsʌɯ³⁵lie²
锄草	tsɤ²¹³tsʰɑɯ⁵³	tɕie²¹³tsʰɑɯ⁵³	tsɤ²¹³tsʰɑɯ³⁵	tsei²¹³tsʰɑɯ⁵³	tsẽ²¹³tsʰɑɯ⁵³	tsɤ²¹³tsʰɑɯ³⁵	xɑɯ²¹³tsʰɑɯ³⁵	tsɤ²¹³tsʰɑɯ³⁵
耨田	xɑɯ⁵⁵lai²¹³	xɑɯ⁴⁵lai²¹³	xɑɯ⁵⁵lai²¹³	xɑɯ²⁴lai²¹³	xɑɯ²⁴lai²¹³	xɑɯ³³lai²¹³	xɑɯ⁵⁵lai²¹³	xɑɯ⁵⁵lai²¹³
施肥	tsʰɤŋ²¹³fei²¹³	cy⁴²fi²¹³	tu⁴²liəu⁵⁵	tsʰoŋ⁴⁵fi²¹³	kʰo⁵³fei²⁴	tu⁴²fei²¹	suɑ⁴²fei²	so⁴²fi²¹³
浇水	tɕiəu⁴⁵tsu⁵³	tɕiəu⁴⁵tsu⁵³	tɕiəu³³tsu⁵³	tɕiəu⁴⁵tsu⁵³	tɕiəu⁴⁵tsu⁵³	tɕiəu³³tsu³⁵	tɕiəu⁵⁵tsu⁵³	tɕiəu³³tsu⁵³
灌水	kuai³³tsu³⁵	kuai²⁴tsu⁵³	kuai⁵⁵tsu³⁵	kuai²⁴tsu⁵³	sɑ⁵³tsu⁵³	kue⁵⁵tsu³⁵	kuai²⁴tsu⁵³	kuai³³tsu³⁵
堵水	tu⁴²tsu³⁵	loŋ⁴⁵tsu⁵³	sɤ⁴²tsu³⁵	sɤ⁴²tai⁵³	təɯ²⁴tsu⁵³	sɤ⁴²tsu³⁵	sei⁴²tsu⁵³	tʰɑŋ⁴²tsu³⁵
放水	fɤŋ³³tsu³⁵	foŋ²⁴tsu⁵³	fẽ⁵⁵tsu³⁵	foŋ²⁴tsu⁵³	foŋ⁵⁵tsu³⁵	fɤŋ⁵⁵tsu³⁵	xoŋ²⁴tsu⁵³	fɤŋ³³tsu³⁵
啐水	fai²¹³lai³⁵	kʰua⁵³lai⁵³	tsʰo³³tsu³⁵	tʰia⁴⁵lai⁵³	xu²⁴tsu⁵³	tʰia³⁵tsu³⁵	tʰia⁵⁵tsu⁵⁵	tʰia⁵⁵tsu³⁵
栽树	tsɑ⁵⁵tsᶞ³³	tsuɑ⁴⁵tsɑ²⁴	tsɑ³³tsɑ⁵⁵	tso⁴⁵tsɑ²⁴	tso⁴⁵tsɑ²⁴	tsɑ³³tsᶞ⁵⁵	tsuɑ⁵⁵tɕia²⁴	tsɑ⁵⁵tsᶞ³³
二、用于水田的农具								
牛轭	ŋəɯ⁵⁵o⁴²	ŋəɯ⁴⁵o⁴²	ŋəɯ³³o⁴²	ŋəɯ⁴⁵ɤ⁴²	ŋəɯ⁴⁵²¹³	ŋəɯ³³⁴²	ŋei⁵⁵ω⁴²	o⁴²mẽŋ

第五章　湘西乡话音系与词汇对照表　　*181*

（续表）

	清水坪	筒箕湾	棋坪	白沙	红土溪	草潭	山枣	高峰
犁的扶手	lie⁵⁵tsai³³	li⁴⁵tsai²⁴	lie⁵⁵tsai³³	li⁴⁵tsai²⁴	lie⁴⁵tsai²⁴	li³³tsai⁵⁵	li⁵⁵tsai²⁴	li⁵⁵tsai³³
犁上木制的弓形物	lie⁵⁵yɛ²¹³	lie⁴⁵yɛ⁴⁵	lie³³yɛ⁴²	li⁴⁵yɛ⁴⁵	lie⁴⁵yɛ⁴⁵	li³³yɛ⁴²	li⁵⁵yɛ²¹³	lie⁵⁵yɛ⁴²
犁嘴	lie⁵⁵tɕy³⁵po²	tieɯ⁴⁵tsuei⁵³po²		tieɯ⁴⁵tɕy⁵³po²	tieɯ⁴⁵tɕy⁵³po²		li⁵⁵tɕy⁵³	li⁵⁵tɕy³⁵
犁嘴下的木头	lie⁵⁵ta³⁵	lie⁴⁵to⁵³	lie³³ta³⁵	li⁴⁵to⁵³	lie⁴⁵to⁵³	lie³³ta²	li⁵⁵oŋ⁵⁵ta²	li⁵⁵ta⁴²
犁头	lie⁵⁵tɐ²	lie⁴⁵ta⁴⁵	lie³³tɐ²	li⁴⁵tɐ⁴⁵	lie⁴⁵tɐ⁴⁵	lie³³tɐ²	li⁵⁵tɐ²	li⁵⁵ta³⁵
耙上的齿	po²¹³tɕʰieɯ³⁵tsɐ²	po²¹³tɕʰy⁵³	po²¹³tsʰeɯ³⁵	pɤ²¹³tɕʰy⁵³	po²¹³tsʰeɯ³⁵	po²¹³tɕʰieɯ⁵³	po²¹³tɕʰieɯ³⁵	po²¹³tɕʰieɯ³⁵
水车	tsu³⁵tsʰo⁴⁵	tsu⁵³tsʰo⁴⁵	tsu³⁵tsʰo²	tsu⁴⁵tsʰɤ²	tsu⁵³tsʰo²	tsu³⁵tsʰo²	tsu⁵³tɕʰiɤ⁵⁵	tsu³⁵tsʰo²
三、用于旱田的农具								
锄头（锹）	tɕʰiau⁵⁵	tɕʰiau⁴⁵	tɕʰiau³³	tɕʰiau⁴⁵	tɕʰiau⁴⁵	tɕʰiau³³	tɕʰiau⁵⁵	tɕʰiau⁵⁵
锄草锹	kʰu⁵⁵kʰa⁵⁵tɕʰiau²	tsʰau⁵³tɕʰiau⁴⁵	tsɤ³⁵tsa²tɕʰiau³³	tsei²¹³tsa⁵³tɕʰiau⁴⁵	tsẽ²¹³tɕʰi⁴⁵tɕʰiau⁴⁵	kʰu⁴²tsʰo²kʰɤ³⁵	kʰu⁴²kʰɤ³⁵	tsɤ²¹³tsʰau³⁵
						tɕʰiau³³	tɕʰiau⁵⁵	tɕʰiau²
刀柄	tau⁵⁵poŋ³³tse²	tau⁴⁵põ²⁴	tau³³poŋ²	tau⁴⁵põ²⁴	tau⁴⁵põ²⁴	tau³³poŋ⁵⁵	tau⁵⁵paŋ²⁴	tau⁵⁵poŋ³⁵
镰刀	lie⁵⁵	lie⁴⁵tsa²	lie³³	lie⁴⁵tsa²	lie⁴⁵tsɿ²	lie³³tsa³³	lie⁵⁵tau⁵⁵	lie⁵⁵(tsa)²
铲子	tsʰa⁴²tsɿ²	tsʰa⁴²tsɿ²	tsʰã⁴²tsɿ²	tsʰã⁴²tsɿ²	tsʰã⁴²tsɿ²	tsʰã⁴²tsɿ²	tsʰã⁴²tsɿ²	tsʰai⁴²tsa²
四、其他农具								
箩筐	lu⁵⁵su²	luɛ⁴⁵su⁴⁵	lu³³su²	lu⁴⁵su⁴⁵	lu⁴⁵su⁴⁵	lu³³su²	lu⁵⁵su²	lu⁵⁵su²
绳子	su⁴²	ɕy⁴²tsa²	su⁴²tsa²	seɯ⁴²tsa²	ɕy⁴²tsɿ²	su⁴²	seɯ⁴²tsa²	su⁴²tsa²
扁担	toŋ⁵⁵ku⁵⁵pie²	tõ²⁴koŋ⁴⁵	toŋ³³pi³³	tõ²⁴tõ²⁴tsa²	toŋ²⁴koŋ⁴⁵	toŋ³³ku²pie²	taŋ²⁴ku²pie²	toŋ⁵⁵ku⁵⁵pie²

（续表）

	清水坪	筲箕湾	棋坪	白沙	红土溪	草潭	山枣	高峰
棍子	kuai³³	kuai²⁴	kuai⁵⁵tsa⁵⁵	kuai²⁴	kuai²⁴	kuai⁵⁵tsɛ⁵⁵	kuai²⁴tiɑu²	kuai³³tsɛ⁵⁵
竹竿	tɕiɔu⁴²kuai²	tɕy⁴²kuai²	tɕiɔu⁴²tsa⁵⁵kuai²	tɕiɔu⁴²tsa²	tsɔu⁴²tsa²	tɕiɔu⁴²tsa²	tɕiɔu⁴²tsa²	tɕiɔu⁴²kuai²
拍打农作物（如豆荚）的两节棍	loŋ⁵⁵tʰie²¹³	lõ⁴⁵tʰioŋ⁴²	loŋ³³tʰie³⁵	lõ⁴⁵tʰioŋ⁴²	lõ⁴⁵tʰie⁴²	loŋ³³tʰie³⁵	liã⁵⁵tʰiã⁵⁵	loŋ⁵⁵tʰie⁵⁵
渔网	nieɯ⁵⁵vʌŋ³⁵	nʌɣ⁴⁵voŋ⁵³	nieɯ³³vʌẽ³⁵	nieɯ⁴⁵voŋ⁵⁵	nieɯ⁴⁵voŋ⁵³	nieɯ⁵⁵voŋ⁵³	nieɯ⁵⁵voŋ⁵³	nieɯ⁵⁵vʌɣ³⁵
捕鱼捞虾的斗形小丝网	lɑu⁵⁵tɑ²	lɑu⁴⁵tɑ⁴⁵	lɑu³³tɑ²	lɑu⁴⁵tɑ⁴⁵	lɑu²⁴tɑ⁴⁵	lɑu⁵⁵tɑ²		lɑu²⁴tɑ²
筲	kɛ³⁵	kɑ⁵³	kɑ³⁵	kɑ⁵³	kɑ⁵³	kɛ³⁵	kɑ⁵³	kɑ³⁵
鱼叉	nieɯ⁵⁵tsʰo²	nʌɣ⁴⁵tsʰo⁴⁵tsa²	nieɯ³³tsʰo²	nieɯ⁴⁵tsʰo²	nieɯ⁴⁵mi⁴²tsʰo⁴⁵	nieɯ³³tsʰo²	nieɯ⁵⁵tsʰɷ²	nieɯ⁵⁵tsʰo²
纺车	vʌŋ²¹³tsʰ²	foŋ⁵³zo²¹³tsʰo⁴⁵	fẽ³⁵tsʰo²	foŋ⁵³tsʰɤ⁴⁵		vʌŋ²¹³tsʰo²	oŋ⁵³tɕiɷ⁵⁵	fʌɣ³⁵tsʰo²
风车	fʌu⁵⁵tsʰɤ⁴⁵	fʌu⁴⁵tsʰɤ⁴⁵	fʌu³³tsʰɤ⁴⁵	fai⁴⁵tsʰɤ⁴⁵	fʌu⁴⁵tsʰɤ⁴⁵	fʌu³³tsʰɤ²	feu⁵⁵tɕy⁴⁵	fau⁵⁵tsʰo²
碾子	lai³⁵tsɛ²	tsu⁵³lai⁴⁵tsa²	tsu³⁵lai⁵³tsa	tsu⁵³lai⁵³tsɿ	tsu⁵³lai²¹³tsɿ	lai²¹³tsɛ²	lai²⁵tsa²	lie²¹³tsa⁵⁵
磨子	mu³³ŋai²	meɯ²⁴	mɣ⁵⁵tsa³⁵	meɯ²⁴	meɯ²⁴tsɿ²	mu⁵⁵	mu²⁴ti²	mu³³
鍛箕	keɯ⁵⁵	keɯ⁴⁵	keɯ³³	keɯ⁴⁵	keɯ⁴⁵	keɯ³³	kei⁵⁵	keɯ⁵⁵
扫帚	sɑu³³tsu⁵⁵	sɑu²⁴tsu²	sɑu⁵⁵tsu⁵⁵	sɑu²tsu²	sɑu²⁴tsu⁵³	sɑu⁵⁵tsu⁵⁵	sɑu²⁴tɕiɛu²	sɑu³³tsu³³
碓嘴	tuɑ³³kʰoŋ⁵⁵	to²⁴tɕy⁴²	tuɑ⁵⁵tɕy⁵⁵	to²⁴tɕy⁵³	tuɑ²⁴tɕy⁵³	tuɑ⁵⁵tɕy³⁵	tuɑ²⁴kuɑ⁵³	tuɑ³³tɕy³⁵
石臼	tuɑ³³mai³⁵po²	to²⁴kʰɯu⁵³	tuɑ⁵⁵kʰoŋ³³	to²⁴kʰueɯ⁵³	tuɑ²⁴kʰueɯ⁵³	ŋe³³du²	tuɑ²⁴kʰuɑ⁵⁵	tuɑ³³kʰoŋ⁵⁵
碓马		to²⁴tsɛ⁴⁵	tuɑ⁵⁵tsoŋ³³	to²⁴kõ²⁴	tuɑ²⁴mai⁵³po²	tuɑ⁵⁵mo²		tuɑ³³mo³⁵
筛子	sɑ⁵⁵tsai³⁵	so⁴⁵tsa²	sa³³tsa³⁵	so⁴⁵	so⁴⁵tsɿ²	sɑ³³tsɛ³⁵	sua⁵⁵tsa²	sɑ⁵⁵tsa⁵⁵

（续表）

	清水坪	笪箕湾	棋坪	白沙	红土溪	草潭	山枣	高峰
D 庄稼植物								
一、粮食作物								
大米	lu⁵⁵mie³⁵	mie⁵³	mie³⁵	mi⁵³	mie⁵³	lu⁵⁵mie⁵⁵	mi⁵³	lu³³mie⁵⁵
小米	ȵiɑŋ²¹³mie³⁵	ɕy⁵³mie⁵³	ɕiəu²¹³mie³⁵	ɕi²⁴ⁿmɤ⁴²	əu²¹³tsa²	ɕiəu⁴²mie²	ei³⁵	əu³⁵/ȵiɑŋ³⁵mie³⁵
糯米	su⁴²mie²	su⁴²mie⁵³	su⁴²mie²	su⁴²mi⁵³	su⁴²mie²	su⁴²mie²	su⁴²mi²	su⁴²mie³⁵
小麦	ȵiɑŋ²¹³mo⁴²	ɕi²⁴ⁿmu⁴²	ȵia²¹³mo⁴²	ɕi²⁴ⁿmɤ⁴²	ɕie²⁴məu⁴²	ȵiɑŋ²¹³mo⁴²	ɕi²⁴mo⁴²	ȵiɑŋ²¹³mo⁴²
荞麦	tɕiɑu²¹³mo⁴²	tɕiɑu²¹³mu⁴²	tɕiɑu²¹³	tɕiɑu²¹³mɤ⁴²	tɕiɑu²¹³	tɕiəu²¹³mo⁴²	tɕiɑu²¹³mo⁴²	tɕiəu²¹³mo⁴²
麦穗	mo⁴²ɕy³⁵	mu⁴²ɕy⁴⁵	mo⁴²zu⁵⁵tsa⁵⁵	mɤ⁴²zu²⁴tsa²	məu⁴²ɕy⁴⁵	mo⁴²vu²¹³tsa³⁵	mɔɕy⁵⁵	mo⁴²ɕy⁵⁵tsa⁵⁵
玉米	pɑu⁴⁵mie⁵⁵	pɑu⁴⁵ku²	pɑu³³mi³⁵	pɑu⁴⁵ku²	pɑu⁴⁵ku²	pɑu³³ku²	pɑu⁵⁵ku²	pɑu⁵⁵mie⁵⁵
棉花	mie⁵⁵xuɑ²	mu⁵³mie⁴⁵	mie³³xuɑ²	mɤ²⁴mi²	məu⁴²mi⁻²	mie³³xuɑ²	mo⁵³mi²	mie⁵⁵xuɑ²
稗子	pʰɑ³⁵tsʰɑu³⁵	tʰuɑ⁴⁵	pʰɑ⁵⁵tsʰɑu³⁵	zɤ⁵³əu²¹³	zo⁵³əu²¹³	pʰɑ⁵⁵	ʑɤ⁵³ku⁴²tsa²	pʰɑ³³tsa²
禾苗	iẽ⁵⁵miau⁴⁵	əu²¹³miau⁴⁵	u³³/miau³³	əu²¹³	əu²¹³	miɑu³³	iəŋ⁵⁵	miɑu⁵⁵
稻谷	ku⁴²tsɛ²	ku⁴²	ku⁴²tɑ²	ku⁴²	ku⁴²	ku⁴²tsɑ²	ku⁴²tsɑ²	ku⁴²tsɑ²
高粱	tsu³³tsɛ⁵⁵	tɕy²⁴	tsu⁵⁵tsɑ⁵⁵	tsœi²⁴	tɕy²⁴	tsu³³tsɛ⁵⁵	tsəɯ²⁴	tsu³³tsɑ⁵⁵
麸子	mo⁴²fəu⁵⁵tsɛ²	mo⁴²fɛ⁴⁵tsa²	mo⁴²fəu³³tsa⁵⁵	mo²¹³pai⁵³	mo⁴²fəu⁵⁵	mo⁴²vu²¹³tsa⁵⁵	mo⁴²fəu⁵⁵tsa²	mo⁴²fɤ⁵⁵tsa⁵⁵
二、豆类植物								
黄豆	lo²¹³te²	lo²¹³ta²	lo²¹³ta²	lyɤ²¹³ta²	lo²¹³ta²	lo²¹³te²	lɔ²¹³ta²	lo²¹³ta²
黑豆	kʰɤ⁴²te²	kʰei⁴²ta²	kʰɤ⁴²ta²	kʰei⁴²ta²		kʰɤ⁴²te²		
豌豆	oŋ⁵⁵te²	uã⁴⁵təu²	oŋ³³ta²	uã⁴⁵ta²	uã⁴⁵təu²	oŋ³³te²	uã⁵⁵ta²	oŋ⁵⁵ta²
绿豆	lia⁴²te²	lia⁴²ta²	lia⁴²te²	lia⁴²ta²	lia⁴²ta²	lie⁴²te²	lia⁴²ta²	lia⁴²ta²
豆角	tɛ³³ko²	ta²⁴ko²	ta⁵⁵ko²	ta²⁴kɤ²	ta²⁴ko²	te⁵⁵ko²	ta²⁴kɔ²	ta³³ko²

（续表）

	清水坪	筶篓湾	棋坪	白沙	红土溪	草潭	山枣	高峰
刀豆	tau⁵⁵te²	tau⁴⁵ta²⁴ko²	tau³³ta²	tau⁴⁵ta²⁴kɤ²	tau⁴⁵ta²⁴ko²	tau³³teu²	tau⁵⁵ta²	tau⁵⁵ta³³ko²
豇豆	kɤŋ⁵⁵te²	dioŋ²¹³ta²⁴ko²	die²¹³ta²⁴ko²	koŋ⁴⁵ta²	dioŋ²¹³ta²⁴ko²	kɤŋ³³ta²	koŋ⁵⁵ta²	kɤŋ⁵⁵ta²
豆芽	te³³ŋo⁵⁵tsʰɤ²	ta²⁴ŋo⁴⁵tsʰei²⁴	ta⁵⁵ŋo³³tsʰɤ²⁴	ta²⁴ŋɤ⁴⁵tsʰei²⁴	ta²⁴ŋo⁴⁵tsʰei²⁴	tɐ³³ŋo³³tsʰɤ²	ta²⁴ŋɷ⁵⁵tsʰai²⁴	ta³³ŋo⁵⁵tsʰɤ²
三、蔬菜瓜果								
蕨菜	tɕye⁴²tsʰɤ²	tɕy⁵³	tɕye²¹³	tɕy⁴⁵	tɕy⁴²	tɕye⁴²	tɕy⁴²	tɕye⁴²
苋菜	ɤŋ³³tsʰɤ²	oŋ²⁴tsʰei²	yẽ⁵⁵tsʰɤ²	oŋ²⁴tsʰei²⁴	oŋ⁵³tsʰei²⁴	ɤŋ⁵⁵tsʰɤ²	oŋ²⁴tsʰei²	ɤŋ³³tsʰɤ²
小白菜	niɑŋ²¹³pʰo⁵⁵tsʰɤ³³	ɕiɑu⁴²pai²⁴tsʰai²	niɑ̃²¹³pʰɤ⁴⁵tsʰo³³	niɑŋ²¹³pʰɤ⁴⁵tsʰʰei²⁴	niɑŋ²¹³pʰo⁴⁵tsʰei²	niɑŋ²¹³pʰo³³tsʰɤ²	niɑŋ⁵⁵pʰai²tsʰai²	niɑŋ⁵⁵pʰo²tsʰɤ²
菜薹	tsʰɤ³³suai²¹³tsɤ²	tsʰei²⁴sai²¹³tsa²	tsʰɤ⁵⁵sau³⁵tsa³⁵	tsʰei²⁴sai²¹³	tsʰei²⁴sai²¹³	tsʰɤ⁵⁵sau⁵⁵tsɐ³⁵	tsʰai²⁴sue²¹³	tsʰɤ³³sau³⁵tsa³⁵
甜菜	lai²¹³tsʰɤ²	lai²¹³tsʰei²⁴	lai²¹³tsʰɤ²	lai²¹³tsʰei²⁴	lai²¹³tsʰei²⁴	lai²¹³tsʰɤ²	lai²¹³tsʰɤ²	lai²¹³tsʰɤ²
芹菜	dzie³³tsʰai²	tɕie²¹³tsʰei²⁴	dziẽ²⁴tsʰai²	dziẽ²⁴tsʰei²⁴	dziẽ²⁴tsʰei²⁴	dziẽ²⁴tsʰɤ²	dziẽ²⁴tsʰẽ²	tɕie²¹³tsʰɤ³³
莴笋	o⁵⁵suɛ²	o⁴⁵ʃuɛ⁴⁵	u³³tsʰɤ⁴²	ɤu⁴⁵suai⁵³	o⁴⁵suai⁵³	u³³tsʰɤ²	ɷ⁵⁵suẽ²	o⁵⁵suai³⁵
萝卜	lu⁵⁵pʰai⁴²	pʰie⁴⁵	lu³³pʰai⁴²	pʰie⁴⁵	pʰei⁴⁵	lu³³pʰei²	lu⁵⁵pʰei²	lu⁵⁵pʰei²
胡萝卜	xu²⁴lu²bu²	xu²⁴lu²bu²	ʌu²¹³lu³³pʰai⁴²	u²¹³pʰei⁴⁵	fu²⁴lo²⁴bu²	u²¹³lu³³pʰai²	fu²⁴lu²⁴bu²	fu²⁴lu⁵⁵pʰai²
韭菜	tɕie³⁵tsʰei²⁴	tɕia⁵³tsʰei²⁴	tɕia³⁵tsʰɤ²	tɕia⁵³tsʰei²⁴	tɕia⁵³tsʰei²	tɕie³⁵tsʰɤ²	tɕia⁵³tsʰɤ²	tɕia²¹³tsʰɤ²
西红柿	tɕiẽ³³lo⁴²tsɤ²	ɕi⁴⁵xoŋ²⁴sl̩²¹³	tɕie⁵⁵lo⁴²tsɐ²	zoŋ²¹³lɤ⁴²tsa²	ɕi⁴⁵xoŋ²⁴sl̩⁵³	tɕie⁵⁵lo⁴²tse²	tɕioŋ²⁴lo⁴²tsa²	tɕiẽ³³lo⁴²tsa²
辣椒	lo⁴²tse²	lu⁴²tsa²	lo⁴²tse²	lɤ⁴²tsa²	lo⁴²tsa²	lo⁴²tse²	lo⁴²tsa²	lo⁴²tsa²
茄子	dzye²¹³	dzye²¹³	tɕye²¹³	dzye²¹³	dzye²¹³tsl̩²	dzye²¹³	dzy²¹³ti²	dzye²¹³
茭白	kau⁵⁵suɛ̃²	kau⁴⁵juai⁵³		kau⁴⁵suai⁵³	kau⁴⁵suai⁵³	kau³³suai³⁵		kau⁵⁵suai

（续表）

	清水坪	筲箕湾	棋坪	白沙	红土溪	草潭	山枣	高峰
茎	kai⁵⁵tsɛ³⁵	kã⁴²tsa²	kai³³	sai²¹³tsa²	sai²¹³tsʅ²	kai⁴²tsɛ²	kɛ̃⁴²	kai⁴²tsa²
葫芦	lɤɯ²¹³		lɤɯ²¹³	u²¹³lu²	lɤɯ²¹³		fu²⁴lu²	lɤɯ²¹³
瓠子	die²¹³lɤɯ²¹³	xu⁵³tsa²	xu³⁵tsa⁵⁵	xu⁵³tsʅ²	fu⁵³tsʅ²	fu³⁵tsʅ²	fu³⁵tsʅ²	lɤɯ²¹³
丝瓜	sɛ⁵⁵kua²	sa⁴⁵kua⁴⁵	sa³³kua²	sa⁴⁵ko²	sa⁴⁵kua⁴⁵	sɛ³³kua²	sa⁵⁵kua²	sa⁵⁵kua²
南瓜	kua⁵⁵	tsʰẽ⁴⁵kua⁴⁵	kua³³	tsʰẽ⁴⁵ko²	tsʰẽ⁴⁵kua⁴⁵	lã²⁴kua²	tsʰẽ⁵⁵kua²	lɔŋ⁵⁵kua²
冬瓜	tʌɯ⁵⁵kua⁵⁵	tʌɯ⁴⁵kua⁴⁵	tʌɯ³³kua²	tai⁵³ko²	tʌɯ⁴⁵kua⁴⁵	tʌɯ³³kua²	mau⁵⁵kua²	tau⁵⁵kua²
西瓜	ɕi⁵⁵kua⁵⁵	ɕi⁴⁵kua⁴⁵	ɕi³³kua²	ɕi⁴⁵ko²	ɕi⁴⁵kua⁴⁵	ɕi³³kua²	ɕi⁵⁵kua²	ɕi⁵⁵kua²
苦瓜	kʰu³⁵kua²	kʰu³⁵kua⁴⁵	kʰu³⁵kua²	kʰu⁴⁵ko²	kʰu⁵³kua²	kʰu³⁵kua²	kʰu⁴²kua²	kʰu³⁵kua²
黄瓜	ɤŋ²¹³kua²	oŋ²¹³kua²	ɤẽ²¹³kua²	oŋ²¹³ko²	oŋ²¹³kua²	ɤŋ²¹³kua²	oŋ²¹³kua²	ɤŋ²¹³kua²
瓜瓢	kua²¹³zɤŋ³⁵tsɛ²	kua³³vu²¹³tsa³⁵		zo⁴⁵tsʅ²	zoŋ⁴⁵tsʅ²	tsɛ³⁵tsɛ⁵⁵		kua⁵⁵liẽ²¹³tsa⁵⁵
黄花	xuaŋ³³xua⁴⁵	xuaŋ²⁴xua⁴⁵		oŋ²¹³xua⁴⁵tsʰei²⁴	uaŋ²⁴xua²	xuaŋ²⁴xuã²	oŋ²¹³xua²tsʰai²⁴	ɤŋ²¹³xua⁵⁵tsʰɤ̃²
葛	ku⁴²kai²	kɤɯ⁴²	ku⁴²kai²	kɤɯ⁴²	ky⁴²	ku⁴²bi⁵⁵dɛ²	kɤɯ⁴²kɛ̃²	ku⁴²
红薯	sau³³	sau²⁴	sau⁵⁵	sau²⁴	sau²⁴	sau⁴²	xoŋ²⁴su²	sau³³
魔芋	mo⁵⁵iaŋ³³tɛ³³fu²	mei²⁴iau⁴⁵ta²⁴fu²	mɤ³³iã²⁵⁵fu²	mɤu²⁴iau⁴⁵ta²⁴fu²	mɤu⁴⁵⁴⁵iau²⁴fu²	mo²⁴·²¹³	mu²⁴·³³fu²	mo²⁴y²
橙子	lu³³koŋ⁵⁵tsɛ²	tɕy²⁴ko⁴⁵tsa²	koŋ³³tsa³⁵	kõ⁴⁵tsʅ²/tɕy²⁴xoŋ²	tɕy²⁴xoŋ²⁴/kõ²⁴tsʅ²	tɕy²⁴xoŋ²	piẽ⁵⁵daŋ²⁴kã²¹³	koŋ⁵⁵tsa²
柚子	koŋ⁵⁵	kõ⁴⁵	koŋ³³	dze²⁴tsʅ²	dzie²⁴tsʅ²	koŋ³³	kaŋ⁵⁵ti²	koŋ⁵⁵
橘子	ȵiaŋ²¹³koŋ⁵⁵tsɛ³⁵	kõ⁵⁵tsa²	koŋ³³tsa³⁵	tɕy²⁴tsʅ²/mi²⁴tɕy²⁴	mi²⁴tɕy²⁴	koŋ³³tsɛ³⁵	kaŋ⁵⁵ti²	miẽ³⁵koŋ⁵⁵tsa²
桃	lau²¹³	lau²¹³	lau²¹³	lau²¹³tsʅ²	lau²¹³tsʅ²	lau²¹³	lau²¹³ti²	lau²¹³
猕猴桃	zoŋ²¹³asʅ⁵⁵ko⁵⁵lo⁵⁵	zoŋ²¹³ta⁴⁵kau⁴⁵		zoŋ²¹³ta⁴⁵kɤ²	zoŋ²¹³lu²tsa²	zɤŋ⁵⁵lɤŋ²¹³ko⁵⁵lo²	mi²⁴xɤɯ²dau²	zɤŋ²¹³ta²ko²

（续表）

	清水坪	筲箕湾	棋坪	白沙	红土溪	草潭	山枣	高峰
李子	dze³⁵tsɛ⁵⁵	mu²⁴dza²	dza³⁵dza⁵⁵	za²¹³tsl²	mau⁴²za²¹³	dze²¹³dze⁵⁵	mɯ⁴²za³⁵	dza³⁵tsa⁵⁵
柿子	pi²¹³tsɛ²	sl⁴⁵tsl²/pi⁴⁵kuã⁴⁵		sl⁵³tsl²	sl⁵³tsl²	sl²¹³tsl²	sl³⁵tsl²	sl²¹³pi⁵⁵
椑子	zo²¹³pi²¹³tsɛ²	zo⁴⁵pi⁴⁵kuã⁴⁵		zɤ⁵³sl⁵³tsl²	sl⁴⁵kua⁴⁵ bu²¹³lu²	zo³⁵sl²¹³tsl²	sl³⁵tsl²	zo³⁵⁵sl⁵⁵pi⁵⁵
枇杷	pi²¹³pau²¹³	pi²¹³po⁴⁵	pi²¹³po²¹³	pi²¹³pɤ²	pi²¹³po⁴⁵	pi²¹³pau²	pi²¹³poŋ²	pi²¹³po⁵⁵
石榴	sl³³lieu²	sl²¹³lieu²	sl⁵⁵li²	sl²¹³lieu⁴⁵	sl²¹³lieu⁴⁵	sl⁴²lie²	sl²⁴lieu²	sl⁵⁵li⁴²
梨	zɛ²¹³	dza²¹³	za²¹³	za²¹³tsl²	za²¹³tsl²	zɛ²¹³	za²¹³ti²	za²¹³
枣子	tsau³⁵tsɛ⁵⁵	tsau⁵³	tsau³⁵tsa⁵⁵	tsau⁵³tsl²	tsau⁵³tsl²	tsau³⁵tse⁵	tsau⁵³tsa²	tsau³⁵tsa⁵⁵
乌蕉	pʰau⁵⁵	pʰau⁴⁵	pʰau³³	pʰau⁴⁵tsl²	pʰau⁴⁵tsl²	pʰau³³	pʰau⁵⁵ti²	pʰau⁵⁵
板栗	tɕyo²¹³sl²¹³tsɛ⁵⁵	poŋ⁵³li²	pẽ³⁵⁵tsa⁵⁵	paŋ⁵³li²	poŋ⁵³li²	tɕio²¹³tse⁵	poŋ⁵³li²tsa	tɕio²¹³sl²tsa²¹³
毛栗子	zo³⁵tɕio²¹³sl²¹³tsɛ⁵⁵	mau⁴⁵poŋ⁵³li²		zɤ⁵³poŋ⁵³li²	mau⁴⁵poŋ⁵³li²	mau³³li²tse⁵	mau⁵⁵li⁵⁵tsa²¹³	mau⁵⁵tɕio²¹³sl²
核桃	xɤ²¹³dau²	xai²¹³dau²	xai²⁴dau²	xai²⁴dau²	xai²⁴dau²	xɛ²¹³dau²	xai²⁴dau²	xɤ²⁴dau²
核儿	kua⁴²tɛ²	ko²⁴ta²	kua⁴²ta²	ko²⁴ta²	kua⁴²ta²	kua⁴²te²	kua⁴²ta²	kua⁴²ta²
荸荠	bu⁵⁵ɕi²	bu²⁴ɕi⁴⁵tsa²	bu³³ɕi²	bu²⁴tɕi²tsa²	tẽ⁴⁵sẽ⁴⁵tsl²	bu³³ɕi²		bu⁵⁵ɕi⁵⁵
豆薯（洋苕）	zɤŋ²¹³sau²	zoŋ²¹³sau²	zɛ²¹³sau⁵	zoŋ²¹³sau²⁴	zoŋ²¹³sau²⁴	zɤŋ²¹³sau²	iaŋ²⁴su²	zɤŋ²¹³sau²
四、树木花草								
树林	tsɛ³³lau⁵⁵	tsa²⁴dzai²⁴lioŋ⁴⁵	tsa⁵⁵ẽ²	tsa²⁴dzai⁴⁵	tsa²⁴dzai⁴⁵	tse⁵⁵ɤŋ²lau²	tɕia²⁴oŋ²lɛu²⁴	tsa³³oŋ²lau²
树根	tsɛ³³kɛ⁵⁵	tsa²⁴kɛ⁴⁵	tsa⁵⁵kai³³	tsa²⁴ɤ⁴⁵kai⁴⁵	tsa²⁴kɛ⁴⁵	tse⁵⁵kai²	tɕia²⁴kɛ⁵⁵	tsa³³kai⁵⁵
树皮	tsɛ³³fa²¹³	tsa²⁴fo²¹³	tsa⁵⁵fa²¹³	tsa²⁴fo²¹³	tsa²⁴fo²¹³	tse⁵⁵fa²¹³	tɕia²⁴xua³⁵	tsa³³fa²¹³

（续表）

	清水坪	筲箕湾	棋坪	白沙	红土溪	草潭	山枣	高峰
树墩	tsɛ³³tuai⁵⁵	tsa²⁴tuai⁴⁵tsa²	tuai³³tsa³⁵	tuai⁴⁵tsa²	tuai⁴⁵tsɿ²	tsɛ⁵⁵tuai⁵⁵	tɕia²⁴tuɛ⁵⁵	tsa³³tuai⁵⁵tsa⁵⁵
树梢	tsɛ³³tai⁵⁵	tsa²⁴tai⁴⁵ta⁴⁵	tai³³	tsa²⁴tai⁴⁵	tsa²⁴tai⁴⁵	tsɛ⁵⁵tai⁵⁵	tɕia²⁴tai⁵⁵	tsa³³tai⁵⁵
叶子	sɤ⁴²	sei⁴²tsa²	sɤ⁴²	çi⁴²tsʅ²	çiɛ⁴²tsʅ²	sɤ⁴²tsɛ²	çi⁴²tɿ²	sɤ⁴²
柳树	lie³⁵tsɛ²	lia⁵³tsa²	lia³⁵tsa²	lia⁵³tsa²	tiɑɯ²⁴soŋ³³tsa²⁴	liɐɯ⁴²sɿ²	lieɯ⁴²sɿ²	lia³⁵tsa²
椿树	tsʰuai⁵⁵ŋo⁵⁵tsɛ²	tʃʰuai⁴⁵ŋo⁴⁵tsa²⁴	tsʰuai³³oŋ³³tsa²	tsʰuai⁴⁵ŋɤ⁴⁵tsa²⁴	tsʰuai⁴⁵ŋo⁴²tsɛ²	tsʰuai⁵⁵ŋo⁵⁵tsɛ²	tɕʰye⁵⁵ŋɑɯtɕia²	tsʰuai⁵⁵ɤŋ⁵⁵tsa²
松柏树	sɤŋ⁵⁵po⁵⁵tsɛ²	soŋ⁴⁵piɛ⁵⁵tsa²⁴	sẽ³³pẽ³³tsa²	soŋ⁴⁵lɤ⁴⁵tsa²⁴	soŋ⁴⁵pai²⁴tsa²⁴	soŋ³³po³³tsɛ²	soŋ⁵⁵mi²tɕia²	soŋ⁵⁵ɤŋ²tsa²
杉树	so⁵⁵tsɛ²	so⁴⁵tsa²	so³³tsa²	sɤ⁴⁵tsa²	so⁴⁵tsa²⁴	so³³tsɛ²	sɯ⁵⁵tɕia²⁴	so⁵⁵tsa²
松树	dʑiɑɯ²¹³tsɛ²	dzyɤ²¹³tsɛ²	dʑiɑɯ²¹³tsa⁵	dzyɤ²¹³tsa²	dʑyɛ²¹³tsa²⁴	dɐɯ²¹³tsɛ³⁵	dɛɯ²¹³ʐʅtsa²	dɑɯ²¹³tsa⁵⁵
松香	dʑiɑɯ²¹³zɐ⁵⁵	dzyɛ²¹³za⁴⁵	dɕiɑɯ²¹³za³³	dɕyɤ²¹³kɑɯ⁴⁵za⁴⁵	dzyɛ²¹³kɑɯ²⁴zza²⁴	dʑiɑɯ²¹³zɐ⁴²	dɕieɯ²¹³kuˀsʅ²	dʑiɑɯ²¹³za⁵⁵
松针	dʑiɑɯ²¹³mo²²	dzyɛ²¹³mɑɯ⁴⁵	dʑiɑɯ²¹³mɑɯ²	dzyɤ²¹³mɑɯ⁵³	dzyɛ²¹³mɑɯ⁴⁵	dʑiɑɯ²¹³mɑɯ⁵⁵	dɕieɯ²¹³tɕia²⁴	dʑiɑɯ²¹³mɑɯ⁵⁵
栾树	soŋ⁵⁵tsɛ⁵⁵	soŋ⁴⁵tsa²⁴	sẽ³³tsa²	soŋ⁴⁵tsa²⁴	soŋ⁴⁵tsa²⁴	sɤŋ³³tsɛ²	soŋ⁵⁵tɕia²⁴	sɤŋ⁵⁵ɤŋ²tsa³³
桐子	dʌɯ²¹³tsɛ²	dʌɯ²¹³tsa²⁴	dʌɯ²¹³tsa³⁵	dai²¹³dzia⁴⁵	dʌɯ²¹³tsa³⁵	dʌɯ²¹³tsɛ³⁵	dɤɯ²¹³ʐʅtsa²	dɑɯ²¹³tsa⁵⁵
茶树	kʰu⁵⁵tsɛ²	kʰuɛ⁴⁵tsa²⁴	kʰu³³tsa²⁴tsa²	kʰəɯ⁴⁵tsa²	kʰuɛ⁴⁵tsa²⁴	kʰu³³tsɛ²	kʰɯ⁵⁵tsatɕia²⁴	kʰu⁵⁵tsa²
茶叶	kʰu⁵⁵sɤ⁴²	kʰuɛ⁴⁵sei²	kʰu³³sɤ⁴²	kʰəɯ⁴⁵çi²	kʰuɛ⁴⁵çiɛ⁴²	kʰu³³sɤ⁴²	kʰɤye⁵³çi⁴²	kʰu⁵⁵sɤ⁴²
竹子	tɕieɯ⁴²tsɛ²	tɕy⁴²tsa²	tsɛɯ⁴²tsa²	tɕieɯ⁴²tsɛ²	tseɯ⁴²tsa²	tɕieɯ⁴²tsɛ²	tɕieɯ⁴²tsa²	tɕieɯ⁴²tsa²
毛竹子	mɑɯ⁵⁵meitɕitsɛ²	mɑɯ⁴⁵tɕy²⁴tsa²		mɑɯ⁴⁵tɕy²⁴tsa²	mɑɯ⁴⁵tseɯtsa²	mɑɯ³³tɕieɯ⁴²tsɛ²	mɑɯ⁵⁵tɕieɯ⁴²tsa²	mɑɯ⁵⁵tɕieɯtsa²
楠竹	loŋ⁵⁵tɕieɯ⁴²tsʅ²	lo⁴⁵tɕy⁴²tsa²	loŋ³³tseɯ⁴²	tɕy²⁴tɕieɯ⁴²	tseɯ⁴²tsʅ	loŋ³³tɕieɯ⁴²	loŋ⁵⁵tɕieɯ⁴²tsa²	loŋ⁴²tɕieɯ⁴²tsa²

（续表）

	清水坪	筲箕湾	棋坪	白沙	红土溪	草潭	山枣	高峰
坟竹子	fai²¹³tɕiɤu⁴²tsɐ²	fai²¹³tɕy⁴²tsa²	fai²¹³tsɤɯ⁴²	fai²¹³tɕiɤu⁴²tsa²	fai²¹³tsɤɯ⁴²tsa²	fai²¹³tɕiɤu⁴²tsæ²	fai²¹³tɕiɤu⁴²tsæ²	fai²¹³tɕiɤu⁴²tsa²
青篾	tɕʰi⁵⁵mie²¹³	tsʰẽ⁴⁵mie⁴⁵	tɕʰi³³mie²	tsʰẽ⁴⁵mi⁴⁵	tsʰẽ⁴⁵mie⁴⁵	tɕʰi³³mie²	tɕʰie⁵⁵mi⁵⁵	tɕʰi⁵⁵mie²
黄篾	ɤŋ²¹³mie²¹³	oŋ²¹³mie⁴⁵	ɤẽ²¹³mie²	oŋ²¹³mi⁴⁵	sɿ⁵³mie²	ɤŋ²¹³mie²	oŋ²¹³mi⁵⁵	ɤŋ²¹³mie²
笋壳	suai³⁵kʰau⁴²	ʃuai⁵³kʰau⁴²	suai³⁵kʰau⁴²	suai⁵³kʰau⁴²ɕi²	suai⁵³kʰau⁴²	suai³⁵kʰau⁴²	suai³⁵kʰau⁴²	suai³⁵kʰau⁴²
花芯	xua⁵⁵ɕie⁵⁵	xua⁴⁵ɕie⁴⁵	xua³³ɕie³³	xo⁴⁵ɕie⁴⁵tsa²	xua⁴⁵ɕie⁴⁵	xua³³ɕie³³	xua⁵⁵ɕie⁵⁵	xua⁵⁵ɕie⁵⁵
花苞	xua⁵⁵pau²¹³tsɐ²	xua⁴⁵pau⁴⁵tsa²	xua³³pau³⁵	xo⁴⁵pau⁴⁵	xua⁴⁵bu²¹³lu⁴⁵	xua³³pau³³tsæ²	xua⁵⁵pau⁵⁵tsa²	xua⁵⁵pau⁵⁵tsa²
荷花	ŋɐɯ⁴²xua⁵⁵	xo²⁴xua⁴⁵	xo²¹³xua²	ŋɐɯ⁴²xua²	ŋɐɯ⁴²xua²	ŋɐɯ⁴²xua²	xɷ²⁴xua²	xo²⁴xua²
梅花	mei²⁴xua⁵⁵	mei²⁴xua⁴⁵	mei³³xua²	mei²⁴xua²	mei²⁴xua²	mei³³xua²	mai²⁴xua²	mei²⁴xua²
鱼腥草	tsɤ⁴²ȵiaŋ²	tsɤɯ⁵³ȵy⁴⁵ke⁴⁵	tsa⁴²ȵiɑ̃²	tsɤ²⁴ɚ⁴²ke⁴⁵	tsa⁴⁵mau⁴⁵ke²	tsæ⁵³ȵiaŋ³⁵ke²	tsa⁵³ȵiaŋ³⁵ke²	tsa⁴²ȵiaŋ²kai²
鸭脚板（一种野菜）	u⁴²ke⁵⁵tsʰɤ²⁴	y⁴²koŋ⁴²tsʰei²⁴	ku⁴²pẽ³⁵tsʰɤ²	ɤ⁴²keu⁴²põ⁵³	y⁴²tsʰau⁴²	u⁴²ku⁴²paŋ³⁵	u⁴²ku⁴²mɐ⁵ta²	u⁴²ku⁴²paŋ²
浮萍	fɤ²¹³biau⁵⁵	fai²¹³piau²	fɤ²¹³piau²	fei²¹³pʰiau⁵³	u²¹³tɔ⁴⁵	fɤ²¹³biau²	fei²¹³fei²¹³tsʰau²	fɤ²¹³biau²
松菌	dʑʌɯ²¹³tɕʰyɛ³⁵	dʑyɛ²¹³tʃʰyɛ⁴⁵	dʑʌɯ²¹³tɕʰyɛ³⁵	dʑɤyɤ²¹³tɕʰyɛ⁵³	dʑyɛ²¹³tɕʰyɛ⁵³	dʑʌɯ²¹³tɕʰyɛ³⁵	dʑiɛɯ²¹³tɕʰyɛ⁵³	dʑiɐɯ²¹³tɕʰyɛ⁵⁵
枫树	fʌɯ⁵⁵ɕie⁵⁵tsɐ²	fai⁴⁵ɕioŋ⁴⁵tsa²	fʌɯ³³ɕiẽ³³tsa²	fai³³ɕioŋ⁴⁵tsa²	fʌɯ⁴⁵ɕioŋ³⁵tsa²	fʌɯ³³ɕiẽ³³tsæ²	fɤɯ⁵⁵ɕi⁵⁵tɕia²⁴	fau⁵⁵ɕi⁵⁵tsa²
灯草	taŋ⁵⁵tsʰau³⁵	tʌɯ⁴⁵tsʰau⁴⁵	tɑ̃³³tsʰau³⁵	tai⁴⁵tsʰau⁵³	tʌɯ⁴⁵tsʰau⁵³	taŋ³³tsʰau³⁵	tɤu⁵⁵tsʰau⁵³	taŋ⁵⁵tsʰau⁵⁵
蓖麻	pi⁵⁵mo⁴²	mau⁴⁵piẽ⁴⁵tsa²	pi³³ma²	pi⁴⁵mɤ⁴⁵	pi⁴⁵mo⁴⁵	pi⁵⁵ma²	pi⁵⁵ma²	pi⁵⁵ma²
向日葵	guei⁵⁵xua⁵⁵	guei²⁴xua⁴⁵	guei³³xua⁵⁵	guei²⁴xua⁴⁵tsa²⁴	bei²⁴xua²	guei²⁴xua²	guei²⁴xua²	guei²⁴xua²

（续表）

	清水坪	筸箕湾	棋坪	白沙	红土溪	草潭	山枣	高峰
E 牲口动物								
一、牲口								
公马	kɯ⁵⁵mo³⁵	kʌɯ⁴⁵mo⁵³	kʌɯ³³mo³⁵	mɤ⁵³kai⁴²	mo⁵³kʌɯ⁴⁵	kʌɯ³³mo³⁵	kɐɯ⁵⁵mɷ⁵³	kau⁵⁵mo⁵⁵
母马	ȵiɛɯ³⁵mo⁵³	ȵio⁴⁵mo⁵³	mo³⁵ȵiẽ²¹³	mɤ⁵³ȵioŋ²¹³	mo⁵³ȵioŋ²¹³	mo³⁵ȵiẽ²¹³	ȵioŋ²¹³mɷ⁵³	mo⁵⁵ȵiẽ²¹³
公牛	kʌɯ⁵⁵ŋɐɯ⁵⁵	kɯ⁴⁵ŋɐɯ⁴⁵	ŋɐɯ³³ku³⁵	ŋɐɯ⁴⁵ku⁵³ŋɐɯ⁴⁵	ŋɐɯ⁴⁵kʌɯ⁴⁵	kʌɯ³³ŋɐɯ⁴⁵	kɐɯ⁵⁵ŋei⁵⁵	kɐɯ⁵⁵ŋɐɯ⁵⁵
母牛	mo³⁵ŋɐɯ⁵⁵	ŋɐɯ⁴⁵ȵiõ⁴⁵	ŋɐɯ³³ȵiẽ²¹³	ŋɐɯ⁴⁵ȵioŋ²¹³	ŋɐɯ⁴⁵ȵioŋ²¹³	ŋɐɯ³³ȵiẽ²¹³	ŋei⁵⁵ȵioŋ²¹³	ŋɐɯ⁵⁵ȵiẽ²¹³
角	kau⁴²	kau⁴⁵ta⁴⁵	kau⁴²	kau⁴²	kau⁴²	kau⁴²	kau⁴²	kau⁴²
蹄	tie²¹³	tie²¹³tsa²	tie²¹³	tie²¹³	ky⁴²	tie²¹³kau⁴²	kɷ⁴²	tie²¹³kau⁴²
二、家畜家禽								
公猪（通称）	kʌɯ⁵⁵tiɐɯ⁵⁵/fai²¹³tiɐɯ⁵⁵	tɐɯ⁴⁵ku⁴²tsa²	fai²¹³tiɐɯ²	tiɐɯ⁴⁵ku⁵³tsa²	tiɐɯ⁴⁵kʌɯ⁴⁵	fai²¹³tiɐɯ⁵⁵ku²	tiɐɯ⁵⁵kɐɯ²	fai²¹³tiɐɯ²
公猪（阉过的）	tɐɯ⁵⁵koʔi²tiɐɯ²	tuai⁴⁵tɐɯ⁴⁵	fai²¹³tiɐɯ²	tuai⁴⁵ku⁴²tsa²	tuai⁴⁵tiɐɯ⁴⁵	tuai³³tiɐɯ²	ie⁵³ku²tiɐɯ⁵⁵	tuai⁵⁵kuʔtiɐɯ²
母猪（已生育）	tiɐɯ⁵⁵ȵiẽ²¹³	tɐɯ⁴⁵ȵiõ⁴⁵	tiɐɯ³³ȵiẽ²¹³	tiɐɯ⁴⁵ȵioŋ⁴⁵	tiɐɯ⁴⁵ȵioŋ⁴⁵	tiɐɯ³³ȵiẽ²¹³	tiɐɯ⁵⁵ȵioŋ²¹³	tiɐɯ⁵⁵ȵiẽ²¹³
母猪（未生育）	kʌɯ²¹³tsʅ⁵⁵tiɐɯ⁵⁵	tɐɯ⁴⁵ȵiõ⁴⁵	tsʰɤɯ³³tiɐɯ²	tsʰɤɯ⁴⁵tiɐɯ⁴⁵	tsʰɤɯ⁴⁵tiɐɯ⁴⁵	tsʰɤɯ³⁵tiɐɯ³³	tiɐɯ⁵⁵tiɐɯ⁴⁵	tsʰɤɯ³⁵tiɐɯ²
小猪	ȵiɑŋ²¹³tiɐɯ⁵⁵	ȵia²¹³tɐɯ⁴⁵	suɐ⁴²tiɐɯ⁴⁵	ȵiɑŋ²¹³teiɯ⁴⁵	tiɐɯ⁴⁵tsa²tsa²	ȵiɑŋ²¹³tiɐɯ²	ȵiɑŋ⁵⁵tiɐɯ²	ȵioŋ²¹³tiɐɯ²
阉	tuai⁵⁵/tɕie⁴⁵	tɕie⁴⁵/tuai⁴⁵	tɕie³³/tuai³³	tuai⁴⁵	ie⁴⁵	tuai³³	ie⁵⁵	tɕie⁵⁵
狗（犬）	kʰuai³⁵	kʰue⁵³	kʰuai³⁵	kʰuai⁵³	kʰuai⁵³	kʰuai³⁵	kʰuai⁵³	kʰuai³⁵
公狗	kʌɯ⁵⁵kʰuai³⁵	lyɤ⁵³kʰue⁵³	liʌɯ⁵⁵kʰuai³⁵	kʰuai⁵³kai⁴⁵	liʌɯ⁴⁵kʰuai⁵³	liʌɯ³³kʰuai³⁵	liʌɯ⁵⁵kʰuai⁵³	liɐɯ⁵⁵kʰuai³⁵
母狗（未生育）	ȵiɐɯ³⁵kʰuai²	ȵiõ⁴⁵kʰue⁵³	tsʰɤɯ³⁵kʰuai³⁵	tsʰɤɯ⁵³kʰuai⁵³	tsʰɤɯ⁵³kʰuai³⁵	tsʰɤɯ³⁵kʰuai³⁵	tsʰɤɯ⁵³kʰuai³⁵	tsʰɤɯ³⁵kʰuai⁵⁵
母狗（已生育）	kʰuai³⁵ȵiẽ²	ȵiõ⁴⁵kʰue⁵³	kʰuai³⁵ȵiẽ²¹³	kʰuai³⁵kʰuai⁵³	kʰuai⁵³ȵioŋ²¹³	kʰuai³⁵ȵioŋ²¹³	kʰuai⁵⁵ȵiẽ²¹³	kʰuai³⁵ȵiẽ²¹³
小狗	ȵiɑŋ²¹³kʰuai³⁵	ȵia²¹³kʰue⁵³	kʰuai³⁵tsa⁵	ȵiɑŋ²¹³kʰuai⁵³	kʰuai⁵³tsa²tsa²	ȵiɑŋ²¹³kʰuai³⁵	kʰuai³⁵	kʰuai³⁵tsa²

（续表）

	清水坪	筲箕湾	棋坪	白沙	红土溪	草潭	山枣	高峰
猫	mau⁵⁵ʐʅ²	mau⁴⁵ka⁴⁵	mau³³ʐʅ²	mau⁴⁵ka⁴⁵	mau⁴⁵ka⁴⁵	mau³³ʐʅ²	mau⁵⁵ʐʅ²	mau⁵⁵ʐʅ²
小猫	ɲiaŋ²¹³mau⁵⁵ʐʅ²	nia²¹³mau⁴⁵ʐʅ⁴⁵tsa²	sua⁴²mau³³ʐʅ²	ɲiaŋ²¹³mau⁴⁵ʐʅ²	mau⁴⁵ʐʅ²tsa²	mau³³ʐʅ²tsa²	ɲiaŋ⁵⁵mau⁵⁵ʐʅ²	ɲiaŋ²¹³mau⁵⁵ʐʅ²
公鸡	kʌɯ⁵⁵kɤ⁵⁵	so⁴⁵ka⁴⁵	ka³³kai³³	ka⁴⁵kai⁴⁵	ka⁴⁵kʌɯ⁴⁵	kɤ³³kʌɯ⁵⁵	ka⁵⁵keɯ⁵⁵	ka⁵⁵kau²¹³
母鸡（通称）	kɤ⁵⁵ɲiɛ²/ɲieɯ³⁵kɤ⁵⁵	ka⁴⁵ɲio⁴⁵	ka³³ɲiẽ²¹³	ka⁴⁵ɲioŋ⁴⁵	ka⁴⁵ɲioŋ⁴⁵	kɤ³³ɲiẽ²	ka⁵⁵ɲioŋ²¹³	ka⁵⁵ɲieɯ²¹³
小鸡	kɤ⁵⁵tsɤ³⁵sɤ²	nia²¹³ka⁴⁵	ka³³tsɤ³⁵	ka⁴⁵tsɤ⁵³tsa²	ka⁴⁵tsɤ⁵³tsa²	kɤ³³tsɤ⁴²tsa²	ɲiaŋ⁵⁵ka²	ɲiaŋ²¹³ka²
鸡爪	kɤ⁵⁵tsau³⁵tsa⁵⁵	ka⁴⁵tsau⁵³tsa²	ka³³tsau³⁵	ka⁴⁵kau⁴²	ka⁴⁵tsau⁵³tsʅ²	ka³³tsau³⁵tsɤ⁵	ka⁵⁵tsau⁵³	ka⁵⁵tsau⁵⁵tsa⁵⁵
孵（小鸡）	pʰau³⁵	pʰau⁵³	pʰau³⁵	pʰau⁵³	pʰau⁵³	pʰau³⁵	pʰau³⁵	pʰau³⁵
鸡蛋	kɤ⁵⁵kɤŋ⁵⁵	ka⁴⁵koŋ⁵³	ka³³kɤ³⁵	ka⁴⁵koŋ²	ka⁴⁵koŋ²	kɤ³³kɤŋ²	ka⁵⁵koŋ²	ka⁵⁵kɤŋ³³
鸭蛋	u⁴²kɤ³³kɤŋ²	əɯ⁴²ka⁴⁵koŋ⁵³	u⁴²ka³³kɛ²	əɯ⁴²koŋ²	y⁴²koŋ²	u⁴²kɤ³³kɤŋ²	ɯ⁴²ka⁵⁵koŋ²	u⁴²ka³³kɤŋ³³
小鸭子	ɲiaŋ²¹³u⁴²tsa²	nia²¹³əɯ⁴²tsa²	sua⁴²u⁴²tsa²	əɯ⁴²tsa⁵³tsa²	y⁴²tsʅ²tsɤ⁵³tsa²	u⁴²kɤ³⁵tsʅ²	ɲiaŋ⁵⁵ɑ⁴²	ɲiaŋ²¹³u⁴²tsa²
三、鸟兽虫类								
鸟（总称）	tsu⁴²ʐʅ²	tɕy⁴²ʐʅ⁴⁵	tsu⁴²ʐʅ²	tsəɯ²⁴ʐʅ²	tɕy⁴²ʐʅ²	tsu⁴²ʐʅ²	tsəɯ⁴²ʐʅ²	tsu⁴²ʐʅ²
鸟窝	tsu⁴²ʐʅ²kʰu²	tɕy⁴²ʐʅ⁴⁵kʰue⁴⁵	tsu⁴²ʐʅ²kʰu³³	tsəɯ²⁴ʐʅ²kʰeɯ⁴⁵	tɕy⁴²ʐʅ²kʰue⁴⁵	tsu⁴²ʐʅ²kʰu³³	tsəɯ⁴²ʐʅ²kʰu⁵⁵	tsu⁴²ʐʅ²kʰu⁵⁵
鸽子	ko²¹³tsʅ²	ko²¹³tsʅ²	ko²¹³tsʅ²	kɤ²⁴tsʅ²	kɤ²⁴tsʅ²	ko⁴²tsʅ²	kɤ²⁴tsʅ²	ko²¹³tsʅ⁵⁵
喜鹊	o⁵⁵tɕʰio⁴²	o⁴⁵tɕʰio⁴²	o³³tɕʰio⁴²	ɤ⁴⁵tɕʰiau⁴²	o⁴⁵tɕʰio⁴²	o³³tɕʰio⁴²	ɤ⁵⁵tɕʰiaŋ⁴²	o⁵⁵tɕʰio⁴²
大雁	tʰai⁵⁵mu⁵⁵	tʰai⁴⁵mueε⁵	iã⁵⁵tsa³⁵	tʰai⁴⁵məɯ⁴⁵	tʰai⁴⁵məɯ⁵	tʰai³³mu⁵	pai²⁴xɯ²	iã²¹³iã⁵⁵
乌鸦	lau³⁵uɑ²	lau⁵³o²	lau³⁵o⁴²	lau⁴⁵ɣ²	lau⁵³o²	lau³⁵uɑ²	lau³⁵ɑ²	lau³⁵uɑ²
麻雀	ko⁴²li²tsɤ²	kue⁴⁵lye⁴²tsa²	ko⁴²li²tsa²	mɣ⁴⁵tsəɯ²⁴ʐʅ²	mo⁴⁵tɕy⁴²ʐʅ²¹³	mo⁴²tsu⁴²ʐʅ²	mɯ⁵⁵tsu⁴²ʐʅ²	mo⁵⁵tsu⁴²ʐʅ²
斑鸡	pu²¹³kɤ⁵⁵	dzo⁴⁵ka²	pu²¹³ka²	pu²¹³kai⁴⁵	pu²¹³ka²	pu⁴²kɛ²	pu²¹³ka²	pu⁴²ka²

（续表）

	清水坪	筲箕湾	棋坪	白沙	红土溪	草潭	山枣	高峰
鹰	muʔ⁵⁵iɑ²	məɯ⁴⁵iɑɯ⁴⁵	mɤ³³iɑ̃²	mei²⁴iɑɯ⁴⁵	mei²⁴iɑɯ⁴⁵	mu³³iaŋ²	uɑ⁵³kuʔtɕʰiɷ⁴²	mu⁵⁵iaŋ²
野兽	zo⁵⁵ȵieɯ²	zo⁵³lyɛ²	zo³⁵ȵieɯ²	zɤ⁵³ȵieɯ⁴²	zo⁵³ȵieɯ⁴⁵	zo³⁵ȵieɯ²	zio⁵⁵tou̯ŋ⁵⁵ɕi²	zo³⁵tɑu⁵⁵ɕi²
虎	pɑu³³kʰu³⁵	kʰu⁵³/mɑɯ⁴⁵zl̩³⁵	(pɑu⁵⁵)kʰu³⁵	kʰu⁵³	kʰu⁵³	kʰu³⁵	pɑu²⁴kʰu²	pɑu³³kʰu⁵⁵
狮子	sɐ⁵⁵tsɐ³⁵	sɑ⁴⁵tsɑ³⁵	sɑ³³tsɑ³⁵	sɑ⁴⁵tsɿ²	sɑ⁴⁵tɿ²	sɐ³³tsɐ²	sɑ⁵⁵tsɑ²	sɑ⁵⁵tsɑ⁵⁵
豹子	pɑu³³tsɐ⁵⁵	pɑu²⁴tsɑ²	pɑu⁵⁵tsɑ⁵⁵	pɑu²⁴kʰu²tsɑ²	pɑu²⁴tsɿ²	pɑu⁵⁵tsɐ²	pɑu²⁴tsɑ²	pɑu³³tsɑ⁵⁵
狼	tsɑ⁴²kʰuai³⁵	dzai²⁴kəɯ²	dzai²⁴lã²	dzai²⁴kəɯ²	zo⁵³kʰuai⁵³	tsɑ⁴²kʰuai³⁵	pɑu²⁴	tsɑ⁴²kʰuai³⁵
猴子	vu²¹³suai²	u²¹³ʃuai⁴⁵	vu²¹³suai²	u²¹³suai⁴⁵	u²¹³suai⁴⁵	vu²¹³suai²	vu²¹³sue²	vu²¹³suai²
熊	vʌɯ²¹³	vʌɯ²¹³·⁴⁵tsɿ]	vʌɯ²¹³	ɕioŋ⁴⁵	ɕioŋ²⁴	vʌoŋ²¹³	ɕioŋ²⁴	vɑu²¹³
兔子	tʰəɯ³³lɿ⁵⁵tsɐ⁵⁵	tʰu²⁴tsɑ²	tʰəɯ⁵⁵tsɑ²	tʰu²⁴tsɑ²	tʰəɯ²⁴tsɑ²	tʰɤ⁵⁵lɿ⁵⁵	tʰɤ⁵⁵lɿ⁵⁵	tʰɤ³³tɿ⁵⁵
穿山甲	sai⁵⁵li⁵⁵ȵieɯ⁴²	sai⁴⁵li⁴²ȵyɛ²	sai³³li⁵⁵ȵieɯ²	tsʰuai⁴⁵sai⁴⁵kai⁵³	tsʰue⁴⁵sɑ⁴⁵kəɯ²	sai³¹li⁵⁵ȵieɯ²	tɕʰyɛ³³sɑ⁵⁵kəɯ²	sai⁵⁵li⁵⁵ȵieɯ²
刺猬	tɕʰi³³tieɯ⁵⁵	tɕi²⁴təɯ⁴⁵	tɕʰi⁵⁵tieɯ⁵⁵	tɕʰi²⁴tieɯ⁴⁵	tɕʰi²⁴tieɯ⁴⁵	tɕʰi⁵⁵tieɯ²	tɕʰi²⁴tieɯ⁵⁵	tɕʰi³³tieɯ²
麂子	tɕi³⁵tsɐ²	tɕi⁴²	tɕi³⁵tsɑ⁵⁵	oŋ²¹³tɕi⁴²	oŋ²¹³tɕi⁴²	tɕi³⁵tsɿ]	tɕi⁴²tsɿ]	tɕi³⁵tsɿ⁵⁵
蜥蜴	so²¹³sɑ²	so²¹³ɕioŋ⁴⁵	so²¹³sɑ²	ɕyɤ²¹³·⁴⁵sã²	ɕio²¹³·⁴⁵sɐ²kəɯ²	so²¹³sɐ̃²	ɕi²⁴kuʔfɕi²	ɕi³³kuʔfɕi²
蛇	fei³⁵	fei³⁵	fei³⁵	fei³⁵	fei³⁵	fei³⁵	fei³⁵	fei³⁵
菜花蛇	tsʰɤ³³xuɑ⁵⁵fei³⁵	tsʰei²⁴kuɑ⁴⁵fei⁵³	tsʰɤ⁵⁵xuɑ³³fei³⁵	tsʰei²⁴xuɑ⁴fei⁵³	tsʰei²⁴xuɑ⁴⁵fei²	tsʰɤ⁵⁵xuɑ³³fei³⁵	tsʰai²⁴xuɑ²fei²	tsʰɤ³³xuɑ⁵⁵fei³⁵
蟑螂	ɕiẽ⁵⁵koʔliʌɯ²¹³	lyɛ²¹³	tsɑ̃³³lã²	tɕʰioŋ⁴⁵kɤʰlyɤ⁴²·²¹³	ɕioŋ⁴⁵koʔ liʌɯ²¹³	ɕie³³koʔliʌu²	tsɑŋ⁵⁵lɑŋ²	liɑu²¹³
蚂蚁	moʔ²¹³miẽ³⁵tsɐ²	moʔ⁵³oŋ⁴⁵	moʔ²¹³miʔ³⁵	mɤ²¹³miʔ²	moʔ²¹³miʔ²	moʔ²¹³miʔ²	mɷ²¹³miʔ²	loʔ⁵⁵miẽ⁵⁵tsɑ⁵⁵
蝗虫	tsoŋ²¹³ku⁴²	puʔtsɛ²	xɑ⁵⁵dzoŋ⁵⁵ko²	puʔtɕiɛ⁴⁵	puʔkɑɯtsɿ²	dzoŋ³⁵ko²	fɑŋ²⁴dzoŋ²⁴	dzoŋ³⁵ku²
毛虫	mɑu⁵⁵liʌɯ²¹³	mɑu⁴⁵lyɛ⁴⁵	mɑu³³liʌɯ²¹³	mɑu⁴⁵lyɤ²¹³	mɑu⁴⁵liʌɯ⁴⁵	mɑu³³liʌu²¹³	mɑu⁵⁵liʌu²¹³	mɑu⁵⁵liɑu²¹³

（续表）

	清水坪	筲箕湾	棋坪	白沙	红土溪	草潭	山枣	高峰
臭虫	tsʰɑu³³pʰi⁵⁵liʌɯ²¹³	tsʰɑu⁵³lyɛ⁴⁵	piɛ⁴²liʌɯ²¹³	tsʰɑu²⁴lyɤ²¹³	tsʰɑu²⁴liʌɯ⁴⁵tsɹ̩²	tsʰɑu⁵⁵liʌɯ²¹³	tsʰəɯ³⁵dzoŋ²⁴	tsʰɑu³³liɑu²¹³
老鼠	lɑu³⁵su²	lɑu⁴⁵su²	lɑu⁵⁵su⁵⁵	lɑu⁵³su²	lɑu⁵³su²	lɑu⁵⁵su⁵⁵	lɑu²⁴su²	lɑu⁵⁵su⁵⁵
蚕	sɤŋ⁵⁵liʌɯ²¹³	lyɛ²¹³	sẽ³³sɤ⁴²liʌɯ²¹³tsa³⁵	lyɤ²¹³	liʌɯ²¹³	dzã²⁴	dzã²⁴	liɑu²¹³
蜻蜓	tɕiɔu⁵⁵tɕiɔu⁵⁵dã²	tɕiɑu²¹³ȵiã⁴⁵	tɕiɑu²¹³ȵiã³⁵	dziɑu²¹³ȵiɑŋ⁴⁵	dziɑu²¹³ȵiɑŋ⁴⁵	tɕiɑu²¹³ȵiɑŋ³⁵	tɕiɑu²¹³ȵiəɯ²	tɕiɑu²¹³ȵiɑŋ³⁵
蝴蝶	zɑu³³tsa²	zɑu²⁴tsa²	zɑu⁵⁵tsa⁵⁵	pi⁴⁵pi⁴⁵	məɯ⁴⁵tsɹ̩²	zɑu⁵⁵tsɤ⁵⁵	iɑu²⁴ti²	zɑu³³tsa⁵⁵
飞蛾	fei²⁴zɑu³³tsɤ⁵⁵		ȵia²¹³zɑu⁵⁵tsa²	fei⁴⁵məɯ⁴⁵tsa²	məɯ⁴⁵tsɹ̩²	zɑu⁵⁵tsɤ⁵⁵	fei⁵⁵ŋo²⁴	fei⁵⁵liɑu²¹³
蚯蚓	zuai³⁵	ʒuɛ⁵³	tsʰo⁵⁵zuai³⁵	zuai²	zuai⁵³	tsʰo³³zuai²⁴	tsʰio⁵⁵zuei²⁴	tsʰo⁵⁵zuai²⁵
蜘蛛	tiəɯ⁵⁵tiəɯ⁵⁵	ty⁴⁵ty⁴⁵tsɤ²	tiəɯ³³tiəɯ²	tiəɯ⁴⁵tiəɯ⁴⁵	ty⁴⁵ty⁴⁵	tiəɯ³³tiəɯ²	tsɹ̩⁵⁵tsɹ̩⁵⁵lioŋ²¹³	tiəɯ⁵⁵tiəɯ²
蜜蜂	fʌɯ⁵⁵fʌɯ³⁵	fʌɯ⁴⁵tsɤ²	fʌɯ³³tsɤ²	fai⁴⁵tsɤ²	fʌɯ⁴⁵tsɹ̩²	fʌɯ³³tsɤ³⁵	fəɯ⁵⁵ti²	fəɯ⁵⁵tsa⁵⁵
马蜂	mo³⁵fʌɯ⁵⁵	mo⁵³fʌɯ⁴⁵tsa²	leɯ³⁵fʌɯ²	leɯ²¹³fai²	ta²⁴tɕiɑu²tsɹ̩²	sa⁴²ti²fʌɯ³³		leɯ²¹³fəɯ⁵³tsa²
蝉、知了	uei⁵⁵/tɕi⁵⁵iɑ⁵⁵tsʰɹ̩²	pi⁵³ɑ⁵³ʐɹ̩²	vei²⁴³³tsʰɹ̩²	ɕieɯ⁵³a²¹³sɹ̩²	i⁴⁵osɹ̩²	vei³³iɑ³³sɹ̩²	fei⁵⁵iɑ⁵⁵sɹ̩²	vei⁵⁵iɑ²tsʰɹ̩²
蟋蟀	tsɑu⁵⁵tɕy⁵⁵tsɤ²	tɕʰy⁴⁵tɕʰy²tsa²	tsɑu⁵⁵tɕi²tsa⁵	zɤ²⁴a⁴⁵tsa²	tɕʰy⁴⁵tɕy²	tɕʰy³³tɕʰy²	tɕʰy⁵⁵tɕʰy²	tsɑu³³tɕiəɯ²tsa²
虱子	sɤ⁴²	sa⁴²	sa⁴²	sa⁴²	sa⁴²	sa⁴²	sa⁴²lioŋ²¹³	sa⁴²
狗蚤	kʰuai³⁵tsɤ²	kʰuɛ⁵³tsa²	kʰuai³⁵tsa²	kʰuai⁵³tsa²	kʰuai⁵³tsatsɹ̩²	kʰuai³⁵sɤ²	kʰuai³⁵tsa²	kʰuai³⁵tsɤutsa⁵⁵
苍蝇和蚊子的总称		məɯ⁴²tsa²	mɤ⁴²tsa²	məɯ⁴²tsɹ̩²	məɯ⁴²tsɹ̩²	mu⁴²ti²	məɯ⁴²ti²	mu⁴²ti²

（续表）

	清水坪	筲箕湾	棋坪	白沙	红土溪	草潭	山枣	高峰
饭蝇	mu⁴²liẽ²tsɿ²	mɐu⁴²tsa²	mɤ⁴²tsa²	fai²⁴mɐu⁴²tsɿ²	fai²⁴mɐu⁴²tsɿ²	moŋ³³mu⁴²ti²	mɐu⁴²ti²	moŋ⁵⁵mu⁴²ti²
长脚蚊子	diẽ²¹³ku⁵⁵mo²	dioŋ²¹³kɐu⁴²mɐu⁴²	diẽ²¹³ku⁴²mɤ²	dioŋ²¹³kɐu⁴²mɐu⁵⁵	dioŋ²¹³kɐu²mɐu⁴²	dɤ²¹³ku²moŋ³³ti²	dioŋ⁴²ku²mɐu²	diẽ²¹³ku⁴²mɯi⁴²
蚂蟥	mo³⁵oŋ²	mo⁵³ĩ⁵³	mo³⁵⁻³³	mɤ⁵³oŋ²¹³	mo⁵³oŋ²¹³	mo³⁵oŋ²	mo⁵³oŋ²⁴	mo³⁵ɤŋ²
蝙蝠	zai²¹³lɑu⁵⁵su⁵⁵	zɛ²¹³lɑu⁵³su²	zai²¹³lɑu⁵³su²	ʑie²¹³lɑu⁵³su²	ʑie²¹³lɑu⁵³su²	zai²¹³lɑu²su²	ʑie²¹³lɑu²su²	zɤŋ²¹³pi⁻²¹sɿ⁵⁵
爪子	tsɑu⁵⁵tsɛ⁵⁵	kɐu¹tsɑu⁵³tsa²	tsɑu³⁵tsa⁵	kɐu⁴²tsa²	tsɑu⁵³tsɛ²	tsɑu⁵³tsɛ⁵	tsɑu⁵³tsa²	tsɑu³⁵tsa⁵
羽毛	tsɿ³³pɑŋ⁵⁵mɑu⁵⁵	mɑu⁴⁵	mɑu³³	mɑu⁴⁵	mɑu⁴⁵	mɑu³³	mɑu⁵⁵	mɑu⁵⁵
翅膀	tsɿ³³pɑŋ⁵⁵	tsɿ²⁴kuaŋ⁴⁵	tsɿ⁵⁵pã²	tsɿ²⁴ko²	tsɿ²⁴po²	tsɿ⁵⁵pɑŋ²	tsɿ²⁴pɑŋ²	tsɿ³³pɑŋ²
尾巴	mai³⁵po²	mai⁵³po⁴⁵	mai³⁵po⁵	mai⁻⁴⁵pɤ²	mai⁵³po²	mai⁻³⁵pau²	mai⁵³poŋ²	mai³⁵po⁵⁵

四、鱼虾水产

	清水坪	筲箕湾	棋坪	白沙	红土溪	草潭	山枣	高峰
鲫鱼	tɕie⁴²kʰɑu²tsa²	tɕi²⁴po⁴⁵	tɕie⁴²kʰo²tsa²	tɕi²⁴ȵiɐu²	tɕie⁴²ȵiɐu²	tɕie⁴²kʰo⁴²tsa²		tɕie⁴²kʰo²tsa²
鲤鱼	li³⁵ȵiɐu²	li⁻⁴⁵ny⁴⁵	li³⁵ȵiɐu²	li⁻⁴⁵ȵiɐu²	li⁵³ȵiɐu²	li³⁵ȵiɐu²	li⁵³ȵiɐu	li³⁵ȵiɐu²
鲇鱼	lio⁵⁵ȵiɐu²	liã⁻⁴⁵y²	lio³³ȵiɐu²	lio⁴⁵ȵiɐu²	liã⁻⁴⁵ȵiɐu²	lio²¹³ȵiɐu²	lio⁵⁵ȵiɐu	lio⁵⁵ȵiɐu²
鳇鱼	tɕye³³ȵiɐu²	tɕy²⁴ny⁴⁵	tɕye⁵⁵ȵiɐu²	tɕy²⁴ȵiɐu⁴⁵	tɕy²⁴ȵiɐu⁴⁵	kuei²¹³ȵiɐu²	tɕyɤ³³ȵiɐu²	tɕyɤ³³ȵiɐu²
鱼子	ȵiɐu⁵⁵⁻⁵⁵aɿ²	ny⁴⁵tɕi⁵³	ȵiɐu³³tɕi⁻³⁵	ȵiɐu⁴⁵⁻⁵³tɕi⁻⁵⁵tsɿ⁻⁵⁵	ȵiɐu⁴⁵tɕi⁵³ȵiɐu²	ȵiɐu³³kɤ³³koŋ⁵⁵	ȵiɐu⁵⁴ka⁵⁵kɤŋ⁵⁵	ȵiɐu²ȵiɐu³³ka⁵⁵kɤŋ⁵⁵
鱼苗	ȵiɐu⁵⁵⁻⁵⁵aɿ²	ny⁴⁵⁻⁴⁵tsa²	ȵiɐu³³miɐu³³	ȵiɐu⁴⁵⁻⁵³ioŋ²tsɿ²	ȵiɐu⁴⁵tsa⁻tsa²	ȵiɐu³³⁻³³tsa²	ȵiɐu miɐu⁵⁵	ȵiɐu⁵⁵⁻⁵⁵tsa
鱼鳃	ȵiɐu⁵⁵xo⁵⁵	ny⁴⁵xo⁴⁵	ȵiɐu³³xo³³	ȵiɐu⁴⁵xo⁴⁵	ȵiɐu⁴⁵xo⁴⁵	sɤ⁴²tsa²		ox⁵⁵ȵiɐu⁵⁵
鱼鳞	ȵiɐu⁵⁵tɕi⁵⁵	ny⁴⁵sẽ⁴⁵	ȵiɐu³³tɕi⁻³³	ȵiɐu⁴⁵sẽ⁴⁵	ȵiɐu⁴⁵sẽ⁴⁵	ȵiɐu³³tɕi⁻³³	ȵiɐu⁵⁵⁻⁵⁵sẽ⁵⁵	ȵiɐu⁵⁵tɕi⁵⁵

（续表）

	清水坪	筲箕湾	棋坪	白沙	红土溪	草潭	山枣	高峰
鱼鳍	nieɯ³³ tsʅ⁵⁵ paŋ⁵⁵	ny⁴⁵tsʅ²⁴ kuaŋ⁴⁵	nieɯ³³tsʅ⁵⁵pã²⁴	nieɯ⁴⁵tsʅ²⁴	nieɯ⁵⁵tsʅ²⁴po²	nieɯ³³tsʅ⁵⁵puŋ²	nieɯ⁵⁵mɐŋ²	nieɯ⁵⁵tsʅ²⁴ pʉŋ²
鱼鳝	tsʰai³⁵ nieɯ⁵⁵	tsʰɛ⁴⁵ ny⁴⁵	so³⁵nieɯ²	tɕʰie⁴⁵nieɯ²	tɕʰie⁵³nieɯ²	tsʰai³⁵nieɯ²	yã²⁴ɕiã⁵⁵	tsʰai³⁵ nieɯ²
泥鳅	nie⁵⁵tɕʰiaŋ²	ny⁴⁵tɕʰia⁴⁵	nie³³tɕʰiã⁴⁵	nie⁴⁵tɕʰia⁴⁵	nie⁴⁵tɕʰia⁴⁵	ni³³tɕʰiaŋ²	ni⁵⁵tɕʰiaŋ²	nie⁵⁵tɕʰia²⁴
螃蟹	pɤŋ²¹³kʰo²	poŋ²¹³ko²	pẽ²¹³ko²	poŋ²¹³ko²	poŋ²¹³ko²	pɤŋ²¹³ko²	poŋ²¹³kω²	pɤŋ²¹³ko²
蟹黄	pɤŋ²¹³ kʰo² oŋ²¹³	poŋ²¹³ko² sʅ²	pẽ²¹³ko²e²¹³	poŋ²¹³ko²sʅ²		pɤŋ²¹³ ko² vu asʅ²²³⁵	poŋ²¹³ko²	pɤŋ²¹³ ko² sʅ²
螺蛳	kua⁵⁵kua⁵⁵li⁵⁵	lai²¹³kua⁴⁵tsa²	kua³³kua²li⁵⁵	koŋ⁴⁵ko²	koŋ⁴⁵kua⁴⁵	kua³³kua⁵	kua⁵⁵nieɯ²	kua⁵⁵kua²
田螺	kua⁵⁵kua⁵⁵li⁵⁵	kua⁴⁵tsa²	kua³³kua²li⁵⁵	lai²¹³ko²	lai²¹³kua⁴⁵	kua³³kua⁵	kua⁵⁵nieɯ²	lai²¹³kua²kua²
蚌	pɤŋ²¹³	poŋ²¹³ko²	pã²¹³ko²	baŋ²⁴paŋ²keɯ²	poŋ⁵³kʰo²⁴	paŋ²¹³kʰo²	paŋ²¹³kʰo²	paŋ²¹³kʰo²
青蛙	vu²¹³mau³⁵	u²¹³mau⁴⁵	vu²¹³mau³⁵	u²¹³mau⁴⁵	u²¹³mau⁴⁵	vu²¹³mau²	vu²¹³mau²	vu²¹³mau²
癞蛤蟆	la³³vu²¹³mau³⁵	tsʰẽ⁴⁵u²¹³mau⁴⁵	la⁵⁵vu²¹³mau³⁵	lo²⁴u²¹³mau⁴⁵	lo²⁴²¹³mau⁴⁵	la⁵⁵vu²¹³mau⁵	lua²⁴nieɯ²¹³	la³³vu²¹³mau²
鳖	tɤŋ²¹³nieɯ²	toŋ²¹³ny⁴⁵	te²¹³nieɯ⁴²	toŋ²¹³nieɯ⁴⁵	toŋ²¹³nieɯ⁴⁵	tɤŋ²¹³nieɯ²	toŋ²¹³nieɯ²	tɤŋ²¹³nieɯ²

F 饮食

一、日常饮食

	清水坪	筲箕湾	棋坪	白沙	红土溪	草潭	山枣	高峰
早饭	tsau³⁵moŋ²	tsau⁵³moŋ⁴⁵	tsau³⁵moŋ²	tsau⁴⁵mõ⁴⁵	tsau⁴⁵mõ⁴⁵	tsau³⁵moŋ²	tiau⁵⁵moŋ²	tsau³⁵moŋ²
中饭	sɤŋ³⁵	soŋ⁵³	sẽ³⁵	soŋ⁴⁵mõ⁴⁵	soŋ⁵³mõ²	sɤŋ³⁵	ɕioŋ⁵³maŋ²	sɤŋ³⁵moŋ²
晚饭	kʰɤ⁴²moŋ²	kʰei⁴²maŋ⁴⁵	kʰɤ⁴²moŋ²	zɤ²⁴mõ⁴⁵	zo²⁴mõ²⁴⁵	kʰɤ⁴²moŋ²	ziω²⁴maŋ²	kʰɤ⁴²moŋ²
荤菜	xuai⁵⁵tsʰɤ²	xuai⁴⁵tsʰei²	xuai³³lo²	xuai⁴⁵tsʰei²⁴	xuai⁴⁵tsʰei²⁴	xuai³³tsʰɤ²⁴	fai⁵⁵tsʰai²⁴	xuai⁵⁵tsʰɤ³³
瘦肉	tɕi⁵⁵nieɯ²	tsẽ⁴⁵ny⁴²	tɕi³³nieɯ⁴²	tsẽ⁴⁵nieɯ⁴²	tsẽ⁴⁵nieɯ⁴²	tɕi³³nieɯ⁴²	tsẽ⁴⁵nieɯ⁴²	tɕi⁵⁵nieɯ²
肥肉	fei²¹³nieɯ²	fei²¹³nieɯ²	fei²¹³nieɯ²	fei²¹³nieɯ²	fei²¹³nieɯ²	fei²¹³nieɯ²	fei²¹³nieɯ²	fei²¹³nieɯ²

（续表）

	清水坪	筻筜湾	棋坪	白沙	红土溪	草潭	山枣	高峰
肉丸	ȵiəu⁴²yɛ²¹³tsʅ⁵⁵	ny⁴²yɛ²¹³tsa²	ȵiəu⁴²koŋ³³tsa²	ȵiəu⁴²yɛ²¹³tsa²	tsẽ⁴⁵ȵiəu⁴²yɛ²¹³tsʅ⁵	ȵiəu⁴²toŋ³⁵tsʅ³⁵		ȵiəu⁴²yɛ²¹³tsa⁵
内脏（下水）	tsa⁴²xo²	tu⁵³lioŋ⁴⁵ti²	təu³⁵la²	tso²¹³	tso²⁴/təɯ⁵³lioŋ⁵³ti²	o⁵³tsu³³tsʅ³⁵	ɷ⁵³tsu²	o³⁵tsu⁵⁵
米汤	miɛ³⁵tʰɤŋ²	maŋ⁴⁵tʰoŋ⁴⁵	moŋ³³tsʅ²	mõ⁴⁵tʰoŋ²	miɛ⁵³tʰoŋ⁴⁵	miɛ³⁵tʰɤŋ²	mi⁵³tʰoŋ⁵⁵	miɛ³⁵tʰɤŋ²
米糊	miɛ³⁵vu²¹³tsɐ⁵⁵	miɛ⁵³u⁴⁵	miɛ³⁵vu²	u²¹³	u²¹³	miɛ³⁵vu tsa²	mi⁵³vu²¹³	miɛ³⁵vu²¹³tsa⁵⁵
粥	bi³³moŋ²	bi²⁴maŋ⁴⁵	bi⁵⁵moŋ²	bi²⁴mõ⁴⁵	bi²⁴mõ⁴⁵	bi³³moŋ³³	bi²⁴moŋ²¹³	bi³³moŋ⁵⁵
剩饭	tsuai³³moŋ²	tɕy⁴⁵maŋ⁴⁵	tsuai⁵⁵moŋ²	dzieu²⁴maŋ⁴⁵	dzeu⁴²mõ²¹³	zaŋ⁵⁵moŋ³³	zieu²⁴moŋ⁵⁵	tsuai⁵⁵moŋ⁵⁵
潲水	liʌu⁵⁵tsu³⁵	au⁴⁵tsau⁴⁵tsu²	liʌu³³tsu³⁵	lyɤ⁴⁵tsu²	liʌu⁴⁵tsu²	liʌu³³tsu³⁵	pʰa²¹³la²tsu²	pʰa²¹³la²tsu³⁵
糠	tsʰʅ⁵⁵	tsʰẽ⁴⁵	tsʰʅ³³	tsʰẽ⁴⁵	tsʰʅ⁴⁵	tsʰʅ³³	tɕʰẽ⁵⁵	tsʰʅ⁵⁵
二、腌制食品								
腊肉	lo⁴²ȵiəu⁴²	lo⁴²ȵiəu⁴²	lo⁴²ȵiəu²	lɤ⁴²ȵiəu⁴²	lu⁴²ȵiəu⁴²	lo⁴²ȵiəu⁴²	lɷ²ȵiəu⁴²	lo⁴²ȵiəu²
香肠	ɕiaŋ⁵⁵dzaŋ³³	ɕiaŋ⁴⁵dzaŋ⁴⁵	ɕia³³dzã²	ɕioŋ⁴⁵dzaŋ²¹³	ɕioŋ⁴⁵dzaŋ²¹³	ɕiaŋ³³dzaŋ²	ɕiaŋ⁵⁵dzau²⁴	tɕʰiɛ⁵⁵lẽ²¹³tsa⁵
罐头酸	tsʰʌu³³tsʰtsɐ⁵⁵tɐ⁵⁵	tsʰei⁴⁵lau⁴²ku²	tɕiəu³⁵ta²	tɕiəu⁵³	tsau⁵³ta²	tɕiəu³⁵ta²mo²	tɕiəu²¹³dəu²⁴suã²	tɕiəu²¹³dəu²⁴suã²
醋萝卜	tsʰu³³lu⁵⁵pʰai⁴²	tsʰu²⁴pʰie⁴⁵	tsʰɤ⁵⁵lu³³pʰai⁴²	suã⁴⁵pʰei⁴²	tsʰəu²⁴tsa²pʰei⁴⁵	tsʰu³⁵lu⁵⁵pʰai²	tsʰu³⁵lu⁵⁵pʰai²	suã⁵⁵lu⁵⁵pʰai²
盐辣子	zai²¹³lo⁴²tsa²	zoŋ²¹³lo⁴²tsa²	zai²¹³lo⁴²tsa²	dzieu²¹³lɤ⁴²tsa²	zie²¹³lu⁴²tsa²	zai²¹³lo⁴²tsa²	zie²¹³lu⁴²tsa²	zai²¹³lo⁴²tsa²
酸辣子	tsʰɤ³³lʌu⁵⁵tsʰɤ²	ʃua⁴⁵lɤ⁴²tsa²	tsʰʌu⁵⁵tsʰɤ²	suã⁴⁵lɤ⁴²tsa²	dzieu²¹³lɤ⁴²tsa²	suã³³tsʰɤ⁵⁵	dzieu²¹³tsʰei²⁴	suã⁵⁵lo⁴²tsa²
酸菜	iɛ⁴²tsʰɤ³³	ʃua⁴⁵tsʰei²⁴	tsʰʌu⁵⁵tsʰɤ²	dzieu²¹³tsʰei²⁴	dzieu²¹³tsʰei	suã³³tsʰɤ⁵⁵	dzieu²¹³tsʰei	suã⁵⁵tsʰɤ²
干豆角	kʰɤŋ⁴²tɐ⁴²ko²	kʰoŋ⁴⁵ta²⁴ko²	kʰẽ³³ta²ko²	kʰoŋ⁴⁵ta²⁴ko²	kʰoŋ⁴⁵ta³⁵ko²	kʰoŋ⁵⁵ta³⁵ko²	kʰoŋ⁵⁵ta³⁵ko²	kʰɤŋ⁵⁵ta³⁵ko²
萝卜干	kʰɤŋ⁵⁵lu⁵⁵pʰai⁴²sɐ⁵⁵sɐ²	kʰoŋ⁴⁵pʰie⁴⁵sa⁴⁵	kʰẽ³³lu⁵⁵pʰai²	⁴⁵apei²tsa²	kʰoŋ⁴⁵pʰei⁴⁵	lu³³pʰai²	kʰoŋ⁵⁵lu⁵⁵pʰai²	lu⁴²pʰa²¹kʰɤŋ²

（续表）

三、米面食品	清水坪	筻篁湾	棋坪	白沙	红土溪	草潭	山枣	高峰
米粉	fai³⁵	fai⁵³	fai³⁵	fai⁵³	fai⁵³	miɛ³⁵fai³⁵	mi⁵³pai⁵³	miɛ³⁵pai³⁵
干粉	kʰɤŋ⁵⁵fai³⁵	kʰoŋ⁴⁵fai⁵³	kʰe³³fai³⁵	kʰoŋ⁴⁵fai⁵³	kʰoŋ⁴⁵fai⁵³	fai³⁵		kʰɤŋ⁵⁵pai⁵⁵
红薯粉	ʌɯ²¹³saɯ⁵⁵fai³⁵	saɯ²⁴fai⁵³	saɯ³³fai⁵⁵	saɯ²⁴fai⁵³	ʌɯ²¹³saɯ²¹fai⁵³	saɯ⁴²fai³⁵	xoŋ²⁴sufẽ²	saɯ⁵⁵pai⁵⁵
粉丝	fai³⁵sɿ⁵⁵sɿ²	fai⁵³tɕiɑu⁴⁵	fai³⁵	fai⁵³sa⁴⁵	fẽ⁴²diau²⁴	fai³⁵saɯ⁴²tsɿ²		pai³⁵sa⁵⁵
面条	miɛ³³	mi²⁴	miɛ⁵⁵	mi²⁴	miɛ²⁴	miɛ⁵⁵	mi²⁴	miɛ³³diau²¹³
饺子	tɕiɑu⁴²tsɿ²	tɕiɑu⁴²tsɿ²	tɕiɑu⁴²tsɿ²	tɕiɑu⁴²tsɿ²	su⁴²tɕiɑu²	tɕiɑu⁴²tsɿ²	tɕɕi⁴²tsɿ²	tɕiɑu⁴²tsɿ²
馄饨	xuɛ³³tuɛ̃²	tɕiɑu⁴²tsɿ²	tɕiɑu⁴²tsɿ²	niɑŋ²¹³tɕiɑu⁴²tsɿ²	tɕiɑu⁴²tsɿ²	tɕiɑu⁴²tsɿ²	tɕiɑu⁴²tsɿ²	tɕiɑu⁴²tsɿ²
荞麦饼	tɕiɑu²¹³mo⁵⁵tɕi²¹³	tɕiɑu²¹³pẽ²	tɕiɑu²¹³fai⁴²	meɯ⁴² ɑ²⁴tsa²	tɕiɑu²¹³ ɑ²⁴tsa²	mo⁴²tɕi²	tɕiɑu²¹³tɕi²	tɕiɑu²¹³ pa²
蒿菜糍	xaɯ⁵⁵mo⁵⁵tɕi²¹³	xaɯ⁴⁵tɕi⁴⁵	xaɯ³³maɯ⁵⁵tɕi²	xaɯ⁴⁵tsʰɿɤ²⁴tɕi²¹³	xaɯ⁴⁵tsʰɤ²⁴tɕi²¹³	xaɯ³³tsʰɤɤ²tɕi²	pʰo⁵⁵tsʰa⁴²tɕi²¹³	xaɯ⁵⁵mau² pa⁵⁵pa²
油糍	zɐ⁵⁵tɕi²¹³	za⁴⁵tɕi⁴⁵	za⁵⁵tɕi²	za⁴⁵tɕi⁴⁵	za⁴⁵tɕi⁴⁵	zɐ³³tɕi²	zia⁵⁵tɕi²¹³tsa²	za⁵⁵pa²pa²
苞米糍	pau⁵⁵miɛ⁵⁵tɕi²¹³	pau⁴⁵ku⁴²tɕi²	pau³³mi²tɕi²	pau⁴⁵ku⁴²tɕi²¹³	pau⁴⁵ku⁴²tɕi²¹³	pau³³mi⁵⁵tɕi²	pau⁵⁵ku⁴²tɕi²¹³	pau⁵⁵miɛ⁵⁵pa²pa²
桐叶糍	dʌɯ²¹³sɿʶ⁴²tɕi²¹³	dʌɯ²¹³ɕiɛ⁴²tɕi²¹³	dʌɯ²¹³sɿʶ²tɕi²	dai²¹³ɕi⁴²tɕi²¹³	dʌɯ²¹³ɕiɛ⁴²tɕi²¹³	dʌɯ²¹³zɛ⁵⁵sɿʶ²tɕi²	deɯ²¹³ɕi²¹³tɕi²¹³	dau²¹³li²sɿʶ⁴²
汤圆	miɛ³⁵tua⁵⁵tsɿ²	tʰɑŋ⁴⁵yã⁴⁵	miɛ³⁵koŋ³³tsa²	tʰɑŋ⁴⁵yã⁴⁵	tʰɑŋ⁴⁵yã⁴⁵	tʰɤŋ³³yã²	kaŋ⁵⁵tsa²	tʰɤŋ⁵⁵tua⁵⁵tsa²
粽子	tsoŋ³⁵tsɿ²	tsʌɯ²⁴tsa²	tsoŋ³⁵tsɿ²	tsa²⁴tsɿ²	tsʌɯ²⁴tsɿ²	tsoŋ⁵⁵tsɿ²	tsoŋ²⁴tsɿ²	tsoŋ³⁵tsɿ²
糖馓	loŋ²¹³fai²	loŋ²¹³fai⁵³	lɛ²¹³fʌɯ²	loŋ²¹³fai⁵³	loŋ²¹³fai⁵³	lɤŋ²¹³fai²	daŋ²⁴sã²	lɤŋ²¹³fai²

（续表）

	清水坪	筻篢湾	棋坪	白沙	红土溪	草潭	山枣	高峰
四、豆制食品								
豆腐	tɐ³³fu²	ta²⁴fu²	ta⁵⁵fu⁵⁵	ta²⁴fu²	ta²⁴fu²	tɐ⁵⁵fu⁵⁵	ta²⁴fu²	ta³³fu²
炸豆腐	zɐ⁵⁵tɐ³³fu²	tsu²⁴ta²⁴fu²	tso⁵⁵ta⁵⁵fu²	pʰɑu²⁴ta²⁴fu²	pʰɑu²⁴ta²⁴fu²	tso⁵⁵tɐ⁵⁵fu²	tsɷ²⁴ta²⁴fu²	pʰɑu³³ta³³fu²
豆浆	tɐ³³tɕiẽ²	tai²⁴tɕioŋ⁴⁵	ta⁵⁵tɕiẽ²	ta²⁴tɕioŋ⁴⁵	tai⁵³tɕiɑŋ⁴⁵	tɐ⁵⁵fu⁵⁵tɕiẽ³³	ta²⁴tɕioŋ⁵⁵	ta³³tɕiẽ⁵⁵
霉豆腐	mei⁵⁵tɐ³³fu²	ta²⁴fu²zu²	tɘu³⁵fu²zu²	mei⁴⁵ta²⁴fu²	mei²⁴kɑu²⁴ta²⁴fu²	mei³³fu⁵⁵fu²	mei²⁴tɕuɐ²fu²	mei⁵⁵ta³³fu²
豆腐皮	tɐ³³fu²fɑ²¹³	ta²⁴fu²fo²¹³	tɐ⁵⁵fu²fa²¹³	ta²⁴fu²fo²¹³	ta²⁴fu²tsa⁵³tsa²	tɐ⁵⁵fu³³fa²¹³	tɘu²¹³fu²ɑu²	ta³³fu²fɑ²¹³
豆腐脑	tɐ³³fu²lɑu⁵⁵tsɐ²	kʰoŋ⁴⁵ta²fu²	ta⁵⁵fu²lɑu²	ta²⁴fu²tsa⁵³tsa²	kʰoŋ⁴⁵ta²⁴fu²	tɐ⁵⁵fu²fa⁵⁵kɑu²tsɐ²	kʰoŋ⁵⁵ta²⁴fu²	luai³³ta³³fu²
豆腐干	tɐ³³fu²kʰɤŋ⁵⁵tsɐ⁵⁵	kʰeŋ³³tɐ⁵⁵fu²	kʰɐ³³tɐ⁵⁵fu²		kʰɤŋ³³tɐ⁵⁵fu²			ta³³fu²kʰɤŋ⁵⁵
米豆腐	mie³⁵tɐ³³fu²	mie⁵³ta²⁴kɑu⁴⁵	mie³⁵tɐ⁵⁵fu²	lia⁴²ta²kɑu⁴⁵	lia⁴²ta²kɑu⁴⁵	mie³⁵tɐ⁵⁵fu²	mi⁵³ta²⁴fu²	mie³⁵ta³³fu²
五、作料								
八角	pa³³ko⁴²	pa²⁴ko²	pa⁴²ko²	pɤ²⁴kɑu²xuei²⁴	po²⁴ko²	pa⁴²ko²	pa²⁴kω²ɕiɑŋ⁵⁵	pa⁴²kɑu²
细盐	ɕie³³zai²¹³	ɕi²⁴zɛ²¹³	pai³⁵zai²¹³	zie²¹³	zie²¹³	ɕie⁵⁵zai²¹³	ɕi²⁴zie²¹³	ɕie³³zai²¹³
粗盐	tsʰɤ⁵⁵zai²¹³	tsʰei⁴⁵zɛ²¹³	ŋa³³tsa²zai²¹³	tsa⁵³tsa⁵³zie²¹³	tsa⁵³tsa⁵³zie²¹³	tsʰɤ³³/ŋɐ³³tsɐ²zai²¹³	tsʰei⁵⁵ŋa⁵⁵tsa²zai²¹³	tsʰɤ⁵⁵zai²¹³
芝麻油	za⁵⁵mo⁴²zɛ²	za⁴⁵mo⁴⁵za⁴⁵	za³³mo⁴²za²	za⁴⁵mɤ⁴⁵za²	za⁴⁵mo⁵³za²	zɛ³³mo⁴²zɛ²	zia⁵⁵mω⁴²ʑia²	za⁵⁵mo⁴²za²
猪油	tiɘu⁵⁵zɛ²	ny⁴⁵za⁴⁵	tiɘu³³za²	tiɘu⁴⁵za⁴⁵	ȵiɘu⁴⁵za²	tiɘu³³zɛ²	tiɘu⁵⁵ʑia²	tiɘu⁵⁵za²
菜油	kʰu⁵⁵zɛ²	kʰue⁴⁵za⁴⁵	kʰu³³za²	kʰɘu⁴⁵za⁴⁵	kʰuai⁴⁵za²	kʰu³³za²	kʰω⁵⁵ʑia²	kʰu⁵⁵za²
酱油	tɕie³³zɛ²	tɕioŋ⁵³za²	tɕie⁵⁵za²	tɕioŋ²⁴za⁴⁵	tɕioŋ²⁴za²	tɕie⁵⁵zɛ²	tɕioŋ²⁴ʑia²	tɕiẽ³³za²
白糖	pʰo⁵⁵loŋ²	pʰo⁵⁵loŋ⁴⁵	pʰo⁵⁵so³³lẽ²	pʰo⁴⁵sɤ⁵⁵loŋ²	pʰo⁴⁵so⁴⁵loŋ²¹³	pʰo³³sɯ³³loŋ²¹³	pʰω⁵⁵sa⁵⁵loŋ²¹³	pʰo²¹³loŋ²
红糖	ʌɯ²¹³loŋ²	ʌɯ²¹³loŋ⁴⁵	ɣʌɯ²¹³loŋ²	ai²¹³loŋ⁴⁵	ʌɯ²¹³loŋ⁴⁵	ʌɯ²¹³loŋ²	ɘɯ²¹³loŋ²	ɑu²¹³loŋ²
冰糖	piẽ⁵⁵daŋ²	piẽ⁴⁵daŋ²⁴	ŋa³³tsa²lẽ²	piẽ⁴⁵daŋ⁴⁵	piẽ⁴⁵daŋ⁴⁵	ŋɐ³³tsɐ²lɤŋ²	piẽ⁵⁵daŋ²	ŋa⁵⁵tsa²lɤŋ²

（续表）

	清水坪	筲箕湾	棋坪	白沙	红土溪	草潭	山枣	高峰
豆豉	tɛ³³sɿ²	ta³⁵sɿ²	ta⁵⁵sɿ⁵⁵	ta²⁴sɿ²	ta²⁴sɿ²	tɛ⁵⁵sɿ⁵	ta³⁵sɿ²	ta³³sɿ⁵⁵
胡椒	vu²¹³tɕiau⁵⁵	u²¹³tɕiau⁴⁵	vu²¹³tɕiau⁵	u²¹³tɕiau²	u²¹³tɕiau⁴⁵	vu²¹³tɕiau²	vu²¹³tɕiau²	vu²¹³tɕiau²
花椒	xua⁵⁵tɕiau⁵⁵	xua⁴⁵tɕiau⁴⁵	xua³³tɕiau⁵	xua⁴⁵tɕiau⁴⁵	xua⁴⁵tɕiau⁴⁵	xua³³tɕiau²	xua⁵⁵tɕiau²	xua⁵⁵tɕiau²
大蒜	lu³³sɤŋ³³	lɤɯ²⁴soŋ²	lu⁵⁵sẽ²	lɤɯ²⁴soŋ²	lɤ²⁴soŋ⁴⁵	lu⁵⁵soŋ²	lu²⁴soŋ²	lu³³sɤŋ²
胡葱	vu²¹³tsʰʌɯ⁴⁵	u²¹³tsʰʌɯ⁴⁵	ɕie⁵⁵sẽ³³	ɕi²⁴soŋ²	ɕie²⁴soŋ⁴⁵	vu²¹³tsʰʌɯ²	ʑiɷ⁵³ɕi²⁴soŋ²	vu²¹³tsʰʌɯ²
辣椒粉	lo⁴²tsɛ²pai⁵³	lu⁴²tsa²pai⁵³	lo⁵⁵tsa²¹³pai⁵³	lo⁴²tsa²¹³pai⁵³	lo⁴²tsa²pai⁵³	lo⁴²tsa²pai⁵³	lo⁴²tsa²pai⁵³	lo⁴²tsa²pai⁵³
作料	tso³³liau²	kʰaɯ⁴¹liau²⁴	kʰaɯ³³liau²	ɕioŋ²⁴liau²	ɕioŋ²⁴lioŋ²	tɕʰie⁵⁵liau²	tɕioŋ⁵⁵liau²	tɕʰie⁵⁵liau²
六、烟酒茶水								
纸烟	tsɛ³⁵yɛ²	tsa⁵³iɛ²	tsa³⁵yɛ²	tsa⁴⁵iɛ²	tsa⁵³iɛ⁴⁵	tsɐ³⁵yɛ²	tsa⁵³iɛ²	tsa³⁵yɛ²
烤烟	kʰaɯ⁴²yɛ²	kʰaɯ⁴²iɛ²	kʰaɯ⁴²ia²	kʰaɯ⁴²iɛ²	kʰaɯ⁴²iɛ⁴⁵	kʰaɯ⁴²yɛ³³	kʰaɯ⁴²iɛ²	kʰaɯ⁴²yɛ²
草烟	tsʰaɯ³⁵tsu²	tsʰaɯ⁵³iɛ²	tsʰaɯ³⁵yɛ²	tsʰaɯ⁴⁵iɛ²	tsʰaɯ⁵³iɛ⁴⁵	tsʰaɯ⁵³iɛ²	tsʰaɯ⁵³iɛ²	tsʰaɯ⁵³iɛ²
烟丝	yɛ⁵⁵sp⁵⁵tsɐ³⁵	iɛ⁴⁵sa⁴⁵	yɛ³³sa³³	iɛ⁴⁵sa⁴⁵	iɛ⁴⁵sɿ⁴⁵	yɛ³³sɐ³³	iɛ⁵⁵sa⁵⁵	yɛ⁵⁵sa⁵⁵
白酒	pʰo³³tɕie³⁵	pʰo³³tɕia²	pʰo³³tɕia³⁵	pʰɤ⁴⁵tɕia²	pʰo⁴⁵tɕie⁵³	pʰo³³tɕie⁵³	pʰo⁵⁵tɕia⁵	pʰo⁵⁵tɕia⁵
米酒	mie³⁵tɕie³³	mie⁵³tɕia²	mie³⁵tɕia⁵⁵	mi⁵³tɕia²	mie³⁵tɕia⁵³	mie³⁵tɕie⁵³	mi³⁵tɕia⁵³	mie³⁵tɕia⁵
包谷酒	paɯ⁵⁵mie⁵⁵tɕiɐ³³	paɯ⁴⁵kʰu⁴²saɯ⁴⁵	paɯ³³mi⁵⁵tɕia⁵⁵	paɯ⁴⁵kʰu⁴²tɕia²	paɯ⁴⁵kʰu⁴²tɕia²	paɯ³³kʰu⁴²tɕia²	paɯ⁵⁵kʰu²tɕia⁵³	paɯ⁵⁵mie³⁵tɕia²
热水	dzɤ⁴²tsu³⁵	po⁴⁵tsu²	dzɤ⁴²tsu³⁵	pɤ⁴⁵tsu²	po⁴⁵tsu⁵³	dzɤ⁴²tsu³⁵	kʰuɐ⁵⁵tsu⁵³	dzɤ⁴²tsu²
温水	uai⁵⁵zë²tsu³⁵	uai⁴⁵tsu²	uai³³zë²tsu³⁵	uai⁴⁵loŋ⁴⁵tsu²	uai⁴⁵ʑie²tsu⁵³	uai³³tsu³⁵	yɛ⁵⁵ʑiɛ²¹³tsu⁵³	uai⁵⁵zɤŋ²tsu²
开水	kʰa⁵⁵tsu³⁵	kʰua⁴⁵tsu²	kʰa³³tsu³⁵	kʰo⁴⁵tsu²	kʰo⁴⁵tsu⁵³	kʰa³³tsu³⁵	kʰua⁵⁵tsu⁵³	kʰa⁵⁵tsu⁵⁵
冷水	tsuai³³tsu³⁵	tʃuai²⁴tsu²	tsuai⁵⁵tsu⁵⁵	tsuai²⁴tsu²	tsuai²⁴tsu⁵³	tsuai⁵⁵tsu⁵	tɕyɛ²⁴tsu⁵³	tsuai³³tsu⁵⁵
茶	tsʰuai³⁵	tʃʰuai⁵³	tsʰuai³⁵	tsʰuai⁵³	tsʰuai⁵³	tsʰuai³⁵	tɕʰuyɛ⁵³tsu⁵³	tsʰuai³⁵

第五章　湘西乡话音系与词汇对照表　199

（续表）

	清水坪	管䈽弯	棋坪	白沙	红土溪	草潭	山枣	高峰
G 服饰								
一、衣裤								
衣裤	i⁵⁵fa³⁵	i⁴⁵kuai⁴⁵	i³³kuai²	i⁴⁵kuai⁴⁵	i⁴⁵kue⁴⁵	i³³kuai²	i⁵⁵kue⁵⁵	i⁵⁵kuai⁵⁵
军衣	tɕye⁵⁵ɿ²	tɕye⁴⁵⁻⁴⁵	tɕye³³ɿ²	tɕye⁴⁵ɿ²	tɕye⁴⁵⁻⁴⁵	tɕye³³ɿ²	tɕye⁵⁵⁻ɿ²	tɕye⁵⁵⁻ɿ²
棉衣	mie⁵⁵xuɑ⁵⁵ɿ²	ɕy²⁴⁻⁴⁵ɿ²	mie³³xuɑ³³⁻²ɿ²	ɕieu²⁴⁻⁴⁵ɿ²	ɕieu²⁴⁻⁴⁵ɿ²	mie³³xuai³³⁻²ɿ²	ɕiu²⁴ɿ²	mie⁵⁵xuɑ⁵⁵ɿ²
夹衣	ko⁴²ɿ²	ku⁴²⁻⁴⁵	ko⁴²ɿ²	ko⁴²ɿ²	ku⁴²ɿ²	ko⁴²ɿ²	kω⁴²ɿ²	ko⁴²ɿ²
蒙胸衣	ie³⁵ɕiʌɯ⁵⁵ɿ²	mo⁴⁵ɕy⁴⁵⁻⁴⁵ɿ²	ie³⁵ɕio³³⁻²ɿ²	ie⁴⁵ɕieu⁴⁵⁻⁴⁵ɿ²	ie⁵³ɕiʌɯ⁵⁵ɿ²	ie³⁵ɕieu⁵⁵⁻²ɿ²	ie⁵³ɕieu⁵⁵⁻²ɿ²	ie²¹³ɕiɑu⁵⁵⁻²ɿ²
裹衣	suɿ⁵⁵⁻²ɿ²	ɕy⁴⁵⁻⁴⁵	suɿ³³⁻²ɿ²	sɤ⁴⁵⁻²ɿ²	ɕy⁴⁵⁻⁴⁵	suɿ³³⁻³³	suɿ⁵⁵⁻⁵⁵	suɿ⁵⁵⁻²ɿ²
对襟衣	tuɑ³³ɕiʌɯ⁵⁵⁻²ɿ²	to²⁴⁻⁴⁵⁻⁴⁵ɿ²	tuɑ⁵⁵ɕio²ɿ²	to²⁴ɕyʴ⁴⁵⁻⁴⁵ɿ²	tuɑ²⁴ɕiʌɯ⁴⁵⁻⁴⁵ɿ²		tuɑ²⁴ɕieu²¹³⁻¹⁵ɿ²	tuɑ²⁴ɕiɑu⁵⁵⁻²ɿ²
背心	pʴ³³ɕie⁴⁵	pei²⁴ɕie⁴⁵	pʴ⁵⁵ɕie²	pei⁴⁵ɕie⁴⁵	pei²⁴ɕie⁴⁵	pʴ⁵⁵ɕie²	pei²⁴ɕie⁴⁵	pʴ³³ɕie⁵⁵
裤子	kuai⁵⁵	kuai⁴⁵	kuai³³	kuai⁴⁵	kue⁴⁵	kuai³³	kue⁵⁵	kuai⁵⁵
裤腰带	kuai⁵⁵⁻²ɿ⁵⁵du²	kuai⁴⁵iɑɯ⁴⁵⁻⁴⁵ty²	kuai³³⁻²iɑɯ³³⁻²tu²	kuai⁴⁵teɯ²⁴tsa²	kue⁴⁵ty²⁴⁻⁴⁵tsɿ²	kuai³³⁻²iɑɯ²⁴⁻⁴⁵tu²	kue⁵⁵⁻²iɑu⁵⁵⁻⁴²su	kuai⁵⁵⁻²iɑu⁵⁵⁻⁵⁵tu²
短裤	tɕʰiɑ⁵⁵kuai⁵⁵	tɕʰiɑ⁴⁵kuai⁴⁵	tɕʰiɑ³³⁻²kuai⁴⁵	tɕʰiɑ⁴⁵⁻⁴⁵kue⁴⁵	tɕʰiɑ³³⁻⁴⁵kue⁴⁵	tɕʰiɑ³³⁻⁴⁵kue⁴⁵	tɕʰiɑ⁵⁵⁻²ɿkue⁴⁵	tɕʰiɑ⁵⁵kuai⁵⁵
裙子	dzye²¹³⁻¹⁵⁻⁵⁵fɑ²	tɕye²¹³	tɕye²¹³⁻²tsɑ³⁵	tɕye²¹³	tɕye²¹³	tɕye²¹³	dzye³⁵⁻²tsɿ²	tɕye²¹³
围裙	uei⁵⁵⁻²dzieɯ²	y²¹³⁻²tɕye⁴⁵⁻²tsa²	pɑu³³⁻²tɕye²¹³	mɤ⁴⁵dʐye²	meɯ⁴²⁻²tɕye²¹³	y²¹³⁻²tɕye²	uei²⁴⁻²dʐye²¹³	y²¹³ / pɑu⁵⁵⁻²tɕye²¹³
领子	i⁵⁵⁻²tsɿ³⁵⁻²kai²	i⁴⁵lie²	i³³⁻²lie³⁵	i⁴⁵lẽ²	i⁴⁵lẽ⁵³	i³³⁻²tsɿ³³⁻²kai²	i⁵⁵⁻²lẽ⁵³	tsɿ⁵⁵⁻²kai²
袖子	i⁵⁵ɕieu³⁵ / i⁵⁵dzieɯ²	y⁴⁵dʑy²⁴	i³³dzieu⁵⁵	i⁴⁵dzieɯ²	i⁴⁵dzieɯ²⁴	i³³dzieɯ²	ɕieu⁵³dzieɯ²⁴	i⁵⁵dzieɯ²⁴
面子	mie³³⁻²tse³³	mi²⁴tsa²	mie⁵⁵⁻²tsɑ²	mie²⁴⁻²tsɿ²	mie²⁴tsɿ²	mie⁵⁵⁻²tsɿ⁵	mie²⁴tsa²	mie⁵⁵⁻²tsa⁵⁵

（续表）

	清水坪	筻篢湾	棋坪	白沙	红土溪	草潭	山枣	高峰
里子	liɤɯ³⁵tsɐ³³	liɤɯ⁵³tsa²	liɤɯ³⁵tsa²	liɤɯ⁵³tsʅ²	liɤɯ⁵³tsʅ²	liɤɯ³⁵tsɐ⁵	liɤɯ⁵³tsa²	liɤɯ³⁵tsa⁵⁵
花边	xuɑ⁵⁵piɛ²	xuɑ⁴⁵pi²⁴	xuɑ³³piɛ²	xuɑ⁴⁵piɛ²⁴	xuɑ⁴⁵piɛ²⁴tsʅ²		xuɑ⁵⁵piɛ⁵⁵	xuɑ⁵⁵piɛ²
尿布	liɑɯ³³pu³⁵	tɕyɛ²¹³tsu²	liɑɯ⁵⁵tsa²	liɑɯ²⁴kuai⁴⁵	liɑɯ²⁴kuai⁴⁵	liɑɯ⁵⁵pu⁵	liɑɯ²⁴pu²	liɑɯ³³tsa²
二、鞋帽								
鞋	li³⁵	li⁵³	li³⁵	li⁵³	li⁵³	li³⁵	li⁵³	li³⁵
棉鞋	miɛ⁵⁵xuɑ²li⁵⁵	ɕy²⁴li²	miɛ³³xuɑ³³li³⁵	ɕiɤɯ²⁴li²	ɕiɤɯ²⁴li²	miɛ³³xuɑ³¹li⁵	ɕiɤɯ²⁴li⁵³	miɛ⁵⁵xuɑ⁵⁵li³⁵
草鞋	tsʰɑu³⁵ku⁵⁵li³⁵	tsʰɑu⁵³ku²li²	tsʰɑu³⁵ku⁵⁵	tsʰɑu²⁴⁵³ku⁵³	tsʰɑu²⁴⁵³ku⁵³	tsʰɑu³⁵ku⁵	tsʰɑu⁵³ku²²	tsʰɑu³⁵ku⁵⁵
绣花鞋	lɤu⁴²ti²li³⁵	ɕiɤɯ²⁴xuɑ⁴⁵li²	su⁴²xuɑ³³li³⁵	ɕiɤɯ²⁴xuɑ⁴⁵li²	ɕiɤɯ²⁴xuɑ³³li²	ɕiɤɯ²¹³xuɑ³³li⁵	ɕiɤɯ²⁴⁵⁵xuɑ⁵⁵ɕiɛ²	ɕiɤɯ²¹³xuɑ²⁵li³⁵
布鞋	pu³³li³⁵	pu²⁴li²	pu⁵⁵³³	pu²⁴li²	pu²⁴li²⁴	pu³³li⁵	pu²⁴li⁵³	pu³³li⁵
钉鞋	toŋ⁵⁵tsɐ⁵⁵li³⁵	ɕio⁴⁵tsa²li²	toŋ⁵⁵tsa²li³³	tõ⁴⁵tsa²li²	tõ⁴⁵tsʅ²li²	toŋ³³tsɐ²li⁵	taŋ⁵⁵tsa²li⁵³	toŋ⁵⁵tsɐ²li⁵
寿鞋	lau³⁵oŋ⁵⁵li³⁵		lau³⁵li³³	lau⁵³li²	səu⁵³li²	səu²¹³li⁵	laŋ⁵kœ²li⁵³	lau³⁵oŋ⁵⁵li⁵
旧式布鞋提鞋的襻子	li³⁵pɤŋ³³tsɐ²	pʰo²⁴tsa²	pʰoŋ⁵⁵tsa³³	pʰõ²⁴a⁴⁵tsa²	pʰo²⁴pʰo²⁴	pʰɤŋ⁵⁵tsɐ⁵	pʰaŋ²⁴pʰaŋ²	li³⁵pʰɤŋ³³tsa⁵
鞋面	li³⁵miɛ³³	li⁵³mi²⁴tsa²	li³⁵miɛ⁵⁵tsa³³	li⁵³miɛ²⁴tsa²	miɛ²⁴tsa²	li³⁵miɛ²tsɐ⁵	li⁵³miɛ²⁴	li³⁵miɛ²
鞋底	li³⁵ta³⁵	li⁵³to⁵³tsa²	li³⁵ta⁵⁵	li⁵³to⁵³	li⁴⁵to⁵³	li³⁵ta³⁵	li⁵³ta⁵³	li³⁵ta³⁵
做鞋的布壳	pu³³kʰɑu²	tso⁴²pa²	tsa⁴²kʰɑu²	pu²¹³kʰɑu⁴tsa²	tso⁴²po⁴tsa²	tsa⁴²kʰɑu²	pu²⁴kʰɑu⁴²tsa²	tsa⁴²kʰɑu⁴²
靴子	ɕio⁵⁵	ɕio⁴⁵tsʅ²	ɕio³³li³⁵	ɕio⁴⁵	ɕio⁴⁵tsʅ²	kau³³kʰoŋ²ɕyɛ⁵	kau⁵⁵kʰoŋ²ɕyɛ⁵	ɕio⁵⁵/ɕyɛ⁵⁵
袜子	va²¹³	vo²¹³	va²¹³	vo²¹³tsʅ²	vo²⁴tsʅ²	va²¹³	ω²⁴	va²¹³
帕子	pʰo³³tsɐ⁵⁵	pʰω²⁴tsa²	pʰo⁵⁵tsɐ⁵⁵	pʰɤɣ²⁴tsa²	pʰəu²⁴tsa²	pʰo⁵⁵tsɐ⁵	pʰə²⁴tsa²	pʰo³³tsa²
丝帕	sɐ⁵⁵pʰo³³tsɐ⁵⁵	sa⁴⁵pʰω²⁴	sa⁵⁵pʰo²	sa⁴⁵pʰɤu⁴tsʅ²	sa⁴⁵pʰəu²⁴tsʅ²	sɐ³³pʰo²	sa⁵⁵pʰω²	sa⁵⁵pʰo²

（续表）

	清水坪	筲箕湾	棋坪	白沙	红土溪	草潭	山枣	高峰
花帕	xua⁵⁵pʰo³³tsɛ⁵⁵	xua⁴⁵pʰɷ²⁴tsa²	xua³³pʰo²	xua⁴⁵pʰɤ²⁴tsa²	xua⁴⁵pʰəɯ²⁴tsɿ²	xua³³pʰo²tsɛ⁵	xua⁵⁵pʰɷ²	xua⁵⁵pʰo²
斗笠（晴天戴的斗笠）	niaŋ²¹³tɛ³⁵li²	ta⁵³li²	ta³⁵li⁵⁵	ta⁵³li²	aʔ²¹³koŋ⁴⁵ta⁵³li²	tɛ³⁵li²	ta⁵³li²	ta³⁵li²
大斗笠（雨天戴的斗笠）	lu³³tɛ³⁵li²	lɷu²⁴ta⁵³li²	lu⁵⁵ta⁵⁵li⁵⁵	ta⁵³li⁴²	ly²⁴ta⁵³li²	lu⁵⁵tɛ³⁵li²	lɷu²⁴ta⁵³li²	ta³⁵li²
斗笠圈	tɛ³⁵li⁵⁵tɕʰye⁵⁵tsɛ²	ta⁵³li²tɕʰye⁴⁵tsa²	ta³⁵li⁵⁵tɕʰye⁵⁵	ta⁵³li²tɕʰye⁴⁵tsa²	ta⁵³li²tɕʰye⁴⁵	tɛ³⁵li²tɕʰye⁵⁵tsɛ⁵	ta⁵³li²tɕʰye⁵⁵	ta³⁵li²tɕʰye⁵⁵
斗笠顶	tɛ³⁵li⁵⁵toŋ³⁵	ta⁵³li²tai⁵³	ta³⁵li⁵⁵toŋ³⁵	ta⁵³li²tai⁵³	ta⁵³li²tai⁵³	tɛ³⁵li²toŋ³⁵	ta⁵³li²⁵³	ta³⁵li²⁵
三、首饰								
手镯	tsʰu⁵⁵tɛ²	ɕy⁵³tɕʰyɛ⁴⁵	tsʰu³⁵ta⁵⁵	ɕiəɯ⁵³tɕʰyɛ⁴⁵	səɯ⁵³tɕʰye⁴⁵	ɕiəɯ³⁵kuₐ²sɿ²	ɕiəɯ⁵³tɕʰye⁵⁵	tsʰu⁵⁵ta²
簪子	pʰiɛ³⁵tsɛ²	tsɷ⁴⁵	tsoŋ³³	tsʰuɛ⁴⁵	tsa⁴⁵sɿ²	tsʰa⁴²sɿ²	pʰiɛ²⁴tsa²	
耳环	niaŋ³⁵tɕʰye⁵⁵	nye⁴⁵tɕʰye²tsa²	niɑ̃³⁵tɕʰye⁴²	õ²¹³	niʌɯ⁵³tɕʰye⁴⁵	niaŋ³⁵tɕʰye²	niəɯ⁵³tɕʰye⁵⁵	niaŋ³⁵tɕʰye²
戒指	ɕiəɯ³⁵ku⁵⁵tsɛ²	ku⁴⁵tsa²	ku³³tsa³⁵	ti⁴⁵tɕiɛ²	kai²¹³tsɿ²	ɕiəɯ³⁵kuɑ²tsɛ²	kai²¹³tsɿ²	ku⁵⁵tsa²
项链	xaŋ³⁵liaŋ²	xaŋ⁴⁵tɕʰye⁴⁵	xɑ³⁵tɕʰyã²	xaŋ⁴⁵liã²	xaŋ⁵³liã²	ɕiaŋ³⁵liã²	xaŋ²¹³liã²	ɕiaŋ³⁵liã²
H 房屋建筑								
一、住房建筑								
房屋	tɕi⁴²	tɕi⁴²	tɕi⁴²	tɕi⁴²	tɕi⁴²	tɕi⁴²	tɕi⁴²	tɕi⁴²
吊脚楼	tiɑu³³kuɤ⁵⁵lɛ⁵⁵		tiɑu⁵⁵ku³ lɛ²	tiɑu²⁴kəɯ⁴²la²	la⁴⁵tsʰoŋ⁴⁵	tiɑu⁵⁵ku⁴²lɛ²	tiɑu²¹³tɕəɯ²ɕu²	tiɑu³³ku⁴²la²
房间	vɤŋ²¹³	voŋ²¹³tsa²	vẽ²¹³	kʰai²⁴voŋ²¹³	voŋ²¹³	vɤŋ²¹³	tɕi⁴²	kʰɷu³³vɤŋ²¹³
堂屋	tʰoŋ²¹³tɕi³⁵	tʰo⁴⁵tɕi⁴²	tʰoŋ³³tɕi³⁵	tʰõ⁴⁵tɕioŋ²	tʰo⁴⁵tɕi⁴²	tʰoŋ³³tɕi³⁵	tʰaŋ⁵⁵tɕi⁴²	tʰoŋ⁵⁵tɕi⁵⁵
正房	tsɛ³⁵tɕi²/tsɿ⁵⁵tɕi²	tsɛ²⁴tɕi⁴²	tsɿ⁵⁵tɕi⁴²	tsɛ²⁴tɕi²	tsɛ²⁴tɕi⁴²	tsɿ⁵⁵tɕi⁴²	tɕiɛ²⁴tɕi⁴²	tsɿ³³vɤŋ²¹³

（续表）

	清水坪	筲箕湾	棋坪	白沙	红土溪	草潭	山枣	高峰
厢房	ɕiẽ⁵⁵vɤŋ²¹³	ɕioŋ⁴⁵voŋ⁴⁵	ɕiẽ³³vẽ²	ɕioŋ⁴⁵voŋ⁴⁵	ɕioŋ⁴⁵voŋ²¹³	pʰie³³sua³⁵	ɕioŋ⁵⁵oŋ²¹³	ɕiẽ⁵⁵vɤŋ²¹³
厨房	tsau³³vɤŋ²¹³	tsau²⁴voŋ⁴⁵	tsau⁵⁵vẽ²	tsau²⁴voŋ⁴⁵	tsau⁴⁵voŋ⁴⁵	tsau⁵⁵vɤŋ²¹³	tsau²⁴oŋ²¹³	tsau³³vɤŋ²¹³
棚	pʌɯ²¹³tsɛ³⁵	pʌɯ²¹³tsa²	pʌɯ²¹³	pai²¹³	pʌɯ²¹³tsʅ²	pʌɯ²¹³	pɐɯ²¹³	pau²¹³tsa⁵
楼下	le⁵⁵ku⁴²tɛ²	tʰie⁴⁵ta²	la³³ku⁴²ta²	la⁴⁵kəu⁴²ta²	la⁴⁵taŋ⁵³maŋ²	le³³ku⁴²te²	la⁵⁵ta⁵³xa²	la⁵⁵ta³⁵xa²
楼上	le⁵⁵te²	la⁴⁵ta⁴⁵	la³³ta²	la⁴⁵ta⁴⁵	la⁴⁵ta⁴⁵	le³³te²	la⁵⁵kau⁴²ta²	la⁵⁵kau⁴²ta²
楼门	le⁵⁵mai²	la⁴⁵mai⁴⁵	la³³mai²	la⁴⁵mai⁴⁵	la⁴⁵mai⁴⁵	le³³mai²	la⁵⁵mai⁵⁵	la⁵⁵mai⁵⁵
走廊	ko⁴²le²	ti⁵³kəɯ²	mai³³piɛ²ta²	tsau⁴²laŋ²	tɕi⁴²mai⁴⁵kʰa²	le⁵⁵ʌɯ³³	tsəɯ⁴²laŋ²	pie⁴²ku²
天井	tʰai⁵⁵tɕie³⁵	tʰai⁴⁵sɛ⁴²kʰəɯ²	tʰai⁴⁵tɕie⁵⁵	tʰai⁴⁵tsẽ⁵³	tʰai⁴⁵tsẽ²	tʰai⁵⁵tɕi	tʰai⁵⁵tɕi	tʰai⁴²kʰoŋ²
厕所	mau⁵⁵sɤŋ²	mau⁴⁵soŋ²	mau³³soŋ²	mõ⁴⁵soŋ²	mau⁴⁵soŋ²	mau³³sɤŋ⁴²kʰoŋ²	mau⁵⁵sʅ²kʰaŋ²¹³	mau⁵⁵sʅ²
屋檐	ua³⁵zau²¹³	ua⁴⁵zẽ⁴⁵	ua³⁵zau²¹³	o⁵³ʑie²¹³	ua⁵³ʑie²¹³	ua³³zɤ²¹³	tɕi⁴²ʑie²¹³	pʰiau⁵⁵zai²¹³
横梁	oŋ²¹³diau²	lioŋ⁴⁵	oŋ²¹³diau⁵	uai²¹³tiau⁴⁵	oŋ²¹³tiau⁴⁵	oŋ²¹³diau²	lioŋ⁵⁵	oŋ²¹³diau²
椽皮	tie²¹³kau²	tie²¹³kau²	tie²¹³kau⁵	tɕye²¹³fo²¹³	tie²¹³koŋ²	tie²¹³kau²	tie²¹³koŋ²	tie²¹³kau²
正门	tsʅ³³mai²	tsẽ²⁴mai⁴⁵	tsʅ⁵⁵mai³³	leɯ²⁴mai⁴⁵	tʰo⁴⁵tɕi⁴²mai⁴⁵	tsʅ⁵⁵mai⁵⁵	tɕie²⁴mai⁵⁵	tsʅ³³mai²
大门	lu³³mai²	leɯ²⁴mai²	lu⁵⁵mai³³	leɯ²⁴mai⁴⁵	ly²⁴mai⁴⁵	lu⁵⁵mai²	lu²⁴mai²	lu³³mai²
门槛儿	mai⁵⁵sɤŋ²tsɛ⁵⁵	mai⁴⁵suã²	mai³³soŋ²	mai⁴⁵so⁴⁵	mai⁴⁵so⁴⁵	mai³³soŋ²tsɛ⁵	mai³³suaŋ⁵⁵	soŋ⁵⁵tsa⁵
门拴儿	mai⁵⁵tɕʰiɛ³⁵	mai⁴⁵kʰa⁴²	mai³³tɕʰioŋ³⁵	mai⁴⁵tɕʰioŋ²	mai⁴⁵tɕʰioŋ²	mai³³kɤŋ⁵⁵tɕʰioŋ⁵³	mai⁵⁵tɕʰioŋ⁵⁵	mai⁵⁵tɕʰie⁵⁵
窗户	mai⁵⁵pʰoŋ⁵⁵tsɛ⁵⁵	mai⁴⁵pʰõ²⁴tsa²	mai³³pʰoŋ⁵⁵tsa²	mai⁴⁵pʰõ²⁴tsʅ²	mai⁴⁵tsʰuaŋ⁴⁵	mai³³pʰɤŋ²⁴tsɛ²	mai⁴⁵pʰaŋ²⁴	mai⁴⁵pʰoŋ³³tsa²
推门	mai⁵⁵tsʰuaŋ⁵⁵tsʅ²	tʰua⁴⁵mai²	lie⁵⁵mai³³tsa²	tsʰuaŋ⁵⁵fu²	mai⁴⁵tsʰuaŋ⁴⁵	tsʰuaŋ³³mai²	tsʰuaŋ⁵⁵fu²	lẽ³³mai⁵⁵tsa²
天窗	tʰua⁵⁵mai⁵⁵	tʰo⁴⁵mai⁴⁵	tʰua³³mai³³	tʰo⁴⁵mai⁴⁵	tʰuai⁴⁵mai⁴⁵	tʰua³³mai²	tʰua⁵⁵mai²	tʰua⁵⁵mai²
	tʰai⁵⁵lie³³ua²	lioŋ²⁴ua²	lie⁵⁵ɲai⁵⁵	lioŋ²⁴o²	lioŋ²⁴ua²	tʰai⁴³mai³³te⁵	tʰai⁵⁵tsʰuaŋ⁵⁵	tʰai⁵⁵mai²

（续表）

	清水坪	筻箕湾	棋坪	白沙	红土溪	草潭	山枣	高峰
板梯	pɤŋ³⁵tʰɤ⁵⁵	poŋ⁵³tʰa⁴⁵	pẽ³⁵tʰa²	poŋ⁵³tʰa²	poŋ⁵³tʰa²	pɤŋ³⁵tʰɛ²	poŋ⁵³tʰa⁵⁵	pɤŋ³⁵tʰa²
梯子	tʰɤ⁵⁵	tʰa⁴⁵	tʰa³³	tʰa⁴⁵	tʰa⁴⁵	dẽ²¹³tʰa²	tʰa⁵⁵	tʰa⁵⁵
梯踏板	tʰɤ⁵⁵oŋ²tsɐ²	tʰa⁴⁵tɤɯ²	tʰa³³tã²	tʰa⁴⁵tei²⁴tsa²	tʰa⁴⁵poŋ⁵³tsɿ	tʰaŋ⁵⁵tʰɑɯ⁵⁵tsɐ	tʰa⁵⁵tʰəɯ²⁴	
合阶	ŋa⁵⁵dɤŋ²¹³sɑu³⁵	ŋa⁴⁵tɤɯ²	ŋa³³dzi²tʰã²	mɤ⁵³tai²	mo⁵³tai²⁴	ŋɛ³³tʰaŋ⁵⁵tsɐ	mo⁵³sɑu⁵³	ŋa⁵⁵tɑŋ²
栏杆	lã⁵⁵kã²	loŋ⁴⁵koŋ⁴⁵	lã³³kã²tsɿ²	loŋ⁴⁵koŋ⁴⁵	lã²⁴kã²	lɤŋ³³kɤŋ²	lã²⁴kã²	lɤŋ⁵⁵kɤŋ²
篱笆	zɤŋ²¹³po⁴²tɤ²	zoŋ²¹³po⁴⁵	zẽ²¹³po³⁵	tsʰei²¹³pɤ²	zoŋ²¹³po⁴²tsɿ	zɤŋ²¹³po²	zoŋ²¹³pω²	zɤŋ²¹³po³⁵
屋脊	uɑ³⁵pɤ⁴²	uɑ⁵³tɕʰioŋ²	uɑ³⁵tɕio⁴²	o⁵³pẽ²	uɑ⁵³pẽ²	uɑ³⁵tɕio²	uɑ⁵³lioŋ⁵	uɑ³⁵tɕio⁴²
土坯	tʰɤ³⁵pɑ⁵⁵tsɐ³⁵	tʰie⁵³pie⁴⁵tsa²	tʰie³⁵tsuai³³	pʰei⁴⁵tsɿ	bi²⁴ɲie⁴⁵tsuɛ⁴⁵	tʰɤ³⁵tʌɯ⁵⁵tɕye⁵⁵	tʰai⁵³tɕye⁵⁵	tʰɤ³⁵kʰua⁵⁵
墙壁	tɕie²¹³	tɕioŋ²¹³pi²	tɕie²¹³	tɕioŋ²¹³	tɕioŋ²¹³	tsuai³³pie²	tɕioŋ²¹³pi²	tɕie²¹³
壁板	pie⁴²pɤŋ³⁵	pi⁴²poŋ²tsa²	pie⁴²	pi²poŋ²	pie⁴²poŋ²	pie⁴²pɤŋ²	pi⁴²poŋ²	pie⁴²pɤŋ³⁵
篠磜岩	sɤŋ³⁵tɕɤŋ³⁵ŋa²	soŋ⁵³tẽ⁴⁵ŋa²	sẽ³⁵toŋ²ŋa²	soŋ⁵³tẽ⁴⁵ŋa²	soŋ⁵³tẽ²⁴ŋɛ²	soŋ³⁵toŋ³³ŋɛ²	soŋ²⁴tiŋa²	sɤŋ³⁵tɤŋ³⁵ŋa²
凤眼	fʌɯ⁵⁵ŋai²	fʌɯ⁴⁵ŋai²	mɑɯ⁵⁵ɤʔŋai	fai⁴⁵ŋai²		fʌɯ³³kʰɤ²	fɤɯ²⁴ŋai²	fɑɯ⁵⁵ŋai⁵⁵
灶眼	tsau³³ŋai³⁵	tsau²⁴kʰo⁴²	tsau⁵⁵mai²	tsau²⁴kʰo	tsau²⁴kʰua²¹³	tsau⁵⁵kʰɤ³⁵	tsau²⁴yẽ⁵⁵ŋai²⁴	tsau³³ŋai³⁵
熏房	xʌɯ⁵⁵vɤŋ²¹³	ɕye⁴⁵voŋ⁴⁵	ɕye³³vẽ²	ɕye⁴⁵tɕi²¹³	uẽ⁴⁵sʔ	kʰau⁴²fɑŋ²⁴	kʰau⁴²vɤŋ²¹³	kʰau⁴²vɤŋ²¹³
吊瓜	tiau³³kua⁵⁵	tiau⁵⁵kua²	tiau⁵⁵kua²	tiau²⁴ko⁵³	la⁴⁵tsʰoŋ⁴⁵tʰia²	tiau⁵⁵kua²	tiau²⁴kua²	tiau³³kua²
火炕	fa³⁵kʰoŋ²	fo⁴⁵kʰʌɯ⁴⁵	fa³⁵kʰoŋ²	fo⁵³kʰɤ²	fo⁵³kʰa²	xua³⁵kʰoŋ²	xua⁵³kʰɐŋ²	fa³⁵kʰoŋ⁵⁵
地窖	tʰɤ³⁵dʌɯ²⁴	sau²⁴dʌɯ²⁴	dʌɯ⁵⁵	sau²⁴dai²⁴	sau²⁴dʌɯ²⁴	dʌɯ⁵⁵	dəɯ²⁴	dau³³
菜园	tsʰɤ³³zɤŋ²¹³	tsʰei²⁴zoŋ⁴⁵	zẽ²¹³	tsʰei²⁴zoŋ²⁴	tsʰei²⁴ba²⁴	tsʰɤ⁵⁵zɤŋ²¹³	tsʰɤ³³zɤŋ²¹³
宿窿	ŋai³⁵		kʰua⁴²/ŋai³⁵	kʰo⁴²	ŋai⁵³	ŋai³⁵	ŋai⁵⁵	ŋai³⁵

二、厩栏圈窝

	清水坪	筻箕湾	棋坪	白沙	红土溪	草潭	山枣	高峰
马厩	mo³⁵loŋ²	mo⁵³voŋ⁴⁵	mo³⁵vẽ³⁵	mɤ⁴⁵voŋ²	mo⁵³pʌɯ²¹³tsɿ	mo³⁵lɤɯ⁵⁵	mo⁵³lɤɯ⁵⁵	mo³⁵ŋ²
牛栏	ŋɤɯ⁵⁵loŋ²	ŋɤɯ⁴⁵loŋ⁴⁵	ŋɛʔmeŋ	ŋɤɯ⁴⁵loŋ⁴⁵	ŋɤɯ⁴⁵loŋ⁴⁵	ŋɤɯ³³lɤŋ⁵⁵	ŋɤi⁵⁵loŋ⁵⁵	ŋɤɯ⁵⁵meŋ

（续表）

	清水坪	筒篯湾	棋坪	白沙	红土溪	草潭	山枣	高峰
猪圈	tiɛɯ⁵⁵lɛ²	tiɛɯ⁴⁵la²	tiɛɯ³³la²	tiɛɯ⁴⁵la²	tiɛɯ⁴⁵la⁴⁵	tiɛɯ³³lɤŋ²	tiɛɯ⁵⁵la²	tiɛɯ⁵⁵lɤŋ²
羊圈	zɤŋ²¹³lɛ²	zoŋ²¹³la⁴⁵	zẽ²¹³la²	zoŋ²¹³la²	zoŋ²¹³pʌɯ²⁴	zɤŋ²¹³lɤŋ²	zioŋ²¹³la²	zɤŋ²¹³lɤŋ²
狗窝	kʰuai³⁵lɛ²	kʰuai⁵³kʰue⁴⁵	kʰuai³⁵kʰu²	kʰuai⁴⁵kʰeɯ²	kʰuai⁵³kʰue⁴⁵	kʰuai³⁵u²	kʰuai⁵³kʰɯ⁵⁵	kʰuai³⁵u⁵⁵
鸡窝	kɛ⁵⁵lɛ²	ka⁴⁵kʰue⁴⁵	ka³⁵kʰu³³/dzu²¹³	ka⁴⁵lai⁴⁵	ka⁴⁵kʰue²	kɛ³³dzu²¹³	ka⁵⁵dzu²¹³	ka⁵⁵dzu²¹³/u⁵⁵
鸡笼	kɛ⁵⁵kɤŋ⁵⁵kʰu²	ka⁴⁵lʌɯ⁴⁵	ka³³lʌɯ³³	ka⁴⁵lai⁴⁵	ka⁴⁵lʌɯ⁴⁵	kɛ³³lʌɯ²	ka⁵⁵lɛɯ⁵⁵	ka⁵⁵lɑu⁵⁵
鸡罩子	kɛ⁵⁵tsɑu³³	ka⁴⁵lʌɯ⁴⁵	ka³³lʌɯ³³	ka⁴⁵lai⁴⁵	xuɑ⁴⁵ka⁴⁵lʌɯ⁴⁵	ka³³lʌɯ²	ka⁵⁵dzu²¹³	ka⁵⁵tsɑu³³ta⁵

I 器具物品

一、桌椅床凳

	清水坪	筒篯湾	棋坪	白沙	红土溪	草潭	山枣	高峰
桌子	ta²¹³	tuɑ²¹³tsa²	ta²¹³	to²¹³	to²¹³tsʅ²	ta²¹³	tuɑ²¹³ti²	ta²¹³
方桌	ɕi⁴²foŋ⁵⁵ta²¹³	foŋ⁴⁵tuɑ⁴⁵	ɕi⁵⁵foŋ³³ta²¹³	foŋ⁴⁵to⁴⁵	foŋ⁴⁵to⁴⁵	ɕi⁵⁵fɤŋ³³ta²¹³	ɕi²⁴xoŋ⁵³tuɑ²	fɤŋ⁵⁵ta²¹³
饭桌	zieɯ³³moŋ⁵⁵ta²¹³	zieɯ²⁴maŋ⁴⁵tuɑ²¹³tsa²	ta²¹³	tuai²⁴mõ²⁴to²¹³	mõ⁴⁵to²¹³	moŋ³³ta²¹³	tuɑ²¹³ti²	moŋ⁵⁵ta²¹³
抽屉	tʰie⁵⁵ɕiẽ⁵⁵	tʰi⁴⁵ɕioŋ⁴⁵	tʰie³³ɕiẽ²	tʰi⁴⁵ɕioŋ⁴⁵	tʰi⁴⁵ɕioŋ⁴⁵	tʰie³³ɕiẽ²	tʰi⁵⁵ɕioŋ²	tʰie⁵⁵ɕiẽ²
椅子	pɤŋ³⁵tsʅ²	i⁴²tsa²	kau³³,³⁵	kau⁴⁵i²	kau⁴⁵i²	kau³³,³⁵	kau⁵⁵i²	kau⁵⁵i⁵
轿椅子	tɕʰiɑu³⁵,²	tsau²¹³tsa²	tɕʰi³⁵,³³ta⁵⁵	tɕieɯ⁴²i²tsa²	xuɑ⁴⁵tsʌɯ²¹³	tɕiau³⁵,²	tɕiau²¹³,² i	tɕiau²¹³,²i²tsʅ⁵⁵
凳子	pɤŋ³⁵tsʅ²	põ⁴⁵tsoŋ²	poŋ³⁵tsʅ⁵	põ⁴⁵tsoŋ²	poŋ⁵³tsʅ²	poŋ³⁵tsʅ²	paŋ³⁵tsʅ²	poŋ³⁵tsʅ²
蒲团	tsʰɑu³⁵tuai²	bu⁴⁵tuai⁴⁵	tsʰɑu³⁵tu²	bu²⁴tuai⁴⁵	bu⁴⁵tuai⁴⁵	tsʰɑu³⁵tuai²	tsʰɑu⁵³tuai⁵⁵	tsʰɑu³⁵tuai²
床	kʰuai³³dzɤŋ²	kʰuai⁵⁵tsoŋ⁴⁵	kʰuai⁵⁵dzẽ²	kuai²⁴tsoŋ²	kʰuai²⁴tsoŋ⁴⁵	kʰuai⁵⁵tsoŋ²	kʰue²⁴tsoŋ⁵⁵	kʰuai³³tsɤŋ²
帐子	tiẽ³³lɤŋ⁵⁵	tioŋ²⁴	tiẽ⁵⁵la³³	tioŋ²⁴tsʅ²	tioŋ²⁴tsʅ²	tẽ⁵⁵laŋ³³	tsaŋ²¹³tsʅ²	tẽ³³ti⁵⁵
被子	fa³⁵ɕiɛɯ⁵⁵	fa³⁵su²	fa³⁵sɛɯ⁵	fo⁵³tsʅ²	fo⁵³sʅ²	fa³⁵ɕieɯ⁵⁵	xuɑ⁵⁵ɕio²	fa³⁵su⁵⁵
枕头	tsai³⁵tɛ²	tʰai⁵³lɑu²tuai²	tsai³⁵ta⁵	tɕie⁵³lɑu²	tɕie⁵³lɑu²	tsai³⁵te²	tɕie⁵³toŋ²	tsai³⁵ta²

第五章　湘西乡话音系与词汇对照表　205

（续表）

	清水坪	管篡湾	棋坪	白沙	红土溪	草潭	山枣	高峰
晒合用的竹席	lai³⁵	lai⁵³	lai³⁵tsa⁵	sa²⁴ku⁴²lai²	ku⁴²lai⁴⁵tsa²	lai³⁵	lai⁵³	sa³³ku⁴²lai²
睡觉用的竹席	kʰuai³³lai³⁵tse²	kʰuai²⁴lai⁵³tsa²	lai³⁵tsa⁵	kʰuai²⁴lai²	kʰuai²⁴tsoŋ⁴⁵lai⁴⁵tsa²	kʰuai⁵⁵lai⁵⁵tse⁵	kʰue²⁴lai⁵³	kʰuai³³lai⁵
二、柜箱架篮								
柜子	kuei³⁵tsɿ²	tɕʰy⁵³tsa²	kuei³⁵tsɿ²	i⁴⁵tɕʰy⁵³	tɕʰy⁴⁵	kuei³⁵	kuei²¹³tsɿ²	kuei³⁵
碗柜	moŋ⁵⁵kuei³⁵	oŋ⁵³ko²	ẽ³⁵kuei⁵⁵	oŋ⁵³kʰəɯ²	oŋ⁵³tɕʰy²	ɤŋ³⁵kuei⁵⁵	oŋ⁵³tɕʰye⁴²	ɤŋ³⁵kuei⁵⁵
衣柜	i⁵⁵kuei³⁵	i⁴⁵tɕʰy⁵³	i³³kuei³⁵	i⁴⁵tɕʰy⁵³	i⁴⁵tɕʰy⁴⁵	i³³kuei³⁵	i⁵⁵kuei²¹³	i⁵⁵kuei⁵⁵
箱子	ɕiẽ⁵⁵tse³⁵	ɕioŋ⁴⁵tsa²	ɕiẽ³³tsa³⁵	ɕioŋ⁴⁵tsa²	fo²¹³ɕioŋ²	ɕiẽ³³tse³⁵	ɕioŋ²¹tɿ²	ɕiẽ⁵⁵tsa⁵⁵
盒子	xo²¹³tse³⁵	xo²¹³tsɿ²	xo²¹³tsa³⁵	xɤ²¹³tsa²	xo²¹³tsɿ²	xo²¹³tsa³⁵	xω²¹tsɿ²	xo²¹³tsa³⁵
洗脸架	tsau³⁵mie⁵⁵ko³³tse⁵⁵	mi²⁴ku²⁴	tsau³⁵mie⁵⁵ko⁵⁵tsa²	tsau⁵³mie²⁴kɤ²⁴tsa²	mie²⁴ku²⁴	tsau³⁵mie⁵⁵ko⁵⁵tse⁵	tsau⁵³mie²⁴kω²⁴tsa²	tsau³⁵mie³³ko³³tsa²
放草的架子	tsʰau³⁵ko⁵³tse⁵⁵	ku²⁴tsa²	u⁴²ko²tsa²	tsʰau³⁵kɤ²⁴tsɿ²	ku²⁴tsɿ²	tsʰau³⁵ko²ko²tse²	tsʰau⁵³ko²⁴tsa²⁴	tsʰau³⁵ko²
背稻草的架子	tsʰoŋ⁵⁵ko⁵⁵	tsʰo⁴⁵ko²tɕʰye⁴⁵	tsʰoŋ³³ko²	tsʰõ⁴⁵kəɯ²tɕʰiɯ²	tsʰo⁴⁵kaʔ²tɕʰye⁴⁵	tsʰoŋ³³ko²	tsʰoŋ⁵⁵ko²	tsʰoŋ⁵⁵ko²
用来支撑锅子的三脚架								ba²ko²
篮	de³³	lõ⁴⁵tsa²	di³³la²	lõ⁴⁵	lõ⁴⁵	de⁵⁵	tsu²¹³tsu²	zoŋ²¹³
竹篮	tɕieɯ⁴²de²	tɕy⁴²lõ⁴⁵tsa²	di³³la²	tɕieɯ⁴²lõ⁴⁵	tsɿeɯ⁴²tsalõŋ²	tɕieɯ⁴²au⁵⁵sɿ²	tsu²¹³tsu²	dzu²¹³tsa³⁵
饭篮	moŋ⁵⁵de²	lõ⁴⁵tsa²	tieɯ³³da²	mõ⁴⁵toŋ⁴⁵ku²	toŋ⁴⁵ku²	moŋ³³de²	maŋ⁵⁵dzu²⁴	moŋ⁵⁵da²/u⁵⁵kai²
筷笼	kʰua³³de²	deɯ²⁴dʌɯ⁴⁵	tieɯ⁵⁵da²	kʰo²⁴tsɿ²tiau²	kʰua²⁴dye⁴⁵	tieɯ³³da²	tieɯ⁵⁵dɑ	tieɯ⁵⁵dɑ
大背篓	zoŋ³³	leɯ²⁴tsʌɯ²¹³	zoŋ²¹³	leɯ²⁴tsai²¹³	ly²⁴tsʌɯ²¹³	zoŋ²¹³	tsa⁵³laŋ²	zoŋ²¹³
小背篓	pʰau⁵⁵tsa²	ɕi²⁴mie⁴⁵tsmɯ²¹³tsa²	pʰau⁴²tsõ²	niã²¹³tsai²¹³	xuã³³pʰaɯtsa²	xuã³³pʰaɯtsa²	ɕi²⁴tsmɯ²¹³	iau⁵⁵zoŋ²¹³

（续表）

	清水坪	筲箕湾	棋坪	白沙	红土溪	草潭	山枣	高峰
苗式背篓	pʰɑu⁵⁵tsɛ²	tsʌɯ²¹³	bɤ⁵⁵kau²pʰɑu⁴²tsɑ̃²	bei²⁴tsai²¹³	bei²⁴tsʌɯ²¹³	pʰɑu³⁵tsɑŋ²		zoŋ²¹³
背小孩的背篓	xuɑ⁵⁵pʰɑu⁵⁵tsɛ²	xuɑ⁴⁵tsʌɯ²¹³tsa²	xuɑ⁵⁵pʰɑu²tsɑ̃²	xo⁴⁵tsai²¹³	xuɑ⁴⁵tsʌɯ²¹³	xuɑ³³pʰɑu²tsɑŋ²	lɑŋ⁵⁵lɑŋ²tsɑɯ²¹³	xuɑ⁵⁵tsɑŋ²¹³
摇篮	zɑu²¹³pʰɑu⁵⁵tsɛ²	kʰue²⁴tɕye⁴⁵	iɑu³³lɑ̃²	kʰo⁴⁵tsai²	kʰue⁴⁵tsʌɯ²	u³³tsɑŋ²	xuɑ⁵⁵tsɑɯ²¹³	u⁵⁵tsɑŋ²¹³
三、盆桶坛罐								
盆子（通称）	pai²¹³	pai²¹³tsa²	pai²¹³tsa³⁵	pai²¹³	pai²¹³	pai²¹³	pai²¹³	pai²¹³
脸盆	tsɑu³⁵mie³³pai²¹³	mi²⁴pai²tsa²	tsɑu³⁵mie⁵⁵pai²	tsɑu⁵³mie²pai²¹³	tsɑu²⁴mie⁴⁵pai²¹³	tsɑu³⁵mie⁵⁵pai²¹³	tsɑu⁵³mie²⁴pai²¹³	tsɑu³⁵mie³³pai²¹³
澡盆	tsɑu³⁵zu³³pai²¹³	tsɑu⁵³sei⁴⁵kɤu⁴²pai²¹³	mo⁴²⁵⁵e²pai²	tsɑu⁵³ɕie⁴⁵kɤu⁴²pai²¹³	tsɑu⁵³ɕie⁴²kɤu⁴²pai²¹³	tsɑu³⁵zu⁵⁵pai²¹³	mo⁴²oŋ²pai²¹³	tsɑu³⁵zu²¹³pai²¹³
脚盆	tsɑu³⁵ku⁴²pai²¹³	kɤu⁴²pai⁴⁵	tsɑu³⁵ku⁴²pai²	tsɑu⁵³kɤu²pai²¹³	ky⁴²pai²¹³	tsɑu³⁵ku²pai²¹³	tsɑu⁵³ku²pai²¹³	tsɑu³⁵ku⁴²pai²¹³
杀猪用的扁形木盆	ɕia⁵⁵ɦɛɯ⁵⁵pai²¹³	sa⁴⁵pai⁴⁵	sa⁵⁵pai²	sa⁴⁵pai²	sa⁴⁵pai⁴⁵	se⁵⁵pai²¹³	sa⁵⁵pai²¹³	sa⁵⁵pai²¹³
水桶	tsu³⁵tʰʌɯ²	tsu⁵³tʰʌɯ⁴⁵	tsu³⁵tʰʌɯ²	tsu⁵³tʰai²	tsu⁵³tʰʌɯ⁴⁵	tsu³⁵tʰʌɯ²	tɑŋ²⁴tʰʌŋ²	tsu³⁵/toŋ³³tʰʌɯ²
提桶	di⁵⁵tʰʌɯ²	di⁴⁵tʰʌɯ⁴⁵	di³³tʰʌɯ²	di⁴⁵tʰai⁴⁵	di⁴⁵tʰʌɯ⁴⁵	di³³tʰʌɯ²	di⁵⁵tʰəɯ²	di⁵⁵tʰɑɯ²
脱谷粒时用的正方形大木桶	fu²¹³tʰʌɯ²	xu²¹³tʰʌɯ⁴⁵	fu²¹³tʰʌɯ²	fu²¹³tʰai²	xu²¹³tʰʌɯ⁴⁵	fu²¹³tʰʌɯ²	fu²¹³tʰəɯ²	fu²¹³tʰɑɯ²
盛谷物的容器	pie⁵⁵tʰʌɯ²	lu⁴⁵tʰʌɯ⁴⁵	pʰi³⁵tʰʌɯ²	mi⁴⁵tʰai⁴⁵	ku⁴²tʰʌɯ⁴⁵	ku⁴²tsa²tʰʌɯ²		pi³⁵tʰɑɯ²
马桶	mo³⁵tʰʌɯ²	mo⁴⁵tʰʌɯ⁴⁵tsa²		liɑu²⁴tʰai⁴⁵	sɿ⁴²tʰʌɯ⁴⁵	liɑu⁵⁵tʰʌɯ²		mo³⁵tʰɑɯ²

（续表）

	清水坪	筲箕湾	棋坪	白沙	红土溪	草潭	山枣	高峰
粪桶	fei⁴²tʰʌɯ²	fei²¹³tʰʌɯ²	fei³²¹³tʰʌɯ²	fei²¹³tʰai⁴⁵	fei²⁴tʰʌɯ⁴⁵	fei³⁵tʰʌɯ²	fei³⁵tʰəɯ²	fei³⁵tʰau²
尿桶	liou³³tʰʌɯ²	liou²⁴tʰʌɯ⁴⁵	liou⁵⁵tʰʌɯ²	liou²⁴tʰai⁴⁵	liou²⁴tʰʌɯ⁴⁵	liou⁵⁵tʰʌɯ²	liou²⁴tʰəɯ²	liou³³tʰau²
坛子	pi²¹³	poŋ²¹³tsa²	pi²¹³tsa³⁵	pəɯ²⁴ta²	pɛ̃²¹³	pi²¹³	piɛ̃²¹³	pi²¹³/pau³⁵
小酒坛	niaŋ²¹³tɕiɛ⁵⁵pi²¹³	nia²¹³tɕia⁵³pai⁴⁵tsa²	pi³⁵pi²¹³	tɕia⁵³tsɛ⁵³	niaŋ²¹³tɕia⁵³pɛ̃⁴⁵	niaŋ²¹³tɕia⁵³tʰʌɯ²	tɕia⁵³piɛ̃²¹³	tɕia³⁵pi²¹³
大酒坛	lu³³tɕiɛ⁵⁵pi²¹³	leɯ²⁴tɕia⁵³pai⁴⁵tsa	tɕia³⁵pʌɯ³⁵	tsu⁵³ai⁴⁵	ly²⁴tɕia⁵³pɛ̃⁴⁵	tɕia⁵⁵tɕʰʌɯ³³	tɕia⁵³piɛ̃²¹³	tɕia³⁵pau³⁵
水缸（通称）	tsʌɯ³⁵ʌɯ³³	tsʌɯ⁵³ʌɯ²⁴	tsʌɯ³⁵ʌɯ²	tsu⁵³ai⁴⁵	ʌɯ²⁴	tsʌɯ³⁵	tsu⁵³əɯ⁵⁵	tsu³⁵əɯ⁵⁵
水缸	lu³³tsʌɯ³⁵ʌɯ³³	ʌɯ²⁴	lu⁵⁵tsu³⁵ʌɯ³³	tsu⁵³ai⁴⁵	ly²⁴ʌɯ²⁴	lu⁵⁵tsu³⁵ʌɯ³³	tsu⁵³əɯ⁵⁵	lu³³tsu³⁵əɯ⁵⁵
小水缸	niaŋ²¹³tsʌɯ³⁵ʌɯ³³	ʌɯ²⁴	niɑ̃²¹³tsu³⁵ʌɯ³³	niɑ̃²¹³tsu⁵³ai⁵³	niaŋ²¹³ʌɯ²⁴	niaŋ²¹³tsu³⁵ʌɯ³⁵	poŋ²¹³kaŋ²	niaŋ²¹³tsu⁵³əɯ⁵⁵
罐子	pi²¹³	tʃʰuai⁵³pɛ̃⁴⁵	pi²¹³tsa³⁵	tsʰuai⁵³pei²tsa²	pɛ̃²¹³	pi²¹³tsɛ³⁵	kuã²¹³kuã²	kuã²¹³tsa²pi²¹³
盛油的罐子	zɛ⁵⁵pi²¹³	zɛ⁴⁵pɛ⁴⁵	zɛ⁵⁵pi²¹³	zɛ⁴⁵pɛ̃⁴⁵	zɛ⁴⁵zɛ⁴⁵	zɛ³³pi²	zia⁵⁵pi²¹³	za⁵⁵pi²
盛盐的罐子	zai²¹³pi²¹³	zɛ²¹³tsa²pɛ⁴⁵	zai²¹³pi²¹³	zie²¹³pɛ̃⁴⁵	zie²¹³pɛ̃⁴⁵	zai²¹³pi²	zie²¹³pi²	zai²¹³pi²
茶壶	tsʰuai³⁵vu²¹³	tʃʰuai⁵³u²¹³	tsʰuai³⁵vu²¹³	tsʰuai⁵³u²¹³	tsʰuai⁵³u²¹³	tsʰuai³⁵vu²¹³	tɕʰyɛ⁵³vu²¹³	tsʰuai³⁵vu²¹³
四、锅碗瓢勺								
鼎	tʰe⁴²toŋ²	tʰa⁴⁵toŋ⁴⁵	tʰa⁴²tɑ̃²	tʰa²⁴toŋ²	tʰa⁴²toŋ²	tʰa⁴²təŋ²	tʰa⁴²taŋ²	tʰa⁴²tʌŋ²
有耳的炒菜锅	tsʰoŋ⁵⁵	tsʰõ⁴⁵	tsʰõŋ³³	tsʰõ⁴⁵	tsʰo⁴⁵	tsʰoŋ³³	tsʰaŋ⁵⁵	tsʰoŋ⁵⁵
固定在灶上的锅/不带耳的锅	tɕʰieɯ³³	tɕʰy²⁴tsa²	tɕʰieɯ⁵⁵	tɕʰieɯ²⁴	tɕʰieɯ²⁴	tɕʰieɯ⁵⁵	kuã⁴²tsʰaŋ⁵⁵	tɕʰieɯ³³
锅盖	tsʰoŋ⁵⁵kuã²	tɕʰy²⁴ko²⁴	tsʰoŋ³³kuã²	tɕʰieɯ²⁴ko²⁴	tɕʰieɯ²⁴kuã²⁴	tɕʰieɯ³³tsɛ⁵	tsʰaŋ⁵⁵kuã²⁴	tsʰoŋ⁵⁵kuã³³
蒸笼	tsʌɯ³³lʌɯ²	tsʌɯ²¹³tsa²	tsɑ̃⁵⁵	tsai²⁴	tsʌɯ²⁴	tsʌɯ⁵⁵tsɛ⁵⁵	tsəɯ²⁴	tsʌŋ³³
甑里的笼屉	tsʌɯ³³tsɛ⁵⁵	pʰai²¹³tsa²	tsɑ̃³³pi⁵⁵	tsai²⁴ɕiɛ²⁴	tsʌɯ²⁴miɛ²⁴	tsɛ⁴²ko²	tsəɯ²⁴pʰiɛ⁵⁵	tsʌŋ³³pi³⁵
杯子	pei⁵⁵tsɿ⁵⁵	pei⁴⁵tsɿ²	pei³³tsa³⁵	pei⁴⁵tsa²	pei⁴⁵tsɿ	pei³³tsɛ³⁵	pei⁵⁵pei²	pei⁵⁵tsa⁵⁵

（续表）

	清水坪	筻篁湾	棋坪	白沙	红土溪	草潭	山枣	高峰
盅子	tɕia³⁵tsʌɯ³³tsɿ²	tɕia⁵³tsʌɯ²⁴tsa²	tsʌɯ³³tsa³⁵	tɕia⁵³pei⁴⁵tsa²	pei⁴⁵tsɿ²	pei³³tsɿ³⁵	pei⁵³pei²	pei⁵⁵tsa⁵⁵
筷子	tieɯ⁵⁵	kʰo²⁴li²	tieɯ⁵⁵/kʰuɑ⁵⁵tsa²	kʰo²⁴tsɿ²	kʰuɑ²⁴tsɿ²	tieɯ⁵⁵/kʰuɑ⁵⁵tsɿ⁵	tieɯ²⁴	tieɯ³³
铁勺	dʑyɛ³³	tsu⁵³dʑy²⁴	tʰa⁴²dzu	tʰa⁴²dzɤɯ²⁴	tʰa⁴²dʑy²⁴	dʑy²⁴	dʑy²⁴	tʰa⁴²dʑyɛ²
水瓢	tsu³⁵dʑyɛ³³	tsu⁵³dʑy²⁴	dzu⁵⁵	tsu²⁴dzɤɯ²⁴	tsu⁵³tsɿ²⁴	dʑy²⁴	dʑy²⁴	tsu³⁵dʑyɛ³³
水条（舀水的竹器）	tsu³⁵diɔɯ⁵⁵kai²	tsu⁵³tue⁴⁵	tsu³⁵tiɔɯ	tɕiɔɯ⁴⁵dye⁴⁵	tsɤɯ⁵³tsa²diʌɯ²¹³tsɿ²	iɔu³⁵dʑyɛ		tɕiɔɯ⁴²doŋ⁵⁵
酒提（舀酒的器具）	tɕiɛ³⁵di⁵⁵tsɛ²	tɕia⁵³liɔɯ²⁴tsa²	tɕia³⁵di³³tsa²	tɕia⁵³di³³tsa²	di⁴⁵tsɿ²	tɕiɛ³⁵di³³tsɿ³⁵	tɕia⁵³di²⁴tsa²	tɕia³⁵di⁵⁵tsɿ²
笊篱（滤勺）	zɤ⁵⁵liɛ⁵⁵tsɛ⁵⁵	liʌɯ²⁴tsa²	lia⁵⁵tsa⁵⁵	za⁴⁵so⁴⁵	liɔŋ²⁴dʑy²⁴	zɤ⁵⁵ko⁴²tsɿ²		lia³³tsa⁵
五、工具								
刨子	pʰɑu³⁵	pʰɑu⁵³tsa²	pʰɑu³⁵tsa⁵	pʰɑu⁵³tsa²	pʰɑu⁵³tsɿ²	pʰɑu³⁵	pʰɑu⁵³tsa²	pʰɑu³⁵
扳手	pã⁵⁵sɤɯ²	pã⁴⁵sɤɯ²	pã³³sɤɯ²	pã⁴⁵sɤɯ²	pã⁴⁵sɤɯ²	pɑŋ³³ɕieɯ³⁵	pɑŋ⁵⁵ɕieɯ²	pʌŋ⁵⁵ɕieɯ⁵
镙子	ko⁴²tsɛ²	ku²tsa²	ko⁴²tsa²	kɤ⁴²tsa²	ku⁴²tsɿ²	ko⁴²tsa²	kɯ⁴²tsa²	ko⁴²tsa²
凿子	tsʰu⁵⁵tsɛ³⁵	tɕʰo³³tsa²	tsʰu³³tsa³⁵	tsʰɤɯ⁴⁵tsa²	tɕʰye⁴⁵tsɿ²	tsʰoŋ²¹³tsɿ⁵⁵	tsʰɯ⁵³tsɿ²	tsʰu⁵⁵
锥子	tsai⁵⁵tsɛ³⁵		tsẽ⁵⁵tsɿ⁵⁵	toŋ²⁴tsa²	tɕʰye⁵³tsɿ²	tɕy³³tsɿ³⁵	tsuei⁵⁵tsɿ²	tɕy⁵⁵tsa⁵⁵
锯子	kɤɯ³³tsɛ⁵⁵	kɑu²⁴tsa²	kɤɯ⁴²tsa⁵⁵	kɤɯ²⁴tsa²	kɤɯ²⁴tsɿ²	kɤ⁵⁵tsɿ³⁵	kei²⁴	kɤɯ³³
钻子	tsoŋ⁵⁵tsɛ³⁵	vu⁵³tsoŋ⁴⁵	tʌɯ⁴²tsa⁵⁵	vu⁵³tsa²	vu⁵³tsoŋ²	tsuai⁵⁵xua²	tsuã²¹³tsɿ²	vu³⁵tsɤŋ²
钉子	toŋ⁵⁵tsɛ⁵⁵	to⁴⁵tsa²	toŋ³³tsɛ⁵⁵	to⁴⁵tsa²	to⁴⁵tsɿ²	toŋ³³tsa³⁵	tɑŋ⁵⁵ti²	toŋ⁵⁵tsa⁵⁵
剪刀	kɑu⁵⁵tsɛ⁵⁵	kɑu⁴⁵tsa²	kɑu³³tsa³⁵	kɑu⁴⁵tsa²	kɑu⁴⁵tsa²	kɑu³³tsɤ⁵⁵tau²	kɑu²tsa²	kɑu⁵⁵tsa⁵⁵
菜刀	tsʰɤ³³tɑu²	tsʰei²⁴tau⁴⁵	tɕʰiɛ⁴²tsʰɤ⁵⁵tau²	tsʰei²⁴tau⁴⁵	tsʰei²⁴tau⁴⁵	tsʰɤ⁵⁵tau²	tsʰai²tau²	tsʰɤ³³tau²

（续表）

	清水坪	筲箕湾	棋坪	白沙	红土溪	草潭	山枣	高峰
屠刀	ɕia⁵⁵tɤɯ⁵⁵kau²	tu²¹³tau⁴⁵	tɤɯ²¹³tau²	ɕia⁴⁵tiɤɯ⁴⁵tau⁴⁵	tɤɯ²¹³tau²	tɤɯ²¹³tau²	du²⁴tau²	tɤɯ²¹³tau²
尖刀	tsai⁵⁵tau²	tsai⁴⁵tau⁴⁵	tsai³³tau³³	tsai⁴⁵tau⁴⁵	tsai⁴⁵tau²	tsai³³tau²	tsai⁵⁵tau²	tsai⁵⁵tau²
砧板	tuai⁵⁵pɤŋ³⁵	tie⁴⁵poŋ²	tuai³³pɤ³⁵	tie⁴⁵poŋ²	tie⁴⁵poŋ²	tuai³³pɤŋ³⁵	tuai⁵⁵poŋ²	tuai⁵⁵pɤŋ³⁵
糙碓	tsau⁵⁵（tɕi²）tuei²	tɕi²¹³tɤɯ⁴⁵	tɕi²¹³ty²¹³	tɕi²¹³diɤɯ²¹³	tɕi²¹³ty⁴⁵	tɕi²¹³ty²	tɕi²¹³tuei²¹³	pa⁵⁵pɑ²¹³ty²¹³
洗衣用的槌子	tsau³⁵⁻⁵⁵i³⁵pie⁵⁵	tsau⁵³⁻²i²tɤɯ²¹³	tsau³⁵⁻²i²pie²	tɕiau⁴⁵⁻⁴⁵i²diɤɯ²¹³	tsau⁵³⁻²i²¹³ty²¹³tsʅ²	tsau³⁵⁻²i²pie²	tɕau⁵³⁻⁵⁵i²tuei²¹³	tsau³⁵⁻⁵⁵i²pie²
擂钵	luɑ⁵⁵pu⁴²tɤ²	tɕiau⁴⁵pɔ²	tɕiau³³pɤ²	tɕiau⁴⁵⁻⁴⁵pɤ⁴⁵diɤɯ²¹³tsɿ	tɕiau²¹³kau⁴²ty²	tɕiau³³pu²	tɕiau²¹³pu²du²	luɑ²¹³pu²tɑ²
锤子	toŋ⁵⁵tuei²¹³	tɤɯ²¹³tsu²	ty²¹³tsɤ³⁵	diɤɯ²¹³tsɤ²	zoŋ²¹³kau⁴⁵ty²	ty²¹³tsʅ³⁵	tuei²¹³tau²	ty²¹³tsa⁵
斧子	fu³⁵tɤ²	fu⁴⁵tɕi⁴⁵	fu³⁵tɑ²	fu⁴⁵tɑ²	fu⁵³tɑ²	fu³⁵tau²	fu⁵³tau²	fu³⁵tau²
钩子	kɤ⁵⁵tɕie²	ka²¹³tɕi⁴⁵	ka³³dʑi²	ka²¹³tɕi²	ka²¹³tɕi⁴⁵	kɤ³³tɕi²	ka⁵⁵tɕi²	ka⁵⁵tɕi²
用来挑茅柴的两头尖尖的木棍	toŋ⁵⁵kuai²	kuai²⁴tsu⁴⁵		mau⁴⁵tsʰai⁴⁵	mau⁴⁵⁻⁴⁵tsʰai⁴⁵		mau⁵⁵tsʰai²	toŋ⁵⁵kuʔpie²
磨槽	ŋɤ⁵⁵tsau²	mɤɯ⁴⁵tʃuai⁴⁵	mɤ⁵⁵ŋa²	mɤɯ²⁴tsau⁴⁵	mu⁵³dzau²	mu⁵⁵ŋɤ²	mu²⁴tiŋa²	mu³³tsau²¹³
糙槽	tsau⁵⁵tɕi²ŋa²	tɕi²¹³kʰɤɯ²	tɕi²¹³ŋa²	tɕi²¹³kʰɤɯ²	tɕi²¹³kʰɤɯ²	ŋa⁵⁵tɕi²¹³	tɕi²¹³ŋa²	pɤ⁵⁵pɔ⁵⁵tsau²¹³
岩槽	ŋa⁵⁵tsau²¹³		ŋa³³tsau²	ŋã⁴⁵tsau²	ŋa⁴⁵tɕi²dzi²¹³	ŋɤ³³dʑi²¹³		ŋa⁵⁵tsau²¹³
火钳	tʰɤ⁴²dzi²	tʰa⁴⁵tɕi⁴⁵	tʰa⁴²dʑi²	tʰa²⁴tɕi²	tʰa⁴²dzi²	tʰa⁴²dzi²	tʰa⁴²dzi²	tʰa⁴²dzi²
六、其他								
抹布	mo⁴²pu²	mo²¹³pu²	mo⁴²tsɑ⁴²	mɤ⁴²pu²	mɤɯ⁴²pu²tsau²	mo⁴²tɛ²tsau²	ma²⁴pu²	mo⁴²pu²
柴火	ɕie⁵⁵kau³⁵	ɕie⁴⁵kau²	ɕie³³kau²	sai⁵⁵kau²	ɕie⁴⁵kau²	ɕie⁵⁵kau³⁵	sai⁵⁵	ɕie⁵⁵fa⁵⁵
火柴	zɤŋ²¹³fa³⁵	zoŋ²¹³fo²	iɑ³³xo²	zoŋ²¹³fo²	zoŋ²¹³fo²	iaŋ³³xo²	xɯ²⁴dzai²⁴	zoŋ⁵⁵fa³⁵
烟雾	yɛ⁵⁵tsʅ³⁵	yɛ⁴⁵tsa²	yɛ³³tsʅ³⁵	iɛ⁴⁵	yɛ²⁴tsʅ]	yɛ³³tsʅ³⁵	yɛ⁵⁵tsa⁵⁵	yɛ⁵⁵tsa⁵⁵

（续表）

	清水坪	筲箕湾	棋坪	白沙	红土溪	草潭	山枣	高峰
垃圾	tso⁵⁵tsɛ³⁵	au⁴⁵tsau⁴⁵	tso³³tsa³⁵	au⁴⁵tsau⁴⁵	au⁴⁵tsau⁴⁵	tso³³tsɛ³⁵	la⁵⁵tɕi²	kʰo²¹³lo⁵
斗（量具）	te³⁵	ta⁵³	ta³⁵	ta⁵³	ta⁵³	te³⁵	ta⁵³	ta³⁵
升（量具）	tsaŋ⁵⁵	tsʌɯ⁴⁵	tsɑ̃³³	tsai⁴⁵	tsʌɯ⁴⁵	tsaŋ³³	tɕieɯ⁵⁵	tsaŋ⁵⁵
刷洗锅子用的竹刷	fai³³sau²mau²	fai²⁴sau²mau²	fai⁵⁵sa⁵⁵mo²	fai²⁴sau²⁴mau²¹³	fai²⁴sau²⁴mau²¹³	fai⁵⁵sɛ²mau²	fai³⁵sa²mau²	fai³⁵sɤ²mau²
顶针	tie³⁵tsai²	tie⁵³tsɛ⁴⁵	tie³⁵tsai⁵	ti⁴⁵tɕie²	ti⁵³tɕie²	ti³⁵tsai²	ti⁵³tɕie²	ti³⁵tsai²
棉线	mie⁵⁵xua⁵⁵zo²¹³	mu⁵³mi⁴²zo²¹³	mie³³xua³³zo²¹³	mɤ⁴⁵mi²zɤ²¹³	zo²¹³	mie³³zo²¹³	mɷ⁴²mi²zɷ²¹³	mie⁵⁵xua⁵⁵zo²¹³
蒲扇	sai³³	bu⁴⁵sɛ²⁴	bu⁵⁵sai²	tsai⁴⁵ɕie²	bu⁴⁵ɕie²⁴	sai⁵⁵	ɕie²⁴	bu⁵⁵sai²
捕鼠器	lau⁵⁵su²tʰau²	lau²⁴su²tʰau²⁴	lau⁵⁵su²tʰau²¹³	lau⁵³su²tʰau²¹³	lau⁵⁵su²tʰau²⁴	lau⁵⁵su⁵⁵tʰo²¹³	lau²⁴su²tʰau²⁴	lau³⁵su²tʰo²¹³
搓衣板	tsau³⁵¹⁵i¹pɤŋ²	tsau⁵³⁴⁵kue⁴⁵poŋ⁵³tsa²	tsʰu³³¹³pɛ̃³⁵	tsʰɤ⁴⁵¹⁴⁵i¹pa̰²	tɕʰyɛ⁴⁵⁴⁵i¹poŋ⁵³tsl²	tsʰu³³¹³poŋ³⁵	tsʰu⁵⁵i¹poŋ²	tsʰu⁵⁵⁵⁵i¹pɤŋ³⁵
灯笼	taŋ⁵⁵loŋ²	tʌɯ⁴⁵lʌɯ²	tɑ̃³³loŋ²	tai⁴⁵lai²	tʌɯ⁴⁵lʌɯ⁴⁵	taŋ³³lu²	teɯ⁵⁵loŋ²	taŋ⁵⁵lu⁵⁵
灯罩	taŋ⁵⁵tsau²	tʌɯ⁴⁵tsau²⁴tsa²	tɑ̃³³tsau²	tai⁴⁵tsau²⁴tsa²	tʌɯ⁴⁵tsʌɯ²⁴tsl²	taŋ³³tsau⁵⁵tsɛ⁵	teɯ⁵⁵tseɯ²⁴tsa²	taŋ⁵⁵tsau³³tsɛ⁵⁵
灯泡	taŋ⁵⁵pʰau²	tɛ⁴⁵pʰau⁴⁵	ta⁵³³pʰau²	tai⁴⁵pʰau⁴⁵	tʌɯ⁴⁵pʰau⁴⁵	taŋ³³pʰau²	teɯ⁵⁵pʰau²⁴	taŋ⁵⁵pʰau³⁵
马灯	mo³⁵toŋ²	mo⁴⁵tʌɯ⁴⁵	mo³⁵tɑ̃²	mɤ⁴⁵tai⁴⁵	mo⁵³taŋ⁴⁵	mo³⁵taŋ⁵⁵	mo⁵³taŋ⁵⁵	mo³⁵taŋ⁵⁵
桐油灯	dʌɯ²¹³zɛ²toŋ²	dʌɯ²¹³za⁴⁵tʌɯ⁴⁵	dʌɯ²¹³za²tɑ̃²	dai²¹³za²tai²	dʌɯ²¹³za⁴⁵lioŋ⁴⁵	dʌɯ²¹³za²taŋ⁵⁵	deɯ²¹³ia²teɯ⁵⁵	dau²¹³za²taŋ²
煤油灯	mei⁵⁵zɛ²toŋ⁵⁵	zau²¹³za²tʌɯ⁴⁵	mei³³za²tɑ̃²	mei⁴⁵za²tai²	zoŋ²¹³za⁴⁵lioŋ²⁴	mei³³zɛ²taŋ²	mei⁵⁵ia²teɯ⁵⁵	mei⁵⁵za²taŋ²
蜡烛	tɕio⁴²	lu⁴²tɕy⁴²	tseu⁴²	lɤ²⁴tɕieɯ²⁴	lu⁴²tseɯ²⁴	lo⁴²tɕieɯ⁴²	la²⁴tseɯ⁴²	lo⁴²tɕieɯ⁴²
筐子	bie³³sɤ⁵⁵	bi²⁴sɛ⁴⁵	pi⁵⁵tsa³⁵	bi²⁴sẽ⁵³	bi²⁴sɛ⁴⁵	bi⁵⁵sɤ²	bi²⁴sei⁵⁵	bi³³sɤ²
钵头（腌菜坛子的盖）	pu⁴²te²	peɯ⁴²ta²	pɤ⁴²ta²	pɤ⁴²ta²	peɯ⁴²ta²	pu⁴²te²	pu⁴²ta²	pu⁴²ta²

（续表）

	清水坪	篁篁湾	棋坪	白沙	红土溪	草潭	山枣	高峰
茶枯或鱼枯	kʰu⁵⁵	kʰu⁴⁵	kʰu³³	kʰu⁴⁵	kʰu⁴⁵	kʰu³³	kʰu⁵⁵tsa⁴²ku⁵	kʰu⁵⁵
烟头	ye⁵⁵tɐ²	ie⁴⁵lɑu⁴⁵ko²	ye³³tɐ⁵⁵	ie⁴⁵ mai⁵³pɤ²	ie⁴⁵ie⁴⁵tiɑu⁴⁵	ye³³tɐ²	ie⁵⁵tɐ²	ye⁵⁵tsa⁵⁵ku⁵
早烟袋	kʰɤ⁵⁵ye⁵⁵tiɑu²	oŋ²⁴ie⁴⁵tie⁴⁵	ye³³ti²		xa⁵³ie⁴⁵tiɑu⁴⁵	dɤŋ³⁵ye³³tiɑu	ie⁵⁵tiɑu²	ɤŋ³³ye⁵⁵tiɑu⁵⁵
水烟袋	tsu³⁵ye⁵⁵tiɑu²	tsu⁵³ie⁴⁵tie²	tsu³⁵ye³³ti²	tsu⁴⁵ie⁴⁵tie²	tsu⁵³ie⁴⁵tiɑu⁴⁵	tsu³⁵ye³³tiɑu⁵⁵	tsu³⁵ie³³tiɑu²	tsu³⁵ye⁵⁵tiɑu⁵⁵
烟杆	ye⁵⁵kai⁵⁵	ie⁴⁵tɐ⁴⁵	ye³³kai⁵⁵	ie⁴⁵tie²	ie⁴⁵tiɑu⁴⁵	ye³³kuai⁵⁵		ye⁵⁵tiɑu⁵⁵kai²
纸煤儿	fa³⁵li³⁵ɲɛ⁵⁵	fo⁴⁵lie⁴²ɲa²	fa³⁵lie²ɲa²	tɕɿ⁴⁵mi²	fo⁵³lie⁴²tɐ²	fɑŋ³⁵li⁵⁵ŋa²		fa³⁵lie²
东西	tʌɯ³³ɕi²	tʌɯ⁴⁵ɕi⁴⁵	tʌɯ³³ɕi²	tai⁴⁵ɕi⁴⁵	tʌɯ²⁴ɕie⁴⁵	tʌɯ³³ɕi²	tɤɯ⁵⁵ɕi²	tɑu⁵⁵ɕi²
钥匙	zu³³tsai²	zy²⁴tɕie²	zu⁴²tsai²	zɤɯ²⁴tɕie²	zy²⁴tɕie⁴⁵	zye⁴²tsai²	zuei⁴²tsu²	zuai⁴²tsu²
钱包	dai²¹³tsai⁴⁵pɑu⁵⁵	bi²⁴pɑu⁴⁵	bi³³pɑu²	dai²¹³tsai⁴⁵pɑu²	bi²⁴pɑu⁴⁵	bi³³pɑu²	dɤɯ²¹³tsai²pɑu²	dɑu²¹³tsai⁵⁵pɑu²
熨斗	ye²¹³tɤɯ²	y²⁴tɐ²	ye⁵⁵tɐ²¹³	ye²⁴tɐ⁴⁵	ye²⁴tɐ⁴⁵	ye²¹³tɤɯ²	ye²¹³tɤɯ²	ye³³tɐ²
肥皂	iɑŋ⁵⁵tɕiɑ̃²	zoŋ²¹³tɕiɑ̃²	iɑ̃⁵⁵tɕiɑ̃²	iɑŋ⁴⁵tɕiɑ̃²	zoŋ²¹³tɕiɑ²	fei²¹³tsɑu²	fei²⁴tsɑu²	fei²⁴tsɑu²
洗衣粉	ɕi⁴²i⁵⁵fẽ²	ɕi⁴²i³³fẽ²	ɕi⁴²i³³fẽ²	tsɤɯ⁵³i⁴⁵pai⁵³tsa²	tsɑu⁵³i pai⁵³tsɿ	ɕi⁴²i³³fẽ²	ɕi⁴²i⁵⁵fẽ²	tsɑu³⁵i⁵⁵pai²
J人品亲属								
一、人品								
人	ŋ⁵⁵	oŋ⁴⁵	ẽ³³	oŋ⁴⁵	oŋ⁴⁵	ŋ³³	oŋ⁵⁵	ŋ⁵⁵
男人	ɐ³⁵sɑŋ⁵⁵ko²	a⁴⁵sẽ⁴⁵ko²	a³⁵sɑ̃⁵⁵ko²	xo⁵³tsa⁴⁵kɤɯ²tɕʰi²	lɑ̃²⁴ti⁵	tsɤ³⁵tsɤ⁵	a³⁵sɑŋ⁵⁵kɔ²	loŋ⁵⁵ŋ²
已婚女人	fu²¹³ny²	ɕi²⁴pʰa²	ɕi⁵⁵pʰa⁵⁵	ɲiɤɯ³⁵tsa⁴⁵kɤɯtɕʰi²	fu²¹³ny²	ɲiɤɯ³⁵tsɤ	ɲiɤɯ⁵⁵tsa	ku⁵⁵ɲian²ko²
未婚女人	ku⁵⁵ɲiɑŋ⁴²tɐ³⁵ta²	ku⁴⁵ɲiɑŋ⁴⁵ko⁴⁵	ɲiɤɯ³⁵tsa⁵	ku⁴⁵ɲiɑŋ⁴²tɐ⁴⁵ta²	ku⁴⁵ɲiɑŋ⁴⁵tɐ²¹³tɐ²	ku³³ɲiɑŋ²ko²	ɲiɤɯ⁵³tsa²	ɲiɤɯ³⁵tsa²zɤ²

（续表）

	清水坪	筲箕湾	棋坪	白沙	红土溪	草潭	山枣	高峰
老人家（不分男女）	lɑu³⁵ŋ²koʔ²	lɑu⁵³oŋ⁴⁵koʔ²	lɑu⁵⁵ẽ²koŋ²	lɑu⁵³oŋ²ko²	lɑu⁵³oŋ⁴⁵koʔ²	lɑŋ³⁵koʔ²	lɑŋ⁵³oŋ²koʔ²	lɑu³⁵ŋ⁵⁵koʔ²
老公公	lɑu³⁵ɑ⁵⁵buʔ²	lɑu⁵³bɣ⁴²tsa²	lɑu³⁵ɑ²bɣ²	lɑu⁵³ɑu⁵³buʔ²	lɑu⁵³ɑu⁴⁵buʔ²	lɑu³⁵ɑ²buʔ²	lɑŋ⁵³oŋ²koʔ²	lɑu³⁵bo²
老太太	lɑu³⁵ɑ⁵⁵moʔ²	lɑu⁵³koŋ⁴⁵tsa²	lɑu³⁵ɑ²mo²	lɑu⁵³ɑi⁵³ȵiɑŋ⁵³	lɑu⁵³ɑi⁴⁵ȵiɑŋ⁴⁵	lɑu³⁵ɑ²mo²		
小孩	ŋo⁵⁵tsɛʔ²	xo⁴⁵kɑu⁴⁵tsa²	suɑ⁵⁵ŋo³³zɿ²	ȵiɑŋ²¹³ŋɣ⁴⁵tsa²	ȵiɑŋ²¹³ŋo⁴⁵tsa	ŋo³³tsɛ²	ȵiɑŋ⁵⁵ŋo⁵⁵tsa²	ȵiɑŋ²¹³ŋo⁵⁵tsa²
男孩	ɛ³⁵sɑŋ²¹koʔ²ŋo⁵⁵tsɛʔ²	ɑ⁵⁵sẽ⁴⁵²koʔ²	sɛ³³sẽ⁻²²zẽ²tsa²	tsa⁵³ŋɣ²tsa²	tsa⁵³ŋo⁴⁵tsa	tsɛ³⁵tsɛ²ŋo²tsɛ²	tsa⁵³tsa²	tsa³⁵tsa²zɿ²
对男孩的爱称	lɑu³⁵lɑu²	lɑu⁴²	lɑu⁴²lɑu²	lɑu⁴²	lɑu⁴²	lɑu⁴²lɑu²	lɑu⁴²lɑu²	lɑu⁴²lɑu²
女孩	mei³⁵mei²	ȵiəu⁵³tsa⁴²ko²	ȵieu³⁵tsa⁵⁵	ȵieu⁵⁵ŋɣ⁴⁵tsa²	ku⁴⁵ȵiɑŋ⁴⁵tɑ²¹³tɑ²	ȵiəu³⁵tsa⁵	mei⁵³tsa²	ȵieu³⁵tsa⁵⁵zɤ²
小伙子	ɛ³⁵sɑŋ²⁵⁵koʔ²	xo⁴⁵kɑu⁴⁵tsa²	ɕiɑu⁴²xo²tsɿ	ȵiɑŋ²¹³ŋɣ⁴⁵tsa²	ɑ²⁴sai⁵³koʔ²	ɑ³⁵sɑŋ³³koʔ²	ɕiɑu⁴²xɷ²tsɿ	ɑ³⁵sɤŋ⁵⁵koʔ²
寡妇	kuɑ⁴²fuʔ²	kuɑ⁴²fuʔ²	ku³³kuɑ⁴²ȵieu²	ko⁴⁵mɤ²¹³	kuɑ⁴²bo²⁴tsɿ²	kuɑ⁴²fuʔ²	kuɑ⁴²fuʔ²	kuɑ³⁵mo²tʰi²
双胞胎	i²¹³tuɑ³³	soŋ⁴⁵soŋ⁴⁵	sɛ³³sẽ⁻²²zẽ²tsa²	to²¹³soŋ²soŋ⁴⁵	suɑŋ⁴⁵pɑu⁴⁵tʰai⁴⁵	suɑŋ³³pɑu³³tʰai³³	suɑŋ⁵⁵pɑu²tʰa¹⁻⁵⁵	sɤŋ⁵⁵sɤŋ²
同年出生的人	dʌɯ²¹³lai⁵⁵	dʌɯ²¹³lai⁴⁵	dʌɯ²¹³la³⁵	lɑu⁴²dai²¹³	dʌɯ²¹³lai⁴⁵	dʌɯ²¹³lai²	dəu²¹³lai²soŋ⁵⁵tiʔ²	dɑu²¹³la⁵⁵
挑夫	toŋ⁵⁵tsɛ⁵⁵kʰoʔ⁴²	tõ⁴⁵tsa⁴²kʰu⁴²	toŋ³³tsa⁵⁵kʰoʔ⁴²	tõ⁴⁵tai⁴⁵ɕiʔ²tiʔ²	tõ⁴⁵ky⁴²tiʔ²	toŋ³³tsɛ²tiʔ²	dioŋ²¹³kəu²	toŋ⁵⁵tsa²kʰo⁴²
医生	i⁵⁵sẽ²/zu³³sẽ²	i⁵⁵sẽ⁻⁴⁵	zu⁵⁵sa²	zəu²⁴loŋ⁴⁵sa²fuʔ²	i⁵⁵sẽ⁻⁴⁵	i³³sẽ²	i⁻⁵⁵sẽ²	zuai³³sa²
草郎中	tsʰɑu³⁵zu²¹sa⁵⁵fuʔ²	tsʰɑu⁵³i²	tsʰɑu³⁵zɿ¹sa³³fuʔ²	tsʰɑu⁵³zəu²⁴i²	tsʰɑu⁵³ɤ²⁴loŋ²	tsʰɑu³⁵yɛ³³fuʔ²	zuei²⁴loŋ²	tsʰɑu³⁵zuai³³sa²
老师	sɛ⁵⁵fuʔ³⁵	ɕiɑ⁴⁵sẽ⁴⁵sa²fuʔ²	sa³³fuʔ⁵⁵	sa⁴⁵fuʔ²	lɑu⁴²sɿ⁴⁵	sɛ³³fuʔ²	sa⁵⁵fuʔ²	sa⁵⁵fuʔ⁵⁵
徒弟	du³³tiʔ²	du⁴⁵tiʔ²	dəu⁵⁵tiʔ⁵⁵	du⁴⁵tiʔ²	dəu⁵⁵tiʔŋo⁴⁵tsa	dəu²¹³tiʔ²	du²⁴tiʔ²	dəu⁵⁵tiʔ⁵⁵

(续表)

	清水坪	筻箕湾	棋坪	白沙	红土溪	草潭	山枣	高峰
学生	aɯ³³saŋ⁵⁵	aɯ²⁴soŋ⁴⁵	ɣaɯ⁵⁵sã⁵⁵	aɯ²⁴sõ⁴⁵ŋɤ⁴⁵tsa²	aɯ²⁴soŋ⁴⁵ŋo⁵³tsa²	aɯ⁵⁵soŋ²	aɯ⁵⁵soŋ²	aɯ³³sɤŋ²
同学	dʌɯ²¹³aɯ³³	dʌɯ²¹³aɯ²⁴	dʌɯ²¹³ɣaɯ⁵⁵	dai²¹³aɯ²⁴ŋɤ⁴⁵tsa²	dʌɯ²⁴aɯ²⁴	dʌɯ²¹³aɯ²	doŋ²¹³ɕio²⁴	daɯ²¹³aɯ⁵⁵
邻居	ko⁴²pie⁴²	ko⁴²pi⁴²	ko⁴²pie⁴²	kɤ⁴²pi⁴²	ko⁴²pie⁴²	ko⁴²pie⁴²	ko⁴²pi⁴²	ko⁴²pie⁴²
朋友	pʌɯ²¹³ʑɛ²foŋ⁵⁵xaɯ³⁵	pʌɯ²¹³zaŋ²	pʌɯ²¹³za²	pai²¹³zoŋ²	pʌɯ²¹³za²	bʌɯ²¹³ze²	bəɯ²¹³tɕia²	paɯ²¹³za²
木匠	pu⁴²tsʰa²	pəɯ⁴²tsʰo²	pɤ⁴²tsʰa²	oŋ⁴²dʑioŋ²sa⁴⁵fu²	oŋ⁴²dʑioŋ²	pu⁴²tsʰaɯ²	oŋ⁴²dʑioŋ²	pu⁴²tsʰuai²
铁匠	tʰe⁴²dʑie²	tʰa⁴²dʑioŋ²	tʰa⁴²dʑiẽ²	tʰa⁴²dʑioŋ²sa⁴⁵fu²	tʰa⁴²dʑioŋ²	tʰe⁴²dʑie²	tʰa⁴²dʑioŋ²	tʰa⁴²dʑie²
石匠	ŋe⁵⁵dʑie²	ŋa⁴⁵dʑioŋ²	ŋa³³dʑiẽ⁵⁵	ŋa⁴⁵dʑioŋ²sa⁴⁵fu²	ŋa⁴⁵dʑioŋ²	ŋe³³dʑie²	ŋa²⁴dʑioŋ²	ŋa⁵⁵dʑie²
篾匠	mie⁵⁵dʑie³³	mie⁴⁵dʑioŋ²	mie⁵⁵dʑiẽ²	mi⁴⁵dʑioŋ²sa⁴⁵fu²	mie⁴⁵dʑioŋ²	mie³³dʑie²	mi⁵⁵dʑioŋ²	mie⁵⁵dʑie²
弹匠	doŋ²¹³dʑie³³	doŋ²¹³dʑioŋ²	dẽ²¹³dʑiẽ⁵⁵	doŋ²¹³dʑioŋ²sa⁴⁵fu²	doŋ²¹³dʑioŋ²	dɤŋ²¹³dʑie²	doŋ²¹³dʑioŋ²	dɤŋ²¹³dʑie²
瓦匠	ua⁵³dʑie³³	ua⁵³dʑioŋ²⁴	ua³⁵dʑiẽ⁵⁵	o⁵³dʑioŋ²sa⁴⁵fu²	ua⁵³dʑioŋ²	ua³⁵dʑie²	ua⁵³dʑioŋ²	ua³⁵dʑie²
银匠	ȵie⁵⁵kaɯ⁴²	ȵie⁴⁵dʑie²	ȵie³³dʑie⁵⁵	ȵie⁴⁵dʑioŋ²sa⁴⁵fu²	ȵie⁴⁵dʑioŋ²			ȵie⁵⁵dʑie²
理发师	tʰe⁴²laɯ²dʑie²⁴	tʰa²⁴laɯ²dʑioŋ²⁴	tʰa⁵⁵laɯ⁵dʑiẽ²	tʰa²⁴laɯ'dʑioŋ²	tʰa²⁴laɯ²dʑioŋ²	tʰa⁵⁵laɯ⁵³dʑioŋ²	tʰa²⁴laɯ⁵³dʑioŋ²	tʰa³³laɯ⁵⁵dʑie²
厨师	laɯ³⁵moŋ⁵⁵ti⁵⁵	təɯ²¹³ȵye⁴²sa⁴⁵fu²	dzu³³sʅ²	tiəɯ²¹³tsa⁴²sa⁴⁵fu²	tiəɯ²¹³tsʅ⁴²sa⁴⁵fu²	tsʰaɯ³⁵tsɤ³⁵sa³³fu²	dzu²⁴sʅ²	ty²¹³vɤŋ²¹³sa⁵⁵fu⁵⁵
屠夫	ɕia⁵⁵tʙɯ⁴²kʰu⁴²	du²¹³u⁴²sa⁴⁵fu²	təɯ²¹³vu²	du²¹³u⁴²sa⁴⁵fu²	dəɯ²¹³u²	təɯ²¹³vu²³⁵	du²⁴fu²	tsɤ²¹³fu³⁵
和尚	vu²¹³tsʰoŋ³⁵	ue²¹³tsʰoŋ⁴²	vu²¹³tsʰẽ³⁵	əɯ²¹³tsʰoŋ⁴²sa⁴⁵fu²	ue²¹³tsʰoŋ²	vu²¹³tsʰɤŋ³⁵	xɤ²⁴saŋ²	vu²¹³tsʰɤŋ²
道士	lau³⁵saŋ²	lau⁵³sã⁴⁵	lau³⁵sã²	tʰau⁵³dzi²	tʰau⁵³dʑioŋ²	tau³⁵sʅ²	lau⁵³saŋ²	lau³⁵sa²
乞丐	kaɯ³³xua⁴²	kaɯ²⁴xua²	kaɯ⁵⁵xua²	kaɯ'xua'tsʅ	kaɯ²⁴xua⁴⁵tsʅ	kaɯ⁵⁵xua²	kaɯ²⁴xua⁵⁵tiaɯ²¹³	kaɯ³³xua²
贼	ȵiaŋ²¹³ɤ⁵⁵tʙ⁴²	tsʰɛ⁴⁵	tsʰɤ³³ta²	tsʰei⁴⁵	tsʰei⁴⁵	tɕie²¹³tʰaɯ²	tsʰei⁵⁵ta²	tsʰɤ⁵⁵ta²
裁缝	dzɤ²¹³bʌɯ²	dzʌɯ²¹³bʌɯ⁴⁵	dzɤ²¹³bʌɯ⁵	dzai²¹³bai⁴⁵sa⁵³fu⁴⁵	dzʌɯ²¹³bʌɯ⁴⁵	dzɤ²¹³bʌɯ²	dzei²¹³bu²	dzɤ²¹³paɯ²

（续表）

	清水坪	筒箕湾	棋坪	白沙	红土溪	草潭	山枣	高峰
司机	kʰa⁵⁵tsʰo⁵⁵sɛ⁵⁵	sa⁴⁵fu²	sʅ³³tɕi³³	kʰo⁴⁵tsʰɤ⁴⁵sa⁴⁵fu²	kʰo⁴⁵tsʰo⁴⁵ti²	sʅ⁵⁵tɕi⁵⁵	sʅ⁵⁵tɕi⁵⁵	sa⁵⁵fu⁵⁵
客人	kʰo⁴²ŋ²	kʰu⁴²oŋ⁴⁵	kʰo⁴²e²	kʰɤ⁴²oŋ²	kʰu⁴²oŋ²	kʰo⁴²ŋ³³	kʰω⁴²oŋ⁵⁵	kʰo⁴²
对苗族人称呼	miau⁵⁵ŋ²/bɤ³³kai²	miau⁴⁵tsʰu²	bɤ⁵⁵kai⁵⁵	bei²⁴tsʅ²	bei²⁴tsʅ²	bɤ⁵⁵kai²	bei²⁴ti²	miau⁵⁵ti²bɤ³³kau⁴²
对瓦乡人称呼	kʰo⁴²ŋ²	o²⁴ɕioŋ⁴⁵ti²	ka³⁵ɕiẽ⁵⁵te²	o²⁴ɕioŋ⁴⁵ti²	ua²⁴ɕioŋ⁴⁵lau²	kʰo⁴²ɤŋ²	ɕioŋ⁵⁵oŋ⁵⁵	
相貌	zɤŋ³³tsʅ²	zoŋ²⁴tsa²	ɕiou³³	zoŋ²⁴tsʅ²	zoŋ²⁴tsʅ²	zoŋ⁵⁵mo⁵⁵	ɕioŋ²⁴tʰau²	zɤŋ³³ti⁵
年龄	tsua³³sɛ²	tso²⁴sa²	tsua³³sa²	tsua²⁴sa²	tsua²⁴sa²	tsua⁵⁵sɛ²	tsua²⁴sa²	tsua³³sa²
名字	mi⁵⁵	mẽ⁴⁵	mi³³	mẽ⁴⁵tsʅ²	mẽ⁴⁵tsʅ²	mi³³	miẽ⁵⁵ti²	mi⁵⁵dza²
二、亲属称谓								
曾祖父	lau³⁵e⁵⁵bu²	lau⁵³au⁴⁵bɤ²	lau³⁵a³³bɤ²	lau⁴⁵au⁴⁵bω²	lau⁵³au⁴⁵bu²	lau³⁵e³³bu⁵⁵	lau⁵³a⁵⁵bu⁵³	lau³⁵a⁵bu³³
曾祖母	lau³⁵e⁵⁵mo²	tʰo⁴⁵e⁴⁵ɲiõ⁵⁵	lau³⁵a³³mo²	lau⁴⁵a³³ɲiaŋ⁴⁵	lau⁵³ai³³ɲiaŋ⁴⁵	lau³⁵e³³mo⁵⁵	lau⁵³ɲiaŋ²¹³ɲiaŋ²	lau³⁵a⁵⁵bo³³
祖父	e⁵⁵bu²	au⁵³bɤ²	a³³bɤ³⁵	au⁴⁵bɤ²	au⁴⁵bu²	e³³bu⁵⁵	bu²¹³bu²	a⁵⁵bu³³
祖母	e⁵⁵mo²	ẽ⁴⁵lio⁴⁵	a³³mo⁴²	a⁴⁵liaŋ⁴⁵	ai⁴⁵liaŋ⁴⁵	e³³mo⁵⁵	liaŋ²¹³liaŋ²	bo³³
外祖父	ko⁵⁵bu²	ko⁴⁵bɤ²⁴	ko³³bɤ³⁵	kɤ⁴⁵bɤ⁸	ko⁴⁵bau²⁴	ko³³bu³⁵	ko⁵⁵bu²	ko⁵⁵bu³³
外祖母	ko⁵⁵maŋ²	ko⁴⁵mo⁴⁵	ko³³mo⁴²	kɤ⁴⁵mɤ⁴⁵	ko⁴⁵mo⁴⁵	ko³³maŋ²	kω⁵⁵maŋ²	ko⁵⁵maŋ²
父亲	ba⁴²/tie⁵⁵/ia³⁵/e⁵⁵ti²	tia⁴⁵	a³³ti²	da²⁴	da²⁴	ba⁴²	da²⁴	ba⁴²/tia⁵⁵
母亲	ɲiaŋ⁵⁵/e⁵ɲiɛ²	ai⁵³mɤ²	a⁵⁵ɲiɛ²	a⁵⁵ma²	a⁴⁵ma²	ɲiẽ²¹³	ai⁵⁵ɲiaŋ²	ɲiẽ²¹³
岳父	ɲiɛ³³hiɛ³⁵bu⁵⁵	tɕʰie⁴⁵tio⁴⁵	tɕʰie³³tio²	tɕʰie⁴⁵tɤɤ⁴⁵	tɕʰie⁴⁵tio⁴⁵	ko³³bu⁵⁵	io²⁴fu²	ko⁵⁵bu³³

（续表）

	清水坪	筻篢湾	棋坪	白沙	红土溪	草潭	山枣	高峰
岳母	ȵie³³tʰiḛ³⁵mu²	tɕʰi⁴⁵ȵio⁴⁵	tɕʰiɛ⁴⁵ȵiɛ̰²	tɕʰiɛ⁴⁵ȵiaŋ⁴⁵	tɕʰiɛ⁴⁵ȵiaŋ⁴⁵	ko³³maŋ²	io²⁴mu²	ko⁵⁵maŋ⁴²
叔叔	o²¹³ o³⁵	o²¹³	o²¹³/ba⁵⁵ba²	ɣ²¹³/moŋ⁵³	o²¹³	ɐ³tie⁴²	o³⁵	o²¹³ o²
叔母	maŋ³⁵maŋ²	mai⁵³mai⁵³	ma³⁵ma̰⁵⁵	me⁵³me⁵³	ta²¹³ta²¹³	moŋ³⁵moŋ⁵	mɷ⁴²mɷ²	moŋ³⁵moŋ⁵
伯伯	po⁴²po²	pu⁴²pu⁴²	po⁴²po²/po⁴²ti²	pɣ⁴²	ly²⁴pai²⁴	po⁴²po²	pɷ⁴²pɷ²	po⁴²po²
伯母	mo⁵⁵mo²	pu⁴⁵ȵio⁴⁵	mo³³ȵiɛ̰²	pɣ²⁴ȵiaŋ²	ȵiaŋ²)pai²⁴	mo³³mo²	pɷ⁴²ȵiaŋ²	mo⁵⁵mo²
姑父	ku⁵⁵tʰie³⁵	ku⁴⁵tʰioŋ⁵³	ku³³tʰiɛ³⁵	ku⁴⁵tʰioŋ⁵³	ku⁴⁵tʰioŋ⁵³	ku³³tiɐu²	ku⁵⁵tiɑu³³	ku⁵⁵tiɑu³³
姑妈	ta⁴²ta²	ta²¹³ta²	ta⁵⁵ta²	ta²¹³ta²	ta²¹³ta²	ta⁵⁵ta²	ta³³ta²	ta³³ta²
舅舅	ko²¹³kɐu²	ko²¹³kɐu²	ko²¹³kɐu²	kɣ²¹³kɐu²	ko²¹³kɐu²	ko²¹³kɐu³⁵	kɷ²¹³kɛ̃²	ko²¹³kɐu³⁵
舅母	ko²¹³maŋ³⁵	ko²¹³mɣ²	ko²¹³mã³⁵	kɣ²¹³mɐu²	ko²¹³mɐuʔ	ko²¹³maŋ³⁵	kɷ²¹³ȵiaŋ²	ko²¹³maŋ⁵⁵
大姨妈	tsoŋ⁴²ȵiaŋ²	tsoŋ⁴²ȵio⁴⁵	tsẽ⁴²tio²	tsoŋ²⁴ȵiaŋ²	tsoŋ⁴²ȵiaŋ²	tsɤŋ⁴²ȵiaŋ²	tsoŋ⁴²ȵiaŋ²	tsẽ⁴²ȵiaŋ²
大姨夫	tsoŋ⁴²tio⁴⁵	tsoŋ⁴²tio⁴⁵	tsẽ⁴²tio²	tsoŋ²⁴tiɐu⁴⁵	tsoŋ⁴²tio⁴⁵	tsɤŋ⁴²dɐʔɤŋ²	tsoŋ⁴²tiɷ²	tsẽ⁴²diɐu²
小姨妈	o²¹³sɿ⁵⁵	o²¹³sɿ⁴⁵	o²¹³sɿ³⁵	ɣ²¹³sɿ⁴⁵	o²¹³sɿ²	o²¹³sɿ³⁵	ɷ²¹³sɿ²	o²¹³sɿ³⁵
小姨夫	o²¹³tʰiɛ̰³⁵	o²¹³sɿ⁴⁵tʰioŋ²	o²¹³tʰiɛ̰³⁵	ɣ²¹³sɿ⁴⁵tʰioŋ²	o²¹³sɿ⁴⁵tʰioŋ²	o²¹³tʰiɛ³⁵	o²¹³tiɐ̰³⁵	o²¹³tʰiɛ³⁵
丈夫	ɐ³⁵soŋ⁵⁵ko²	lɐu⁴⁵xo²	a³⁵sã³³ko²	lai⁴⁵xa²	lai⁴⁵xa²/lã²⁴ti²	ɐ³⁵sɤŋ³³ko²		a³sɤŋ⁵⁵ko²
妻子	liɐu³⁵ko²/tɕi⁴²tɛ²⁵ŋ⁵⁵	tɕi⁴²ta²oŋ²	tɕi⁴²ta²ẽ²	mai²⁴xa²	mai²⁴xa²	tɕi⁴²dɐˀɤŋ²	tɕi⁴²ta²oŋ²	tɕi⁴²ta²kɐu²
哥哥	ku⁵⁵ku⁵⁵	ko⁴⁵ko²	ku³³ku²	kɐu⁴⁵kɐu⁴⁵	kue⁴⁵	ku³³ku²	kɷ⁵⁵kɷ²	ku⁵⁵ku²
兄弟	foŋ⁵⁵xa²tʰa²	foŋ⁴⁵xo²	fɛ³³xa³⁵	foŋ⁴⁵xo²	foŋ⁴⁵xo²ko²	fɤŋ³³xa²tʰua²	xoŋ⁵⁵xa²ka²	fɤŋ⁵⁵xa⁵⁵
弟弟	xa³⁵zɿ²	lɐu⁴²lɐu²	xa³⁵	lau⁴²	lau⁴²	xa³⁵zɿ²	xa⁵³	xa³⁵zɿ²
姐姐	tɕie⁴²tɕie²	ai⁴⁵tɕie⁴⁵	a³³tɕi⁵⁵	tɕi⁵³	ai⁴⁵tɕie⁴⁵	tɕi⁴²tɕie²	tɕie⁴²tɕie²	tɕie⁴²tɕie²
姐妹	tɕi³⁵xa⁵⁵tʰa²	tɕi⁵³xo²	tɕi³⁵xa²	tɕi⁵⁵xo²ko²	tɕi⁴⁵xo²ko²	tɕi⁴²xa⁵⁵tʰua²	tɕie⁵³mei²	tɕie⁴²mei²
妹妹	mei³⁵mei²	mei⁵³mei²	mẽ³⁵mẽ²	mẽ⁵³	mẽ⁵³	mei³⁵zɿ²	mei²¹³mei²	mei³⁵zɿ²

（续表）

	清水坪	箐箕湾	棋坪	白沙	红土溪	草潭	山枣	高峰
妹夫	mei³⁵zɿ⁵ko²	mei⁵³tai⁴⁵ko²	za⁴²mai²ko²	mẽ⁵³tai⁵³ko²	mẽ⁵³tai⁵³ko²	mei³⁵zɿ⁵ko²	mei²¹³fu²	mei³⁵zɿ⁵ko²
姐夫	tɕi³⁵tʰie⁵⁵	tɕi⁵³tʰioŋ⁵³	tɕi³⁵tʰie⁵⁵	tɕi⁵³tʰioŋ⁵³	tɕi⁵³tʰioŋ⁵³	tɕi³⁵tʰe⁵	tɕi⁵³tʰia²	tɕi³⁵tʰẽ⁵⁵
嫂嫂	tsʰau³⁵tsʰau⁵⁵	tsʰau³⁵li²	tsʰau³⁵tsʰau⁵⁵	tsʰau³⁵tsʰau⁵	tsʰau³⁵tsʰau⁵	tsʰau³⁵tsʰau⁵	tsʰu³⁵tsʰau²	tsʰau³⁵tsʰau²
弟媳	xɑ³⁵zɿ³⁵ɕi⁵⁵pʰẽ²	xo⁵³mai²	xɑ³⁵ma⁵⁵	xo⁵³mɤ²	xo⁵³mu²	xa²zɿ²ɕi⁵⁵pʰẽ²	mo⁵³mo²	mɑŋ²¹³tsa⁵⁵ɕi⁵⁵pʰa²
儿子	tsɤ³⁵	tsa⁵³	tsa³⁵	xo⁵³tsa²	tsa⁵³	tsɤ³⁵	tsa⁵³tsa²	tsa³⁵
儿媳妇	tsɤ³⁵ɕi⁵⁵pʰe²	tsa⁵³ɕi²⁴pʰa²	ɕi⁵⁵pʰa⁵⁵	ɕi²⁴pʰa²	ɕi²⁴pʰa²	tsɤ³⁵ɕi²pʰe²	ɕi²⁴pʰai²	tsa³⁵ɕi²⁴pʰa²
女儿	ȵieu³⁵	ny⁵³	ȵieu³⁵	ȵieu⁵³	ȵieu⁵³li²	ȵieu³⁵sp⁵	ȵieu⁵³	ȵieu³⁵
女婿	ko⁵⁵	tai⁵³ko⁴⁵	ko³³	ȵieu⁵³tai⁴⁵keɯ²	tai⁵³ko²	ko⁵⁵	tai⁵³ko²	ko⁵⁵
侄子	tʰi⁵⁵tsa³⁵	tʰi⁴⁵tsa²	tʰi³³tsa³⁵	tʰi⁴⁵tsa²	tʰi⁴⁵tsa²	tʰi³³tsa³⁵	tʰi⁵⁵tsa³⁵	tʰi⁵⁵tsa⁵⁵
孙子	suai⁵⁵	ʃuai⁴⁵	suai³³tsa³⁵	suai⁴⁵tsa²	suai⁴⁵	suai³³	suai⁵⁵tsa²	suai⁵⁵
外孙	uai²⁵suai²	uai³⁵ʃuai⁴⁵	uai³⁵suai⁵⁵tsa²	uai⁵³suai⁵⁵	uai⁵³suai⁴⁵	uai³⁵suai²	uai⁵³suai⁵⁵	uai³⁵suai
父母（合称）	lu³³ŋ⁵	tia⁴⁵⁻⁴²tɤ⁵⁻²	tio³³niẽ²/lu⁵⁵ẽ²	leɯ²⁴pʰi⁴⁵	ly²⁴oŋ⁴⁵	lu⁵⁵ŋ²	laŋ⁵³oŋ²ko²	tio⁵⁵ȵiẽ²
亲戚	tɕʰie⁵⁵tɕʰi²	tɕʰie⁴⁵tɕʰi²	tɕʰie³³tɕʰie²	tɕʰie⁴⁵tɕʰi²	tɕʰie⁵³tɕʰi²	tɕʰie⁵⁵tɕʰi²	tɕʰie⁵⁵tɕʰi²	tɕʰie⁵⁵tɕʰie⁵
娘家	ȵiẽ²¹³tɕi²dɤ²	ȵiõ⁴⁵ta²	ȵiẽ²¹³tɕi⁴²da²	ȵiɑŋ²¹³ta²	ȵioŋ²¹³taʔoŋ⁴⁵	e⁵⁵bu²ɕi⁵⁵le²	ȵiɑŋ²⁴tɕia²	ȵiẽ²¹³da²
K 身体部位								
头	lau³⁵ku⁵⁵	lau⁵³ku²	lau³⁵ku⁵	lau⁵³ku²	lau⁵³ku²	lau³⁵ku³³	lau⁵³ku²	lau³⁵ku⁵
脸	mie³³	mi²⁴pau⁴⁵	mie⁵⁵	mie²⁴pau⁴⁵	mie²⁴pau⁴⁵	mie⁵⁵pau²	mie²⁴	mie³³(pau⁵⁵)
额	mo⁴²ŋai²	ŋai⁴²mi²tɕʰioŋ⁴⁵	ŋo⁴²	ŋɤ²⁴oŋ⁴⁵ko²	ŋoŋ⁴²moŋ²⁴kua²	ŋo⁴²mẽ²	ŋo⁴²mi²kua²⁴	ŋo⁵⁵mẽ²ta²
颧骨	mie³³ȵiẽ⁵⁵kua²		mie³⁵tɕie⁵⁵kua²	oŋ⁵³ko²	mie²⁴tɕioŋ²kua²	mie⁵⁵pau³³kua²	mie²⁴pau²	mie⁵⁵pau⁵⁵kua²

（续表）

	清水坪	筲箕湾	棋坪	白沙	红土溪	草潭	山枣	高峰
头发	lau³⁵mo²	lau⁵³mo⁴⁵	lau³⁵mo²	lau⁴⁵mɤ²	lau⁵³mo²	lau³⁵mo²	lau⁵³mɷ²	lau³⁵mo²
辫子	lau³⁵mo⁵⁵pʰie²	lau⁵³mo⁴⁵pʰie⁵³	pʰie³⁵	pʰie⁵³	pʰie⁵³tsʅ²	pʰie⁵³tsɿ⁵	pʰie³⁵·²⁴tsʰa²	pʰie⁵⁵
眼睛	ŋai³⁵tɕieuɯ⁵⁵	ŋai⁵³tɕy²	ŋai³⁵tseuɯ³³	ŋai⁵³tseuɯ²	ŋai⁵³tseuɯ²	ŋai³⁵tɕieuɯ²	ŋai³⁵tɕieuɯ²	ŋai³⁵tɕieuɯ²
眉毛	ŋai³⁵liẽ⁵⁵mau²	ŋai⁵³mau⁴⁵	ŋai³⁵li⁵⁵mau²	ŋai⁴⁵mau²	ŋai⁵³mau²	ŋai³⁵lie³³mau²	ŋai³⁵tɕieuɯmau²	ŋai³⁵liẽ⁵⁵mau²
眼珠	ŋai³⁵tɕieuɯ⁵⁵·³⁵tsa³³	ŋai⁵³tɕy⁴⁵bu²¹³	ŋai³⁵tseuɯ³³·⁵⁵ẽ⁵⁵tsa³⁵	ŋai⁴⁵tɕieuɯ²tsa²	ŋai⁴⁵tseuɯ⁴⁵tsʅ²	ŋai³⁵tɕieuɯ⁵⁵	ŋai⁵³tɕieuɯtsa²	ŋai³⁵lie⁵⁵tsa⁵
眼泪	ŋai³⁵·⁴²tsu²	ŋai³⁵keuɯ²	ŋai³⁵ke⁵⁵	ŋai⁵³keuɯ²	ŋai⁵³keuɯ²	ŋai³⁵kɤŋ⁵	ŋai⁵³keuɯ²	ŋai³⁵lieuɯtsu³⁵
鼻子	pi³³kaŋ²	pi²⁴koŋ²	pi⁵⁵kã²	pi²⁴koŋ²	pi²⁴kʰoŋ²	pi⁵⁵kaŋ²	pi²⁴kaŋ²	pi³³kaŋ²
鼻涕	pi³³tʰi²/dʑieuɯ³⁵·³³pi³³	pi²⁴	pi⁵⁵	pi²⁴	pi²⁴	pi⁵⁵	pi²⁴	pi³³
耳朵	ȵiaŋ³⁵to²	ȵyɛ²⁴tʸ⁴⁵	ȵiã³⁵teuɯ⁵⁵	ȵiɤ⁵³tu²	ȵiʌɯ⁵³tʸ²	ȵiaŋ³⁵to²	ȵieuɯ⁵³ɷ²	ȵiaŋ³⁵tu²
耳屎	ȵiaŋ³⁵sʅ²	ȵyɛ⁵³sʅ²	ȵiã³⁵sʅ⁵⁵	ȵiɤ⁵³tu²sʅ²	ȵiʌɯ⁵³sʅ²	ȵiaŋ³⁵sʅ⁵	ȵieuɯ⁵³sʅ⁵⁵	ȵiaŋ³⁵sʅ⁵⁵
嘴	kʰa³⁵	tɕy⁵³	kʰa³⁵	kʰa⁵³	kʰa⁵³	kʰa³⁵	kʰa⁵³	kʰa³⁵/tɕɤpo³⁵
嘴唇	kʰa³⁵·⁵²foʔ²¹³	kʰa⁴⁵foʔ²¹³	kʰa³⁵fa²	kʰa⁴⁵fo²	kʰa⁵³foʔ²¹³	kʰa³⁵fa²¹³	kʰa⁵³fa²¹³	kʰa³⁵faʔ²¹³
唾沫	lieuɯ²¹³u²	tʰuei²⁴tsʅ²	lieuɯ²¹³tsʅ⁴²	tʰu²⁴tsʅ²	tʰy²⁴tsʅ²	tieuɯ⁵⁵tsʅ²	tʰu²⁴tsʅ²	tieuɯ³³tsʅ²
涎水	lieuɯ²¹³	lau²¹³	lieuɯ²¹³	lieuɯ²¹³	lieuɯ²¹³	lieuɯ²¹³	lieuɯ²¹³	lieuɯ²¹³
舌头	dzɤ³³kai²	dzei²⁴keuɯ²	dzɤ⁵⁵kai⁵⁵	dzi²⁴tsʅ²	dzie²⁴tʸ²	dzɤ⁵⁵kai²	tɕi²⁴ti²	dzɤ³³ta²
牙齿	ŋo⁵⁵tsʰʅ²	ŋo⁴⁵tsʰʅ²	ŋo³³tsʰʅ³⁵	ŋo⁴⁵tsʰʅ²	ŋo⁴⁵tsʰʅ²	ŋo³³tsʰʅ⁵	ŋɷ⁵⁵tsʰʅ⁵⁵	ŋo⁵⁵tsʰʅ⁵⁵
胡须	vu²¹³	u²¹³	vu²¹³	u²¹³	vu²¹³	vu²¹³	vu²¹³	vu²¹³
下巴	tɕy³⁵po²	u²¹³tɕypo²	tɕy³⁵pau²	ɤ⁵³tɕypɤ²	o⁵³kʰa²fo²	o³⁵tɕy⁵³po²	tɕy⁵³poŋ²	tɕy³⁵po²
喉咙	ɐ²¹saŋ³⁵	a²¹³kʰa⁴⁵	ya²¹³	a²¹³tiauku²	a²¹³kʰa⁴⁵	ɐ³⁵saŋ³³tiau²	a³⁵likua²	a²¹³sɤŋ³⁵tiau²

（续表）

	清水坪	筲箕湾	棋坪	白沙	红土溪	草潭	山枣	高峰
脖子	tsๅ³⁵kai²	tsๅ⁴⁵kuɑ²	tsๅ³³kai²	tsๅ⁴⁵kɛ²	tsๅ⁵³kɛ²	tsๅ³⁵kai²	tsๅ⁵³kai²	tsๅ³⁵kai²
肩膀	tɕie⁵⁵pɤŋ²	tɕie⁴⁵pẽ²	tɕie³³pɤ²	tɕie⁴⁵pei²	tɕie⁴⁵pɛ²	tɕi³³pɤŋ³⁵	tɕie⁵⁵poŋ²	tɕie⁵⁵pɤŋ⁵⁵
胳肢窝	tsu⁴²ko²bɑu³⁵le⁵⁵	tsɤ⁴²kɯ⁴²bɑu²	tso⁴²ku⁴²bɑu²	tsɤ⁴²kʰɑ²ɑ²tɑ²	tsɤɯ⁵³kɯɑ²ɑ²tɑ⁴⁵	tso⁴²kɯ²bɑu³⁵		tso⁴²kɯ³³pɑu²
肋骨	pie⁵⁵ɕie⁵⁵kuɑ²	pei⁴⁵ko²	pie³³lie²kɯ²	pei⁴⁵lioŋ²kɯ²	pie⁴⁵tɕioŋ⁴⁵kuɑ²	pie³³lie⁴²kuɑ²	pei⁵⁵tsๅ²kuɑ²	pie⁵⁵lie⁵⁵kuɑ²
肩胛骨	pɤ³³ɕie⁴⁵kuɑ²	pei²⁴tɕie⁴⁵ko²	tɕie⁵⁵pẽ²ko²	pei²⁴tɕie⁴⁵ko²	fai²⁴ɕioŋ⁴⁵kuɑ²	sai³³poŋ⁵⁵kuɑ²		sai³³pi³³kuɑ⁴²
背	pɤ³³	pei²⁴	pɤ⁵⁵	pei²⁴	pei²⁴	pɤ⁵⁵	pei²⁴	pɤ³³
肚子	tɤɯ³⁵	tu⁵³tsɑ²	tɤɯ³⁵	tu⁵³	tɤɯ⁵³	tɤɯ³⁵	tu⁵³	tɤɯ³⁵
肚脐	tɤɯ³⁵dʑye²	tu⁵³dzu²¹³fo²	tɤɯ³⁵dʑye²	tu⁴⁵dzu²¹³ŋai²	tɤɯ²¹³dzu²¹³ŋai²	tɤɯ³⁵dʑye²	tu⁵³dʑye²¹³	tɤɯ³⁵dzye²¹³
手掌	ɕiɤɯ³⁵tsๅ²kʰɑu²	ɕy⁵³poŋ²	sɤɯ³⁵pẽ³³	ɕiɤɯ⁵³kʰɑu²	sɤɯ⁵³tod⁵³	ɕiɤɯ³⁵dɤɤ³³	ɕiɤɯ⁵³poŋ²¹³ nioŋ²¹³	ɕiɤɯ³⁵faŋ³⁵
拳头	tɕɤye²¹³tɛ²	dʑye²¹³tɑ⁴⁵	tɕye²¹³tɑ²	dzye²¹³tɑ⁴⁵	tɕye²¹³⁴⁵	tɕye²¹³tɛ²	tɕye²¹³tɑ²	tɕye²¹³tɑ²
手指（总称）	ɕiɤɯ³⁵tsๅ⁵⁵tsๅ²	ɕy⁵³tsๅ²	sɤɯ³⁵tsๅ⁴²	ɕiɤɯ⁵³tsๅ²	sɤɯ⁵³tsๅ⁵³tsa²	ɕiɤɯ³⁵tsๅ⁵tsa²	ɕiɤɯ³⁵tsๅ⁵	ɕiɤɯ³⁵tsๅ⁵⁵tsa²
指甲	ɕiɤɯ³⁵tsๅ²kʰɑu²	ɕy⁵³tsๅ²kʰɑu²	sɤɯ³⁵tsๅ²kʰɑu²	ɕiɤɯ⁵³tsๅ²kʰɑu²⁴	sɤɯ⁵³tsๅ²kʰɑu²	ɕiɤɯ³⁵tsๅ²kʰɑu²	ɕiɤɯ⁵³tsɑ²kʰɑu²	ɕiɤɯ³⁵tsๅ²kʰɑu²
膝盖	ku⁴²ɕie⁵⁵kuɑ²	kɤɯ⁴²ɕy⁴²ko²	ku⁴²ɕie⁵⁵kuɑ²	kɤɯ⁴²tɕʰioŋ²pu²¹³	ky⁴²tɕʰi²bu²¹³	ku⁴²ɕie³³pɑu³⁵	u²¹³sue⁵⁵lɑu⁴²kʰɯ²	ku⁴²ɕie⁵⁵
脚趾头	kuɑ⁴²tsๅ²tsa²	kɤɯ⁴²tsๅ²tsa²	ku⁴²tsๅ²tsa²	kɤɯ⁴²tsๅ⁵³tsa²	ky⁴²tsɑ⁵³tsa²	ku⁴²tsๅ²tsa²	ku⁴²tsa²nioŋ²¹³	ku⁴²tsๅ²tsa²
骨头	kuɑ⁴²tɛ²	ko⁴⁵tɑ⁴⁵	kuɑ⁴²tɑ²	ko²⁴tɑ²	kuɑ⁴²tɑ²	kuɑ⁴²tɑ²	kuɑ²⁴ɕy⁵⁵	kuɑ⁴²tɑ²
骨髓	kuɑ⁴²tɛ⁴²ɕy³⁵	ko⁴⁵ɕy²	kuɑ⁴²ɕy³⁵	ko⁴²ɕy²	kuɑ⁴²tɑ²ɕy²	kuɑ⁴²tɛ⁴²ɕy³⁵	kuɑ²⁴ɕy⁵⁵	kuɑ⁴²tɑ²ɕy³⁵
皮肤	nieɯ⁴²fo²¹³	ny⁴⁵fo⁴⁵	nieɯ⁴²fa²¹³	nieɯ⁴⁵fo²¹³	nieɯ²¹³fo²¹³	fa²¹³	xua²¹³	fa²¹³

（续表）

	清水坪	筻筻湾	棋坪	白沙	红土溪	草潭	山枣	高峰
心脏	tʰɤ³³ ɕie²	tʰu⁴⁵ ɕie⁴⁵	tʰəɯ³³ ɕie²	tʰu⁴⁵ ɕie⁴⁵	tʰəɯ³³ ɕie⁴⁵	tʰəɯ³³ ɕie²	tʰu⁵⁵ ɕie²	ɕie⁵⁵
胆	kʰu³⁵ tɤŋ⁵⁵	kʰu⁴⁵ toŋ⁵³	kʰu³⁵ tẽ⁵⁵	kʰu⁴⁵ toŋ²	kʰu⁵³ toŋ⁵³	kʰu³⁵ tɤŋ⁵⁵	kʰu⁵³ tã²	kʰu³⁵ tɤŋ⁵⁵
身体	sẽ⁵⁵ tʰi²	sẽ⁴⁵ tʰi²	sai⁵⁵ ta²	ɕie⁴⁵ kəɯ⁴⁵	ɕie⁴⁵ kau⁴⁵	sai⁵⁵ tẽ²	sẽ⁵⁵ tʰi²	sai⁵⁵ ta²
影子	iẽ⁵⁵ tsɿ⁵⁵	ẽ⁴² tsa²	iẽ⁵⁵	iẽ⁴² tsɿ²	iẽ⁴² tsɿ²	i⁵³⁵	iẽ⁴² tsɿ²	iẽ⁴² tsa²

L 疾病医疗

	清水坪	筻筻湾	棋坪	白沙	红土溪	草潭	山枣	高峰
病了	foŋ³³ le²	fõ²⁴ liau²	foŋ⁵⁵ la²	fõ²⁴ liau²	fõ²⁴ liau²	foŋ⁵⁵	faŋ²⁴	foŋ³³
病重	foŋ³³ tɕʰʌɯ³⁵ le²	fõ²⁴ tʰɤe⁵³	foŋ⁵⁵ tʰʌɯ³⁵	tʰuɤ²⁴ fõ²	lau⁵³ fõ²	foŋ⁵⁵ tʰʌɯ³⁵	faŋ²⁴ tiəɯ⁵³	foŋ³³ tʰiau³⁵
病轻（了）	foŋ³³ tɕʰie³⁵ ti²	fõ²⁴ kʰɤ⁴⁵	foŋ⁵⁵ tʰi⁵⁵ la²	fõ²⁴ tɕʰioŋ²¹³ tai²	fõ²⁴ tɕioŋ²¹³	foŋ⁵⁵ tʰi⁵ie³³	faŋ²⁴ tɕʰi⁵ẽ⁵⁵	foŋ³³ tɕʰi³⁵
看病	mɤŋ³³ foŋ³³	pʰiã²¹³ fõ²⁴	mẽ⁵⁵ foŋ⁵⁵	moŋ²⁴ fõ²	moŋ²⁴ fõ²	mɤŋ⁵⁵ foŋ⁵⁵	moŋ²⁴ faŋ²⁴	moŋ³³ foŋ³³
吃药	aŋ³⁵ zu³³	au⁵³ ʑy²⁴	ã³⁵ zu⁵⁵	ai⁵³ zəɯ²⁴	tʰuɤ⁴⁵ ʑy²⁴	ʑiəɯ⁵⁵ ye⁵⁵	ʑiəɯ²⁴ zuei²⁴	ʑiəɯ²⁴ zuai³³
药罐	zu³³ pi²¹³ tsɿ²	ʑy²⁴ pẽ⁴⁵	zu⁵⁵ pi²	zəɯ²⁴ pẽ⁴⁵	ʑy²⁴ pe⁴⁵	ye⁵⁵ pi² tsa²	zuei²⁴ kuai²¹³	zuai³³ pi² tsa²
咳嗽	kʰoŋ³⁵	kʰõ⁵³	kʰoŋ³⁵	kʰõ⁵³	kʰõ⁵³	kʰoŋ³⁵	kʰaŋ⁵³	kʰoŋ³⁵
泻肚	u⁵⁵ tɤ³⁵/ɕio³³ tɤ³⁵	u⁴⁵ tu⁵³	ɕio⁵⁵ tɕəuɯ³⁵	ɤ⁴⁵ tu⁵³	u⁴⁵ tɤ⁵³	u³³ təɯ³⁵	ɕiɷ²⁴ tu⁵³	u⁵⁵ təɯ³⁵
打摆子	kʰuɤ³⁵ pai⁴² tsɿ²	kʰo⁵³ pai⁴² tsɿ²	kʰa³⁵ pai⁴² tsɿ²	kʰo⁵³ pai⁵³ tsɿ²	kʰo⁵³ pai⁴² tsɿ²	kʰuɤ³⁵ pai⁴² tsɿ²	kʰuɤ⁵³ pai⁴² tsɿ²	kʰuɤ³⁵ pai⁴² tsɿ²
发抖	kʰu³⁵ pʰaŋ³⁵	kʰo⁵³ pʰau⁵³	kʰa³⁵ pʰã³⁵	kʰo⁵³ pʰai⁵³	kʰo⁵³ tai⁵³ pʰai²	kʰu³⁵ pʰaŋ⁴²	kʰu³⁵ pʰaŋ³⁵	kʰu³⁵ pʰaŋ³⁵
晕车	xuai⁵⁵ tsʰo⁵⁵	xuai⁴⁵ tʃʰo⁴⁵	mai³³ tsʰo³³	ye⁴⁵ tsʰɤ⁴⁵	ye⁴⁵ tsʰo³³	ye³³ tsʰo³³	fai⁵⁵ tɕʰiɷ⁵⁵	xuai⁵⁵ tsʰo⁵⁵
癣	dai²¹³ tsai² tsʰɤŋ⁵⁵	se⁵³	tsʰẽ³³	dai²¹³ tsai⁴⁵ tsʰoŋ⁴⁵	ai²¹³ tsai⁴⁵ tsʰoŋ⁴⁵	dai²¹³ tsai⁴⁵ tsʰɤŋ³³	ɕyã⁴²	tsʰɤŋ⁵⁵
痔疮	tsɿ³⁵ tsʰuaŋ⁵⁵	tsɿ²⁴ tsʰoŋ⁴⁵	tsɿ³⁵ tsʰẽ²	tsɿ²⁴ tsʰɤ⁴⁵	tsɿ²⁴ tsʰoŋ⁴⁵	tsɿ⁵⁵ tsʰoŋ²	tsɿ²⁴ tsʰoŋ²	tsɿ³³ tsʰɤŋ⁵⁵
痨病	lau⁵⁵ foŋ³⁵	lau⁴⁵ fõ²⁴	la³³ foŋ²	lau⁴⁵ fõ²⁴	lau⁴⁵ fõ²⁴	lau³³ foŋ⁵⁵	lau⁵⁵ faŋ⁵⁵	lau³³ fɤŋ³³

（续表）

	清水坪	筻箕湾	棋坪	白沙	红土溪	草潭	山枣	高峰
大脖子病	ʌuɯ³⁵tsʅ⁵⁵kai²foŋ³⁵	ʌuɯ⁵³tsʅ⁴²kau²		kʰa⁴⁵tsʅ⁴⁵kẽ	ʌuɯ⁵³bau²⁴	ʌuɯ³³tsʅ²kai⁵⁵	bau²⁴tɕiaŋ²	
疯子	tai⁵⁵tɕia⁵⁵xo²	tai⁴⁵tsʅ²	tai³³tɕia³³xo²	fai⁴⁵tsʅ²	tai⁴⁵tsʅ²	tai³³tɕia³³xo²	tai⁵⁵ti²	tai⁵⁵ti⁵⁵
羊癫疯	zɤŋ²¹³ta⁵⁵fʌuɯ²	zoŋ²¹³mo⁴⁵fʌuɯ²	zẽ²¹³ta³³fʌuɯ³³	tiəu⁴⁵pau²fai²	tiəu⁴⁵lau⁵³kuˀfʌuɯ²	zɤŋ²¹³tai³³foŋ²	iaŋ²⁴tia⁵⁵foŋ²	zɤŋ²¹³tai⁵⁵fau⁵⁵
豁嘴	tɕʰyε⁴²kʰeˀ²fa²	tɕʰy⁴²kʰa⁴⁵fo²	tɕʰyε⁴²kʰa⁴⁵fa²¹³	tɕʰy⁴²kʰa⁴⁵fo²	tɕʰyε⁴²kʰa⁴⁵fo²	tɕʰyε⁴²kʰeˀ²fa²¹³	tɕʰyε⁴²kʰaˀfa²	tɕʰyε⁴²kʰaˀfa²
拐子	so⁵⁵biˀtsɤ²	so⁴⁵fitsa²	so²¹³pʰiˀtsa⁵	sɤ⁴⁵fi²	so⁴⁵fitsʅ	so³³fitsɤ⁵	su⁵⁵fei⁵⁵tsa²	so⁵⁵⁵⁵tsa⁵⁵
麻子	mo⁵⁵do³⁵tsɤ³⁵	mo⁴⁵tsʅ²	mo³³tsa³⁵	mɤ⁴⁵tsʅ²	mo⁴⁵tsʅ²	mo³³ti³⁵	mɤ⁵⁵ti²	mo⁵⁵ti⁵⁵
秃子	kuaŋ³³lau³⁵ku²	kuaŋ²¹³lau⁴⁵kʰo²	la⁵⁵lau⁵⁵ku²	kuaŋ²¹³lau²ku²	kuaŋ²¹³lau⁴⁵kʰo²	kuaŋ⁵⁵lau⁴³ku²	lua²⁴lau⁵³ku²	kuaŋ³³lau⁵⁵ku⁵⁵
瘸子	pai⁵⁵ku²	pai⁴⁵kəu²	pai³³tsʅ²	pɤ⁴⁵tsʅ²	pai⁴⁵ky²	pai³³ku²	pai⁵⁵ku²	ɲio²¹³iau²
驼子	du²¹³iau⁵⁵	duε²¹³iau⁴⁵	tu²¹³iau²	do²⁴tsʅ²	du²⁴iau²	tu²¹³iau³³	tɤ²⁴tsʅ⁵	du²¹³iau²
瞎子	xɤ⁴²ŋai⁵⁵tɕiεɯ²	xɤ⁴²ŋaiˀ⁵⁵tsʅ²	xo⁴²lau²	xɤ⁴²tsʅ²	xɯ⁴²ŋai²¹³tɕiεɯ²	xo⁴²ŋai³³tɕiεɯ²	xo⁴²ti²	xo⁴²ti²
聋子	tsʌuɯ⁵⁵tɕia⁵⁵xo²	tsʌuɯ⁴⁵tsʅ²	tsʌuɯ⁵⁵tɕia³³xo²	tsai⁴⁵tsʅ²	tsʌuɯ⁴⁵tsʅ²	tsʌuɯ³³ti⁵⁵	mɛst⁵⁵ti²	tsou⁵⁵ti⁵⁵
哑巴	o³⁵tɕia⁵⁵xo²	o⁵³tsʅ²	o³⁵lai²	ɤ⁵³tsʅ²	o⁴²tsʅ²	o³⁵ti⁵⁵	ɯ⁵³ti²	o³⁵ti⁵⁵
傻子	zau⁵⁵tɕia⁵⁵xo²	tʃʰuai⁵³tsʅ²	fɤ³⁵tsa⁵	tsʰuai⁵³tsʅ²	dzai²⁴tsʅ²	gε³³tɕia³³xo²	tsʰyε⁴²ti²	tsʰuai⁴²tɕia⁵⁵xo²
拔火罐	kʰo⁵⁵pie³⁵fa³⁵	kʰo⁵³fo⁵³pε²¹³	dza³⁵fa³⁵pi²	kʰo⁵³fo⁵³kuε²	kʰo⁵³fo⁵³pε²¹³	fʌuɯ³³pi²	po⁵⁵xɯ⁴²koŋ⁵⁵	fɤ⁵⁵pi⁵⁵
针灸	kʰuaˀ⁵⁵ɲie⁵⁵tɕiε⁵⁵	kʰo⁴⁵ɲie³³tɕiε⁴⁵	kʰaˀ³⁵ɲie³³tsai²	kʰo⁴⁵ɲie⁴⁵tɕiε⁴⁵	kʰo⁵³ɲie⁴⁵tɕiε⁴⁵	kʰaˀ³⁵ɲie³³tsai²	kʰuaˀ⁵⁵ɲie⁵⁵tɕiε²	kʰuaˀ⁵⁵ɲie⁵⁵tsai²
M 婚丧风俗								
一、婚事生育								
结婚	tɕiε³³xuẽ⁵⁵	tɕi⁵³xuai²	tɕiε²⁴xuε³³	tsʰa⁵³tɕʰiε⁴⁵	tsε²¹³oŋ⁴⁵liau²	tɕiε²⁴xuẽ³³	tɕiε²⁴fε⁵⁵	tɕiε⁵⁵xuε⁵⁵
订婚	tε³⁵xuε⁵⁵	tsʰa⁵³po⁴²dza²⁴	doŋ⁵⁵ɕipʰa⁵⁵	tsʰa⁵³pɤ⁴²za²	tsʰa⁵³po⁴²dza²⁴	tε²¹³fε⁵	tɕiε²¹³fε⁵	doŋ³³tɕʰiε⁵⁵

（续表）

	清水坪	筲箕湾	棋坪	白沙	红土溪	草潭	山枣	高峰
请客	tɕʰi³⁵kʰo⁴²	tsʰẽ⁵³kʰu⁴²	tɕʰi³⁵kʰo⁴²	tsʰẽ⁵³kʰɤ²	tsʰẽ⁵³kʰɯ⁴²	tɕʰi⁵³kʰo⁴²	tsʰe⁵³kʰɯ⁴²	tɕʰi³⁵kʰo⁴²
娶亲	tsʰɐ³⁵tɕʰiɛ⁵⁵	tsʰa⁵³tɕʰiɛ⁴⁵	tsʰa³⁵tɕʰiɛ³³	tsʰa⁵³tɕʰiɛ⁴⁵	tsʰa⁵³tɕʰiɛ⁴⁵	tsʰe⁵³tɕʰiɛ⁵⁵	tsʰa⁵³tɕʰiɛ⁵⁵	tsʰa³⁵tɕʰiɛ⁵⁵
嫁人	tɤ⁴²ɤŋ⁵⁵	liau⁵³ȵy⁵³	tɤ⁵⁵/liau³⁵ȵieɯ³⁵	liau⁵³ȵiəɯ⁴²	ti²⁴tɕʰiɛ⁴⁵ȵiɑŋ⁴⁵	tɤ⁵⁵kuu⁵⁵kʰəɯ²	tai²⁴oŋ⁵⁵	ko³³ɤŋ⁵⁵
媒人	maŋ⁴²ɤŋ⁵⁵	mo⁴⁵oŋ⁴⁵	mã³³ẽ²	mo⁴⁵oŋ⁴⁵	mo⁴⁵oŋ⁴⁵	maŋ³³ɤŋ³³	mei⁵³oŋ⁵⁵	maŋ⁵⁵ɤŋ⁵⁵
开口酒	kʰua⁵⁵kʰɐ³⁵tɕiɛ³⁵	fõ²⁴kʰa⁵³tɕia²		fõ²⁴kʰa⁵³tɕia²	fõ²⁴kʰa⁵³tɕia²	fa³⁵kʰoŋ⁵⁵tɕiɛ²	kʰua⁵⁵kʰa²tɕia²	xuei²¹³tɕʰiɛ²ko²
娶口酒	tsʰɐ³⁵tɕʰiɛ⁵⁵tɕiɛ³⁵	tsʰɐ⁵³kʰa⁵³tɕiɛ⁵³		tsʰa⁵³kʰa⁵³tɕia⁵³		saɯ³⁵tsʰuai³⁵	tsʰa³⁵tɕʰiɛ⁵⁵tɕia²	tsʰa³⁵pa²dza²
插香	tsʰa⁴²ɕiɛ⁵⁵	tsʰo⁴²ɕioŋ⁴⁵	tsʰa⁴²ɕiɛ³³	tsʰo⁴²ɕioŋ⁴⁵	tsʰo⁴⁵ɕioŋ⁴⁵	tsʰa⁴²ɕiɛ³³	tsʰua⁴²ɕioŋ⁵⁵	tsʰa⁴²ɕiɛ⁵⁵
压盘（向男方父母要私房钱的一套仪式）	iau³⁵sɿ⁵⁵faŋ³³dai²¹³tsai²	u²¹³poŋ²¹³	tɛ⁵⁵pa⁵⁵tsai²	o⁴²põ²¹³	kʰo⁵³foŋ²⁴	o⁴²pɤŋ²¹³	ω⁴²poŋ²¹³	o⁴²pɤŋ²¹³
还盘	vɤŋ²¹³pɤŋ²¹³	tʰo²⁴poŋ²¹³tsa²	kʰa³⁵fa²¹³	võ²¹³põ²¹³	tʰua²⁴poŋ²¹³	vɤŋ²¹³pɤŋ²¹³	oŋ²¹³poŋ²¹³	vɤŋ²¹³pɤŋ²¹³
拜堂	pa³³tɤŋ²¹³	po²⁴kʰu⁴²	pa⁵⁵kʰo⁴²	pai²¹³dɑŋ²⁴	pai²¹³dɑŋ²⁴	pa⁵⁵tɤŋ²⁴	pai²¹³dɑŋ²⁴	pa³³tɤŋ²¹³
筛茶（男方招待中饭收取礼金的仪式）	sa⁵⁵tsʰuai³⁵	sai⁴⁵tʃʰuai⁵³	sa³³tsʰuai⁵³	tsʰa⁵³tsʰuai⁵³	tsʰa⁵³poŋ²¹³	sa³³tsʰuai³⁵	sua⁵⁵tɕʰyɛ⁵³	sa⁵⁵tsʰuai³⁵
发亲（新郎派人接新娘的仪式）	fa⁴²tɕʰiɛ⁵⁵	fo⁴²tɕʰiɛ⁴⁵	fa⁴²tɕʰiɛ³³	fo⁴²tɕʰiɛ⁴⁵	tsʰa⁵³tɕʰiɛ⁴⁵	fa⁴²tɕʰiɛ³³	xua⁴²ɕʰiɛ⁵⁵	fa⁴²tɕʰiɛ⁵⁵

（续表）

	清水坪	筶篙湾	棋坪	白沙	红土溪	草潭	山枣	高峰
拦门（新郎被新娘方拦在门外索要礼金的程序）	tʰɑŋ⁴²mai⁵⁵	loŋ⁴⁵mai⁴⁵	lẽ⁵⁵mai³³	kʰo⁴⁵mai⁴⁵li⁴⁵sa²	loŋ⁴⁵mai⁴⁵	lɤŋ³³mai³³	loŋ⁵⁵mai⁵⁵	lɤŋ⁵⁵mai⁵⁵
抬轿子	ta²¹³tɕʰiɑu³⁵	to²¹³tɕʰiɑu⁵³	ta²¹³tɕʰiɑu³⁵	to²¹³tɕʰiɑu⁵³	to²¹³tɕʰiɑu⁵³	ta²¹³tɕʰiɑu³⁵	tuɑ²¹³tɕʰiɑu⁵³	ta²¹³tɕʰiɑu³⁵
新郎	ɐ³⁵soŋ⁵⁵ko⁴²	ɕie⁴⁵tai⁵³ko²	ɕie³³lɑ̃²	sai⁴⁵tai⁴⁵kɤɯ²	ɕie⁴⁵tai⁵³ko²	ɕie³³lɑŋ²kɤŋ²	ɕie⁵⁵lɑŋ²⁴	ɕie⁵⁵lɑŋ⁵⁵tsʅ²
新娘	ɕie⁵⁵ɕi⁵⁵pʰe²	ɕie⁴⁵ɕi²⁴pʰa²	ɕie³³ɕi³³pʰa²	sai⁴⁵ɕi²⁴pʰa²	ɕie⁴⁵ɕi³³pʰe²	ɕie³³ɕi³³pʰe²	ɕie⁵⁵ɲiɑŋ²⁴	ɕie⁵⁵ɲiɤɯ³⁵tsa²
哭嫁	lie²¹³tʃtɐ²	lie²¹³tɕi⁵³xo²	lie²¹³ko²ta²	lie²¹³kuⁿ⁴⁵ɲiɑŋ⁴⁵	lie²¹³kuⁿɲiɑŋ²	lie²¹³mie⁵⁵	li²¹³ko²⁴tsoŋ²	kʰuɑ⁵⁵za⁵⁵
陪嫁女		bei⁴⁵zẽ⁴⁵lie²¹³ɕi²		bei²⁴ɲiɤɯ⁴²tsa²	bei⁵⁵kuⁿɲiɑŋ² ta²¹³ta²	lie²¹³ko⁴²ta²	bei²⁴kɯ²⁴tsoŋ²	za⁵⁵ko⁴²
陪嫁	bei³³tɑɯ⁵⁵ɕi²	liɑɯ⁵³ti⁴²tʌɯ⁴⁵ɕi²	vẽ²¹³lã²ɕiẽ³³dɤɯ²	liɑu⁵³ti⁴²tai⁴⁵ɕi²	ko²⁴tsoŋ⁴⁵ɕie²⁴dai²	bu³³tɕʰiẽ³³tɕʰie³³	kɯ²⁴tsoŋ²	bei⁵⁵ko³³
回门	vɤŋ²¹³so⁵⁵tiɑɯ⁵⁵		vẽ²¹³tɕʰie³³	õ²¹³sɤ⁴⁵tiɑɯ²	õ²¹³⁴⁵sotiɑu⁴⁵	vɤŋ²¹³tsu²	oŋ²¹³mie²⁴	vɤŋ²¹³mai⁵⁵
怀孕	tu²¹³tɤ³⁵	va⁵³sẽ⁵³kɤɯ²liɑɯ²	va³⁵ŋo³³tsa²	va⁵³sẽ⁵³ka²	va⁵³sẽ⁵³kɤɯ²liɑu²	tu²¹³tɤɯ⁵⁵	pʰa⁴²tu⁵³	tu²¹³tɤɯ³⁵
孕妇	tu²¹³tɤ³⁵mo²	ɕi⁴⁵ŋai⁴²oŋ⁴⁵	ɕi⁵⁵ŋai²tsɤɯ⁵⁵	ɕi²⁴ŋai⁴²oŋ⁴⁵	ɕi²⁴ŋai⁴²oŋ⁴⁵	tu²¹³tɤɯ⁵⁵mo²	tsɤ²¹³zoŋ²¹³oŋ²	tu²¹³tɤɯ³⁵mo²
生小孩	soŋ⁵⁵ŋo⁵⁵tsɐ²	so⁴⁵xo⁴⁵ko²tsa²	zẽ²¹³ŋo³³tsa²	soŋ⁴⁵ŋɤ⁴⁵tsa²	ti⁴²ŋo⁴⁵tsa²	soŋ³³ŋo³³tsa²	saŋ⁵⁵ŋo⁵⁵tsa²	soŋ⁵⁵ŋo⁵⁵zʅ²
坐月子	tɕie²¹³ɲyɛ⁴²	tɕie²¹³ɲyɛ⁴²	tɕie²¹³ɲyɛ⁴²	tsai²¹³ɲyɛ⁴²	tɕie²¹³ɲyɛ⁴²	tɕie²¹³ɲyɛ⁴²	tsai²¹³ɲyɛ⁴²	tɕie²¹³ɲyɛ⁴²
满月	mɤŋ³⁵ɲyɛ⁴²	moŋ⁵³ɲyɛ⁴²	mẽ³⁵ma³³	moŋ⁵³ɲyɛ⁴²	moŋ⁵³ɲyɛ⁴²	mɤŋ³⁵ɲyɛ⁴²	moŋ⁵³ɲyɛ⁴²	mɤŋ³⁵ɲyɛ⁴²
吃奶	ɑŋ³⁵mai⁵⁵	ai⁵³mi⁴⁵	ã³⁵ma³³	ai⁵³mã²¹³	ai⁵³mã²⁴	ɑŋ³⁵ma³³	ɤɯ⁵³ma⁵⁵	ɑŋ³⁵mai⁵⁵

（续表）

	清水坪	笻笀湾	棋坪	白沙	红土溪	草潭	山枣	高峰
二、丧事								
死人	ɕi³⁵ ŋ⁵⁵	ɕi⁵³ oŋ⁴⁵	ɕi³⁵ ẽ²	lau⁵³ oŋ⁴⁵	ɕi⁵³ oŋ²⁴	ɕi³⁵ ɣŋ²	sai⁵³ oŋ⁵⁵	ɕi³⁵ ɣŋ⁵⁵
棺材	lau³⁵ tɕi⁴²	lau⁵³ tɕi²	lau³⁵ tɕi⁵	lau⁵³ tɕi²	lau⁴⁵ tɕi²	lau³⁵ tɕi⁴²	lau⁵³ tɕi⁴²	lau³⁵ tɕi²
抬丧	ta²¹³ sɣŋ⁵⁵	to²¹³ ɕioŋ⁴⁵	ta²¹³ sẽ³³	to²¹³ ɕioŋ⁴⁵	to²¹³ ɕioŋ⁴⁵	ta²¹³ sɣŋ³³	tua²¹³ soŋ²	ta²¹³ sɣŋ⁵⁵
孝子	tsaŋ²¹³ ȵiɤɯ⁵⁵	ɕiau⁵³ tsa⁵³	ta²¹³ sẽ³³ tsɿ⁵³	ɕiau²¹³ tsa⁵³	ɕiau²¹³ tsa⁵³	ɕiau³⁵ tsɿ³⁵	ɕiau²⁴ tsa²	ɕiau³⁵ tsɿ⁵⁵
下葬	o³⁵ kʰua⁴²	o³⁵ tsɛ⁵³	bʌɯ⁵⁵	mẽ⁴⁵	mẽ⁻⁴⁵ liau²	o³⁵ tɕi³⁵	ɕiɑ²¹³ tsaŋ²¹³	o³⁵ sɣŋ⁵⁵
磕头	tsʰɣŋ³³ mɣŋ³³ dzo⁵³	tsʰoŋ²⁴ dzo⁵³	kɣ²¹³ lau³⁵ ku⁵³	tɕʰɣ⁵³	tɕʰy⁵³ ɕioŋ⁴⁵	tsʰoŋ⁵⁵ dzo³⁵	tɕʰioŋ²⁴ zio⁵³	kʰu⁴² lau³⁵
纸钱	tsɣ³³ dai²¹³ tsai⁵⁵	sau⁴⁵ tsɛ⁵³	ɕie⁵³ tsɣ⁵³	ɕioŋ⁴⁵ tɕi²	ɕioŋ⁴⁵ tɕie²	ɕie³³ tsɣ⁵³	ɕioŋ⁵⁵ tɕi⁵³	tsɣ³⁵ tsai²¹³
上坟	tsʰɣŋ³⁵ fai²¹³	tsʰoŋ⁵³ fai²¹³	lau³⁵ fai²¹³	ko²⁴ fai²¹³	tsʰoŋ⁵³ fai²¹³	tsʰɣ³⁵ fai²¹³	tsʰoŋ⁵⁵ fai²¹³	kua³³ fai²¹³
土土	tsʰɣŋ³⁵ tʰɣ³⁵	tsʰoŋ⁵³ tʰie⁵³	lau³⁵ tʰɯ³⁵	bai⁵³ tʰu⁵³	tsʰoŋ⁵³ hi⁵³	iau³⁵ tʰei³⁵	tsʰioŋ⁵⁵ tʰei²¹³	tsʰɣŋ³⁵ tʰɣ³⁵
三、其他								
跳香	dau²¹³ ɕie⁵⁵	dau²¹³ ɕioŋ⁴⁵	dau²¹³ ɕie³³	dau²¹³ ɕioŋ⁴⁵	dau²¹³ ɕioŋ²⁴	dau²¹³ ɕie³³	dau²¹³ ɕioŋ⁵⁵	dau²¹³ ɕie⁵⁵
菩萨	bu⁵⁵ sa²¹³	bu⁴⁵ so⁴⁵	bu³³ sa²	bu²⁴ so⁴⁵	bu²¹³ so²⁴	bu³³ sa²	bu²⁴ sa²	bu²⁴ sa²
神龛		sẽ²⁴ kʰa²	zai²¹³ tɕ̑e⁵	zie²¹³ toŋ⁴⁵	zie²¹³ toŋ⁴⁵	zai²¹³ toŋ²	zie²¹³ toŋ²	zie²¹³ tɣŋ²
对联	tua³³ dze²	to²⁴ tsa²	tua⁵⁵ dza²	to²⁴ tsa²	tua²⁴ tsɿ²	tua⁵⁵ dze³³	tua²⁴ liã²	tua³³ dza³³
算命先生	sɣŋ³³ mɣŋ³³ sẽ²̃ fu³³	soŋ⁴⁵ mo²⁴⁵ ɕiã⁴⁵ sẽ⁴⁵	sẽ⁵⁵ moŋ⁵⁵ ɕiã⁻⁵³ sẽ²	soŋ⁴⁵ mo²⁴ ɕiã⁴⁵ sẽ⁴⁵	soŋ⁴⁵ mo⁻⁴⁵ ti²	sɣŋ³⁵ maŋ⁵⁵ sẽ³³ fu²	soŋ³³ maŋ²⁴ ɕia⁵⁵ sẽ²	sɣŋ³³ moŋ³³ dzẽ²
面具	mie³³ tɕy²	mi²⁴ kʰau⁴²		mie²⁴ tsau²⁴ tsa²	mie⁵³ tɕy²	miã²¹³ tɕy²	miã²¹³ tɕy²	tɕy³⁵ mie²
香炉碗	ɕie⁵⁵ loŋ⁴⁵ ɣŋ³⁵	ɕioŋ⁴⁵ lu⁴⁵ a⁴⁵	ɕie³³ loŋ⁵⁵ ẽ³⁵	ɕioŋ⁴⁵ loŋ² ɣŋ²¹³	ɕioŋ⁴⁵ oŋ²	ɕie³³ loŋ² ɣŋ³³	ɕioŋ⁵⁵ tioŋ⁵⁵	ɕie⁵⁵ loŋ⁵⁵ ɣŋ³⁵
唢呐	so⁴² la²	ɕy⁴⁵ lo⁴⁵	su⁵⁵ la²	sɤɯ⁴⁵ lau²	ɕy⁵³ lo²	so⁴² la²	su⁵⁵ la²	so⁴² la²
经书	tɕi⁵⁵ mɤɯtɕ̑²	tɕie⁴⁵ tɕy⁴⁵	tɕi³³ tsɤɯ²	tɕie⁴⁵ tɕiɤɯ⁵⁵	tɕie⁴⁵ ɕiɤɯ⁴⁵	tɕi³³ ɕiɤɯ⁵⁵	tɕie⁵⁵ tɕiɤɯ⁵⁵	tɕie⁵⁵ tɕiɤɯ⁵⁵
N 商贸交通								

224　上编　湘西乡话的接触与演变

（续表）

	清水坪	笪箕湾	棋坪	白沙	红土溪	草潭	山枣	高峰
赶集	dzɑu⁴²diɛ⁻²¹³	paŋ⁴⁵dioŋ²¹³	dzɑu⁴²diɛ²¹³	paŋ⁴⁵dioŋ²¹³	paŋ⁴⁵dioŋ²¹³	dzɑu⁴²dɛ²¹³	dzɑu⁴²dioŋ²¹³	dzɑu⁴²diɛ²¹³
店铺	mɛ̃⁵⁵miã³³	tʰõ⁴⁵tsa²	pʰu⁵⁵	tai⁴⁵miɛ²⁴	tai²⁴ta⁴⁵	tʰa³³tsʅ²	tia³¹⁴	ɕiɛ⁴²puˀ
做买卖	tsɤ³³sẽ⁵⁵⁻³⁵ĩ	tsei²⁴sõ⁴⁵⁻²ĩ	tsɤ⁵⁵sẽ³³⁻³⁵ĩ	tsai²⁴⁻⁴⁵⁻²sõ¹	tsei²⁴so⁴⁵⁻²ĩ	tsɤ⁵⁵sẽ³³⁻³⁵ĩ	tsɯ²¹³sẽ⁵⁵⁻⁵⁵ĩ	tsɤ³³sẽ⁵⁵⁻⁵⁵ĩ
秤盘	tsʰɑŋ³³pɤŋ²¹³	tsʰʌɯ²⁴tuɛ⁴⁵ȵa⁴⁵	tsʰɑ⁵⁵pɛ²¹³	tsʰai²⁴poŋ²¹tsa²	tsʰʌɯ²⁴poŋ²¹³tsʅ²	tsʰɑŋ⁵⁵pɤŋ²¹³	tɕʰiɛɯ⁵⁵poŋ²¹³tsa²	tsʰɑŋ³³pɤŋ²¹³
秤砣	tsʰɑŋ³³tu²¹³	tsʰʌɯ²⁴	tsʰɑ⁵⁵tu²	tsʰai²⁴tɤɯ⁴⁵	tsʰʌɯ²⁴tyɛ⁴⁵	tsʰɑŋ⁵⁵tu²¹³	tɕʰiɛɯ²⁴tu²¹³	tsʰɑŋ³³to²¹³
量	au³³	i²⁴	au⁵⁵	iɛ²⁴	iɛ²⁴	au⁵⁵	iɛ²⁴	au³³
钱	dai²¹³tsai²	dai²¹³tsa⁴⁵	tsai²¹³	dai²¹³tsai⁴⁵	ai²¹³tsai⁴⁵	dai²¹³tsai²	dɤɯ²¹³tsai²	tsai²¹³
价钱	ko³³tsai²	ku⁴⁵tsai⁴⁵	ko⁵⁵tsai²¹³	kɤ⁴⁵tsai²	ku²⁴tsai⁴⁵	ko⁵⁵tsai²	kɯ²⁴tsai²	ko³³tsai²¹³
零钱	loŋ⁵⁵sɤŋ²dai²¹³tsai²	lõ⁴⁵⁻⁴⁵dai²¹³tsai⁴⁵	loŋ³³soŋ²daĩ²¹³tsai²	lõ⁴⁵⁻⁴⁵so⁴⁵daĩ²¹³tsai⁴⁵	lõ⁴⁵⁻⁴⁵so⁴⁵aĩ²¹³tsai⁴⁵	loŋ³³soŋ³³tsa²	lɑŋ⁵⁵suei²dɤɯ²¹³tsa²	loŋ⁵⁵soŋ²tsai²
便宜	pie²¹³ȵiɑ̃⁵⁵	bi²¹³ȵie⁴⁵	pie²¹³ȵiɛ̃²	bie²¹³ȵie⁴⁵	bi²¹³ȵie⁴⁵	pie²¹³ȵie⁴²	pie²¹³ȵie²	pie²¹³ȵie²
摆摊子	pa³⁵sɤŋ⁵⁵tsʅ²	po⁵³pʰõ⁴⁵tsa²	pa³⁵pʰã³³tsʅ	po⁵³pʰo⁴⁵tsa²	po⁵³pʰã⁴⁵tsʅ²	pa³⁵pʰã³³tsʅ²	pa⁴²pʰã⁵⁵tsʅ²	pa³⁵pʰã⁵⁵tsʅ²
还价	vɤŋ²¹³ko³³	voŋ²¹³ku²¹tsai⁴⁵	kɑ̃³⁵ko³³tsai	voŋ²¹³kɤ²⁴	voŋ²¹³ko²⁴	vɤŋ²¹³ko	oŋ²⁴kɯ²⁴tsai²	vɤŋ²¹³ko
赚钱	tye³³dai²¹³⁻⁵⁵	lye⁵³dai²¹³⁻⁴⁵	tye⁵⁵tsai³⁵	tsuã⁵³daĩ²¹³tsai⁴⁵	lau²⁴ai²¹³tsai⁴⁵	tye⁵⁵kʰuaŋ³³	tye²⁴tsai²	tye³³tsai²¹³
亏钱	kʰuei⁵⁵tsai²	kʰai²¹³pai⁵³	kʰuei³³dai²¹³tsai²	kʰui⁴⁵daĩ²¹³tsai²	kʰuei⁴⁵aĩ²¹³tsai⁴⁵	kʰuei³³daĩ²¹³tsai²	kʰuei⁵⁵tsai²	kʰuei⁵⁵tsai²¹³
赔钱	pɑ²¹³dai²¹³tsai⁻⁵⁵	po²¹³dai²¹³tsai⁴⁵	pɑ²¹³daĩ²¹³tsai²	po²¹³daĩ²¹³tsai²	po²¹³aĩ²¹³tsai⁴⁵	pa²¹³kʰuaŋ³³	pa²¹³tsai²	pa²¹³tsai²¹³
工钱	kʌɯ⁵⁵tsai²	kʌɯ⁴⁵tsai⁴⁵	kʌɯ³³tsai²	kai⁴⁵tsai⁴⁵	kʌɯ⁴⁵tsai⁴⁵	kʌɯ³³tsai²	kɯ⁵³tsai²	kɯ⁵⁵tsai²¹³
本钱	pai³⁵tsai²	pai⁵³tsai⁴⁵	pai³⁵tsai²	pai⁵³tsai²⁴	pai⁵³tsai⁴⁵	pai³⁵tsai²	pai⁵³tsai²	pai³⁵tsai²¹³

（续表）

	清水坪	筲箕湾	棋坪	白沙	红土溪	草潭	山枣	高峰
借钱	tɕiɛ⁴²dai²¹³tsai⁵⁵	tɕie⁴²dai²¹³tsai⁴⁵	tɕie⁴²dai²¹³tsai	tɕi⁴²tsai²⁴	tɕie⁴²ai²¹³tsai⁴⁵	tɕie⁴²kʰuaŋ³³	tɕi⁴²tsai²	tɕie⁴²tsai²¹³/kʰuaŋ⁵⁵
赊账	so⁵⁵tɕie³³	so⁴⁵tioŋ²⁴	so³³tɕie⁵⁵	sɤ⁴⁵tioŋ²⁴	so⁴⁵tioŋ²⁴	so³³tɕe⁵⁵	sai⁵⁵tioŋ²⁴	so⁵⁵tɕ⁵⁵
算盘	sɤŋ³³pɤŋ⁵⁵	soŋ⁴⁵poŋ⁴⁵	sẽ⁵⁵pẽ⁵⁵	soŋ²⁴poŋ⁴⁵	soŋ⁴⁵poŋ⁴⁵	sɤŋ⁵⁵pɤŋ⁵⁵	soŋ²⁴poŋ²	sɤŋ³³pɤŋ²
铁路	tʰa⁴²sau²	tʰa⁴²sau²	tʰa⁴²sau³⁵	tʰa⁴²sau²	tʰa⁴²sau²	tʰa⁴²sau⁵³	tʰa⁴²sau⁵³	tʰau⁴²sau⁵⁵
公路	tsʰɤ⁵⁵sau³⁵	tʃʰo⁴⁵sau²	tsʰo³³sau³⁵	tsʰɤ⁴⁵sau⁴⁵	tɤ⁴⁵tsʰo²	tsʰo³³sau³⁵	tɕʰio⁵⁵sau⁵⁵	tsʰo⁵⁵sau⁵⁵
自行车	toŋ⁵⁵tsʰo²	tõ⁴⁵tʃʰo⁴⁵	toŋ³³tsʰo²	tõ⁴⁵tsʰo²	tõ⁴⁵tsʰo²	toŋ³³tsʰo²	tã⁵⁵tɕʰio⁵⁵	toŋ⁵⁵tsʰo²
汽车	tɕʰi²¹³tsʰo²	tɕʰi²⁴tʃʰo⁴⁵	tɕʰi²⁴tsʰo²	tɕʰi²⁴tsʰɤ⁴⁵	tɕʰi²¹³tsʰo⁴⁵	tɕʰi²¹³tsʰai²	tɕʰi²¹³tsʰai²	tɕʰi²¹³tsʰo²
火车	fa³⁵tsʰo²	fo⁵³tsʰo⁴⁵	fa³⁵tsʰo²	fo⁴⁵tsʰɤ⁴⁵	fo⁵³tsʰo²	xua³⁵tsʰo²		fa³⁵tsʰo²
货车	xu³³tsʰo²	xɯ²⁴tʃʰo⁴⁵	xu⁵⁵tsʰo²	xɯ²⁴tsʰɤ⁴⁵	xy²⁴tsʰo⁴⁵	xu⁵⁵tsʰo³³	xɯ²⁴tɕʰio²	xu³³tsʰo²
客车	kʰo⁴²tsʰo²	kʰu⁴²tʃʰo⁴⁵	kʰo⁴²tsʰo²	kʰɤ⁴²tsʰɤ⁴⁵	kʰɯ⁴²tsʰo⁴⁵	kʰo⁴²tsʰo²	kʰo⁴²tɕʰio²	kʰo⁴²tsʰo²
搭车	to⁴²tsʰo⁵⁵	tu⁴²tʃʰo⁴⁵	to⁴²tsʰo²	tɤ⁴²tsʰɤ⁴⁵	tu⁴²tsʰo⁴⁵	to⁴²tsʰo²	to⁴²tɕʰio²	to⁴²tsʰo²
骑车	tɕie²¹³tsʰo⁵⁵	tɕie²¹³tʃʰo⁴⁵	tɕie²¹³tsʰo³³	tsai²¹³tsʰo⁴⁵	tɕie²¹³tsʰo⁴⁵	tɕie²¹³tsʰo⁵	tɕie²¹³tsʰo⁵⁵	tɕie²¹³tsʰo⁵⁵
轮子	kuai³⁵tse⁵⁵	kuai²¹³ŋa⁴⁵	kuai³⁵tsa⁵⁵	kuai⁻⁵³tsa²	tɕi²¹³tsʅ²¹³	kuai³⁵tsa	kuai⁻⁵³tsa²	kuai⁻³⁵tsa⁵
木排	be²¹³	ba²¹³	ba²¹³	ba²¹³	ba²¹³	tse⁵⁵ba²¹³	mu²⁴bai²⁴	ba²¹³
飞机	fei⁵⁵ke²	fei⁴⁵tɕi⁴⁵	fei³³ka²	fei⁴⁵ka⁴⁵	fei⁴⁵ka⁴⁵	fei³³tɕi³³	fei⁵⁵ka²	fei⁵⁵ka²
〇 文化娱乐								
玩	xa³³la⁵⁵	xo²⁴li²	xa⁵⁵lai⁵⁵	xo²⁴	xo²⁴li²	xa²⁴le²	xua²⁴ti²	xa³³la²
捉迷藏	tsua⁴²mi⁵⁵tsɤ³³	tsei²⁴tɕʰio²⁴	tɕʰio³³u³³	kã²¹³tɕʰiɤ⁴⁵	tɕʰia⁴⁵ka⁴⁵ tɕʰio⁴⁵tɕʰio²	tɕʰio³³u³⁵tai²	lu⁵⁵tɕʰio²⁴tɕʰio²	tɕʰio⁵⁵tu⁵⁵tu²
跳房子	dau²¹³fɤŋ⁵⁵	dau²¹³voŋ²¹³tsa²	dau²¹³fã³³tsʅ²	doŋ²¹³pã⁴⁵tsa²	kã²¹³faŋ²⁴	dau²¹³fɤŋ⁵⁵		dau²¹³vɤŋ²¹³
猜谜	tsʰa⁵⁵kɯ³⁵sʅ³³	tsʰua⁴⁵mi²⁴	tsʰua³³mi⁵⁵	tsʰo⁴⁵mi²⁴	tsʰua⁴⁵mi²⁴tsʅ	tsʰa³³tua⁵⁵tse⁵	tsʰua⁵⁵mi²⁴ti²	tsʰa⁵⁵mi³³

（续表）

	清水坪	筻篁湾	棋坪	白沙	红土溪	草潭	山枣	高峰
划拳	ua⁴²dzyɛ²¹³tɛ⁵⁵	xo⁵³dzyɛ²¹³	xua³³tɕyɛ²¹³	dzɤŋ²⁴tɕyɛ²¹³ta⁴⁵	xua²¹³dzyɛ²¹³	fa³³dzyɛ²¹³	xua²⁴dzyɛ²¹³	xua⁵⁵dzyɛ²¹³
弹弹子球	dɤŋ²¹³tsu⁵⁵tsʅ²	doŋ²¹³tsu⁴⁵tsʅ²	dɛ²¹³tsu²tsʅ²	doŋ²¹³ta⁵³tsa²	ka²¹³ka⁵³tsʅ²	dɤŋ²¹³tsu³³tsʅ²	da²⁴tsu⁵⁵tsʅ²	toŋ⁵⁵tsa⁵³dzia²¹³
踢毽子	dau²¹³kɛ⁵⁵	poŋ²¹³ɕiau²⁴dziau⁴⁵	tʰiɛ⁴²ka³³	tʰi⁴²ɕia²⁴tɕia⁴⁵	tʰiɛ⁴⁵ka⁴⁵mau⁴⁵	tʰiɛ⁴²ka³³	tʰi⁴²ka⁵⁵	kʰua³⁵ka⁵⁵
放风筝	fɤŋ³³foŋ⁵⁵tsẽ²	foŋ²⁴fʌu⁴⁵tsẽ²	fẽ⁵⁵fʌu³³tsẽ²	foŋ²⁴fai⁴⁵tsẽ²	foŋ²⁴fai⁴⁵tsai²¹³	fɤŋ³³fʌu³³tsai²¹³	faŋ³³foŋ⁵⁵tsẽ²	fɤŋ³³fau⁵⁵taŋ²
打球	kʰua³⁵dzia²¹³	kʰa³⁵dzia²¹³	kʰa³⁵dzia²¹³	kʰo⁵³dzia²¹³	kʰo⁵³dzia²¹³	kʰua³⁵dzie²¹³	kʰua⁵⁵dzia²¹³	kʰua⁵⁵dzia²¹³
篮球	la⁵⁵dzia²¹³	la²⁴dzieu²⁴	la³³dzieu²	lo⁴⁵dzia²¹³	la²⁴dzia²¹³	la³³dzia²¹³	la²⁴dzia²¹³	la⁵⁵dzia²¹³
足球	tsu³³dzie²¹³	tsu²⁴dzieu²⁴	tsu²⁴dzieu²	keu⁴²tʰi⁴²dzia²¹³	tsu²⁴dzia²¹³	tsu²⁴dzieu²¹³	tsu²⁴dzia²¹³	tsu²⁴dzia²
羽毛球	y⁴²mau²dzie²¹³	y⁴²mau²dzia²¹³	y⁴²mau³³dzia²¹³	ka⁴⁵mau⁴⁵dzia²¹³	y⁴²mau⁴⁵dzia²¹³	y⁴²mau³³dzia²¹³	y⁴²mau⁵⁵dzia²¹³	ka⁵⁵mau²¹³dzia²¹³
跳绳	dau²¹³su⁴²	tʰiau²¹³ʃue²⁴	dau²¹³su⁴²	dau²¹³sue²⁴	dau²¹³sue²⁴	dau²¹³su⁴²	dau²¹³sue²⁴	dau²¹³su⁴²
跳远	dau²¹³vai³⁵	tʰiau²¹³vai⁵³	dau²¹³vai³⁵	dau²¹³vai⁵³	dau²¹³ya⁵³	dau²¹³vai³⁵	dau²¹³vai⁵³	dau²¹³vai³⁵
跳高	dau²¹³kau⁵⁵	tʰiau²¹³kau⁴⁵	dau²¹³kau³³	dau²¹³kau⁴⁵	dau²¹³kau⁴⁵	dau²¹³kau³³	dau²¹³kau⁴⁵	dau²¹³kau⁵⁵
跳舞	dau²¹³vu²	tʰiau²vu⁴²	dau²¹³vu⁴²	dau²¹³vu²	dau²¹³vu²	dau²¹³vu²	dau²¹³vu²	dau²¹³vu²
踩高跷	oŋ²¹³kau⁵⁵ku²	oŋ²¹³kau⁴⁵keu⁴²	oŋ²¹³kau³³ku²	oŋ²¹³kau⁴⁵kuekau⁴²	tɕie²¹³kau⁴⁵ky⁴²	ɤŋ²⁴⁵kau³³ku²	bia⁵³kau⁵⁵ku⁴²	dzɤ³³kau⁵⁵ku²
翻眼头	kʰua³⁵tɕie⁵⁵toŋ²	fai⁵³tɕie⁴⁵tɤu²	kʰa³⁵tɕie³³tau²	kʰa³⁵tɕie⁴⁵ta⁴⁵	kʰo⁵³tɕie² ta²	kʰua³⁵tɕie⁵ ta²	fai⁵⁵tɕie²ta²	kʰua³⁵tɕie²tau²
划船	bau²¹³dzuai²¹³	bau²⁴dzuai²¹³	bo²¹³dzuai²¹³	bo²¹³dzuai²¹³	bo²¹³dzuai²¹³	xua³⁵dzuai²¹³	xua⁵³dzyɛ²¹³	bau²¹³dzuai²¹³
下棋	dzʌu³⁵dzi²¹³	o⁵³dzi²¹³	dzʌu³⁵dzi²¹³	dzai⁵³dzi²¹³	dzai⁵³dzi²¹³	o³⁵dzi²¹³	dzɛu⁵³dzi²¹³	o³⁵dzi²¹³
象棋	dzie³⁵dzi²¹³	tɕioŋ⁴⁵dzi²⁴	dzie³⁵dzi²	ɕioŋ⁵³dzi²	ɕioŋ⁵³dzi²¹³	dzie³⁵dzi²	ɕiaŋ²¹³dzi²	dzie²¹³dzi²
麻将	mo⁵⁵tɕiɛ²	mo⁴⁵tɕioŋ⁴²	mo³³tɕiɑ̃²	mɤ⁸tɕioŋ²	mo⁴⁵tɕioŋ²	mo³³tɕiẽ²	mo²⁴tɕioŋ²	mo⁵⁵tɕiẽ²
打秋千	kʰua³⁵daŋ⁴⁵tʰi²	kʰo⁵³dioŋ²¹³dioŋ⁴⁵	kʰa³⁵die²¹³die³⁵	kʰo⁵³dioŋ²¹³dioŋ⁴⁵	kʰo⁵³dieu²¹³dieu⁴⁵	kʰua³⁵daŋ⁴²tuei²	kʰua⁵³tɕʰioŋ⁵⁵mei²	iau⁵⁵ku⁵⁵daŋ⁴² tɕʰi²

（续表）

	清水坪	筲箕湾	棋坪	白沙	红土溪	草潭	山枣	高峰
游泳	tsəu³⁵dzu⁵⁵	tsəu⁵³sɛ⁴⁵kəu²	dʑia²¹³zu⁵⁵	dʑia²¹³koŋ²	dʑia²¹³tsu⁵³	dʑia²¹³zu⁵⁵	dʑia²¹³tsu⁵³	dʑia²¹³tsu³⁵
打牌	kʰuɑ³⁵pɑ²¹³	kʰo⁵³po²¹³	kʰɑ³⁵pɑ²¹³	kʰo⁵³po²¹³	kʰo⁵³po²¹³	kʰuɑ³⁵pɑ²¹³	kʰuɑ⁵³pɑ²¹³	kʰuɑ³⁵pɑ²¹³
卷水	kʰuɑ³⁵mi³³dɑŋ⁵⁵	mi²⁴	kʰɑ³⁵mi³³koŋ⁵⁵	fu²¹³tsu⁵³	foŋ²⁴fai⁵³ba²¹³	kʰuɑ³⁵mi²⁴dɑŋ²	kʰuɑ⁵³mi²⁴dɑŋ²	tia⁴²mi³³dɑŋ²
胃牌（牌为黑色）	ku⁴²pɑ²¹³	ku⁴²po⁴⁵	ku⁴²pɑ²	ku²⁴po²	ku²⁴po²	ku⁴²pɑ²	ku⁴²pɑ²	ku⁴²pɑ²
讲故事	kaŋ³⁵ku³⁵sʅ²	o²⁴ku⁵³	kɑ̃³⁵ku³⁵	kai⁵³ku⁵³	kai⁵³ku⁵³	kaŋ³⁵ku³⁵sʅ²	kəu⁵³ku²¹³sʅ²	kaŋ³⁵ku⁵⁵
唱歌	tsʰoŋ³³ku⁵⁵	tsʰoŋ²⁴kuɛ⁴⁵	tsʰẽ⁵⁵ku³³	tsʰoŋ²⁴ɕyɛ²	tsʰoŋ²⁴ɕyɛ²¹³ kuɛ⁴⁵	tsʰɤŋ⁵⁵ku³³	tɕʰioŋ²⁴ko⁵⁵	tsʰɤŋ³³ku⁵⁵
看电影	mɤŋ³³tia³⁵ĩẽ²	pʰia²¹³tia⁵³ĩẽ²	mẽ⁵⁵tia³⁵ĩẽ²	moŋ²⁴tia³⁵ĩẽ²	moŋ²⁴tia⁵³ĩẽ²	mɤŋ⁵⁵tia³⁵ĩẽ²	moŋ²⁴tia²¹³ĩẽ²	mɤŋ³³tia³⁵ĩẽ²
学校	au³³toŋ⁵⁵	au²⁴toŋ⁴⁵	yau⁵⁵doŋ²	au²⁴toŋ⁴⁵	au²⁴toŋ⁴⁵	au²⁴toŋ²	au²⁴toŋ²	au³³tɤŋ²
学习	ləu⁵⁵/vu³³	u²⁴	vu⁵⁵	u²⁴	u²⁴	vu⁵⁵	vu²¹³	vu²¹³
上课	tsʰoŋ³⁵kʰo³⁵	tsʰoŋ⁵³kʰo³⁵	tsʰẽ³⁵kʰo³⁵	tsʰoŋ⁵³kʰɤ²	tsʰoŋ⁵³kʰo²¹³	tsʰɤŋ⁵³kʰo²¹³	saŋ²¹³kʰo²¹³	tsʰɤŋ³⁵kʰo²¹³
下课	o³⁵kʰo³⁵	ɕia⁵³kʰo⁵³	ɕia³⁵kʰo³⁵	ɕiəu⁴⁵ɕi²	ɕia⁵³kʰo²¹³	o³⁵kʰo³⁵	ɕia²¹³kʰo²¹³	o³⁵kʰo³⁵
墨汁	mɤ⁴²tsu²	mei⁴²tsu²	mɤ⁴²tsu²	mai²⁴tsʅ²	mai⁴²tsʅ²¹³	mɤ⁴²tsu²	mei⁴²tsu²	mɤ⁴²
上学	tsʰɤŋ³⁵au³³	tsʰoŋ⁵³au²⁴	tsʰẽ³⁵yau⁵⁵	lu²¹³tɕiəu⁴⁵	ləu⁴²tsəu⁴⁵	tsʰɤŋ⁵⁵au⁵⁵	tɕʰioŋ⁵³au²⁴	tsʰɤŋ³⁵au³³
放假	fɤŋ³³au³³	foŋ²⁴au²⁴	fɛ⁵⁵yau⁵⁵	foŋ²¹³au²⁴	foŋ²⁴au²⁴	fɤŋ⁵⁵au²	xoŋ²⁴au²⁴	fɤŋ³³au²
黑板	fɤŋ³³tɕia²	foŋ²⁴tɕia²	fɛ⁵⁵tɕia²	foŋ²⁴tɕia²	foŋ²⁴tɕia²	fɤŋ⁵⁵tɕia²	xoŋ²⁴tɕia⁴²	fɤŋ³³tɕia²
粉笔	xai²¹³pã²	xai²⁴pai²	xɑ²¹³pã²	kʰei⁴²poŋ²	xai²⁴pai²	xai²⁴pã²	xai²⁴pã²	xɤ²⁴pã²
铅笔	fẽ⁴²pi²	fẽ⁴²pi²	fẽ⁴²pi²	fẽ⁴²pi²	fẽ⁴²pi²	fẽ⁴²pi²	fẽ⁴²pi²	fẽ⁴²pi²
	tɕʰia⁵⁵pi²/yã³³pi²	tɕʰia⁴⁵pi²	yã⁵⁵pi²	yã²⁴pi²	yã²⁴pi²	tɕʰia³³pi²	yã²⁴pa²	tɕʰia⁵⁵pi²

（续表）

	清水坪	筲箕湾	棋坪	白沙	红土溪	草潭	山枣	高峰
钢笔	kɤŋ⁵⁵pɛ⁴²/ kɑŋ⁵⁵pi˙²	kã⁴⁵pi˙²	kɛ̃³³pa˙²	koŋ⁴⁵pɛ˙²	koŋ⁴⁵pa˙²	kɑŋ³³pɛ˙²	kɑŋ⁵⁵pi˙²	kɑŋ⁵⁵pa˙²
毛笔	mɑu⁵⁵pɛ˙²	mɑu⁴⁵pa˙²	mɑu³³pa˙²	mɑu⁴⁵pa˙²	mɑu⁴⁵pa˙²	mɑu³³pɛ˙²	mɑu⁵⁵pa˙²	mɑu⁵⁵pa˙²
笔筒	pɛ⁴²diɑu²¹³tsɛ³⁵	pa⁴²dyɛ²¹³tsa²	pa⁴²tiʌɯ²¹³	pa⁴²tyɤ²¹³	pa⁴²tiʌɯ²¹³	pɛ⁴²diɑu³⁵tsɛ³⁵		pa⁴²tʰɑu²
橡皮	tsʰo⁴²tsɛ²	tsʰu⁴²tsa²	tsʰo⁴²tsa²	tsʰɤ⁴²tsa²	tsʰo⁴²tsɿ²	tsʰo⁴²tsa²	tsʰo⁴²tsa²	tsʰo⁴²tsa²
书包	tɕiɛɯ⁵⁵pɑu²	tɕy²pɑu⁴⁵	tsɛɯ³³pɑu²	tɕiɛɯ⁴⁵pɑu⁴⁵	tsɛɯ⁴⁵pɑu⁴⁵dɛɯ²	tɕiɛɯ³³pɑu²	tɕiɛɯ⁵⁵pɑu⁵⁵	tɕiɛɯ⁵⁵pɑu²
教书	kɑu⁵⁵tɕiɛɯ⁵⁵	kɑu⁴⁵tɕy⁴⁵	kɑu³³au²	kɑu⁴⁵tɕiɛɯ⁴⁵	kɑu⁴⁵tsɛɯ⁴⁵	kɑu³³au³³	kɑu⁵⁵tɕiɛɯ⁵⁵	kɑu³⁵tɕiɛɯ⁵⁵
读书	lɛɯ³³tɕiɛɯ⁵⁵	lu²⁴tɕy⁴⁵	lɛɯ⁵⁵tsɛɯ³³	lu²⁴tɕiɛɯ⁵⁵	lɛɯ⁴²tɕiɛɯ³³	lɛɯ⁵⁵tɕiɛɯ³³	lu²⁴tɕiɛɯ⁵⁵	lɛɯ³³tɕiɛɯ⁵⁵
写字	ɕio³⁵dzɛ³⁵	ɕiɤ⁵³dza²⁴	ɕio³⁵dza⁵⁵	ɕiɤ⁵³dza²⁴	ɕio⁵³dza²⁴	ɕio³⁵dzɛ⁵⁵	ɕiω⁵³dza²⁴	ɕio³⁵dza²⁴
背书	pʰa³⁵tɕiɛɯ⁵⁵	pʰa⁵³tɕy⁴⁵	pei³⁵tsɛɯ³³	pei⁵³tɕiɛɯ⁴⁵	pei⁵³tsɛɯ⁴⁵	kʰua³⁵tɕiɛɯ³³	pʰa⁵³tɕiɛɯ⁵⁵	pʰa³⁵tɕiɛɯ⁵⁵
站队	dzai²tua³³	dza²tua²⁴	dza³⁵tua⁵⁵	dza²⁴tuei²⁴	dza²⁴tua²⁴	dzɛ³⁵tua²⁴	dza²⁴tua²⁴	dza³³tua³³
排队	pa²¹³tua³³	bai²tua²⁴	pa²¹³tua⁵⁵	bai²tuei²¹³	bai²tuei²¹³	pa²¹³tua⁵⁵	bai²tuei²¹³	dza³³tua³³

P 日常生活

	清水坪	筲箕湾	棋坪	白沙	红土溪	草潭	山枣	高峰
蒸饭	tsaŋ⁵⁵moŋ⁵⁵	tɕʰi²⁴maŋ⁴⁵	tsã³³moŋ³³	tɕʰĩ²⁴mõ⁴⁵	tɕʰĩ²⁴mõ⁴⁵	tsaŋ³³moŋ³³	tɕʰĩ²⁴maŋ³⁵	tsaŋ⁵⁵moŋ³⁵
煮饭	lau²¹³moŋ⁵⁵	lau²¹³maŋ⁴⁵	lau²¹³moŋ³³	tɕiɛɯ⁵³mõ⁴⁵	tsɛɯ⁵³mõ⁴⁵	lau²¹³moŋ³³	tɕiɛɯ⁵³maŋ⁵⁵	lau²¹³moŋ⁵⁵
淘米	dau²¹³mie³³	tau²¹³mie⁵³	tau²¹³mie³⁵	tau²¹³mi⁴²	dau²¹³mie⁵³	tau²¹³mie³⁵	tau²¹³mi⁵³	tau²¹³mie³⁵
揉面	tsʰu⁵⁵mie³³	zɛɯ²⁴pai⁵³	lu³³mie⁵⁵	lɛɯ⁴⁵mi²	lye²⁴pai⁵³	lu³³mie⁵⁵	tau²¹³mi⁵³	zua²¹³mie³³
择菜	lu⁵⁵tsʰɤ⁵⁵	diau²⁴tsʰei²⁴	lu⁵⁵tsʰɤ⁵⁵	dza²⁴tsʰei²⁴	dia²¹³tsʰei²⁴	lu⁵⁵tsʰɤ⁵⁵	pau⁴²tsʰei²⁴	lu³³tsʰɤ³³
做汤	tsɤ³³tʰɤŋ⁵⁵	tsei²⁴tʰoŋ⁴⁵	kʰa³⁵tʰẽ²	kʰo⁵³tʰoŋ⁴⁵	kʰo⁵³tʰoŋ⁴⁵	tsɤ⁴²tʰɤŋ³³	kua⁵³tʰoŋ⁵⁵	kua³⁵tʰɤŋ⁵⁵

（续表）

	清水坪	筲箕湾	棋坪	白沙	红土溪	草潭	山枣	高峰
熬汤	tɕieu³⁵tʰɤŋ⁵⁵	ŋau²⁴tʰoŋ⁴⁵	ŋau³³tʰẽ³³	ŋau⁴⁵tʰoŋ⁴⁵	ŋau⁴⁵tʰoŋ⁴⁵	ŋau³³tʰɤŋ³³	tɕieu⁵³tʰoŋ⁵⁵	ŋau⁵⁵tʰɤŋ⁵⁵
泡汤	pʰau³³tʰɤŋ⁵⁵	pʰau²⁴tʰoŋ⁴⁵	tau²¹³tʰẽ³³	pʰau²⁴tʰoŋ⁴⁵	pʰau²⁴tʰoŋ⁴⁵	pʰau⁵⁵tʰɤŋ³³	pʰau²⁴tʰoŋ⁵⁵	pʰau³³tʰɤŋ⁵⁵
盛饭	dzʌɯ²¹³moŋ⁵⁵	dzʌɯ²¹³maŋ⁴⁵	dzʌɯ²¹³moŋ³³	dzai²¹³mõ⁴⁵	dzai²¹³mõ⁴⁵	dzʌɯ²¹³moŋ³³	dzʌɯ²¹³moŋ⁵⁵	dzau²¹³moŋ⁵⁵
吃饭	zieu³³moŋ⁵⁵	zy²⁴maŋ⁴⁵	zeu⁵⁵moŋ³³	zieu²⁴maŋ⁴⁵	zeu²⁴mõ⁴⁵	zieu⁵⁵moŋ³³	dzieu²⁴moŋ⁵⁵	zieu²⁴moŋ⁵⁵
夹菜	ko⁴²tsʰɤ³³	ku⁴²tsʰei²⁴	xo³⁵tsʰɤ⁵⁵	kɤ⁴²tsʰei²⁴	ko²⁴tsʰei²⁴	ko⁴²tsʰɤ⁵⁵	ko⁴²tsʰei²⁴	ko⁴²tsʰɤ³³
舀汤	iau³⁵tʰɤŋ⁵⁵	iau⁵³tʰoŋ⁴⁵	iau³⁵tʰẽ³³	iau⁵³tʰoŋ⁵⁵	iau⁵³tʰoŋ⁴⁵	iau³⁵tʰɤŋ³³	tsʰai⁴²tʰoŋ⁵⁵	iau³⁵tʰɤŋ⁵⁵
兑水	tua³³tsu³⁵	to²⁴tsu⁵³	tua⁵⁵tsu³⁵	to²⁴tsu⁵³	ty⁴²tsu⁵³	tua⁵⁵tsu³⁵	tua²⁴tsu⁵³	tua³³tsu³⁵
煨	uai²¹³	pau²¹³	pau²¹³	uei⁴⁵	pau²¹³	ŋau³³	pau²¹³	pau²¹³ (zuai³³)
喝茶	aŋ³⁵tsʰuai³⁵	au⁴⁵tʃʰuai⁵³	ɑ̃⁵tsʰuai³⁵	ai⁵³tsʰuai⁵³	ai⁵³tsʰuai⁵³	aŋ³⁵tsʰuai³⁵	eu⁵⁵tɕʰye⁵³	aŋ³⁵tsʰuai³⁵
喝酒	aŋ³⁵tɕie⁵⁵	au⁴⁵tɕia⁵³	ɑ̃³⁵tɕia⁵³	ai⁵³tɕia⁵³	ai⁵³tɕia⁵³	aŋ³⁵tɕie³³	əu⁵⁵tɕia⁵³	aŋ³⁵tɕia³⁵
抽烟	aŋ³⁵ye⁵⁵	au⁴⁵ie⁴⁵	ɑ̃³⁵ye³³	ai⁵³ie⁴⁵	ai⁵³ie⁴⁵	aŋ³⁵ye³³	əu⁵⁵ie⁵⁵	aŋ³⁵ye⁵⁵
起床	dau²¹³kʰɤ³⁵	dau²¹³kʰəɯ²	dau²¹³kʰɤ³⁵	tɕʰi⁴²dau²¹³keɯ²	dau²¹³kʰəɯ²	dau²¹³kʰəɯ³⁵	dau²¹³kʰei²	dau²¹³kʰəɯ³⁵
洗脸	tsau³⁵mie³³	tsau⁵³mie²⁴	tsau⁵³mie⁵⁵	tsau⁵³mie²⁴	tsau⁵³mie²⁴	tsau³⁵mie⁵⁵	tsau⁵³mie²⁴	tsau³⁵mie³³
漱口	sua⁴²kʰɤ³⁵	su²⁴kʰa³⁵	soŋ⁵⁵kʰa³⁵	sõ²⁴kʰa⁵³	sua⁵³kʰa⁵³	sɤŋ⁵⁵kʰa³⁵	sua²⁴kʰa³⁵	sɤŋ³³kʰa³⁵
刷牙	sua⁴²kʰɤ³⁵	su²⁴kʰa³⁵	sua⁴²ŋo³³tsʰl̩³⁵	sua²⁴ia²⁴	sua⁵³kʰa⁵³	sɤŋ⁵⁵ŋo³³tsʰl̩³⁵	sua²⁴ia²⁴	sua⁴²kʰa³⁵
穿鞋	tu⁴²li³⁵	ty⁴²li⁵³	tu⁴²li³⁵	teu⁴²li⁵³	ty⁴²li⁵³	tu⁴²li³⁵	tu⁴²li³⁵	tu⁴²li³⁵
脱衣服	ka³⁵fa²¹³	ka⁵³ːkuai²¹³	ka⁵⁵fa²¹³	ka⁵³ːi⁴⁵	ka⁵³ːi⁴⁵	ka³⁵fa²¹³	ka⁵³ːi⁵⁵	ka³⁵i⁵⁵
晾衣服	lɤŋ³³fa²¹³	loŋ²⁴kuai⁴⁵	lẽ⁵⁵fa²¹³	loŋ²⁴i⁴⁵	loŋ²⁴i⁴⁵	lɤŋ³⁵fa²¹³	sa²⁴i⁵⁵	lɤŋ³³i⁵⁵
晒衣服	sa⁴²fa²¹³	sa²⁴kuai⁴⁵	sa⁵⁵fa²¹³	sa²⁴i⁴⁵	sa²⁴i⁴⁵	sa²⁴fa²¹³	sa²⁴i⁵⁵	sa³³i⁵⁵
熨衣服	zuai³³fa²¹³	y²⁴i⁴⁵kuai⁴⁵	ye⁵⁵i³⁵fa²¹³	ye²⁴i⁴⁵	ye²⁴i⁴⁵	ye²¹³fa²¹³	ye²¹³i⁵⁵	ye³³i⁵⁵
洗澡	tsau³⁵zu³³	tsau⁵³sai⁴⁵keɯ²	tsau³⁵zu⁵⁵	tsau⁵³ɕie⁴⁵keɯ²	tsau⁵³ɕie⁴⁵keɯ²	tsau³⁵zu⁵⁵	tsau⁵³ɕie⁵⁵ta²	tsau³⁵zu³³
撒尿	u⁵⁵liau³³	o⁴⁵liau²⁴	u³³liau⁵⁵	ɷ⁴⁵liau²⁴	ɷ⁴⁵liau²⁴	u³³liau³⁵	u⁵⁵liau³³	u⁵⁵liau³³

（续表）

	清水坪	筲箕湾	棋坪	白沙	红土溪	草潭	山枣	高峰
拉屎	u⁵⁵sʅ³⁵	o⁴⁵sʅ⁵³	u³³sʅ³⁵	ɲiɤ⁵³tu⁵⁵sʅ²	ɯ⁴⁵sʅ⁵³	u³³sʅ³⁵	u⁵⁵sʅ⁵³	u⁵⁵sʅ³⁵
梳头	sɤ⁵⁵lau³⁵ku⁵⁵	sɛ⁴⁵lau⁵³ku²	sɤ³³lau³⁵ku⁵⁵	sɛ⁴⁵lau⁵³ku²	sɛ⁴⁵lau⁵³ku²	sɤ³³lau³⁵mau³³	sai⁵⁵lau⁵³ku²	sɤ⁵⁵lau³⁵ku⁵
穿针	tsʰuai⁵⁵tsai⁵⁵	tʃʰuai⁴⁵tɕie⁴⁵	tsʰuai³³tɕie⁵⁵	tsʰuai⁴⁵tɕie⁴⁵	tsʰuai⁴⁵tɕie⁴⁵	tsʰuai³³tsai³³	tɕʰye⁵⁵tɕie⁵⁵	tsʰuai⁵⁵tsai⁵⁵
烤火	tso⁴²fɑ³⁵	tsu⁴²fo⁵³	tso⁴²fɑ³⁵	tsɤ⁴²fo⁵³	tsu⁴²fo⁵³	tso⁴²fɑ³⁵	tɕiɯ⁴²xuɑ⁵³	tso⁴²fɑ³⁵
点灯	tai³⁵lie³³	tai⁵³lioŋ²⁴	tai³⁵lie⁵⁵	tai⁵³lioŋ²⁴	tai⁵³lioŋ²⁴	tai³⁵lie⁵⁵	tai⁵³tɤɯ⁵⁵	tai³⁵tɑŋ⁵⁵
熄灯	ie⁵⁵tɑŋ⁵⁵ / pie⁴²tɑŋ⁵⁵	iẽ⁴⁵lioŋ²⁴	sʰu⁴³³lie⁵⁵	pi²⁴lioŋ²⁴	tɕʰye⁴⁵lioŋ²⁴	pi⁵⁵tɑŋ³³	sʰu⁵⁵tɤɯ⁵⁵	i³³tɑŋ⁵⁵
歇凉	ɕie⁴²tɕʰi³³	ɕie⁴²tsɤẽ²⁴	ɕie⁴²tɕʰi⁵⁵	ɕie⁴²tsʰẽ²⁴	ɕie⁴²tsʰẽ²⁴	ɕie⁴²tɕʰi⁵⁵	ɕi⁴²tsʰẽ²⁴	ɕie⁴²tɕʰi³³
铺床	pʰu⁵⁵kʰuai⁴²tsɤŋ²	pʰu³³kʰuai²⁴tsoŋ⁴⁵	pʰu³³kʰuai⁴²dzẽ²	pʰu⁴⁵kʰuai²⁴tsoŋ²	pʰu⁴⁵kʰuai²⁴tsoŋ⁴⁵	pʰu³³kʰuai⁵⁵tsɤŋ²	pʰu⁵⁵kʰuai²⁴tsɤŋ²	pʰu⁵⁵kʰuai³⁵tsoŋ²
躺倒	kɑŋ⁵⁵tau³⁵kʰuai³⁵	kʰuai²⁴tau²	kʰuai⁵⁵tau⁵⁵	kʰuai²⁴tau²	kʰuai²⁴tau²	lɑŋ⁵⁵tau²	kʰɑu²⁴tau²	kʰuai³³tɑu⁵⁵
睡觉	kʰuai³³	kʰuai²⁴kɑu²⁴	kʰuai⁵⁵kɑu⁵⁵	kʰuai²⁴kɑu²⁴	kʰuai²⁴kɑu²⁴	kʰuai⁵⁵kɑu⁵⁵	kʰue²⁴	kʰuai³³kɑu³³
做梦	tsɤ³³mɑŋ³³	tsei²⁴mʌɯ²⁴	tsɤ⁵⁵mɑ̃⁵⁵	tsei²⁴mai²⁴	tsei²⁴mʌɯ²⁴	tsɤ⁵⁵moŋ⁵⁵	tɕi²¹³meɯ²⁴	tsɤ³³mɑŋ³³
打鼾	kʰɑ³⁵bu⁴²xoŋ²	kʰo⁵³bu⁴⁵xoŋ²	kʰɑ³⁵bu⁵⁵xã²	kʰo⁵³bu⁴⁵xɤ²	kʰo⁵³bu⁴⁵xo²	kʰuai³⁵bu²⁴tsẽ²	kʰuɑ⁵³bu²⁴kʰei²	kʰuai³⁵bu²⁴xã²¹³
回去	vɤŋ²¹³kʰɐ²	voŋ²¹³kʰəɯ²	vẽ²¹³kʰəɯ³⁵	voŋ²¹³kʰəɯ²	voŋ²¹³kʰəɯ²	vɤŋ²¹³kʰəɯ³⁵	oŋ²¹³kʰei²	vɤŋ²¹³kʰəɯ³⁵
谈天	dze³⁵dɑŋ⁵⁵		dzã³⁵dɑ̃⁵⁵	dã²⁴tɕiẽ⁴⁵		kɑŋ³⁵kuɑ³⁵tsẽ²	tsʰai⁴²dã²⁴	
说话	kɑŋ³⁵tse³³	o²⁴tsa²⁴	kã³⁵tsa⁵⁵	kai⁵³tsa²⁴	kai⁵³tsa²⁴	kɑŋ³⁵tse³³	kɤɯ⁵³tsa²⁴	kɑŋ³⁵sɑu³³
讲乡	kɑŋ³⁵ɕiẽ⁵⁵	o²⁴ɕioŋ⁴⁵	kã³⁵ɕiẽ³³	kai³⁵ɕioŋ⁴⁵	kai³⁵ɕioŋ⁴⁵	kɑŋ³⁵ɕioŋ³³	kɤɯ³⁵tsa²⁴	kɑŋ³⁵ɕie⁵⁵
争吵	tsʰau³⁵tsai³⁵	tsʰau⁵³dzoŋ²¹³fo²	ɕi²¹³tsoŋ³³	ɕi²⁴zoŋ⁴²	ɕi²⁴zoŋ⁴²	ɕi⁴²tsoŋ³³	kɑŋ³⁵ɕioŋ⁵⁵	tsoŋ⁵⁵tsʰu³⁵
打架	kʰuɑ³⁵tsai³⁵	kʰo⁵³tsɯ²¹³tsa²	kʰɑ³⁵tsai³⁵	ɕi²⁴kʰo⁵³	ɕi²⁴kʰo⁵³	kʰuɑ³³ɕi³⁵	tsʰuɑ⁵³tɕie⁵³	kʰuɑ³⁵tsai³⁵
挨骂	ŋɑ⁵⁵ɕie³⁵	ŋɑ⁴⁵ɕie⁵³	tʰu⁵⁵ɕie³⁵	tʰəɯ⁴⁵sɤ⁵³	tʰue⁴⁵ɕie⁵³	ŋɑ³³ɕie³⁵	ŋɑ⁵⁵ɕi⁵³	ŋɑ⁵⁵ɕie³⁵

（续表）

	清水坪	管莗湾	麒坪	白沙	红土溪	草潭	山枣	高峰
戒烟	ka³³yɛ⁵⁵	kɔ̃²⁴˙⁴⁵	ka³⁵yɛ³³	kɔ̃²⁴˙⁴⁵	kɔ̃²⁴˙⁴⁵	ka⁵⁵yɛ³³	kω⁵⁵ iɛ⁵⁵	ka³³yɛ⁵⁵
逛街	aŋ²¹³kɛ⁵⁵ʌɯ²	tɑu²⁴kua⁴⁵ta⁵³kʰəɯ²⁴		liɑ⁴⁵ko⁴⁵kʰəɯ²	tsʰoŋ⁵³ko⁴⁵	uɑ̃³⁵vei³⁵	oŋ²¹³kua⁵⁵	tsʰɤŋ³⁵ka⁵⁵
拜年	pa³³tsʅ⁵⁵	po²⁴tsẽ⁴⁵	pa⁵⁵tsʅ³³	po²⁴tsẽ⁴⁵	po²⁴tsẽ⁴⁵	pa⁵⁵tsʅ³³	pa²⁴tɕiẽ⁵⁵	pa³³tsʅ⁵⁵

Q 动作感觉

一、五官的动作

	清水坪	管莗湾	麒坪	白沙	红土溪	草潭	山枣	高峰
看	mɤŋ³³	pʰia²¹³	mẽ⁵⁵	moŋ²⁴	moŋ²⁴	moŋ⁵⁵	moŋ²⁴	mɤŋ³³
觑	pʰu³⁵	pʰu⁵³	pʰu³⁵	pʰu⁵³		pʰu³⁵	pʰu⁵³	pʰu³⁵
闻	vai⁵⁵	tɕʰioŋ⁴⁵	vai³³	tɕʰioŋ⁴⁵	dɑu²⁴tɕʰi²⁴tsa²	vai³³	vai⁵⁵	vai⁵⁵
咬	ȵio⁴²	za⁵³	ȵio⁴²	za⁴²	za⁴²	ȵio⁴²	ȵio⁴²	ȵio⁴²
吞	uai³³	uai²⁴	uai⁵⁵	uai²⁴	uai²⁴	uai⁵⁵/ŋaŋ³⁵	yɛ⁵⁵	uai³³
尝（味道）	sʅ²¹³	sʅ²¹³	sʅ²¹³	sʅ²¹³	sʅ²¹³	sʅ²¹³	sʅ²¹³	sʅ²¹³
呼吸	fu⁵⁵	xu⁴⁵	fu³³	xu⁴⁵	ʌu⁵³	fu³³	ɐu⁵³	fu⁵⁵
含	mau²¹³/xã⁵⁵	tu²¹³	mau²¹³	tu²¹³	tɐu²¹³	xaŋ²¹³	mu²¹³	xaŋ²¹³
告诉	kaŋ³⁵	o²⁴	ua⁵⁵	pau²⁴	pau²⁴	kaŋ³⁵	kɐu⁵³	kaŋ³⁵
顶嘴	tiɛ³⁵kʰɐ³⁵	tɐɯ⁵³kʰa⁵³	tiɛ³⁵kʰa³⁵	tiɐɯ⁵³kʰa²	ti⁵³kʰa³⁵	ŋaŋ³³kʰɐ³⁵	tɛ⁵⁵kʰa³⁵	ti³⁵kʰa³⁵
(狗)叫	xoŋ³³	xõ²⁴	fei⁵⁵	xõ²⁴	xõ²⁴	fei⁵⁵	xaŋ²⁴	fei⁵⁵
(鸟)叫	xoŋ³³	xõ²⁴	xoŋ⁵⁵	xõ²⁴	xõ²⁴	xoŋ⁵⁵	xaŋ²⁴	xoŋ³³
舔	dzɤ³⁵	dziɛ⁵³	dzɤ³⁵	dziɛ⁵³	dzi⁵³	dzɤ³⁵	dzi⁵³	dzɤ³⁵
哭	liɛ²¹³	liɛ²¹³	liɛ²¹³	liɛ²¹³	liɛ²¹³	liɛ²¹³	li²¹³	liɛ²¹³

二、手的动作

	清水坪	管莗湾	麒坪	白沙	红土溪	草潭	山枣	高峰
扔	vu³⁵	vu⁵³	vu³⁵	vu⁵³	vu⁵³	vu³⁵	suɛ²	vu³⁵/toŋ⁵⁵

（续表）

	清水坪	筲箕湾	棋坪	白沙	红土溪	草潭	山枣	高峰
推（车）	tʰua⁵⁵/ɕyɛ⁵⁵	ɕiɑu⁴⁵	ɕyɛ⁴²	tsʰai²⁴	tʰua⁴⁵	ɕyɛ⁵⁵	tʰuei⁵⁵	ɕyɛ⁵⁵
托	du⁵⁵	tɤu⁵³		tʰo⁵³	dyɛ⁴⁵	du³³	du⁵⁵	tʰu⁴²
拉	dzɛ³⁵	pai⁴⁵	dza³⁵	pai⁴⁵	dzo⁵³	dzɛ³⁵	dza⁵³	dza³⁵/tʰiɛ⁵⁵
拧（毛巾）	tɕie³³	tɕia²⁴	tɕia⁵⁵	tɕia²⁴	tɕia²⁴	tɕiɛ⁵⁵	tɕia²⁴	tɕia³³
拿	to⁵⁵	to⁴⁵	to³³	niã⁴⁵	niã⁴⁵	to³³	to⁵⁵	to⁵⁵
打	kʰua³⁵	kʰo⁵³	kʰa³⁵	kʰo⁵³	kʰo⁵³	kʰua³⁵	kʰua⁵³	kʰua³⁵
挑	toŋ⁵⁵	tõ⁴⁵	toŋ³³	tõ⁴⁵	tõ⁴⁵	toŋ³³	taŋ⁵⁵	toŋ⁵⁵
关（门）	pie³³	pi²⁴	pie⁵⁵	pi²⁴	pi²⁴	pi⁵⁵	pi²⁴	pi³³
伸	tʰiɛ⁴⁵	tʰiɛ⁴⁵	tsʰɿ³³/tʰiɛ³³	tʰiɛ⁴⁵	tʰiɛ⁴⁵	tʰiɛ³³	tʰiɛ⁵⁵	tsʰɿ⁵⁵/tʰiɛ⁵⁵
系（鞋带）	tau²¹³	fo⁴⁵	ka³³/tʰia⁴²	xɤu⁴⁵	xuɛ⁴⁵	kɛ³³	xɤu⁵⁵	ka⁵⁵/dau²¹³
捆	xu⁵⁵	fu⁴⁵	pã³⁵/ka³³/xu³⁵	xɤu⁴⁵	xuɛ⁴⁵	xu³³/paŋ³⁵	ka⁵⁵	paŋ³⁵/ka⁵⁵
剪（布）	ko⁴²	ku⁴²	ko⁴²	kau⁴²	kɷ⁴²	ko⁴²	ko⁴²	ko⁴²
捡（起来）	tsʰɿ⁵⁵	tsʰɿ⁴⁵	tsʰɿ³³	tsʰɿ⁴⁵	tsʰɿ⁴⁵	tsʰɿ³³	tsʰɿ⁵⁵	tsʰɿ⁵⁵
砍（柴）	tɕyɛ³⁵	dzyɛ⁵³	dzyɛ³⁵	dzy⁵³	dzy³⁵	dzyɛ³⁵	dzy⁵³	dzyɛ³⁵
藏	tie⁴²	tia⁴²	tia⁴²	tia⁴²	tia⁴²	tia⁴²	tia⁴²	tia⁴²
理	bau⁵⁵	mie⁴⁵	bau³³	mẽ⁴⁵	mẽ⁴⁵	bau³³	mei⁵⁵	bau⁵⁵/mɤ⁵⁵
捏	lia⁵⁵	luɛ⁴⁵	lia³³	lai⁴⁵	liã⁴⁵	tsʰu³³	lia⁴²	lia⁴²
覆	u²¹³	pi²⁴	u³⁵/tsau⁵⁵	fai⁵³	to²¹³	bo²¹³	tsau²⁴	au³³
揩	kʰa⁵⁵	kʰua⁴⁵	tsʰɿ⁴²	kʰa⁴⁵	tsʰɷ⁴²	tsʰo³³	tɕʰiɤu⁴²	kʰa⁵⁵
抠（痒）	ua⁵⁵	kʰa⁴⁵	za²¹³	kʰa⁴⁵	za²¹³	kʰɐ⁵⁵	kʰa⁵⁵	kʰa³⁵
偷	dau³³	dau²⁴	dau⁵⁵	dau²⁴	dau²⁴	dau⁵⁵	dau²⁴	dau³³

（续表）

	清水坪	箭筸湾	棋坪	白沙	红土溪	草潭	山枣	高峰
换	tʰiɑu⁴²	tʰiɑu⁴²	tʰiɑu⁴²	tʰiɑu⁴²	tʰiɑu⁴²	tʰiɑu⁴²	tʰiɑu⁴²	tʰiɑu⁴²
抢	tɕʰiẽ³⁵	luɛ²¹³	tɕʰiẽ³⁵	lə̇u²¹³	tɕʰioŋ⁵³	tɕʰiẽ³⁵	tɕʰioŋ⁵³	tɕʰiẽ³⁵
给	tɤ³³	ti²⁴	te⁵⁵	tei²⁴	ti²⁴	kai³³	tei²⁴	tɤ³³
撕	dzɛ³⁵	dzɑ⁵³	fɑ³⁵	zɑ⁴⁵	zɑ⁴⁵	dzɛ³⁵	dzɑ⁵³	dzɑ³³
扶	fɤ²¹³	tʰiɛ⁴⁵	fɤ²¹³	tsoŋ⁵³	tsoŋ⁵³	tsɤŋ³⁵	tɕioŋ⁵³	tsɤŋ³⁵
扇	zɑu²¹³	zɑu²¹³	zɑu²¹³	ɕiɛ⁴⁵	ɕiɛ⁴⁵	zɑu²¹³	iɑu²¹³	zɑu²¹³
端	tsʰɐ⁵⁵	to⁴⁵/tsʰa⁴⁵	tsʰa³³	toŋ⁴⁵	dyɛ⁴⁵/tsʰa⁴⁵	tsʰɐ³³	tuɑ⁵⁵	tsʰa⁵⁵
刻	kʰɐ²¹³	kʰɛ²¹³	tiɑu³³	tiɑu⁴⁵	tiɑu⁴⁵	kʰɐ²¹³	tsʰɐŋ⁵³	tiɑu³⁵
盖	tsɑu³³	tʰo²¹³	kuɑ⁵⁵	tsɑu²⁴	tʰo²¹³	tsɑu⁵⁵	tsɑu²⁴	tsɑu³³/kuɑ³³

三、足的动作

	清水坪	箭筸湾	棋坪	白沙	红土溪	草潭	山枣	高峰
摔	dɐ⁴²	dɑ⁴²	dɑ⁴²	dɑ⁴²/kuɛ⁵³	dɑ⁴²	dɐ⁴²	pɑŋ⁵³	dɑ⁴²
蹲	dəɯ²¹³	tuai⁴⁵	dəɯ²¹³	du²¹³	do²¹³	dəɯ²¹³	du²¹³	dəɯ²¹³
跨	dzio⁴²	o⁴⁵	dzio⁵⁵	ɣ⁴⁵	o⁴⁵	dzio³³	ω⁵⁵	dzio³³
走	oŋ²¹³	õ²¹³	oŋ²¹³	õ²¹³	õ²¹³	oŋ²¹³	a²¹³	oŋ²¹³
跑	tʰuɑ⁵⁵	tʰuɑ⁴⁵	tʰuɑ³³	tʰo⁴⁵	tʰuɑ⁴⁵	tʰuɑ³³	tʰuɑ⁵⁵	tʰuɑ⁵⁵
踩脚	tʰɑu⁴²	tʰɑu⁴²	tʰɑu⁴²	tia⁴²	tso²¹³	tʰuɑ⁴²	to²¹³	tʰɑu⁴²
踢	tʰiɛ⁴²	tʰi⁴²	tʰiɛ⁴²	tʰi⁴²/tsuɑ²¹³	tsuɑ²¹³	tʰiɛ⁴²	tʰi⁴²	tʰiɛ⁴²
进人	o⁴²liɛ⁵⁵	oŋ⁴²lioŋ²⁴	u⁴²liɛ⁵⁵	oŋ⁴⁵lioŋ⁵³	oŋ⁴⁵lioŋ⁵³	oŋ²¹³liɛ⁵⁵	ω⁴²lioŋ⁵⁵	ɤŋ²¹³

四、心理活动

	清水坪	箭筸湾	棋坪	白沙	红土溪	草潭	山枣	高峰
高兴	xɤŋ⁵⁵kʰəɯ²	xoŋ⁴⁵kʰəɯ²	xɛ³³kʰəɯ³⁵	xoŋ⁴⁵kʰəɯ²	xoŋ⁴⁵kʰəɯ³⁵	xɤŋ³³kʰəɯ²	xoŋ⁵⁵kʰei²	xɤŋ⁵⁵kʰəɯ⁵⁵
舒服	su⁵⁵fu²	su⁴⁵fu²	su³³fu²	su⁴⁵fu²	su⁴⁵fu²	su³³fu²	su⁵⁵fu²	su⁵⁵fu²
害怕	tɕʰyɛ⁴²	tɕʰy⁴²	tɕʰiɛ⁴²	tsʰəɯ⁴²	tɕʰy⁴²	tɕʰyɛ⁴²	tɕʰy⁴²	tɕʰyɛ⁴²

（续表）

	清水坪	筒箕湾	棋坪	白沙	红土溪	草潭	山枣	高峰
挂念	kuɑ³³tɕʰie²		kua⁵⁵tɕʰie²		tsʰau⁴⁵ɕie⁴⁵	kue⁵⁵tɕʰie²	kua²⁴tɕʰi²	kue³³tɕʰie²
忘记	əɯ⁴²mo³⁵ie²	meɯ⁴⁵əɯ⁴²	əɯ⁴²mɛ̃⁵⁵ie²	əɯ⁴²meɯ²⁴²i	əɯ⁴²meɯ²⁴tseɯ²	əɯ⁴²moŋ⁵⁵ie²	moŋ⁵⁵ie²	əɯ⁴²moŋ³³ie²
知道	ɕiɑu³⁵tɤ²	ɕiɑu⁵³ti²	ɕiau³⁵tɛ²	ɕiau⁵³tei²	ɕiau⁵³ti²	ɕiau³⁵tɤ²	ɕiau⁵³tei	ɕiau³⁵tɤ²
着急	tʰu⁵⁵keɯ²	tʰo⁴⁵keɯ²	tʰu³³kɤ⁴²	tʰau⁴⁵keɯ²	tʰye⁴⁵keɯ²	tʰu³³kɤ⁴²	tʰəɯ⁵⁵kei⁴²	tʰu⁵⁵fa⁴²
认识	ȵie³³tɤ²tau²	ȵi²⁴tiʔtau²	ȵie⁵⁵taiʔtau²	ȵie²⁴tiʔtau²	ȵie²⁴tiʔtau²	ȵie⁵⁵tɤ²tau²	ȵie²⁴tau²	ȵie³³tiʔtau²
可惜	kʰo³⁵ɕie²	kʰue⁵³ɕi²	kʰu³⁵ɕie⁵⁵	kʰəɯ⁵³ɕie²	kʰue⁵³ɕie²	kʰu³⁵ɕie⁵⁵	kʰu³⁵ɕie⁵⁵	kʰu³⁵ɕie⁵⁵
喜欢/爱	dzɛ³³	xoŋ⁴⁵kʰəɯ²/ɕi⁴²xuã²	ɕi⁴²xuã²/ŋai³⁵dzã⁵⁵	ɕi²⁴xõ²	xoŋ⁴⁵kʰəɯ²	xɤŋ³³kʰəɯ³⁵dzã⁵⁵	ɕi⁴²fã/tɕia²⁴	xɤŋ⁵⁵kʰəɯ³⁵dzã³³
埋怨	kua³³	ko²⁴	kua⁵⁵	ko²⁴	mo⁴⁵yɤ⁴⁵	kua⁵⁵	kua²⁴	kua³³
生气	soŋ⁵⁵tɕʰi⁵⁵	fo⁴²tɕʰi²⁴	fa⁴²tɕʰi⁵⁵	tʰa²⁴fo⁵³	tieɯ²⁴tɕʰi²⁴	pie⁴²tɕʰi⁵⁵	tʰa⁵⁵tɕʰi²⁴	sɤŋ⁵⁵tɕʰi³⁵
恼火	lau³⁵fa³⁵	lau⁵³fo⁵³	lau³⁵fa³⁵	lau⁵³fo⁵³	lau⁵³fo⁵³	lau³⁵fa³⁵	lau⁵³xua²	lau³⁵fa³⁵
心疼	ɕie⁵⁵sʌɯ³³	ɕie⁴⁵sʌɯ²⁴	ɕie³³laʔsʌɯ⁵⁵	ɕie⁴⁵sai²⁴	ɕie⁴⁵sʌɯ²⁴	ɕie³³laʔsau⁴²	ɕie⁵⁵səɯ²⁴	ɕie⁵⁵sau³³
感谢	lɤŋ⁵⁵o²	loŋ⁴⁵ue⁴⁵	lɛ̃³³xõ²	loŋ⁴⁵uai⁴⁵	loŋ⁴⁵uai⁴⁵	lɤŋ³³o²	loŋ⁵⁵uai⁴²	lɤŋ³³o²
宠爱	kɤŋ³³sʅ²	kua²⁴sʅ²	koŋ⁵⁵sʅ²	kõ²⁴sʅ²	kuã²⁴sʅ²	koŋ⁵⁵sʅ²	kuã²¹³sʅ²	koŋ³³sʅ²
相信	ɕiaŋ⁵⁵ɕie²¹³	ɕi²⁴	ɕiã⁵⁵ɕiẽ²¹³/ɕie⁵⁵	ɕiaŋ⁴⁵ɕie²¹³	ɕiaŋ⁴⁵ɕie²¹³	ɕiaŋ³³ɕie²¹³	ɕiaŋ⁵⁵ɕie²¹³/ɕie²⁴	ɕiaŋ⁵⁵ɕie²
五、其他								
出来	tsʰu⁴²zɤ²¹³	tsʰu⁴²zai²	tsʰu⁴²zɛ²¹³	tsʰu⁴²zai²¹³	tsʰu⁴²zai:²¹³	tsʰu⁴²zɤ²	tsʰu⁴²zai²¹³	tsʰu⁴²zɤ²¹³
寻找	lu³⁵	lue⁵³	lu³⁵	leɯ⁵³	lye⁵³	lu³⁵	lu⁵³	lu³⁵
开始	ɕie⁵⁵kʌɯ⁵⁵	ɕie⁴⁵kʌɯ⁴⁵	ɕi⁴³³kʌɯ³³	kã²¹³sã⁴⁵	ɕi⁴⁵kʌɯ⁴⁵	ɕie³³kʌɯ³³	kʰai⁴⁵sʅ²	ɕie⁵⁵kau⁵⁵

（续表）

	清水坪	筶篁湾	棋坪	白沙	红土溪	草潭	山枣	高峰
赠送	sʌɯ³³	sʌɯ²⁴	tɛ⁵⁵	kʰo⁵³foŋ²⁴	kʰo⁵³foŋ²⁴	sʌɯ⁵⁵	tai²⁴	kʰua⁵³fa²
没有	pɛ⁴²tɤ²	pa²¹³ti⁵³	pa²¹³tɛ²	pa²¹³va⁵³	pai²¹³ti²	pɛ²¹³ti³⁵	pa²¹³iɤɯ²	pa²¹³ti³⁵
完（了）	lia³⁵	tsɛ²¹³	yɛ³³	yɛ⁴⁵	tsẽ²¹³	lia³⁵	tɕiẽ²¹³	lia³⁵
追赶	dzɑu⁴²	tsʰɑu²⁴	dzɑu⁴²	dzɑu⁴²	dzɑu⁴²	dzɑu⁴²	dzɑu⁴²	dzɑu⁴²
背（柴火）	bɛ³³	ba²⁴	ba⁵⁵	ba²⁴	ba²⁴	bɛ⁵⁵	ba²⁴	ba³³
收拾	sɛ⁵⁵	tɕiã⁴²sʅ²	sa³³tsʰʅ²	sa²⁴tʰiɛ²	su⁴²tʰiɛ²/sɑu	sɤ³³tsʰʅ]	ɕia⁵⁵sʅ⁵³	so⁴²tʰiɛ²
选择, 挑选	ɕyɛ³⁵	ɕyɛ⁵³	ɕyɛ³⁵	dia²⁴	dia²⁴	ɕyɛ³⁵	suai⁵³	ɕyɛ³⁵/lu³³
下毒	o³⁵zu³³	foŋ²⁴ʑy²⁴	yo³⁵zu⁵⁵	foŋ²⁴zo²⁴	foŋ²⁴ʑy²⁴	fɤŋ³³zu⁵⁵	ω³³zuei³⁵	o³⁵zuai²¹³
丢失	liɤɯ³⁵	pa²¹³pʰã³⁵kʌɯ⁴⁵liau²	liɤɯ³⁵la²	liɤɯ⁵³liau²	lɤɯ⁵³liau²	liɤɯ³⁵	liɤɯ⁵⁵iau²	liɤɯ³⁵liau²
躲藏	tu³⁵	tsʰu²⁴	tu³⁵	tɕʰio²⁴	tɕʰio²⁴	tɕʰio³³	tɕʰio²⁴	tɕʰio⁵⁵
讨饭	la³³maŋ⁵⁵	lɑu²⁴maŋ⁴⁵	la⁵⁵moŋ³³	la²⁴mõ³³	la²⁴mõ⁴⁵	la²⁴moŋ³³	la²⁴maŋ⁵⁵	la³³moŋ⁵⁵
趴	bo³⁵	bo⁵³	bo³⁵	bɤ⁵³	bo⁵³	bo³⁵	bω⁵³	bo³⁵
弓腰	kɤ²¹³ɧa²iɑu⁵⁵	piɛ²¹³iɑu⁴⁵	kɤ²¹³iɑu³³	kai²¹³iɑu⁴⁵	kʌɯ⁴⁵iɑu⁴⁵	bɤ²¹³iɑu³³	ka²¹³iɑu⁵⁵	koŋ⁴²pɤ³⁵
烧火	sɑu⁵⁵fa³⁵	sɑu⁴⁵fo⁵³	sɑu³³fa³⁵	sɑu⁴⁵fo⁵³	sɑu⁴⁵fo⁵³	sɑu³³fa³⁵	ɕiɑu⁵⁵xua²	sɑu⁵⁵fa³⁵
失火	kʰəɯ³⁵fa³⁵	kʰəɯ⁵³fo⁵³	kʰəɯ³⁵fa³⁵	kʰəɯ⁵³fo⁵³	kʰəɯ⁵³fa³⁵	kʰəɯ³⁵fa³⁵	kʰei⁵³sẽ²	kʰəɯ³⁵fa³⁵
生锈	soŋ⁵⁵ɕiɛ³³	sõ⁴⁵sẽ⁴⁵	soŋ³³ɕiɛ⁵⁵	sõ⁴⁵ɕiɤɯ²¹³	sõ⁴⁵ɕiɤɯ²¹³	soŋ³³ɕiɤɯ²¹³	kʰei⁵³sẽ²	soŋ⁵⁵ɕiɤɯ²¹³
报仇	pɑu³³tsɛ²¹³	pɑu⁵⁵tsa²¹³	pɑu⁵⁵tsa²¹³	pɑu²⁴dzo²⁴	pɑu²⁴dzɑu²⁴	pɑu³⁵dzɑu²	pɑu²⁴tɕia²	pɑu³⁵dzɑu²
耽误	toŋ⁵⁵kua²	to⁴⁵ko²	toŋ³³kua⁴²	tõ⁴⁵ko²	tõ⁴⁵ko²	toŋ³³kua²	tã⁵⁵kω²	toŋ⁵⁵ko²
沉	dai³⁵	dai⁵³	dai³⁵	dai⁵³	dai⁵³	dai³⁵	dai⁵³	dai³⁵
浮	zɤŋ⁵⁵	zoŋ²⁴	zẽ³³	fei²¹³	fei²¹³	zɤŋ³³	fu²⁴	zɤŋ⁵⁵
遮	tsa⁵⁵	iẽ²⁴	tʰa⁴²	tsɤ⁴⁵	loŋ⁴⁵	tʰɑŋ⁴²	tɕio⁵⁵	tso⁵⁵
转	dzyɛ³³	ty⁴⁵	dzyɛ⁵⁵	dzyɛ²⁴	dzyɛ²⁴	dzyɛ⁵⁵	tuɛ⁵⁵	dzyɛ³³

（续表）

	清水坪	管篾湾	棋坪	白沙	红土溪	草潭	山枣	高峰
带（孩子）	du⁵⁵	iẽ⁵³/tʰəɯ²⁴	tu³³	tɑu²⁴	dyɛ⁴⁵/lẽ⁵³	du³³	lẽ⁴²	du⁵⁵/ta⁵⁵
钻	kʌɯ³³	kʌɯ⁴⁵	kʌɯ⁵⁵	tsoŋ⁴⁵	tsoŋ²⁴	kʌɯ⁵⁵	kəɯ²⁴	kɑu³³
R 形容性状								
好吃	xɑu³⁵ziəɯ³³	xɑu⁵³ʑy²⁴	xɑu³⁵zeɯ⁵⁵	xɑu⁵³zəɯ²⁴	xɑu⁵³zəɯ²⁴	xɑu³⁵ziəɯ⁵⁵	xɑu⁵³ziəɯ²⁴	xɑu³⁵ziəɯ³³
有用	vɤ³⁵zʌɯ⁵⁵	va⁵³sa⁵³	va³⁵zʌɯ⁵⁵	va⁵³sa⁵³	va⁵³sa⁵³tsˤ]²	vɤ³⁵zʌɯ⁵⁵	va⁵³ziəɯ²⁴	va³⁵zɑu³³
有力	vɤ³⁵lieɯ⁴²	va⁵³tɕiɛ⁵³	va³⁵lieɯ⁴²	va⁵³tɕiɛ²¹³	va⁵³tɕiɛ²¹³	vɤ³⁵lieɯ⁴²	va⁵³lieɯ⁴²	va³⁵lieɯ⁴²
坏	fɤ³⁵	fɛ⁵³	fɤ³⁵	fei⁵³	fei⁵³	fɤ³⁵	fei⁵³	xuɤ³⁵
富	vɤ³⁵	va⁵³	fu³⁵	va⁵³	va⁵³	vɤ³⁵	va⁵³	va³⁵
宽	kʰu⁴²	kʰəɯ⁴²	kʰuɤ⁴²	kʰəɯ⁴²	kʰuɑŋ⁴⁵	kʰu⁴²	kʰɷ⁴²	kʰu⁴²
窄（来晚了）	o³³	u²⁴	o⁵⁵	ɤ²⁴	u²⁴	o⁵⁵	ɷ²⁴	o³³
晚（来晚了）	li²¹³	li²¹³	li²¹³	zɤ²⁴	zɷ²⁴	ɤŋ⁵⁵	li²¹³	ɤŋ⁵⁵/li²¹³
美	dzie²¹³tɕiɛ³⁵	kuɑ⁴⁵	dzie²¹³tɕiɛ³⁵	ko⁴⁵	kuɑ⁴⁵	xɑu³⁵moŋ³³	kuɑ⁵⁵	tɕiɑŋ⁵⁵xu²⁴
丑	zɑu³³	dzy²⁴	zɑu⁵⁵	dzieɯ²⁴	dzeɯ²⁴	zɑu⁵⁵	dzieɯ⁵⁵	zɑu³³
凶	u⁴²	eɯ⁴²	u⁴²	ɕyɤ⁴⁵	xai⁴²	u⁴²	ɕieɯ⁵⁵	u⁴²
勤快	dzie²¹³tɕiɛ²	tɕi⁴⁵tso²⁴	dzie²¹³dʑi³³	tɕie²¹³dʑi²⁴	tɕie²¹³dʑi²⁴	tɕie²¹³tɕie²	kʰəɯ⁵³tsei²⁴	tɕie⁴²tɕie²
要紧	iɑu³⁵tɕiɛ⁵³	iɑu²⁴tɕiɛ⁵³	iɑu⁵⁵tɕiɛ³⁵	iɑu⁴⁵tɕiɛ⁵³	iɑu²⁴tɕiɛ⁵³	iɑu⁵⁵tɕiɛ³⁵	iɑu²⁴tɕiɛ⁵³	iɑu³⁵tɕiɛ³⁵
热闹	dzɤ³⁵lɑu⁴²	dzei⁴²lɑu²	dzɤ⁴²lɑu²	lɑu⁴⁵dzieɯ²	zie²⁴lɑu²	dzɤ⁴²lɑu²	dzɤ⁴²lɑu²	dzɤ⁴²lɑu²
坚固	tsɤ²¹³sˤ]³⁵	tɕi⁴⁵tso²⁴	tsa²¹³sˤ]²	tso²¹³sˤ]²	tso²⁴li²	tsa²⁴sˤ]²	tsa²⁴sˤ]²	loŋ⁵⁵tsa²/zu²¹³fo²
脏脏	pʰɑ⁵⁵lɑ²	pʰo²⁴lo²	pʰɑ⁵⁵lɑ²	a²¹³tsa⁴⁵	ɑu⁴⁵tsɑu⁴⁵	pʰɑ⁵⁵lɑ²	pʰɑ²⁴lɑ²	pʰɑ³³lɑ²
干净	kʰɤŋ⁵⁵tɕʰi³⁵	so²¹³li²	kʰẽ³³tɕʰi³⁵	sɤ²¹³li²	sɷ²⁴li²	kʰɤŋ³³tɕʰi³⁵	kʰoŋ⁵⁵tɕie²	kʰɤŋ⁵⁵tɕʰi³³

（续表）

	清水坪	筲箕湾	棋坪	白沙	红土溪	草潭	山枣	高峰
慢	moŋ³³	zei⁵³	moŋ⁵⁵	ʐl̩⁵³	ʐl̩⁵³	moŋ⁵⁵	ʐl̩⁵³	moŋ³³
软	bi³³	bi²⁴	bi⁵⁵	bi²⁴	bi²⁴	bi⁵⁵	bi²⁴	bi³³
黏	ȵio⁵⁵	ȵio⁴⁵	ȵio³³	ȵiɤ⁴⁵	ȵiɤ²⁴	ȵio³³/su⁴²	ȵiɯ⁵⁵	ȵio⁵⁵
(刀子)钝	mu⁵⁵	pã²¹³kʰo²⁴	ŋo³³	lu⁵³	lɯɯ⁵³	mu³³	pʰa³⁵kʰuɑ²	ŋu⁵⁵
甜	kɤŋ⁵⁵	koŋ⁴⁵	kɛ̃³³	koŋ⁴⁵/lai²¹³	koŋ⁴⁵	kɤŋ³³	koŋ⁵⁵	kɤŋ⁵⁵
涩	tɕio⁴²	tʃu⁴²	tɕio⁴²	tɕiɯɯ⁴²	mo⁴⁵	tɕio⁴²	ȵiɑ⁴²	tɕio⁴²
咸	dʑie²¹³	dʑy²¹³	dʑie²¹³	dʑiɯɯ²¹³	dʑiɯɯ²¹³	dʑie²¹³	dʑiɯ²⁴	dʑie²¹³
酸	tsʰɤ⁵⁵	ʃuã⁴⁵	tsʰɤ²¹³	suã⁴⁵	suã⁴⁵	tsʰɤ⁵⁵	dʑiɯɯ²¹³	suã⁵⁵
小	ȵiɑŋ²¹³	ȵia²¹³	ȵiɑŋ²¹³	ȵiɑŋ²¹³	ȵiɑŋ²¹³	ȵiɑŋ²¹³	ȵiɑŋ⁵⁵	ȵiɑŋ²¹³
短	tɕʰiɤ⁵⁵	tɕʰia⁴⁵	tɕʰia³³	tɕʰia⁴⁵	tɕʰia⁴⁵	tɕʰiɤ³³	tɕʰia⁵⁵	tɕʰia⁵⁵
(动物)肥	fei²¹³	fei²¹³	fei²¹³	fei²¹³	fei²¹³	fei²¹³	fei²¹³	fei²¹³
(人)胖	fei²¹³	fei²¹³	fei²¹³	fei²¹³	fei²¹³	fei²¹³	fei²¹³	fei²¹³
累	lau³⁵fɑ³⁵	la⁵³	la³⁵	la⁵³	la⁵³	lau³⁵fɑ³⁵	lau⁵³xuã³⁵	lau³⁵fa³⁵
凹	o⁵⁵	dai⁵³	bu³³	bu⁵³	bu⁴⁵	du²¹³	du²¹³	u⁵⁵
凸	koŋ⁴²	pau²⁴	pau³⁵	tioŋ²⁴	tioŋ²⁴	poŋ⁵⁵	dʑiɯɯ⁵³	koŋ⁴²
凉	tsuai³³	tʃuai²⁴	tsuai⁵⁵	tsuai²⁴	tsuai²⁴	tsuai⁵⁵	tɕyɛ²⁴	tsuai³³/tɕʰi³³
凉快	tɕʰi³³kʰuɑ³³	tsʰɤ̃²⁴	tɕʰi⁵⁵kʰuɑ²	xau⁵³tsʰɤ̃²⁴	tsʰɤ̃²⁴	tɕʰi⁵⁵kʰuɑ²	tsʰɤ̃²⁴suã²	tɕʰi³³kʰuɑ³³
冷	tɑɯ³³	tɑɯ²⁴	tɑɯ⁵⁵	tai²⁴	tɑɯ²⁴	tɑɯ⁵⁵	tɯɯ²⁴	tsuai³³
暖和	dʑɤ⁴²xu²	uai⁴⁵	uai³³	dʑl̩⁴²	uai⁴⁵	dʑɤ⁴²xo²	dʑɤ⁴²xou²	dʑɤ⁴²xo²
烫	po⁵⁵	po⁴⁵	po³³	pɤ⁴⁵	po⁴⁵	po³³	pəu⁵⁵	po⁵⁵
熄	ie³³	ie²⁴	i⁵⁵	ẽ²⁴	ie²⁴	i⁵⁵	ẽ²⁴	i³³
焦	tɕiɑu⁵⁵	ȵie⁴⁵	ȵiɛ³³	tɕiɑu⁴⁵	ȵiɛ⁴⁵	tɕiɑu³³	tɕiɑu⁵⁵	ȵi⁵⁵

（续表）

	清水坪	筒箕湾	棋坪	白沙	红土溪	草潭	山枣	高峰
新鲜	ɕie⁵⁵ɕie²	ɕie⁴⁵ɕie²	ɕie³³ɕie⁴⁵	ɕie⁴⁵ɕie²	ɕie⁴⁵ɕie²	ɕie³³ɕie²	ɕie⁵⁵ɕie²	ɕie⁵⁵ɕie²
发霉	fa⁴²mei⁵⁵	mie⁴⁵	soŋ³³mei³³	fo⁴²mei⁴⁵	mei⁴⁵	mei³³	mei⁵⁵	fa⁴²mei⁵⁵
均匀	tɕye⁵⁵zuai²¹³	ʒuai²¹³zoŋ²	tɕye⁵⁵zʌɯ²¹³	zuai²¹³zoŋ²	zuai²¹³zoŋ²	tɕy³³zuai²¹³	tɕye⁵⁵ye²	tɕye⁵⁵zuai²¹³
明白	mi⁵⁵pʰo²	mẽ⁴⁵pʰo⁴⁵	mi³³pʰo²	mẽ⁴⁵pʰo⁴⁵	mẽ⁴⁵pʰo⁴²	mi³³pʰo²	mi³³pʰω²	mi⁵⁵pʰo⁴²
有趣	vai³⁵ɿ¹sɿ³³/vei⁴²	va⁵³vi⁵³	va³⁵lai⁵⁵/ia²	va⁵³vi⁵³	va⁵³vi⁵³	vɐ³⁵vei³⁵	va⁵³vei³⁵	va³⁵vei³⁵
狡猾	tsʰʌɯ⁵⁵mie² tɕiaŋ⁵⁵	tɕi⁵³kuai²¹³	dzɿ³³	kuai²¹³	tɕiɑu⁴²xua²	tɕy³⁵	tɕiɑu⁴²xua²	tɕiɑu⁴²xua²
聪明	tsʰʌɯ⁵⁵mie²	tsʰʌɯ⁴⁵mẽ⁴⁵	tsʰʌɯ³³mi³³	tsʰei⁴⁵mẽ⁴⁵	tsʰʌɯ⁴⁵mẽ⁴⁵	tsʰʌɯ³³me⁵⁵	tsʰəɯ⁵⁵mi²	tsʰəɯ⁵⁵mi²
糊涂	oŋ⁵⁵ma⁵⁵ti⁴²	oŋ²¹³xuai⁴⁵	pa³⁵tɕiɑu³³	xu²¹³tu⁴⁵	u²¹³tu⁴⁵	uɑ³⁵u²	fu²⁴du²	fu²⁴du²
大方	so³⁵tɤ⁴²	ta⁵³faŋ⁴⁵	ta³⁵faŋ⁴⁵	ta⁵³kʰai²	so⁵³ti²	lu³³ɕieɯ⁵⁵lu³³ku²	lu²⁴faŋ²	ta³⁵faŋ⁵⁵
小气	so³⁵pu⁴²tɤ'⁴²/tɕiɑŋ⁵⁵	ɕiɑu⁴²tɕʰɿ²¹³	ɕiɑu⁴²tɕʰɿ²	ɕiɑu⁴²tɕʰɿ²¹³	ɕiɑu⁴²tɕʰɿ²¹³	ɕiɑu⁴²tɕʰɿ²¹³	ɕiɑu⁴²tɕʰɿ²¹³	tɕia⁵⁵
够了	vɐ³⁵ti²	ka²⁴/va⁵³	va³⁵la²	va⁵³	ka²⁴/va⁵³	kɐ⁵⁵	ka²⁴liɑu²	va³⁵ti²/ka³³
不够	pu²¹³kɤ³³	pu²⁴ka²⁴	pu²¹³ka²⁴	pa²¹³ka²⁴	pa²¹³ka²⁴	pu²¹³kɤ⁵⁵	pu²¹³ka²⁴	pa²¹³ka³³
辛苦	ɕie⁵⁵kʰu³⁵	ɕie⁴⁵kʰu²	ɕie³³kʰu²	ɕie⁴⁵kʰu²	zɿ⁵³	ɕie³³kʰu³⁵	ɕie⁵⁵kʰu⁵⁵	ɕie⁵⁵kʰu⁵⁵
S 介词连词								
替（介词）	tʰie³³/paŋ⁵⁵	tʰie⁴⁵/pai⁴⁵/kai⁴⁵	tʰɿ⁵⁵/pɑ³³	pai⁴⁵mai⁴⁵	dye²⁴/tʰie⁴⁵/pai⁴⁵	tʰie⁵⁵	tʰɿ²⁴	tʰie³³/du²
从（介词）	kai⁵⁵/dzie²¹³	õ²¹³/kai⁴⁵	dzie²¹³	kai⁴⁵	õ²¹³/kai⁴⁵	kai³³	dzoŋ⁵⁵	kai⁵⁵
被（介词）	pei²¹³/tʰu⁵⁵	tʰue⁴⁵/pi⁵³	tʰu³³	tʰəɯ⁴⁵	tʰye⁴⁵	tʰu³³	tʰu⁵⁵	tʰu⁵⁵

（续表）

	清水坪	筻箕湾	棋坪	白沙	红土溪	草潭	山枣	高峰
把（介词）	pa⁴²	paŋ⁴⁵/kai⁴⁵	pa⁵⁵	tɤ⁴⁵	pʌɯ⁴⁵/to⁴⁵/kai⁴⁵	pa⁴²	pa⁴²	kai⁵⁵
用（介词）	dzʌɯ³⁵/sɤ³⁵	to⁴⁵	sa³⁵/ɲiɑ̃⁴²	tɤ⁴⁵	sa⁵³	sɤ³⁵	sa⁵³	sa³⁵
到（介词）	tau³³	tau²⁴	tsʰɤ³⁵/ta⁵⁵	tau²⁴	tɕʰiɛ⁵³	tsʰɤ³⁵	tsʰei⁵³	tau³³
在（介词）	tsʰɤ³⁵	tsʰɛ⁵³	tsʰɤ³⁵	tsʰi⁵³	tɕʰiɛ⁵³	tsʰɤ³⁵	tsʰei⁵³	tsʰɤ³⁵
沿（介词）	kai⁵⁵	kai⁴⁵/ʒuai²⁴	kai⁵⁵ tau³⁵	lyɤ⁴⁵	kai⁴⁵/dai²¹³	zuai³³	luɛ⁵⁵	kai⁵⁵
和（连词）	kʌɯ³⁵	xuɛ²⁴/kai⁴⁵/dʌɯ²¹³	kʌɯ³⁵/kai³³/iɑu³³	kai⁴⁵/dai²¹³	iɑu⁴⁵/kai⁴⁵/dʌɯ²¹³	iɑu³³	kai⁴²	iɑu⁵⁵
给（我买本书）	kʌɯ⁵⁵	kai⁴⁵	tʰ₁⁵⁵	kai⁴⁵	kai⁴⁵	di⁵⁵/kai³³	tei²⁴	kai⁵⁵
T 方位词								
上面	kau⁵⁵dɤ²	ka⁴⁵la⁴⁵	kau³³da²	ka⁴⁵la⁴⁵	ka⁴⁵da⁴⁵	kau³³dɤ²	kau⁵⁵da²	kau⁵⁵da²
下面	tɤ⁴²dɤ²	tɑŋ⁵³xaŋ²	ta³⁵xa²	tɑŋ⁵³xa²	tɑŋ⁵³ma²	tɤu⁴²dɤ²	tɑŋ⁵³xaŋ²	ta³⁵xa²
左边	tsu⁴²miɛ²	zy²⁴ɕy²	tsu⁴² sɤɯ² miɛ²	tsɤɯ⁴² ɕiou²	fai⁵³sɤu²	tsu⁴²miɛ²	tsɯ⁵³piɛ²	tsu³³pʰiɛ²
右边	zɤ³³miɛ²	za⁴⁵ɕy²	za⁵⁵ sɤɯ² miɛ²	za⁴⁵ ɕiou²	za⁴⁵ sɤu²	zɤ⁵⁵miɛ²	zia⁵³piɛ²	za³³pʰiɛ²
前边	tɤ²¹³pi⁵⁵	lau⁵³lioŋ⁴⁵	ta²¹³pi³⁵	lau⁴⁵lioŋ²	lau⁴⁵lioŋ⁴⁵	tɤ²¹³pi³⁵	ta²¹³pi³⁵	ta²¹³pi³⁵
后边	mai³⁵tɛ⁵⁵	mai⁵³da²	mai³⁵ta²	mai⁴⁵da²	mai⁵³da⁴⁵	mai³⁵dɤ²	mai⁵³ta²	mai³⁵ta²
里边	li⁴²ta²	luɛ⁴⁵lioŋ⁴⁵	liɛ⁴²da²	lai⁵³miɛ²	lioŋ⁴⁵da²	li⁵⁵dɤ²	lioŋ⁵⁵ta²	li⁴²da²
外面	toŋ⁵⁵mai³³	mai⁴⁵tɕiɛ⁴⁵	mai⁵⁵tsa²	mai⁵³tɕiɛ²	mai²¹³tsai	toŋ³³mai²	mai⁵³tsa²	mai⁵⁵tsa²
旁边	piɛ⁵⁵la⁵⁵	ai⁴⁵pʰẽ²⁴tsa²	piɛ³³la²⁴	piɛ²⁴ta²	piɛ²¹³ta⁴⁵	piɛ³³lɛ⁵⁵	baŋ²⁴pʰiɛ²	baŋ⁵⁵pʰi⁵⁵
隔壁	ko⁴²piɛ⁴²	ku⁴²pi⁻⁴²	ko⁴²piɛ⁴²	ko⁴²pi⁴²	kø⁴²piɛ⁴²	ko⁴²piɛ⁴²	kø⁴²pi⁴²	ko⁴²piɛ⁴²
中间	toŋ⁵⁵ɕiɑu⁵⁵	toŋ⁴⁵tyɛ⁴⁵	tiɛ⁵⁵ɕɪʌɯ³³	tyɤ⁴⁵ɕyɤ⁴⁵	tyɛ⁴⁵ɕyɛ⁴⁵	koŋ³³iɑu³⁵	mei⁵⁵tieŋ⁵⁵	tɤŋ⁵⁵tiɑu⁵⁵

（续表）

U代词	清水坪	箭篁湾	棋坪	白沙	红土溪	草潭	山枣	高峰
我	u³⁵	u⁵³	u³⁵	gəu⁵³	guɛ⁵³	u³⁵	ŋɔ⁵³	u³⁵
你	ni³⁵	nie⁵³	ni³⁵	niẽ⁵³	nie⁵³	ni³⁵	ni⁵³	ni³⁵
他	zɤ³³	zei²⁴	zɤ⁵⁵	zei²⁴	zei²⁴	zei⁵⁵	zei²⁴	zɤ³³
我们	a²¹³	a²¹³ŋaŋ⁴⁵	a²¹³(sa⁴²)	a²¹³(ta⁵³sๅ²¹³)	a²¹³(ta⁵³sๅ²¹³)	a²¹³	a²¹³	a²¹³
你们	nie²¹³	nie²¹³ŋaŋ⁴⁵	nie²¹³	nie²¹³ta⁵³sๅ²¹³	nie²¹³	ni²¹³	ni²¹³	nie²¹³
他们	zaŋ⁴²xaŋ²	zei²⁴ŋaŋ⁴⁵	zɤ⁵⁵sã⁵⁵	zei²⁴ŋa²⁴kau²	zaŋ²⁴ŋa²⁴kau²	zaŋ⁴²xaŋ²	zei²⁴	zaŋ⁴²
自己	tɕʰie³³kaŋ²	tɕʰy⁴⁵kau²	tɕʰi⁵⁵kã⁵⁵	tɕʰiəu⁴⁵keu²	tsʰiəu⁴⁵keu²	tɕʰiẽ⁵⁵kaŋ³⁵		tɕʰiẽ³³kaŋ⁵⁵
我的	u³⁵ti²	u⁵³i²	u³⁵tɛ²	gəu⁵³i²	guɛ⁵³i²	u³⁵ti⁵	ŋɔ⁵³ti²	u³⁵ti²
你的	ni³⁵ti²	nie⁵³ti²	ni³⁵tɛ²	ni⁵³ti²	nie⁵³ti²	ni³⁵ti⁵	ni⁵³ti²	ni³⁵ti²
他的	zɤ³³ti²	zei²⁴ti²	zɤ⁵⁵tɛ²	zei²⁴ti²	zei²⁴ti²	zei²⁴ti⁵	zei²⁴ɕi²	zɤ³³ti²
大家	lu³³soŋ²	ta³⁵i²⁴	lu⁵⁵sๅ²	ta⁵³sๅ²	ta⁵³sๅ²¹³	lu⁵⁵sๅ²	lɔ²⁴ɕi²	lu³³sๅ²
这里	ai⁵⁵lie²	ai²⁴la²	ai³³i⁵⁵	laŋ⁴⁵ɕioŋ²⁴tsa²	laŋ⁴⁵ɕioŋ²	ai³³i²	ai⁵⁵liẽ²	ai⁵⁵liẽ²
那里	oŋ³³lie²	oŋ²⁴la²	oŋ⁵⁵i⁵⁵	loŋ²⁴ɕioŋ²⁴tsa²	loŋ⁴⁵ɕioŋ²	oŋ⁵⁵li²	ɔ²⁴ẽ²	oŋ³³liẽ³³
这个	ai⁵⁵keu³⁵	ai²⁴lau⁴⁵	ai³³keu²	laŋ⁴⁵·⁴²i²do²	laŋ⁴⁵do²	ai³³tiau²	ai⁵⁵lau²	ai⁵⁵keu³³
那个	oŋ³³keu⁴⁵	oŋ²⁴lau⁴⁵	oŋ⁵⁵keu²	loŋ²⁴i²do²	loŋ⁴⁵do²	oŋ⁵⁵tiau²	ɔ²⁴lau²	oŋ³³keu³³
这么	ai⁵⁵bi³³laŋ²	ai²⁴bi⁴⁵	ai³³bi⁵⁵lã²	laŋ⁴⁵bi²	laŋ⁴⁵bi²⁴	ai³³bi²sau²	ai⁵⁵mɔ²ti⁵⁵	ai⁵⁵bi²
那么	oŋ³³bi³³laŋ²	oŋ²⁴bi⁴⁵	oŋ⁵⁵bi⁵⁵lã²	loŋ²⁴bi²	loŋ²⁴bi²⁴	oŋ⁵⁵bi²sau²	ɔ²⁴mɔ²ti⁵⁵	oŋ³³bi²
这些	ai⁵⁵saŋ²	ai²⁴saŋ²⁴	ai³³sa²	laŋ⁴⁵·²i²ko²¹³liaŋ⁵³	laŋ⁴⁵pʰei⁴⁵	ai³³sa²	ai⁵⁵ɕie²	ai⁵⁵sa²
那些	oŋ³³saŋ²	oŋ²⁴zoŋ²⁴	oŋ⁵⁵sa²	loŋ²⁴·²i²ko²¹³liaŋ⁴⁵	loŋ²⁴pʰei⁴⁵	oŋ⁵⁵sa²	ɔ²⁴ɕie²	oŋ³³sa²
这边	ai⁵⁵mie²	ai²⁴pʰẽ⁴⁵	ai³³pʰi²	laŋ⁴⁵mie⁵³	laŋ⁴⁵mie⁴⁵	ai³³mie²	ai⁵⁵pʰiẽ²	ai⁵⁵pʰi²

（续表）

	清水坪	筲箕湾	棋坪	白沙	红土溪	草潭	山枣	高峰
那边	oŋ³³ mie²	oŋ²⁴ pʰẽ⁴⁵	oŋ⁵⁵ pʰi²	loŋ²⁴ mie⁴⁵	loŋ²⁴ mie⁴⁵	oŋ⁵⁵ mie²	o²⁴ pʰiẽ²	oŋ³³ pʰi²
这时候	ai⁵⁵ kəu⁵⁵ sʅ³⁵ xəu²	ai²⁴ kəu²sʅ²⁴ xəu²	ai⁻³³ kəu²sʅ⁵⁵ xəu²	laŋ⁴⁵ kəu²tɕiau²	laŋ⁴⁵ kəu²tsau²¹³	ai⁻³³ kəu²sʅ⁵⁵ xəu²	ai⁵⁵ tɕʰioŋ²sʅ²⁴ tɕiẽ²	ai⁵⁵ kəu²sʅ²⁴ xəu²
那时候	oŋ³³ kəu⁵⁵ sʅ³⁵ xəu²	oŋ²⁴ kəu²sʅ²⁴ xəu²	oŋ⁵⁵ kəu²sʅ⁵⁵ xəu²	loŋ²⁴ kəu²tɕiau²	loŋ²⁴ kəu²tsau²	oŋ⁵⁵ kəu²sʅ⁵⁵ xəu²	oŋ²⁴ tɕʰioŋ²sʅ²⁴ tɕiẽ²	oŋ³³ kəu²sʅ²⁴ xəu²
什么时候	sɤ⁴² dzi²sʅ² xo²	sei⁵³ kei²sʅ² xəu²	sʅ⁵⁵ kəu²sʅ⁵⁵ xəu²	xəu⁴⁵ kəu²⁴² tɕiou²	xo⁴⁵ kəu²tsau²¹³	o²¹³ kəu²sʅ²⁴ xəu²	ɕiẽ²¹³ ka²sʅ²⁴ xəu²	o²¹³ kəu²sʅ²⁴ xəu²
做什么	tsɤ³³ sʅ³ kəu²	kau⁵³ sei⁵³ kei²	tsɤ³⁵ sʅ⁵⁵ kəu²	tsei²⁴ sei⁵³ kəu²	tsei²⁴ sei⁵³ kəu²	tsɤ⁵⁵ sʅ⁵⁵ kəu²	tsai²⁴ ɕiẽ⁵⁵ ka²	tsɤ³³ sʅ⁴² kəu²
为什么	uei³⁵ sʅ³³ kəu²	uei⁵³ sei⁵³ kei²	uei³⁵ sʅ⁵⁵ kəu²	uei⁵³ sei⁵³ kəu²	uei⁵³ sei⁵³ kəu²	y⁵⁵ sʅ⁵⁵ kəu²	vei²⁴ ɕiẽ⁵⁵ ka²	y²⁴ sʅ⁵ kəu²
怎么样	mi³³ dʑi²zɤŋ⁵⁵	tɕi⁵³ bi²⁴ zoŋ²⁴		dʑie²¹³ mẽ⁴²tɕia²	dʑie²¹³ mẽ⁴⁵ tɕiẽ⁴² kau²	mi⁴² dʑi²zɤŋ³³	mi⁴² tɕi²ioŋ³³	mi⁴² tɕi²¹³ zɤŋ³³
怎么办	mi³³ dʑi²tsɤ³³	mi³³ bi²kau⁵³	tɕi⁵⁵ bi²pã³⁵	dʑie²¹³ mẽ⁴²pẽ⁴⁵	dʑie²¹³ mẽ⁴⁵ tɕie⁴² kau²	mi⁴² dʑi²kau³⁵	mi⁴² tɕi²pã⁵³	mi⁴² tɕi²¹³ kau³⁵
多少	xau³⁵ tie⁵⁵	xau⁵³ tie²	xau³⁵ tie³³	tɕi⁵⁵ tsau⁵³/xau⁵³ tsau²	xau⁵³ tie⁴⁵	xau³⁵ tie⁵⁵	ti⁵⁵ tsau⁵³	xau³⁵ tie⁵⁵
几个	tɕi³⁵ kəu³³	tɕi⁵³ lau²	tɕi³⁵ kəu⁵⁵	tɕi⁵³ do²	tɕi⁵³ do²	tɕi³⁵ pe⁴²	tɕi⁵³ lau³⁵	tɕi³⁵ tiau²¹³
谁	o²¹³ kəu⁴²	die⁵³ kɤ²	o²¹³ kəu⁵⁵	xɤ⁴⁵⁻⁴² i⁴²au⁴²oŋ⁵	dəu²⁴ kəu²	o²¹³ kəu²	u²⁴ fa²¹³	o²¹³ kəu⁴²
哪里	o²¹³ li³⁵	xo⁴⁵ la²⁴	o²¹³ li³⁵	xɤ⁴⁵ ɕioŋ²⁴ ti²	xo⁴⁵ ɕioŋ²⁴	o²¹³ li²	o⁵⁵ lẽ²	o²¹³ li⁴²
V 助词								
（他跑）了	liau²	liau²	la/tɤ²	liau²	liau²	ti²	liau²	ti²
（我吃）了（三碗饭）	liau²	liau²	liau²	liau²	liau²	/	/	/

（续表）

	清水坪	筻笻湾	棋坪	白沙	红土溪	草潭	山枣	高峰
（我吃）了（饭）就去	liau²	kau²	ka²	liau²	liau²	/	/	/
（灯亮）着	ti⁵⁵	tau²ti²	tau⁴²tɛ²/la²	tau²ti²	tau²ti²	ti²	tau⁴²ti²	tau⁴²ti²
（翻）着（睡）	tau²	tau²	tau²	tau²	tau²	tau²	tau²	tau²
（这衣服洗）过（了吗）	ko²	liau²	ku²	kɤu²⁴	ky²⁴	ko²	ku²⁴	ko²
（我）的（书）	ti²	ti²	tɛ²	ti²	ti²	ti²	ti²	ti²
（跑）得（快）	tɤ²	ti²	tɛ²	tei²	ti²	tɤ²	ti²	tɤ²

下 编
湘西乡话的濒危现象研究

第一章 绪论

第一节 濒危语言与濒危汉语方言

20世纪70年代,国外语言学界就已经提出了"濒危语言"这一概念。21世纪初期,濒危汉语方言一词才进入语言学研究者的视野。曹志耘在《关于濒危汉语方言问题》(2001)一文中提出"汉语方言中究竟有没有濒危方言?"熊正辉、张振兴、林立芳三位先生在《汉语濒危方言调查研究》总序(2005)中也提出相同的问题:"现在的问题是,汉语有濒危方言吗?"

曹志耘(2001)根据《现代汉语词典》的解释认为,"濒危"意为"接近危险的境地",对语言或方言来说即濒临消亡。熊正辉、张振兴、林立芳三位先生(2005)根据汉语方言具体情况,对濒危语言和方言给出一个相对宽泛的定义。当一种语言或方言已经被分化或分成若干个孤立的地区,并处于周围强势语言或方言的包围和影响之中,明显表现出了生存活力的衰竭,这种语言或方言就是处于濒危状态。据此,我们可以把现在使用人口非常少,使用范围很窄,受到周围优势方言的强大影响,已经处于明显消亡之中的方言,称为濒危或即将濒危的汉语方言。语言学界普遍认同乡话、军话、九姓渔民方言、站话、伶话、疍家话、韶关土话等方言为濒危汉语方言。

目前语言学界界定濒危汉语方言有三种方法:第一,利用联合国教科文组织界定濒危语言的方法去界定濒危方言;第二,根据现代汉语名词解释界定濒危方言;第三,根据汉语方言具体使用情况界定濒危方言。

我们认为最为全面的评价方法的是借鉴联合国教科文组织界定濒危语言的方法去界定濒危汉语方言。虽然,联合国教科文组织在讨论语言活力与语言濒危的评估时，只看到了强大的汉民族，忽视了广大地域的汉语方言，忽视了汉语方言也存在濒危现象，但我们认为联合国教科文组织界定濒危语言的方法对濒危汉语方言的界定仍有重要的指导意义。联合国教科文组织濒危语言特别专家组《语言活力与语言濒危》（2006）指出，语言活力评估的主要指标有六项，分别是：① 代际语言传承；② 语言使用者的绝对人数；③ 语言使用者占总人口的比例；④ 现存语言使用域的走向；⑤ 对新语域和媒体的反映；⑥ 语言教育材料与读写材料。我们只选取能够评价泸溪乡话的三项指标，即代际语言传承、语言使用者占总人口的比例和语言使用域的走向。经过调查我们发现，由于乡话区分布点多，乡话人群迁入非乡话区的情况多，我们无法确切地掌握泸溪乡话的绝对使用人口，而对新语域和媒体的反映和语言教育材料与读写材料均是针对濒危语言现象提出的，对濒危汉语方言的评价可行性不大。这样做也符合联合国教科文组织文件的精神：不应只是简单的数据相加，而应根据语言实际情况和评估目的灵活处理。另外，我们还发现联合国教科文组织所设的评价指标具有很强的操作性，但也存在量化的问题。

第一，"语言代际传承"联合国教科文组织没有设年龄界线，只是笼统地称儿童、父辈、祖父辈、曾祖父辈。我们将三个调查点的人员分为儿童（0—18岁）、父辈（19—45岁）、祖父辈（46—65岁）、曾祖父辈（66岁以上），均给出了年龄界线，这样就能更清晰地展现各个辈分人群的代际语言传承情况。

为了进一步地量化统计，我们还对联合国"语言代际传承"濒危程度级次内容稍作修改，如下：

5级，自儿童至所有年龄段的人都使用乡话；

4级，仅有部分儿童不会使用乡话；

3级，曾祖父辈、祖父辈全部使用乡话，部分儿童、父辈使用乡话；

2级，仅有曾祖父辈全部使用乡话；

1级，仅有部分曾祖父辈使用乡话；

0级，已无人使用乡话。

第二，"语言使用人口占总人口的比例"指标中的"所有人、将近所有人、大多数人、少数人、极少数、无人"没有量化，概念模糊。为了更好地统计，我们制定了量化标准：安全型的比例是100%；不安全型的比例是99.9%—85.1%；确有危险型的比例是85%—50.1%；很危险型的比例是50%—30.1%；极度危险型的比例是30%—0.1%；灭绝型是0%。

联合国教科文组织提出了语言使用人口占群体总人口的比例指标。"这里的'群体'可能指语言族群赖以识别的种族、宗教、地域或民族群体。"（范俊军等2006）由于说乡话的群体在20世纪80年代被划分为苗族和土家族，我们不能以少数民族群体来统计乡话的使用人口。再者，这里谈到的群体到底是指历史上语言族群总人口，还是指现在语言族群的总人口，我们不得而知。因为缺乏文字材料的记录，历史上到底有多少人使用乡话我们无法论证，只能用现在使用乡话的人口数来计算语言使用人口占群体总人口的比例。一些民族语言的调查也是使用现在的语言使用人口来衡量该语言是否濒危。如田静（2003）在调查土家语濒危现象时通过1999年母语（土家语）使用人数、第二语言（汉语）使用人数、人口比例等各项调查的数据，得到母语（土家语）人口占总人口的比例，从而论证仙仁乡的土家语正在走向消亡且处于濒危状态。

第三，"语言使用域的走向"联合国教科文组织没有将使用域的域所进行细化，我们将乡话的使用域分为五类——家庭域、交往域、个人域、工作域、教育域，并且有针对性地对每个域进行提问。当然，根据研究目标的不同，所设的域所也可以进一步细化。

与濒危民族语言不同的是，濒危汉语方言多数指汉语方言中系属未定的方言，例如伶话、乡话、九姓渔民方言、伶话军话、站话、韶关土话等方言。这些汉语方言与周边的汉语方言差异很大，不能通话，很容易被误认为是少数民族语言。王辅世先生1951年调查苗语时注意到广西龙胜各族自治县北区太平塘村伶话。王辅世（1979）认为"太平塘住有称为伶族的二百余人。他们的语言是汉语方言的一种"。赵则玲（2004）指出"畲话的性质可归纳为：一种比客家方言古老、超越低于分布、与客家话关系密切、历史层次复杂的，具有汉语方言特性的畲族人所说的话"。1956年，原中国科学院少数民族语言调查第二工作队到湘西调查苗语时，曾记录过泸溪县红土溪瓦乡话。由于有人提出瓦乡话是少数民族语言,王辅世1982年翻出那份记录材料,对瓦乡话做了初步的研究,结论是:瓦乡话是汉语的一种方言。湘西乡话的研究就是从它的语言归属开始的。

濒危汉语方言与濒危语言存在一些相同的濒危特征,最为明显的是使用人口数太少、语言使用域小、交际功能退化、语言结构缺失。当然,濒危汉语方言与濒危语言也存在相异之处。濒危语言群体中转用的现象很普遍,大多数群体成员在掌握外来的通用语之后很快发生语言转用,完全放弃本族语。因此在濒危语言的群体中,语言掌握和使用通常表现出两种倾向:要么本族语说得好,通用语程度很差;要么通用语说得很好,本族语程度很差。两种语言掌握得很好的双语者不多(徐世璇 2007b)。我们在调查泸溪乡话时,发现泸溪19个村寨乡话使用者基本上都能熟练使用两种以上的方言、语言,大多数人从小习得的母语是泸溪湘语和泸溪乡话。

当然,无论是濒危汉语方言的研究,还是濒危语言的研究,学界都存在理论建设不完善的问题。我们也期待,经过努力能够总结出一套成熟的濒危汉语方言研究理论体系。

第二节 濒危汉语方言的研究现状及分析

汉语方言是中国多元文化的载体,汉语方言的濒危,在某种意义上,就是文化的差异性和丰富性在缩减。在经济全球化的今天,汉语方言的濒危现象越来越明显。曹志耘在《关于濒危汉语方言问题》(2001)一文中提出:"可以肯定的是,现在已经到了对汉语方言中的濒危现象加以关注的时候了。"

20世纪末到21世纪初,人们尝试从社会语言学的角度研究濒危汉语方言,关注濒危汉语方言的濒危现象,例如:邝永辉、林立芳、庄初升《韶关市郊石陂村语言生活的调查》(1998)分析了年龄、权势、行业、性别等多个因素如何制约石陂居民掌握并使用土话、客方言和粤方言。邝永辉、庄初升《曲江县白土墟言语交际中语码的选择与转换》(1999)认为掌握方言的能力、经济市场、约定与习惯、偏离规则,影响了白土墟市言语交际中语码的选择与转换。邝永辉《粤北虱婆声土话区的语言生活》（2002）一文介绍了制约土话使用的四个因素，分别是：经济的发展，交往的扩大；地理位置与人口；权势；年龄。

随着濒危汉语方言研究的进一步发展，学者们不约而同将视角转向濒危汉语方言的特征的描述，探索汉语方言濒危的原因。《汉语军话概述》（黄晓东 2007）总结了军话濒危的四个特征：语言使用人数减少，语言使用者的平均年龄升高，语言的使用范围缩小，语言的结构系统退化。《黑龙江站话的濒危性质及研究意义》（陈立中、刘宇 2005）分析了站话濒危的主要原因：站人的改归民籍及其居住地的分散化，新移民的大量涌入。《从接触看濒危方言、濒危特征和濒危机制》（陈保亚 2006）从接触的角度看汉语濒危方言，并指出汉语高阶方言叠置汉语低阶方言、汉语低阶方言匹配汉语高阶方言以及民族语言匹配汉语高阶方言是更为隐蔽的方言流失现象。《文化缺失与语言的濒危——以站人、站话为例》（郭风岚 2007）注意到文化的缺失是站话走向濒危的主要原因。《新宁县瑶族乡濒危方言"峒话"调查》（吴萍等 2010）指出峒话濒危的原因：孤岛方言形成，群体的母方言转换，没有相应的书面语和书面文献，使用者的母语态度不够坚定。《语言认同与方言濒危：以辰州话方言岛为例》（杨荣华 2010）认为辰州话渐趋濒危的重要原因是讲话人对区域共同语或标准语的认同。《贺州濒危标话方言岛研究》（陈才佳、杨璧菀 2011）总结了影响标话濒危的因素，即地理交通、经济文化水平、区域内部语言差异、家庭婚姻情况、人口、与同乡宗族的联系、社会的转型与时代的变迁、语言文化认同。虽然这些文章已经涉及濒危特征和濒危原因，但是很少将社会结构因素与语言结构因素结合起来分析濒危汉语方言现象。

在濒危汉语方言研究专著中，《旧时正话研究》和《韶关土话调查研究》开始将社会结构因素与语言结构因素结合起来分析濒危汉语方言现象。陈云龙的《旧时正话研究》结合濒危汉语方言的地域差别、新老差别来分析旧时正话濒危的原因。李冬香、庄初升的《韶关土话调查研究》从交际功能和语言本体两方面讨论韶关土话的濒危现象，并对韶关土话的发展趋势进行预测。

目前，描写濒危汉语方言面貌的文章较多，总结濒危汉语方言特征方面亟须加强。从社会语言学角度研究濒危汉语方言，缺乏与语言本体的结合，忽视对语言本体变异的一些解释，特别是将语言结构内部与社会结构内部全面系统联系起来的研究很少。濒危汉语方言研究应当坚持以下四点：

第一，坚持系统论的观点。造成濒危汉语方言的一个主要原因是语言接触，濒危汉语方言现象的产生不是孤立的，而是与周围的方言及民族语言存在着密切关系，与政治、经济、文化存在着密切关系，只有坚持将各种指标、因素纳入一个系统中研究才能全面地认识濒危汉语方言的特点。可以运用传统语言学和社会语言学相结合的方法，结合自己调查的实际，进行语言交际功能和语言本体相结合的研究。

第二，坚持以个案调查为本。有些濒危汉语方言的消亡速度很快，往往是在几十年甚至更短的时间之内。濒危汉语方言的研究必须建立在占有丰富的语料之上，而人们获取第一手语料的时间是非常有限的，所以应该以个案调查为主，传统调查手法和现代科技手段相结合以保存、记录濒危汉语方言。

第三，坚持田野调查为主。我国有不少濒危汉语方言是近些年才刚刚发现和确认的，学术界对它们的描写还不太全面和深入，与之相关的文献资料也十分有限，这决定了对濒危汉语方言的研究应该以田野调查为主，并辅以对文献资料的搜集和研究。

第四，注意共时研究和历时研究相结合。濒危汉语方言的演变是渐变的、不平衡的。在不同的历史阶段，濒危汉语方言可能表现出不同的特点。因此应该把共时研究和历时研究结合起来，揭示濒危汉语方言的演变规律。

第三节　选点及研究内容

本编选取泸溪乡话作为考察对象，揭示湘西乡话的濒危现状。泸溪乡话分布在县东北的白沙镇、李家田乡、梁家潭乡、八什坪乡等乡镇。泸溪白沙原是个乡话人群聚居的村庄，自 2001 年 6 月县治迁至白沙村后，白沙村改名白沙镇，大批说着湘语的县城政府机关官员、企事业单位人员涌入，白沙乡话自此受到湘语的强烈冲击。李家田乡话处于相对独立的语言环境之中，受到外界其他方言的影响较小。梁家潭乡话语言环境最为复杂，处于泸溪湘语、西南官话、苗语等的包围之中。八什坪乡话情况与其类似。因此，我们选择泸溪白沙镇、李家田乡、梁家潭乡作为泸溪乡话的代表点，通过调查三个代表点乡话的语言活力、乡话使用者的语言态度以及语言结构的借用，总结泸溪乡话的濒危特点，分析泸溪乡话濒危现象产生的原因，探索保护泸溪乡话的对策和措施。

下面详细介绍三个代表点乡话的分布及使用人口。要说明的是，白沙镇、梁家潭乡人口数据来自当地乡（镇）政府 2011 年末的统计数据。原李家田乡人口数据来自武溪镇朱食洞村委会（原李家田乡政府）。

1. 白沙镇

白沙镇共辖 5 个社区 3 个行政村，泸溪乡话主要分布在兴沙社区（1580 人），沅江社区（1140 人），屈望社区（2230 人），桥东社区（1547 人），朝阳社区（630 人），刘家滩村（1650 人），红岩村（1100 人），红土溪村（2200 人）。

白沙镇共有 34332 人，讲乡话人口共计 12077 人。

2. 梁家潭乡

梁家潭乡共辖 9 个行政村，泸溪乡话主要分布在梁家潭村（303 人），红岩排村（320 人），岩子寨村（1093 人），灯油坪村（784 人），鸡子潭村（1088 人），布条坪村（748 人）。

梁家潭乡共有 12705 人，讲乡话人口共计 4336 人。

3. 李家田乡

李家田乡共辖 11 个行政村，泸溪乡话主要分布在朱食洞村（441 人），杨斌庄村（500 人），红岩村（700 人），辛女溪村（300 人），李家田村（50 人）。

李家田乡共有 10020 人，讲乡话人口共计 1991 人。

第四节 研究意义、方法及发音合作人介绍

一 湘西乡话濒危现象的研究意义与价值

我们之所以选择泸溪乡话作为湘西乡话濒危现象考察的对象，是因为相比于乡话的中心地带——沅陵，泸溪乡话处于西南官话、湘语及苗语等方言、语言的包围之中，受周边方言、语言影响大，是一种正在萎缩的濒危汉语方言。目前湘西乡话的研究主要是从传统方言学的角度对其做一些抢救性的记录和分析，从社会语言学角度讨论湘西乡话濒危状况的仅有一篇论文《湘西古丈乡话语言态度研究》（瞿建慧、姚刚 2015）。因此，我们尝试把传统方言学与社会语言学结合起来对泸溪乡话的濒危现象进行全面而系统的研究。

第一，湘西乡话濒危现象的研究将从语言接触的视角重新审视乡话濒危这一语言现象，除考虑乡话本身演变的因素外，还考虑与周边方言接触这一外在因素，探讨乡话濒危的原因，促进语言接触理论的发展。

第二，湘西乡话濒危现象的个案调查，有助于对濒危汉语方言研究进行理论上的概括，预测濒危汉语方言的发展前景，对制定科学的语言规划和语言政策也有一定的借鉴作用。

第三，湘西乡话濒危现象的研究会把乡话放在一个网络中观察，把语言学同社会学起来结合，并吸收自然科学研究的一些方法，如抽样调查、统计分析等。这样的研究方法和结果对相关的学科，诸如社会学、民俗学的研究等都有参考价值和借鉴作用。

二 湘西乡话濒危现象的研究方法

本编在写作过程中主要运用语言学、民族学、社会学、文献学等多学科的理论和方法，从微观到宏观、从共时到历时，多角度、多层次、成系统地分析乡话的濒危现状、过程、特点和成因。针对文中不同的研究内容采取不同的研究方法，主要有以下几种。

（一）田野调查法

在田野调查中获取湘西乡话使用现状的第一手材料，是认识湘西乡话濒危现状的重要依据。为此，笔者于 2010 年至 2012 年，多次深入泸溪白沙、梁家潭、李家田三个调查点进行乡话的调查，为了了解泸溪乡话受泸溪湘语影响的情况，我们还选取了武溪镇作为泸溪湘语调查点。

（二）问卷调查法、访谈法与跟踪记录法

对于泸溪乡话的语言活力及其使用者的语言态度，我们以抽样调查法为主，以深入访谈法、跟踪记录法为辅搜集材料：向白沙地区发放 700 份问卷，收回有效问卷 600 份；向梁家潭地区发放 600 份问卷，收回有效问卷 553 份；向李家田地区共发放 650 份问卷，收回有效问卷 630 份。

（三）比较法

运用历史比较法及语言接触理论，结合人文历史背景，阐述泸溪乡话语言本体的变异现象。通过泸溪湘语与泸溪乡话声韵调的比较探讨泸溪乡话语言结构的特征。

（四）统计法

借助统计知识和统计软件（SPSS 及问卷统计 2.3）对收回的材料进行评估与整理，并进行量化分析。

三 发音合作人简介

本编的材料全部是本人与业师多次下乡实地调查所获得的（个别特别说明的除外）。泸溪乡话及泸溪湘语调查点发音合作人资料介绍如下：

白 沙 镇　　唐小兰 女 1958 年生 小学文化 白沙小学退休职工
武 溪 镇　　龚继富 男 1941 年生 小学文化 面粉厂退休厂长
李家田乡　　邓光宗 男 1941 年生 高中文化 在家务农
李家田乡　　石泽银 男 1949 年生 初中文化 在家务农
梁家潭乡　　杨明江 男 1951 年生 高中文化 红岩村村主任
梁家潭乡　　杨清家 男 1951 年生 初中文化 梁家潭村综治专干

第二章 湘西乡话的语言活力

湘西乡话处于西南官话、泸溪湘语、苗语、土家语等语言（或方言）的多重包围之中。在湘语、西南官话和普通话长期渗透之下，湘西乡话的语言活力正在逐步衰退。

联合国教科文组织濒危语言特别专家组《语言活力与语言濒危》（2006）指出，语言活力评估的主要指标有六项，分别是：① 代际语言传承；② 语言使用者的绝对人数；③ 语言使用者占总人口的比例；④ 现存语言使用域的走向；⑤ 对新语域和媒体的反映；⑥ 语言教育材料与读写材料。根据泸溪乡话区的实际情况，我们采用以下三个指标来考察泸溪乡话的语言活力：① 代际语言传承；② 语言使用者占总人口比例；③ 现存语言使用域的走向。为什么不采用其他三项呢？联合国教科文组织在谈"语言使用者的绝对人数"指标时，指出"不可能就对绝对使用人口数给出一个有效的解释"，所以暂不进行研究。"对新语域和媒体的反映"和"语言教育材料与读写材料"两项，泸溪乡话区三个代表点的情况基本相同，用这两项指标来评估泸溪乡话的话，得出的结论可能大同小异，因而暂且不进行研究。

第一节 乡话的代际传承

评价语言活力最常用的指标是该语言是否仍然代代相传。联合国教科文组织濒危语言特别专家组编写的《语言活力与语言濒危》指出，关于"语言代际传承"，可将濒危程度分为六个级次：安全，5级；不安全，4级；确有危险，3级；很危险，2级；极度危险，1级；灭绝，0级。从使用人口来说则有：5级，下起自儿童至所有年龄段的人都使用该语言；4级，仅有部分儿童在所有场合使用该语言；3级，所有儿童仅在有限场合使用该语言；2级，该语言大多由父辈及上代人使用；1级，该语言多半由极少数几位曾祖辈人使用；0级，该语言已无人使用。

在笔者调查的泸溪乡话区内，不同村落乡话的代际传承情况不同。我们将三个调查点的人员分为儿童（0—18岁）、父辈（19—45岁）、祖父辈（46—65岁）、曾祖父辈（66岁以上）。关于儿童的定义，我们采用联合国《儿童权利公约》的说法。联合国《儿童权利公约》第1条规定："儿童系指18岁以下的任何人，除非对其适用之法律规定成年年龄低于18岁。"

为了更好地进行量化统计，我们对联合国"语言代际传承"濒危程度级次内容稍做改变，如下：

5级，下起自儿童至所有年龄段的人都使用乡话（儿辈型）；

4级，仅有部分儿童不会使用乡话，即父辈以上都会说乡话（父辈型）；

3级，曾祖父辈、祖父辈全部使用乡话，部分儿童、父辈使用乡话，即祖父辈以上均会说乡话（祖父辈型）；

2级，仅有曾祖父辈全部使用乡话（曾祖父辈型）；

1级，仅有部分曾祖父辈使用乡话；

0级，乡话已无人使用。

以下统计均以抽样调查为主。

一 白沙镇乡话代际传承情况

（一）兴沙社区乡话代际传承情况

表 2-1　兴沙社区乡话代际传承情况（抽样调查100人）

百分比＼熟练程度＼年龄段	会	会一点	不会
0—18岁	10	2	6
19—45岁	25	2	5
46—65岁	25	0	0
66岁以上	25	0	0

由表 2-1 得知，兴沙社区部分儿童和父辈不会说乡话，兴沙社区乡话的代际传承属于 3 级。

（二）朝阳社区乡话代际传承情况

表 2-2　朝阳社区乡话代际传承情况（抽样调查 100 人）

年龄段＼熟练程度＼百分比	会	会一点	不会
0—18 岁	5	6	10
19—45 岁	10	5	4
46—65 岁	22	10	5
66 岁以上	23	0	0

由表 2-2 得知，朝阳社区仅有曾祖父辈全部使用乡话，朝阳社区乡话的代际传承属于 2 级。

（三）屈望社区乡话代际传承情况

表 2-3　屈望社区乡话代际传承情况（抽样调查 100 人）

年龄段＼熟练程度＼百分比	会	会一点	不会
0—18 岁	20	5	0
19—45 岁	20	5	0
46—65 岁	25	0	0
66 岁以上	25	0	0

由表 2-3 得知，屈望社区自儿童至曾祖父辈均会说乡话，屈望社区乡话的代际传承属于 5 级。

（四）沅江社区乡话代际传承情况

表 2-4　沅江社区乡话代际传承情况（抽样调查 100 人）

百分比＼熟练程度＼年龄段	会	会一点	不会
0—18 岁	10	2	6
19—45 岁	25	3	4
46—65 岁	25	0	0
66 岁以上	25	0	0

由表 2-4 得知，沅江社区部分儿童和父辈不会说乡话，沅江社区乡话的代际传承属于 3 级。

（五）桥东社区乡话代际传承情况

表 2-5　桥东社区乡话代际传承情况（抽样调查 100 人）

百分比＼熟练程度＼年龄段	会	会一点	不会
0—18 岁	25	0	0
19—45 岁	25	0	0
46—65 岁	25	0	0
66 岁以上	25	0	0

由表 2-5 得知，桥东社区自儿童至曾祖父辈均会说乡话，桥东社区的乡话代际传承属于 5 级。

（六）刘家滩村乡话代际传承情况

表 2-6　刘家滩村乡话代际传承情况（抽样调查 50 人）

年龄段＼熟练程度百分比	会	会一点	不会
0—18 岁	20	10	10
19—45 岁	20	0	0
46—65 岁	20	0	0
66 岁以上	20	0	0

由表 2-6 得知，刘家滩村仅有部分儿童不会说乡话，刘家滩村乡话的代际传承属于 4 级。

（七）红土溪村乡话代际传承情况

表 2-7　红土溪村乡话代际传承情况（抽样调查 50 人）

年龄段＼熟练程度百分比	会	会一点	不会
0—18 岁	20	10	10
19—45 岁	20	0	0
46—65 岁	20	0	0
66 岁以上	20	0	0

由表 2-7 得知，红土溪村仅有部分儿童不会说乡话，红土溪村乡话的代际传承属于 4 级。

二 梁家潭乡乡话代际传承情况

（一）梁家潭村乡话代际传承情况

表2-8 梁家潭村乡话代际传承情况（抽样调查133人）

百分比＼熟练程度＼年龄段	会	会一点	不会
0—18岁	0.7	6	6
19—45岁	19.5	11.7	0
46—65岁	22.6	10.9	0
66岁以上	22.6	0	0

由表2-8得知，梁家潭村仅有部分儿童不会说乡话，梁家潭村乡话的代际传承属于4级。

（二）红岩村乡话代际传承情况

表2-9 红岩村乡话代际传承情况（抽样调查140人）

百分比＼熟练程度＼年龄段	会	会一点	不会
0—18岁	17.9	6.4	1.4
19—45岁	19.3	5	1.4
46—65岁	20	1.5	0
66岁以上	27.1	0	0

由表2-9得知，红岩村村民部分儿童和父辈不会说乡话，红岩村乡话的代际传承属于3级。

(三) 岩寨村乡话代际传承情况

表 2-10　岩寨村乡话代际传承情况（抽样调查 140 人）

百分比 年龄段　　熟练程度	会	会一点	不会
0—18 岁	17.1	5.7	3.7
19—45 岁	20	10.7	0
46—65 岁	21.4	0	0
66 岁以上	21.4	0	0

由表 2-10 得知，岩寨村仅有部分儿童不会说乡话，岩寨村乡话的代际传承属于 4 级。

(四) 布条坪村乡话代际传承情况

表 2-11　布条坪村乡话代际传承情况（抽样调查 140 人）

百分比 年龄段　　熟练程度	会	会一点	不会
0—18 岁	22	0	0
19—45 岁	18	0	0
46—65 岁	32	0	0
66 岁以上	28	0	0

由表 2-11 得知，布条坪村自儿童至曾祖父辈均会乡话，布条坪村乡话的代际传承属于 5 级。

三 李家田乡乡话代际传承情况

（一）朱食洞村乡话代际传承情况

表 2-12 朱食洞村乡话代际传承情况（抽样调查 180 人）

百分比＼熟练程度＼年龄段	会	会一点	不会
0—18 岁	11.1	5.6	5.5
19—45 岁	16.7	0	0
46—65 岁	22.2	0	0
66 岁以上	38.9	0	0

由表 2-12 得知，朱食洞村仅有部分儿童不会说乡话，朱食洞村乡话的代际传承属于 4 级。

（二）杨斌庄村乡话代际传承情况

表 2-13 杨斌庄村乡话代际传承情况（抽样调查 200 人）

百分比＼熟练程度＼年龄段	会	会一点	不会
0—18 岁	7.5	7.5	10
19—45 岁	25	0	0
46—65 岁	25	0	0
66 岁以上	25	0	0

由表 2-13 可知，杨斌庄村仅有部分儿童不会说乡话，杨斌庄村乡话的代际传承属于 4 级。

(三) 红岩村乡话代际传承情况

表 2-14　红岩村乡话代际传承情况（抽样调查 200 人）

年龄段＼熟练程度百分比	会	会一点	不会
0—18 岁	25	0	0
19—45 岁	25	0	0
46—65 岁	25	0	0
66 岁以上	25	0	0

由表 2-14 得知，红岩村自儿童至曾祖父辈均会讲乡话，红岩村乡话的代际传承属于 5 级。

(四) 辛女溪村乡话代际传承情况

表 2-15　辛女溪村乡话代际传承情况（抽样调查 40 人）

年龄段＼熟练程度百分比	会	会一点	不会
0—18 岁	25	0	0
19—45 岁	25	0	0
46—65 岁	25	0	0
66 岁以上	25	0	0

由表 2-15 得知，辛女溪村自儿童至曾祖父辈均会讲乡话，辛女溪村乡话的代际传承属于 5 级。

四　泸溪乡话的代际传承类型

(一) 代际传承安全型（5 级，儿辈型）

屈望社区（白沙镇）、桥东社区（白沙镇）、布条坪村（梁家潭乡）、红岩村（李家田乡）和辛女溪村（李家田乡）属于这一类型。这些代表点自儿童至曾祖辈均会说乡话，语言环境比较集中，地理位置相对偏僻。

屈望社区基本上由原本就说乡话的屈望村村民构成。桥东社区是由原本只说乡话的三个村合并在一起形成的一个社区。红岩村、辛女溪村原本属于李家田乡，2006年划归于白沙镇，将说乡话的两个村合并为一个村，取名为红岩村，语言环境更加集中。布条坪村村民大多数说乡话，语言环境集中。

屈望社区、桥东社区在泸溪县城最南部，与泸溪县城内居民相比日常交流较少。辛女溪村、红岩村（李家田乡）、布条坪村属于泸溪县较为偏僻的村寨，辛女溪村、红岩村（李家田乡）等许多村寨需要步行才能走到最近的一条公路，布条坪村有一条村级公路通向乡政府，基本实现了"村村通"，但是如遇雨天，仍需要步行几十里路到达乡政府，再从乡政府坐车去泸溪县城，交通非常不方便。

（二）代际传承不安全型（4级，父辈型）

刘家滩村（白沙镇）、红土溪村（白沙镇）、梁家潭村（梁家潭乡）、岩寨村（梁家潭乡）、朱食洞村（李家田乡），以及杨斌庄村（李家田乡）属于这一类型。这些代表点仅有部分儿童不会说乡话，其他人群都会说乡话。

梁家潭村、岩寨村乡话长期以来受到当地苗语的渗透和影响，当地乡话村民在教孩子母语的时候，并不是都会选择乡话，有的会选择泸溪苗语。刘家滩村、红土溪村、朱食洞村和杨斌庄村部分父母选择泸溪湘语作为孩子的母语。父母不教孩子乡话是造成孩子不会说乡话的直接原因，这就势必造成语言传承的断代，致使乡话出现断层、走向濒危。2013年春节期间，笔者去朱食洞条家坪小组调查，发现3—5岁的小孩在玩游戏的时候用泸溪湘语交流。

（三）代际传承确有危险型（3级，祖父辈型）

兴沙社区（白沙镇）、沅江社区（白沙镇）和红岩村（梁家潭乡）属于这一类型。这些代表点祖父辈以上的人全部会说乡话，父辈和儿童里面有部分人不会说乡话。

红岩村说乡话的村民主要集中在红岩排村，周围全是以说苗语为主的村民，苗语在当地属于强势语言，部分父辈和儿童选择苗语作为交际工具。兴沙社区说乡话的1580人中大部分来自原白沙村，以唐姓、戴姓为主，沅江社区说乡话的1140人来自原岩坪村。2001年县城重新规划搬迁之后，兴沙社区原白沙村村民与县武装部、县教育局、县医院、县卫生局等单位的工作人员居住在一起。沅江社区原村民、岩坪村村民与县公安局、县法院、县检察院等单位的工作人员居住在一起。兴沙社区和沅江社区语言环境由集中变为不集中，这直接导致了部分儿童、父辈人群选择使用泸溪湘语，乡话在兴沙社区、沅江社区内已经出现断层现象，代际传承很危险。

（四）代际传承很危险型（2级，曾祖父辈型）

朝阳社区（白沙镇）属于这一类型。朝阳社区会说乡话的人主要集中在曾祖父辈以上。2001年县城搬迁以前，朝阳社区会说乡话的居民就居住在泸溪县武溪镇，他们来自各个说乡话的乡镇，由于参加工作留在了泸溪县城内，大多数都与不会说乡话的人结婚，也很少选择乡话作为孩子的母语。2001年县城搬迁以后，这批说乡话的居民随着县城搬迁，散居在泸溪县四大家至县幼儿园周边，周围全是说泸溪湘语的人，他们长期与说泸溪湘语的人接触，从祖父辈开始就已经有人不使用乡话了，不久的将来，朝阳社区将会成为一个只说泸溪湘语的社区。

第二节 语言使用者占总人口的比例

语言使用人口占群体总人口比例是衡量语言活力的一项重要指标。联合国教科文组织濒危语言特别专家组编写的《语言活力与语言濒危》根据语言使用人口占总人口的比例把语言濒危程度分成六级：安全，5级，所有人使用该语言；不安全，4级，将近所有人都使用该语言；确有危险，3级，大多数人都使用该语言；很危险，2级，少数人使用该语言；极度危险，1级，极少数使用该语言；灭绝，0级，该语言已经无人使用。我们把

"所有人、将近所有人、大多数人、少数人、极少数、无人"量化为：安全型的比例是100%；不安全型的比例是99.9%—85.1%；确有危险型的比例是85%—50.1%；很危险型的比例是50%—30.1%；极度危险型的比例是30%—0.1%；灭绝型的比例是0%。

据调查，泸溪县白沙镇、梁家潭乡、李家田乡三个点泸溪乡话的使用人口（18404人）仅占泸溪县总人口（279942人）的6.6%，属于极度危险型（1级）。下面分乡镇介绍泸溪乡话区人口占该乡镇总人口的比例。要说明的是，以下的人口数是2011年年末人口数，所有人口数由笔者调查所得。

一　白沙镇乡话区人口占总人口的比例

白沙镇说乡话的人口12077人，全镇总人口34332人，讲乡话的人口占全镇总人口的35.2%。总体属于很危险型，安全级别是2级。具体到不同的社区和村落，濒危程度有差异。

兴沙社区：说乡话的人口1580人，全社区总人口6990人，说乡话的人口占全社区人口的22.6%。

朝阳社区：说乡话的人口630人，全社区总人口6018人，说乡话的人口占全社区人口的10.5%。

屈望社区：说乡话的人口2230人，全社区总人口4440人，说乡话的人口占全社区人口的50.2%。

沅江社区：说乡话的人口1140人，全社区总人口8577人，说乡话的人口占全社区人口的13.3%。

桥东社区：说乡话的人口1547人，全社区总人口1930人，说乡话的人口占全社区人口的80.2%。

刘家滩村：说乡话的人口1650人，全村总人口2238人，说乡话的人口占全村人口的73.7%。

红土溪村：说乡话的人口2200人，全村总人口2439人，说乡话的人口占全村人口的90.2%。

红岩村：说乡话的人口1100人，全村总人口1300人，说乡话的人口占全村人口的84.6%。

讲乡话的人口占全镇人口的比例（%）

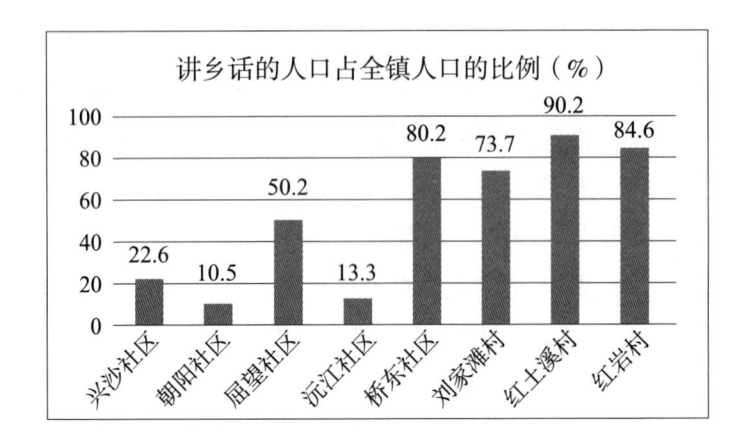

红土溪村说乡话的人口占全社区（村）人口的比例是90.2%，属于不安全型，安全级别为4级。红岩村、桥东社区说乡话的人口占全社区（村）人口的比例分别是84.6%、80.2%，属于确有危险型，安全级别为3级。红土溪村、红岩村距离县城有一定的距离，两个村村民均以说乡话为主，但是红岩村是2006年拆乡并镇后组成的村，没有红土溪村说乡话的人口集中。桥东社区在县城的东边，是以说乡话为主的原岩头河村、铁山河村、鸬鹚坳村等聚集在一起形成的较为集中的说乡话阵营，但由于地处县城，与说泸溪湘语的人交往频繁，与红土溪村、红岩村相比，更容易受到周边方言的影响。

刘家滩村、屈望社区说乡话的人口分别占全村（社区）人口的73.7%、50.2%，是确有危险型，安全级别为3级。屈望社区说乡话的居民是原屈望村村民，县城搬迁以后与县城居民住在一起，而且处于县城通往浦市镇的路上，比刘家滩村说乡话的村民更容易受到泸溪湘语的影响。

兴沙社区、沅江社区说乡话的人口占全社区人口的比例分别是22.6%和13.3%，是极度危险型，安全级别为1级，兴沙社区说乡话的居民是原白沙村村民，沅江社区居民是原岩坪村村民，由于受县城搬迁影响，与县城居民散居在一起，以前较为纯正的语言环境遭到极大的破坏。

朝阳社区说乡话的人口占全社区人口的比例是10.5%，是极度危险型，安全级别为1级。朝阳社区说乡话的人原本来自各个说乡话不同的乡镇，凝聚力不够强，后随着县城搬迁，散居在泸溪县四大家至县幼儿园周边，处在泸溪湘语的汪洋大海之中，极其危险。

二 梁家潭乡话区人口占总人口的比例

梁家潭乡话区人口4336人，全乡总人口12705人，讲乡话的人口占全乡总人口的34.1%。总体属于很危险型，安全级别是2级。

梁家潭村：讲乡话的人口303人，全村总人口1784人，讲乡话的人口占全村总人口的17%。

红岩村：讲乡话的人口320人，全村总人口1782人，讲乡话的人口占全村总人口的18%。

岩寨村：讲乡话的人口1093人，全村总人口1461人，讲乡话的人口占全村总人口的74.8%。

布条坪村：讲乡话的人口748人，全村总人口880人，讲乡话的人口占全村总人口的85%。

灯油坪村：讲乡话的人口784人，全村总人口1420人，讲乡话的人口占全村总人口的55.2%。

鸡子潭村：讲乡话的人口1088人，全村总人口1541人，讲乡话的人口占全村总人口的70.6%。

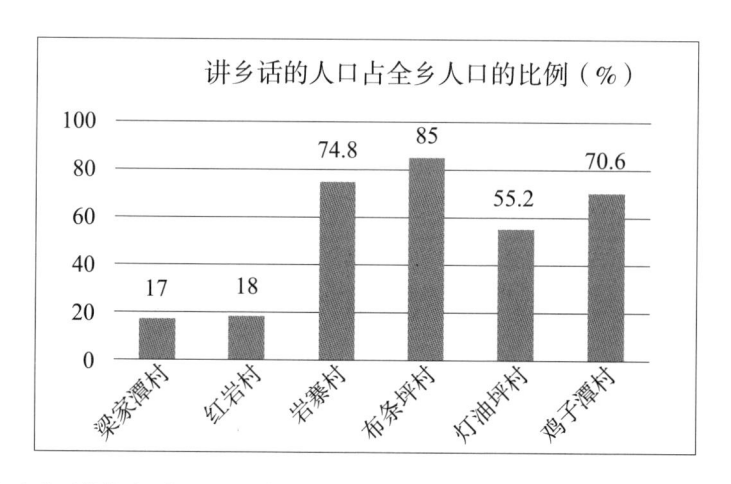

讲乡话的人口占全乡人口的比例（%）

村	比例
梁家潭村	17
红岩村	18
岩寨村	74.8
布条坪村	85
灯油坪村	55.2
鸡子潭村	70.6

布条坪村讲乡话的人口占全村人口的85%，属于不安全型，安全级别为4级。岩寨村、灯油坪村、鸡子潭村讲乡话的人口占全村总人口的比例

分别是 74.8%、55.2%、70.6%，属于确有危险型，安全级别为 3 级。梁家潭村、红岩村讲乡话的人口占全村总人口的比例分别是 17%、18%，属于极度危险型，安全级别为 1 级。梁家潭村地处苗语、土话、泸溪湘语、泸溪乡话的交汇处，人们多会说三种以上的语言（方言）。红岩村仅有红岩排小组以说乡话为主，大部分村民会说苗语和乡话，其余四个小组以说苗语为主，红岩村说乡话的居民处在苗语的包围中。

三　李家田乡话区人口占总人口的比例

李家田乡话区人口 1991 人，全乡总人口 10020 人，讲乡话的人口占全乡总人口的 19.9%。总体属于极度危险型，安全级别为 1 级。

朱食洞村：讲乡话的人口 441 人，全村总人口 1200 人，讲乡话的人口占全村人口的 36.8%。

杨斌庄村：讲乡话的人口 500 人，全村总人口 1100 人，讲乡话的人口占全村人口的 45.5%。

红岩村：讲乡话的人口 700 人，全村总人口 920 人，讲乡话的人口占全村人口的 76.1%。

辛女溪村：讲乡话的人口 300 人，全村总人口 1080 人，讲乡话的人口占全村人口的 27.8%。

李家田村：讲乡话的人口 50 人，全村总人口 1700 人，讲乡话的人口占全村人口的 2.9%。

红岩村讲乡话的人口占全村总人口的 76.1%，属于不安全型，安全级别属于 3 级。朱食洞村、杨斌庄村讲乡话的人口占全村总人口的比例分别是 36.8%、45.5%，属于很危险型，安全级别为 2 级。朱食洞村以前全部讲乡话，现在的语言环境变为"一半客（湘语）一半乡"。朱食洞小组共有 300 多人，邓姓、向姓的讲乡话的有 250 人。从老城搬来的张姓讲泸溪湘语的约有 50 人。条家坪小组共有 186 人，父辈以上全部讲乡话，在村的小孩讲泸溪湘语。符家寨共 100 人，5 个 70 以上的老人会讲一点乡话，其余的人全部讲泸溪湘语。

讲乡话的人口占全村人口的比例（%）

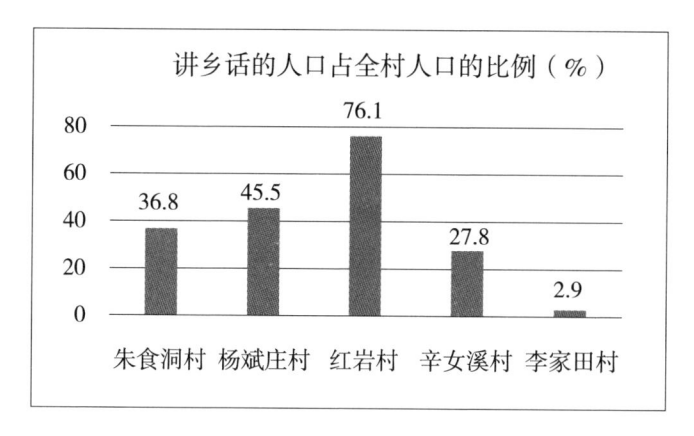

村名	比例
朱食洞村	36.8
杨斌庄村	45.5
红岩村	76.1
辛女溪村	27.8
李家田村	2.9

辛女溪村、李家田村讲乡话的人口占全村总人口的比例分别是 27.8%、2.9%，属于极度危险，安全级别属于 1 级，辛女溪村主要以讲泸溪湘语为主，仅有李家岭小组 200 多人全部讲乡话，李家岭小组说乡话的人群处于泸溪湘语人群的包围之中，很容易转用泸溪湘语。李家田村是以讲泸溪湘语为主的村落，仅有岩子头小组有从外地迁来的约 50 人讲乡话，当地交通极不便利，他们只能长期与小组内讲泸溪湘语的人交流。李家田村的儿童基本上都不说乡话。

从语言使用者占总人口的比例来看，三个乡话区的语言活力，最强的是白沙乡话区，其次是梁家潭乡话区，最后是李家田乡话区。白沙乡话区居民地处县城，与县城非乡话区居民杂居在一起。泸溪湘语是县城的主流语言，随着与县城非乡话居民交往的日益频繁、外出务工人员的增多、乡话区居民活动的减少等，白沙乡话区居民的语言活力正在逐步下降，将从很危险型变成极度危险型，趋向濒危。梁家潭乡与白沙镇不一样的是，白沙镇兴沙社区还保留了讲乡话人传统习俗，梁家潭乡则保留了大量的苗族民俗活动，"场上（梁家潭乡地名）"赶场，三月三、六月六都是以说苗语为主，其次才是泸溪乡话、泸溪湘语。据调查，泸溪苗语和泸溪乡话在梁家潭乡中使用人口不相上下，仅有部分村寨只会说乡话，不会说苗语，所以梁家潭乡使用乡话的人群不仅处在泸溪湘语的包围下，还在苗语的包围下。但是这种语言状况已经维持了很久，不会在短期内有太大的变化，梁家潭乡说乡话人口比例相对来说较为稳定，较长时间会维持在很危险状态，不会像白沙乡话区那样快速向极度危险型发展。李家田乡话濒危程度属于极度危险型，李家田乡话区说乡话的人口正在逐步减少，李家田乡话将逐步走向灭绝。

第三节　乡话使用域的走向

联合国教科文组织濒危语言特别专家组编写的《语言活力与语言濒危》根据语言使用域的走向把语言的濒危分为六个级次：通用，5级；多语交替，4级；正在收缩的语域，3级；有限或正式语域，2级；非常有限的语域，1级；灭绝，0级。从语域与功能来看：5级，该语言用于所有领域、所有功能；4级，在大多数社会域和大多数功能使用两种或多种语言；3级，该语言用于家庭以及用于诸多功能，但是强势语言已开始渗入家庭；2级，该语言的社会使用域有限，功能亦受限；1级，该语言只用于极其有限的语域，功能甚少；0级，该语言不用于任何域，没有任何功能。

为了考察泸溪乡话的使用域，根据泸溪地区实际情况，我们设计了14个问题，这14个题目可以分为五个域——家庭域、交往域、个人域、工作域、教育域。属于家庭域的问题有以下几个：（1）您在家对父亲最常说哪种话？（2）您在家对母亲最常说哪种话？（3）您在家对妻子/丈夫最常说哪种话？（4）您在家对兄弟姐妹常说哪种话？（5）您在家对孩子常说哪种话？交往域可分为两个方面：一是村内居民之间的交往，二是与村外居民的交往。与村内居民交往的有关问题有：（1）您去村委会办事说什么话？（2）您对村里嫁进来的媳妇说什么话？与村外居民交往有关的问题有：（1）您去乡镇府办事说什么话？（2）您去乡镇买东西说什么话？（3）您乘车（班车、面包车、农用车）的时候说什么话？（4）对讲泸溪湘语的人说什么话？个人域的问题1个：您在自言自语的时候说什么话？工作域的问题1个：你在单位工作的时候说什么话？教育域问题2个：（1）你在学校课堂上说什么话？（2）你在学校课外说什么话？

从调查的情况来看，泸溪乡话使用域正在明显收缩，没有属于5级安全型的村落（社区）。下面来看看白沙镇、梁家潭乡、李家田乡乡话在各个域的使用情况，需要说明的是在统计中已剔出缺失值。

一 白沙镇乡话使用域走向

（一）样本总体情况

选择对象：桥东社区（79人）、兴沙社区（108人）、朝阳社区（97人）、红土溪村（75人）

总人数：359人。

性别：男，180人，占50.1%；女，179人，占49.9%。

年龄：0—18岁，45人，占12.5%；19—45岁，73人，占20.3%；46—65岁，186人，占51.8%；66—75岁，29人，占8.1%；75岁以上，26人，占7.3%。

文化程度：小学，140人，占39%；初中，60人，占16.7%；高中或中专，40人，占11.1%；大专以上，19人，占5.3%；文盲，100人，占27.9%。

职业：务农，157人，43.7%；教师，16人，占4.5%；干部，19人，占5.3%；学生，81人，占22.6%；做生意，74人，占20.6%；其他，12人，占3.3%。

（二）白沙镇乡话使用域的总体情况

1. 白沙镇乡话家庭域使用情况

表2-17 白沙镇乡话家庭域使用情况

场合	对长辈		对平辈		对晚辈
	对父亲	对母亲	对妻子/丈夫	对兄弟姐妹	对孩子
计数	231	231	187	212	199
百分比	64.3%	64.3%	52.1%	59.1%	55.4%

在家庭域中，白沙乡话使用率都达到了50%以上。对父母使用乡话的比例最高，其次是对兄弟姐妹使用乡话的比例，排名最后的是对妻子/丈夫使用乡话的比例。

2. 白沙镇乡话交往域使用情况

表 2-18　白沙镇乡话交往域使用情况

场合	与村内居民的交往		与村外居民的交往			
	去村委会办事	对外来媳妇	去乡镇办事	去乡镇买东西	乘坐汽车	对讲泸溪湘语的人
计数	269	108	302	204	225	9
百分比	74.9%	30.1%	84.1%	56.8%	62.7%	2.5%

在交往域中，去乡镇办事使用乡话的比例最高，其次是去村委会办事。对讲泸溪湘语的人使用乡话的比例最少，仅为2.5%，对外来媳妇使用乡话的比例也不高。

3. 白沙镇乡话个人域、工作域和教育域的使用情况

表 2-19　白沙镇乡话个人域、工作域和教育域使用情况

场合	个人域	工作域	教育域	
	自言自语	单位工作	学校课堂	学校课外
计数	311	50	50	102
百分比	86.6%	13.9%	13.9%	28.4%

在个人域中，使用乡话率达到86.6%。在工作域、教育域中使用乡话的比例骤降，尤其在工作域和教育域的学校课堂，乡话的使用比例仅有13.9%。

（三）白沙镇乡话使用域的性别变异

1. 家庭域乡话使用的性别变异

表 2-20　家庭域乡话使用的性别变异

百分比\场合\性别	对长辈		对平辈		对晚辈
	对父亲	对母亲	对妻子/丈夫	对兄弟姐妹	对孩子
男性	70.4%	70.4%	54.7%	60%	56.9%
女性	64.6%	64.6%	49.7%	58.1%	54%

女性对父母说乡话的比例比男性对父母说乡话的比例低 5.8%，女性对丈夫说乡话的比例比男性对妻子说乡话的比例低 5%。其他各个场合男女在选择使用乡话的比例上差异不大。

2. 交往域乡话使用情况的性别变异

表 2-21　交往域乡话使用情况的性别变异

百分比＼场合＼性别	与村内居民的交往		与村外居民的交往			
	去村委会办事	对外来媳妇	去乡镇办事	去乡镇买东西	乘坐汽车	对讲泸溪湘语的人
男性	77.1%	32.4%	84.8%	51.1%	67.1%	2.7%
女性	72.6%	27.8%	83.2%	62.5%	58.2%	2.4%

男性在 5 个场合说乡话的比例超过女性，女性在去乡镇买东西的时候说乡话的比例比男性高 11.4%。白沙农贸市场 70% 左右的商贩会说乡话，女性在买东西时遇见会说乡话的商贩，会主动与商贩说乡话。

3. 个人域、工作域和教育域乡话使用情况的性别变异

表 2-22　个人域、工作域和教育域乡话使用情况的性别变异

百分比＼场合＼性别	个人域	工作域	教育域	
	自言自语	单位工作	学校课堂	学校课外
男性	86.3%	17.2%	17.1%	30%
女性	87.1%	10.4%	10.7%	27%

在自言自语时候不管男性还是女性使用乡话的比例最高，都达到了 80% 以上。在单位工作时，男性使用乡话的比例比女性高 6.8%。在学校课堂上男性使用乡话的比例比女性高 6.4%。在学校课外，男性使用乡话的比例比女性高 3%。

总之，白沙镇乡话使用的情况存在一定的性别差异。在家庭域、工作域和教育域中，男性使用乡话的比例比女性高。在交往域中，男性在与村（社区）内居民交往时使用乡话的比例比女性高，在与村外居民交往时除了去乡镇买东西使用乡话的比例比女性低外，其他三种场合都比女性高。女性在个人域中使用乡话的比例稍高于男性。

（四）白沙镇乡话使用域的年龄变异

1. 家庭域乡话使用情况的年龄变异

表2-23　家庭域乡话使用情况的年龄变异

百分比＼场合＼年龄	对长辈		对平辈		对晚辈
	对父亲	对母亲	对妻子/丈夫	对兄弟姐妹	对孩子
0—18岁	50.7%	50.3%		49.2%	
19—45岁	85.2%	84.5%	60.2%	86.2%	54.2%
46—65岁	90.3%	89.2%	90.3%	92.3%	70.1%
66—75岁	97.4%	98.1%	96.1%	98.1%	97.8%
75岁以上	100%	100%	97.2%	100%	97.9%

在家庭域中，75岁以上使用乡话的比例最高，其次是66—75岁，0—18岁的比例远远低于其他年龄人群。总之，在家庭域中，年龄越大，使用乡话的比例越高，年龄越小使用乡话的比例越低。

2. 交往域乡话使用情况的年龄变异

表2-24　交往域乡话使用情况的年龄变异

百分比＼场合＼年龄	与村内居民的交往		与村外居民的交往			
	去村委会办事	对外来媳妇	去乡镇办事	去乡镇买东西	乘坐汽车	对讲泸溪湘语的人
0—18岁	30.1%	21.7%	52.3%	57.2%	45.3%	0
19—45岁	60.2%	42.6%	69.4%	82.5%	60.2%	18.2%
46—65岁	89.7%	51.5%	91.5%	89.2%	79.1%	19.3%
66—75岁	90.2%	71.2%	91.2%	92.3%	89.6%	23.7%
75岁以上	98.1%	87.1%	97.1%	98.1%	90.2%	25.2%

无论在与村内居民的交往还是与村外居民的交往中，75岁以上居民使用乡话的比例最高，其次是66—75岁居民，0—18岁人群的比例远低于其他人群。在交往域中，年龄与乡话使用比例成正比。

3. 个人域、工作域和教育域乡话使用情况的年龄变异

表 2-25　个人域、工作域和教育域乡话使用情况的年龄变异

百分比\年龄	个人域	工作域	教育域	
场合	自言自语	单位工作	学校课堂	学校课外
0—18 岁	39.3%		21.3%	15.2%
19—45 岁	76.4%	34.2%	22.1%	20.3%
46—65 岁	88.3%	40.5%		
66—75 岁	98.2%			
75 岁以上	100%			

在个人域中，75 岁以上老人使用乡话的比例最高，其次是 66—75 岁人群，最低的是 0—18 岁人群。在单位工作，46—65 岁人群使用乡话的比例比 19—45 岁人群使用乡话的比例高。在教育域中，19—45 岁的人群使用乡话的比例比 0—18 岁使用乡话人群的比例高。

（五）白沙镇乡话使用域的文化程度变异

1. 家庭域乡话使用情况的文化程度变异

表 2-26　家庭域乡话使用情况的文化程度变异

百分比\文化程度	对长辈		对平辈		对晚辈
场合	对父亲	对母亲	对妻子/丈夫	对兄弟姐妹	对孩子
小学	87.2%	85.7%	90.2%	83.2%	90.3%
初中	78.8%	75.2%	81.7%	80.8%	79.7%
高中或中专	65.7%	57.2%	31.5%	32.6%	17.2%
大专以上	54.3%	52.1%	24.1%	25.3%	10.3%
文盲	98.7%	99%	97.1%	98%	91.5%

文化程度为文盲的人群在家庭内使用乡话比例最高，达到 91.5% 以上。其次是小学文化程度人群，高中或中专、大专以上人群使用乡话比例远低于其他人群，文化程度为大专以上的人群在家庭内使用乡话的比例最低。

2. 交往域乡话使用情况的文化程度变异

表 2-27　交往域乡话使用情况的文化程度变异

百分比 场合 文化程度	与村内居民的交往		与村外居民的交往			
	去村委会办事	对外来媳妇	去乡镇办事	去乡镇买东西	乘坐汽车	对讲泸溪湘语的人
小学	97.6%	50.2%	71.1%	54.1%	20.2%	10.3%
初中	78.9%	32.7%	69.2%	42.3%	10.3%	8.9%
高中或中专	64.3%	16.2%	50.2%	39.5%	19.2%	2.8%
大专以上	60.5%	17.3%	57.3%	45.7%	11.2%	9.2%
文盲	98.1%	55.7%	97.5%	87.1%	30.2%	30.7%

在与村内居民的交往中，文化程度为文盲的人群使用乡话比例最高，其次是小学文化程度人群，文化程度为高中或中专以上的人群比例最低。与村外居民的交往情况和与村内居民的交往情况大体一致。总之，在交往域中，文化程度越低，使用乡话的比例越高。

3. 个人域、工作域和教育域乡话使用情况的文化程度变异

表 2-28　个人域、工作域和教育域乡话使用情况的文化程度变异

百分比 场合 文化程度	个人域	工作域	教育域	
	自言自语	单位工作	学校课堂	学校课外
小学	98.1%		7.1%	23.1%
初中	92.2%	12.2%	6.1%	20.1%
高中或中专	65.3%	11.8%	0	0
大专以上	42.2%	9.6%	0	0
文盲	99.2%			

在个人域中，文化程度为文盲的人群使用乡话的比例最高，其次是文化程度为小学的人群，最低是文化层次为大专以上的人群。在工作域中，文化程度为初中的人群使用乡话的比例最高，大专以上文化程度的人群比例最低。在教育域中，文化程度为小学的人群使用乡话的比例比文化程度为初中的人群使用乡话的比例高。高中或中专以上的人群在教育域中完全不使用乡话。在个人域、工作域、教育域中文化程度越高，使用乡话的比例越低。

（六）白沙镇乡话使用域的职业变异

1. 家庭域乡话使用情况的职业变异

表 2-29 家庭域乡话使用情况的职业变异

百分比\职业\场合	对长辈		对平辈		对晚辈
	对父亲	对母亲	对妻子/丈夫	对兄弟姐妹	对孩子
务农	92.1%	92.3%	90.7%	89.1%	80.1%
教师	80.7%	81.2%	30.1%	60.5%	2.7%
干部	89.1%	81.9%	21.9%	76.7%	1.2%
学生	51.2%	52.7%		50.2%	
做生意	90.3%	89.7%	80.1%	87.2%	79.2%
其他	87.8%	78.6%	69.2%	72.8%	79.2%

务农人群对长辈使用乡话的比例最高，其次是做生意人群，学生人群对长辈使用乡话比例最低。务农人群对妻子/丈夫使用乡话比例最高，其次是做生意人群，干部群体对妻子/丈夫使用乡话比例最低。对兄弟姐妹时，务农人群使用乡话比例最高，其次是做生意人群，最低的是学生人群。务农人群对晚辈使用乡话的比例最高，其次是做生意、其他人群，使用乡话比例最低的是干部人群。总之，务农人群在家庭域中使用乡话比例最高，其次是做生意人群，干部、教师人群使用乡话比例最低。干部、教师人群对父母、对兄弟姐妹使用乡话比例与其他人群相差不大，对妻子/丈夫、孩子使用乡话比例与其他人群相差大。

2. 交往域乡话使用情况的职业变异

表 2-30 交往域乡话使用情况的职业变异

百分比\职业\场合	与村内居民的交往		与村外居民的交往			
	去村委会办事	对外来媳妇	去乡镇办事	去乡镇买东西	乘坐汽车	对讲泸溪湘语的人
务农	90.7%	87.3%	43.2%	83.4%	27.1%	2.9%
教师	25.6%	20.1%	2.3%	30.6%	2.2%	0
干部	27.3%	19.3%	4.7%	27.2%	2.7%	0
学生	22.4%	15.4%	6.2%	34.8%	7.4%	0
做生意	50.6%	51.2%	20.2%	84.9%	25.3%	2.7%
其他	35.2%	42.2%	31.7%	43.2%	9.8%	2.8%

在与村内居民的交往中，务农人群去村委会办事使用乡话的比例最高，其次是做生意人群，学生人群最低。教师、干部、学生群体在与村内居民交往时使用乡话的比例远低于务农、做生意群体交流时使用乡话的比例。在与村外居民的交往中，务农和做生意人群使用乡话的比例远高于教师、干部、学生人群。与讲泸溪湘语的人交流时教师、干部、学生群体完全不使用乡话。

3.个人域、工作域乡话使用情况的职业变异

表2-31　个人域、工作域乡话使用情况的职业变异

百分比\场合\职业	个人域 自言自语	工作域 单位工作
务农	95.1%	
教师	93.4%	20.3%
干部	87.3%	21.7%
学生	89.9%	
做生意	94.2%	
其他	88.3%	3.6%

在个人域中自言自语时，务农人群使用乡话的比例最高，其次是做生意人群，干部人群自言自语时使用乡话的比例最低。在工作域中干部使用乡话的比例最高，其次是教师人群，最低的是其他人群。

（七）白沙镇乡话使用域的地域变异

1.家庭域乡话使用情况的地域变异

表2-32　家庭域乡话使用情况的地域变异

百分比\场合\地名	对长辈		对平辈		对晚辈
	对父亲	对母亲	对妻子/丈夫	对兄弟姐妹	对孩子
兴沙社区	90.4%	90.4%	50.9%	89.3%	25.7%
屈望社区	89.3%	89.3%	52.3%	87.4%	27.3%
朝阳社区	50.3%	50.3%	25.7%	49.7%	15.6%
红土溪村	93.5%	93.5%	87.3%	90.7%	69.4%

红土溪村在家庭域中乡话使用比例最高,兴沙社区、屈望社区在家庭域中乡话使用比例排第二,朝阳社区在家庭域中乡话使用比例最低,与其他社区(村)相差较大。

2. 交往域乡话使用情况的地域变异

表 2-33　交往域乡话使用情况的地域变异

百分比＼场合＼地名	与村内居民的交往		与村外居民的交往			
	去村委会办事	对外来媳妇	去乡镇办事	去乡镇买东西	乘坐汽车	对讲泸溪湘语的人
兴沙社区	48.2%	17.4%	10.2%	50.2%	20.3%	2.1%
屈望社区	39.3%	12.5%	11.4%	51.3%	23.4%	2.4%
朝阳社区	15.5%	10.3%	2.3%	23.4%	10.3%	1.4%
红土溪村	87.2%	50.7%	10.3%	51.7%	25.4%	5.3%

在与村内居民的交往中,红土溪村居民使用乡话比例远高于其他社区,兴沙社区居民使用乡话比例排第二,最低的是朝阳社区。与村外居民的交往中,去乡镇办事,屈望社区使用乡话的比例最高,其次是红土溪村,比例最低的是朝阳社区。红土溪村去乡镇买东西、乘坐汽车以及面对讲泸溪湘语的人交流时使用乡话的比例最高,其次是屈望社区,最低的是朝阳社区。

3. 个人域、工作域与教育域乡话使用情况的地域变异

表 2-34　个人域、工作域与教育域乡话使用情况的地域变异

百分比＼场合＼地名	个人域	工作域	教育域	
	自言自语	单位工作	学校课堂	学校课外
兴沙社区	87.3%	22.6%	2.3%	1.7%
屈望社区	90.2%	21.2%	2.1%	1.7%
朝阳社区	54.5%	13.5%	1.3%	1.6%
红土溪村	89.7%	21.4%	2.3%	2.1%

在个人域中,屈望社区使用乡话的比例最高,其次是红土溪社区,最低是朝阳社区,与其他社区(村)相差较大。在工作域中,兴沙社区使用乡话的比例最高,其次是屈望社区和红土溪村,最低的是朝阳社区。在教育域中,

红土溪居民使用乡话的比例最高，兴沙社区居民排第二，朝阳社区排最后。

我们对白沙乡话使用者的性别、年龄、文化程度、职业以及所属地域进行了变异分析，这样可以看出泸溪白沙乡话各个类型的使用域走向。

从性别变异角度分析：白沙镇乡话使用域存在一定的性别差异。在家庭域、交往域、工作域和教育域中，男性使用乡话的比例一般比女性略高，仅去乡镇购物时使用乡话的比例比女性低。女性在个人域使用乡话的比例稍高于男性。

从年龄变异角度分析：白沙镇乡话使用域存在年龄差异，家庭域、交往域、个人域、工作域和教育域中年龄越大，使用乡话的比例越高，年龄越小，使用乡话的比例越低，年龄与使用乡话的比例成正比。

从文化程度变异角度分析：白沙镇乡话使用域存在文化程度差异，在家庭域、交往域、个人域、工作域和教育域中文化程度越高，使用乡话比例越低。文化程度越低，使用乡话比例越高，文化程度与使用乡话的比例成反比。

从职业变异角度分析：白沙镇乡话使用域存在职业差异，在家庭域、交往域和个人域中，务农、做生意人群使用乡话的比例高于教师、干部和学生群体。与讲泸溪湘语的人交流时教师、干部、学生群体完全不使用乡话。在工作域中，干部群体使用乡话比例高于教师群体，其他人群垫底。

从地域变异角度分析：白沙镇乡话使用域存在地域差异，在家庭域、交往域（与村内居民交往、去乡镇买东西、乘坐汽车和对讲泸溪湘语的人），以及教育域中，红土溪村村民使用乡话的比例最高，兴沙社区、屈望社区使用乡话比例排名次之，朝阳社区使用乡话比例最低。在乡镇办事、个人域中，屈望社区使用乡话的比例最高，朝阳社区使用乡话比例最低。在工作域中，兴沙社区使用乡话的比例最高，朝阳社区使用乡话比例最低。

朝阳社区在交往域中使用乡话的比例最低，朝阳社区说乡话的人群主要来自泸溪老县城，他们随着县城搬迁到朝阳社区居住，县城搬迁之前、县城搬迁之后他们都是与说泸溪湘语的人居住在一起，所以他们使用乡话的比例不高。红土溪村使用乡话的比例较高，是因为红土溪村在2001年县城搬迁、2006年拆乡并镇，一直未受行政区划的影响，长期处于说乡话的稳定环境中。屈望社区、兴沙社区说乡话的居民大部分是原白沙村、屈望村村民，他们原本说乡话的环境较为纯正，2001年县城搬迁以后，他们开始与说泸溪湘语的人居住在一起，所以说乡话的比例没有红土溪村高，但是又比朝阳社区高。

二 梁家潭乡乡话使用域走向

（一）样本总体情况

选择对象：梁家潭村（87人）、红岩排村（90人）、岩寨村（98人）、布条坪村（87人）。

总人数：362人。

性别：男，192人，占53%；女，170人，占47%。

年龄：0—18岁，101人，占27.9%；19—45岁，82人，占22.7%；46—65岁，142人，占39.2%；66—75岁，25人，占6.9%；75岁以上，12人，占3.3%。

文化程度：小学，140人，占38.7%；初中，60人，占16.6%；高中或中专，40人，占11%；大专以上，19人，占5.2%；文盲，103人，占28.5%。

职业：务农，207人，占57.1%；教师，10人，占2.8%；干部，12人，占3.3%；学生，89人，占24.6%；做生意，27人，占7.5%；其他，17人，占4.7%。

（二）梁家潭乡乡话使用域的总体情况

1. 梁家潭乡乡话家庭域使用情况

表2-35 梁家潭乡乡话家庭域使用情况

场合	对长辈		对平辈		对晚辈
	对父亲	对母亲	对妻子/丈夫	对兄弟姐妹	对孩子
计数	290	290	262	276	246
百分比	80.1%	80.1%	72.4%	76.2%	68%

在家庭域中，梁家潭乡乡话使用比例达到了60%以上。其中对父母使用乡话的比例最高，其次是对兄弟姐妹，对孩子使用乡话的比例最低。

2. 梁家潭乡乡话交往域使用情况

表 2-36　梁家潭乡乡话交往域使用情况

场合	与村内居民的交往		与村外居民的交往			
	去村委会办事	对外来媳妇	去乡镇办事	去乡镇买东西	乘坐汽车	对讲泸溪湘语的人
计数	326	283	286	233	172	13
百分比	90.1%	78.2%	79%	64.4%	47.5%	3.6%

在交往域中，去村委会办事使用乡话的比例最高，其次是去乡镇办事，使用乡话比例最低的是对讲泸溪湘语的人。

3. 梁家潭乡乡话个人域、工作域和教育域使用情况

表 2-37　梁家潭乡乡话个人域、工作域和教育域使用情况

场合	个人域	工作域	教育域	
	自言自语	单位工作	学校课堂	学校课外
计数	219	60	57	77
百分比	60.5%	16.6%	15.7%	21.3%

在个人域中，梁家潭乡乡话的使用比例未达到70%，工作域、教育域的比例明显比个人域要低，尤其在教育域的学校课堂，使用乡话的比例最低。

（三）梁家潭乡乡话使用域的性别变异

1. 家庭域乡话使用的性别变异

表 2-38　家庭域乡话使用的性别变异

百分比\性别　场合	对长辈		对平辈		对晚辈
	对父亲	对母亲	对妻子/丈夫	对兄弟姐妹	对孩子
男性	80.7%	80.7%	73.7%	72.2%	66.9%
女性	79.6%	79.6%	70.4%	71.3%	69.4%

在家庭域中，对长辈、平辈说乡话的比例男性高于女性，对孩子说乡话的比例女性稍高于男性。总之，在家庭域中男女在选择使用乡话的比例上差异不大。

2. 交往域乡话使用情况的性别变异

表 2-39　交往域乡话使用情况的性别变异

百分比＼性别＼场合	与村内居民的交往		与村外居民的交往			
	去村委会办事	对外来媳妇	去乡镇办事	去乡镇买东西	乘坐汽车	对讲泸溪湘语的人
男性	90.5%	78.4%	84.8%	65.2%	47.1%	3.3%
女性	89.6%	77.8%	72.1%	63.4%	48.2%	4.2%

在交往域中，男性、女性使用乡话的差异不大。在与村内居民交往中，男性说乡话的比例稍高于女性。去乡镇办事、买东西，男性说乡话的比例高于女性，乘坐汽车、与讲泸溪湘语的人交流，女性使用乡话的比例高于男性。

3. 个人域、工作域和教育域乡话使用情况的性别变异

表 2-40　个人域、工作域和教育域乡话使用情况的性别变异

百分比＼性别＼场合	个人域	工作域	教育域	
	自言自语	单位工作	学校课堂	学校课外
男性	67.8%	20.3%	19.2%	21%
女性	52.3%	12.4%	11.8%	22%

在自言自语时男性使用乡话的比例比女性高 15.5%。在单位工作时，男性使用乡话的比例比女性高 7.9%。在学校课堂上男性使用乡话的比例比女性高 7.4%。在课外女性使用乡话的比例稍高于男性。

（四）梁家潭乡乡话使用域的年龄变异

1. 家庭域乡话使用情况的年龄变异

表 2-41　家庭域乡话使用情况的年龄变异

百分比＼年龄＼场合	对长辈		对平辈		对晚辈
	对父亲	对母亲	对妻子/丈夫	对兄弟姐妹	对孩子
0—18 岁	80.2%	80.3%		80.3%	
19—45 岁	85.2%	85.5%	70.2%	86.2%	70.1%
46—65 岁	96.3%	96.2%	92.3%	93.4%	72.3%
66—75 岁	97.4%	97.2%	93.1%	98.2%	98.5%
75 岁以上	100%	100%	99.2%	100%	98.9%

家庭域中，75岁以上人群使用乡话比例最高，其次是66—75岁人群，0—18岁使用乡话比例最低。对孩子，66岁以上人群与19—65岁人群使用乡话比例差异较大。对妻子/丈夫，19—45岁人群使用乡话比例明显低于45岁以上人群。

2. 交往域乡话使用情况的年龄变异

表2-42　交往域乡话使用情况的年龄变异

百分比\年龄\场合	与村内居民的交往		与村外居民的交往			
	去村委会办事	对外来媳妇	去乡镇办事	去乡镇买东西	乘坐汽车	对讲泸溪湘语的人
0—18岁	67.4%	43.7%	82.3%	83.2%	60.3%	2.7%
19—45岁	72.2%	43.6%	87.4%	82.5%	51.2%	2.7%
46—65岁	91.7%	52.5%	91.5%	89.2%	49.2%	3.8%
66—75岁	92.2%	72.2%	91.2%	92.3%	40.6%	2.8%
75岁以上	98.1%	88.3%	97.1%	98.1%	90.1%	2.3%

在与村内居民的交往时，75岁以上老人使用乡话的比例最高，其次是66—75岁，0—18岁少年使用乡话的比例最低。在去乡镇买东西、去乡镇办事时75岁以上的老人使用乡话的比例稍高于其他年龄人群，46岁以上人群比46岁以下人群使用乡话比例高。乘坐汽车时，75岁以上人群使用乡话比例远高于其他年龄人群。与讲泸溪湘语的人交流，使用乡话比例最高的是46—65岁中年人，最低是75岁以上的老人，各年龄段差别不大。

3. 个人域、工作域和教育域乡话使用情况的年龄变异

表2-43　个人域、工作域和教育域乡话使用情况的年龄变异

百分比\年龄\场合	个人域	工作域	教育域	
	自言自语	单位工作	学校课堂	学校课外
0—18岁	51.3%		25.3%	16.2%
19—45岁	52.4%	21.2%	26.1%	19.3%
46—65岁	63.3%	15.5%		
66—75岁	64.2%			
75岁以上	60.3%			

个人域中乡话使用比例最高的是66—75岁老人，其次是46—65岁中老年人群，0—18岁使用乡话比例最低。工作域中，19—45岁使用乡话的比例高于46—65岁人群。在教育域19—45岁使用乡话的比例比0—18岁少年稍高。总之，各个年龄段在工作域、教育域的乡话使用比例差异不大。

（五）梁家潭乡乡话使用域的文化程度变异

1. 家庭域乡话使用情况的文化程度变异

表2-44　家庭域乡话使用情况的文化程度变异

百分比 文化程度 场合	对长辈		对平辈		对晚辈
	对父亲	对母亲	对妻子/丈夫	对兄弟姐妹	对孩子
小学	90.2%	90.7%	89.2%	88.6%	87.4%
初中	93.1%	94.2%	82.7%	82.7%	80.8%
高中或中专	47.3%	47.3%	40.5%	33.5%	28.4%
大专以上	37.2%	37.2%	25.1%	26.4%	11.7%
文盲	97.5%	99%	98.1%	97%	91.5%

文化程度为文盲的人群使用乡话的比例在家庭域中是最高的。小学和初中文化程度其次，高中或中专文化程度人群和大专以上的人群使用乡话的比例远低于其他年龄人群，大专以上的人群使用乡话的比例最低。总之，文化程度越高使用乡话的比例越低。

2. 交往域乡话使用情况的文化程度变异

表2-45　交往域乡话使用情况的文化程度变异

百分比 文化程度 场合	与村内居民的交往		与村外居民的交往			
	去村委会办事	对外来媳妇	去乡镇办事	去乡镇买东西	乘坐汽车	对讲泸溪湘语的人
小学	98.2%	80.6%	97.1%	42.7%	21.7%	2.3%
初中	82.1%	72.3%	80.7%	42.6%	12.5%	2.2%
高中或中专	74.3%	68.5%	69.8%	40.5%	21.3%	3.8%
大专以上	73.2%	66.2%	63.4%	45.7%	12.5%	3.2%
文盲	97.2%	89.3%	96.2%	43.5%	25.3%	2.8%

在与村内居民交往时，文化程度为小学、初中、文盲的人群使用乡话的比例较高，都在80%以上。文化程度为大专以上的人群使用乡话的比例

最低，只有73.2%。与村外居民交往、去乡镇办事时，文盲与小学文化程度的人群使用乡话比例最高，其次是初中文化程度，最低是大专以上文化程度。其他场合，各个文化程度差异不大。

3. 个人域、工作域和教育域乡话使用情况的文化程度变异

表2-46 个人域、工作域和教育域乡话使用情况的文化程度变异

百分比\场合\文化程度	个人域	工作域	教育域	
	自言自语	单位工作	学校课堂	学校课外
小学	71.3%		7.1%	23.1%
初中	52.7%	11.3%	6.1%	12.1%
高中或中专	52.9%	10.4%	0	0
大专以上	51.3%	9.6%	0	0
文盲	78.7%			

在个人域中，文化程度为文盲的人群使用乡话的比例最高，达到78.7%，其次是小学文化程度。文化程度为大专以上的人群使用乡话的比例最低，只有51.3%。工作域、教育域中也表现为文化程度越高，使用乡话的比例越低。在教育域中文化程度为高中或中专及大专以上的人群，没人使用乡话。

（六）梁家潭乡乡话使用域的职业变异

1. 家庭域乡话使用情况的职业变异

表2-47 家庭域乡话使用情况的职业变异

百分比\场合\职业	对长辈		对平辈		对晚辈
	对父亲	对母亲	对妻子/丈夫	对兄弟姐妹	对孩子
务农	98.2%	97.3%	92.8%	98.2%	81.7%
教师	86.2%	83.4%	30.1%	86.2%	12.8%
干部	87.3%	85.4%	21.9%	87.3%	21.2%
学生	82.4%	83.5%		73.4%	
做生意	89.5%	87.6%	83.1%	89.5%	79.2%
其他	83.2%	84.3%	79.2%	83.2%	79.2%

在家庭域中，务农人群乡话使用比例最高，其次是做生意人群，学生

人群最低。对待平辈和晚辈时，教师、干部人群使用乡话的比例低于务农、做生意人群。对妻子/丈夫和对孩子，教师、干部使用乡话的比例与务农、做生意人群相差较大。

2. 交往域乡话使用情况的职业变异

表 2-48　交往域乡话使用情况的职业变异

百分比＼职业	与村内居民的交往		与村外居民的交往			
	去村委会办事	对外来媳妇	去乡镇办事	去乡镇买东西	乘坐汽车	对讲泸溪湘语的人
务农	87.2%	81.7%	96.2%	84.5%	47.6%	2.7%
教师	83.1%	73.4%	79.7%	30.6%	31.7%	0
干部	75.4%	68.5%	79.2%	27.2%	38.2%	0
学生	72.4%	66.2%	63.4%	34.8%	32.5%	0
做生意	86.3%	75.3%	86.2%	82.6%	52.3%	2.8%
其他	57.3%	62.6%	77.1%	43.2%	49.2%	2.9%

务农和做生意人群无论与村内居民交往还是与村外居民交往，使用乡话的比例均最高。教师、干部、学生人群使用乡话的比例较低。去乡镇买东西时务农和做生意人群与其他职业人群的差异最大，务农、做生意人群去乡镇买东西使用乡话的比例为80%以上，而干部人群仅有27.2%，教师和学生人群分别是30.6%、34.8%。与讲泸溪湘语的人交流时教师、干部和学生人群完全不使用乡话。

3. 个人域、工作域乡话使用情况的职业变异

表 2-49　个人域、工作域乡话使用情况的职业变异

百分比＼职业	个人域	工作域
	自言自语	单位工作
务农	77.3%	
教师	43.4%	15.7%
干部	43.3%	16.3%
学生	40.5%	
做生意	73.3%	
其他	52.3%	3.6%

在个人域中，务农人群自言自语时说乡话的比例达到77.3%，做生意人群为73.3%，教师、干部、学生人群分别为43.4%、43.3%、40.5%。在工作域干部群体使用乡话比例高于教师人群，其他人群垫底。

（七）梁家潭乡乡话使用域的地域变异

1. 家庭域乡话使用情况的地域变异

表2-50　家庭域乡话使用情况的地域变异

百分比\场合\地名	对长辈		对平辈		对晚辈
	对父亲	对母亲	对妻子/丈夫	对兄弟姐妹	对孩子
梁家潭村	87.4%	87.4%	85.3%	72.3%	58.2%
红岩排村	86.1%	86.1%	83.2%	70.4%	52.3%
岩寨村	89.7%	89.7%	84.7%	72.7%	59.5%
布条坪村	92.5%	92.5%	88.5%	71.1%	58.2%

在家庭域中，布条坪村对长辈、妻子/丈夫使用乡话比例最高，红岩排村比例最低。对兄弟姐妹、孩子使用乡话比例岩寨村最高，红岩排村比例最低。各地的比例差异不大。

2. 交往域乡话使用情况的地域变异

表2-51　交往域乡话使用情况的地域变异

百分比\场合\地名	与村内居民的交往		与村外居民的交往			
	去村委会办事	对外来媳妇	去乡镇办事	去乡镇买东西	乘坐汽车	对讲泸溪湘语的人
梁家潭村	77.2%	68.6%	78.2%	37.5%	36.3%	2.1%
红岩排村	53.3%	65.5%	79.4%	35.2%	32.2%	2.4%
岩寨村	75.5%	70.4%	83.6%	33.6%	33.1%	3.4%
布条坪村	83.2%	71.6%	80.7%	39.4%	30.5%	2.3%

在与村内居民交往时，布条坪使用乡话的比例最高，红岩排使用乡话的比例最低。与村外居民交往时，梁家潭村、红岩排村、岩寨村、布条坪村使用乡话的比例差别不大。

3. 个人域、工作域和教育域乡话使用情况的地域变异

表 2-52　个人域、工作域和教育域乡话使用情况的地域变异

百分比＼场合＼地名	个人域	工作域	教育域	
	自言自语	单位工作	学校课堂	学校课外
梁家潭村	54.9%	8.9%	1.3%	4.7%
红岩排村	43.2%	10.1%	2.1%	5.7%
岩寨村	43.5%	12.3%	1.3%	4.6%
布条坪村	59.6%	9.4%	2%	3.1%

在个人域中，布条坪村村民使用乡话的比例最高，红岩排村比例最低，而在工作域中岩寨村使用乡话比例最高，教育域中红岩排村使用乡话的比例最高。

对梁家潭乡乡话使用者的性别、年龄、文化程度、职业以及所属地域进行变异分析，可以看出泸溪梁家潭乡乡话各个类型的使用域走向。

从性别变异角度分析：梁家潭乡乡话存在一定的性别差异，在家庭域、交往域、个人域、工作域和教育域中，男性使用乡话的比例一般比女性略高，对孩子、乘坐汽车时、对讲泸溪湘语的人、在学校课外，女性使用乡话的比例高于男性。

从年龄变异角度分析：梁家潭乡乡话使用域存在年龄差异，在家庭域、与村内居民交往时，年龄越大使用乡话的比例越高，年龄越小使用乡话的比例越低，年龄与使用乡话的比例成正比。在个人域、工作域和教育域，各个年龄段使用乡话的比例差异不大。在去乡镇买东西、去乡镇办事时 75 岁以上的老人使用乡话的比例稍高于其他年龄人群，46 岁以上人群比 46 岁以下人群使用乡话的比例高。乘坐汽车，75 岁以上人群使用乡话比例远高于其他年龄人群。与讲泸溪湘语的人交流，各年龄段使用乡话的比例很接近。

从文化程度变异角度分析：梁家潭乡乡话使用域存在文化程度差异，在家庭域、与村内居民交往、个人域、工作域、教育域中，文化程度越高，使用乡话的比例越低，文化程度与使用乡话的比例成反比。在与村外居民交往、去乡镇办事时，文盲与小学文化程度的人群使用乡话比例最高，其次是初中

文化程度，最低是大专以上文化程度。其他场合，各个文化程度差异不大。

从职业变异角度分析：梁家潭乡话使用域存在职业差异，在家庭域、交往域和个人域中务农、做生意人群说乡话的比例高于教师、干部和学生人群。在工作域干部人群使用乡话比例高于教师人群，其他人群垫底。

从地域变异角度分析：梁家潭乡话使用域存在地域差异，在对长辈、对妻子/丈夫、与村内居民交往、个人域中，布条坪村使用乡话比例最高。在对兄弟姐妹、对孩子、工作域中，岩寨村使用乡话比例最高。在家庭域、与村内居民交往、个人域中，红岩排村使用乡话比例乡话最低。教育域中红岩排村使用乡话的比例最高。

红岩排村仅一个小组讲乡话，下湾小组、茶坪小组、咚鼓坪小组、桐油坪小组以说苗语为主，红岩排小组的村民既会说乡话，又会说苗语，在家庭域、与村内居民交往中他们会选择使用乡话，也会选择使用苗语。所以，红岩排村使用乡话的比例最低。布条坪村所辖三个小组全部以讲乡话为主，与红岩排村相比语言环境较为单一，所以布条坪村在家庭域、交往域（与村内居民交往）以及个人域中使用乡话比例最高。

三 李家田乡乡话使用域走向

（一）样本总体情况

选择对象：朱食洞村（87人）、红岩村（82人）、辛女村（86人）、李家田村（50人）。

总人数：305人。

性别：男，167人，占54.8%；女，138人，占45.2%。

年龄：0—18岁，84人，占27.5%；19—45岁，66人，占21.6%；46—65岁，109人，占35.8%；66—75岁，32人，占10.5%；75岁以上，14人，占4.6%。

文化程度：小学,105人，占34.4%；初中,53人，占17.4%；高中或中专，35人，占11.5%；大专以上，9人，占2.9%；文盲，103人，占33.8%。

职业：务农,175人，占57.3%；教师,7人，占2.3%；干部,9人，占3%；学生，80人，占26.2%；做生意，21人，占6.9%；其他，13人，占4.3%。

(二)李家田乡乡话使用域的总体情况

1. 李家田乡乡话家庭域使用情况

表 2-53 李家田乡乡话家庭域使用情况

场合	对长辈		对平辈		对晚辈
	对父亲	对母亲	对妻子/丈夫	对兄弟姐妹	对孩子
计数	275	275	193	275	70
百分比	90.2%	90.2%	63.3%	90.2%	23%

在家庭域中,李家田乡乡话使用比例高,其中,对父亲、母亲、兄弟姐妹都达到了90%以上,乡话使用比例较低的是对孩子,仅有23%,对妻子/丈夫使用乡话的比例明显也比对父亲、母亲和兄弟姐妹要低。

2. 李家田乡乡话交往域使用情况

表 2-54 李家田乡乡话交往域使用情况

场合	与村内居民的交往		与村外居民的交往			
	去村委会办事	对外来媳妇	去乡镇办事	去乡镇买东西	乘坐汽车	对讲泸溪湘语的人
计数	100	50	35	120	20	10
百分比	32.8%	16.4%	11.5%	39.3%	6.6%	3.3%

在交往域中,乡话使用比例不高,各个场合使用比例都没有超过40%。其中去乡镇买东西使用乡话的比例最高,其次是去村委会办事,排名最后的是对讲泸溪湘语的人。

3. 李家田乡乡话个人域、工作域和教育域使用情况

表 2-55 李家田乡乡话个人域、工作域和教育域使用情况

场合	个人域	工作域	教育域	
	自言自语	单位工作	学校课堂	学校课外
计数	100	10	79	80
百分比	32.8%	3.3%	25.9%	26.2%

在个人域、工作域和教育中,乡话使用的比例不高,均没有达到40%。在个人域中乡话使用的比例最高,其次是在教育域的学校课外,排名最后

的是在工作域中。

(三) 李家田乡乡话使用域的性别变异

1. 家庭域乡话使用的性别变异

表 2-56　家庭域乡话使用的性别变异

百分比\场合\性别	对长辈		对平辈		对晚辈
	对父亲	对母亲	对妻子/丈夫	对兄弟姐妹	对孩子
男性	92.8%	92.8%	64%	89.8%	21%
女性	87%	87%	62.5%	90.6%	25.4%

男性对长辈、对丈夫/妻子使用乡话的比例高于女性。女性对兄弟姐妹、对孩子使用乡话的比例高于男性。在家庭域中，性别差异不大。

2. 交往域乡话使用情况的性别变异

表 2-57　交往域乡话使用情况的性别变异

百分比\场合\性别	与村内居民的交往		与村外居民的交往			
	去村委会办事	对外来媳妇	去乡镇办事	去乡镇买东西	乘坐汽车	对讲泸溪湘语的人
男性	32.9%	16.8%	12.1%	35.9%	6.6%	3.6%
女性	32.6%	15.9%	10.9%	43.5%	6.5%	2.9%

与村内居民交往时，男性、女性使用乡话的比例差异不大，男性稍高于女性。去乡镇办事、乘坐汽车、对讲泸溪湘语的人，男性使用乡话的比例比女性稍高。去乡镇买东西，女性使用乡话的比例比男性高 7.6%。

3. 个人域、工作域和教育域乡话使用情况的性别变异

表 2-58　个人域、工作域和教育域乡话使用情况的性别变异

百分比\场合\性别	个人域	工作域	教育域	
	自言自语	单位工作	学校课堂	学校课外
男性	32.9%	4.2%	26.9%	26.7%
女性	32.6%	2.2%	25.4%	25.3%

在个人域、工作域和教育域，男性、女性使用乡话的比例差异不大，男性略高于女性。

（四）李家田乡乡话使用域的年龄变异

1. 家庭域乡话使用情况的年龄变异

表 2-59　家庭域乡话使用情况的年龄变异

百分比　场合　年龄	对长辈		对平辈		对晚辈
	对父亲	对母亲	对妻子/丈夫	对兄弟姐妹	对孩子
0—18 岁	82.1%	82.1%		82.1%	
19—45 岁	90.1%	90.1%	30.3%	90.1%	30.3%
46—65 岁	91.7%	91.7%	67.9%	91.7%	67.9%
66—75 岁	100%	100%	100%	100%	100%
75 岁以上	100%	100%	100%	100%	100%

在家庭域中，66 岁以上老人使用乡话的比例最高，是 100%。其次是 46—65 岁的人群，0—18 岁的人群使用乡话的比例最低。在家庭域中年龄越大，使用乡话的比例越高。

2. 交往域乡话使用情况的年龄变异

表 2-60　交往域乡话使用情况的年龄变异

百分比　场合　年龄	与村内居民的交往		与村外居民的交往			
	去村委会办事	对外来媳妇	去乡镇办事	去乡镇买东西	乘坐汽车	对讲泸溪湘语的人
0—18 岁	7.1%	2.4%	2.4%	2.4%	2.4%	0
19—45 岁	15.5%	4.5%	4.5%	4.5%	1.5%	3.0%
46—65 岁	27.5%	22.9%	9.1%	9.1%	2.8%	1.8%
66—75 岁	100%	31.3%	31.2%	31.2%	31.3%	9.4%
75 岁以上	100%	71.4%	35.7%	35.7%	14.3%	21.4%

在交往域中，与村内居民交往，66 岁以上老人使用乡话的比例最高，是 100%，其次是 46—65 岁的人群，0—18 岁的人群使用乡话的比例最低。与村外居民交往，66 岁以上老人去乡镇办事、买东西和对讲泸溪湘语的

人使用乡话的比例最高，0—18岁人群使用乡话的比例最低。乘坐汽车时66—75岁老人使用乡话的比例最高，19—45岁人群使用乡话的比例最低。与村内居民交往时，年龄越大的人群使用乡话的比例越高。

3.个人域、工作域和教育域乡话使用情况的年龄变异

表 2-61　个人域、工作域和教育域乡话使用情况的年龄变异

百分比\场合\年龄	个人域	工作域	教育域	
	自言自语	单位工作	学校课堂	学校课外
0—18岁	7.1%		11.9%	11.9%
19—45岁	15.5%	10.6%	37.9%	37.9%
46—65岁	27.5%	2.7%	55.2%	55.2%
66—75岁	100%			
75岁以上	100%			

在个人域中，66岁以上老人在自言自语时使用乡话的比例最高，46—65岁人群排第二，0—18岁人群最低。在工作域中，19—45岁人群使用乡话的比例比46—65岁人群高。在教育域中，学校课堂、课外，46—65岁人群使用乡话的比例最高，其次是19—45岁人群，0—18岁人群使用乡话的比例最低。总之，在个人域、教育域中年龄越大的人群使用乡话的比例越高。

（五）李家田乡乡话使用域的文化程度变异

1.家庭域乡话使用情况的文化程度变异

表 2-62　家庭域乡话使用情况的文化程度变异

百分比\场合\文化程度	对长辈		对平辈		对晚辈
	对父亲	对母亲	对妻子/丈夫	对兄弟姐妹	对孩子
小学	82.1%	82.1%	98.4%	82.1%	98.4%
初中	90.1%	90.1%	30.3%	90.1%	30.3%
高中或中专	91.7%	91.7%	67.9%	91.7%	67.9%
大专以上	100%	100%	54.2%	54.2%	54.2%
文盲	100%	100%	100%	100%	100%

在家庭域中，文盲、大专以上两类人群对长辈使用乡话的比例最高，高中或中专排在两者之后，小学文化程度人群对长辈使用乡话的比例最低。对妻子/丈夫，文盲人群乡话使用比例最高，达到100%，其次是小学文化程度人群，初中文化程度人群使用乡话比例最低。对兄弟姐妹，文盲人群使用乡话的比例最高，达到100%，其次是高中或中专文化程度人群，大专以上人群使用乡话比例最低。对孩子，文盲人群乡话使用比例最高，达到100%，小学文化程度人群排第二，初中文化程度人群使用乡话比例最低。由此可知，对父亲、母亲，使用乡话的情况保持一致，对妻子/丈夫、孩子使用乡话的情况也保持一致。

2. 交往域乡话使用情况的文化程度变异

表 2-63　交往域乡话使用情况的文化程度变异

百分比 场合 文化程度	与村内居民的交往		与村外居民的交往			
	去村委会办事	对外来媳妇	去乡镇办事	去乡镇买东西	乘坐汽车	对讲泸溪湘语的人
小学	67%	31.3%	31.2%	31.2%	31.3%	9.4%
初中	25.5%	4.5%	4.5%	4.5%	1.5%	4.8%
高中或中专	37.5%	22.9%	9.1%	9.1%	2.8%	0
大专以上	7.1%	2.4%	2.4%	2.4%	2.4%	0
文盲	85%	71.4%	35.7%	35.7%	14.3%	21.4%

在交往域中，与村内居民交往、去乡镇办事、去乡镇买东西，文盲人群使用乡话的比例最高，小学文化程度的人群排第二，大专以上文化程度人群使用乡话的比例最低。乘坐汽车，小学和文盲人群使用乡话的比例高于其他人群，初中文化人群比例最低。对讲泸溪湘语的人，文盲人群使用乡话比例最高，其次是小学文化程度人群，高中以上文化程度人群使用乡话的比例为0。

3. 个人域、工作域和教育域乡话使用情况的文化程度变异

表 2-64　个人域、工作域和教育域乡话使用情况的文化程度变异

文化程度 \ 百分比 \ 场合	个人域	工作域	教育域	
	自言自语	单位工作	学校课堂	学校课外
小学	87.1%		11.9%	11.9%
初中	19.5%	10.6%	37.9%	37.9%
高中或中专	27.5%	2.7%	55.2%	55.2%
大专以上	20.7%			
文盲	100%			

在个人域中，文盲人群使用乡话的比例最高，达到100%，小学文化程度人群排第二，文盲和小学文化程度人群使用乡话的比例远高于其他人群，初中文化程度人群使用乡话比例最低。在工作域中，初中文化程度人群使用乡话的比例比高中或中专文化程度人群高。在教育域中，高中或中专文化程度人群使用乡话的比例最高，其次是初中文化程度人群，小学文化程度人群使用乡话的比例最低。由此可知，在工作域中文化程度越高使用乡话的比例越低，在教育域中文化程度越高在课堂、课外使用乡话的比例越高。

（六）李家田乡乡话使用域的职业变异

1. 家庭域乡话使用情况的职业变异

表 2-65　家庭域乡话使用情况的职业变异

职业 \ 百分比 \ 场合	对长辈		对平辈		对晚辈
	对父亲	对母亲	对妻子/丈夫	对兄弟姐妹	对孩子
务农	100%	100%	100%	100%	100%
教师	90.1%	90.1%	30.3%	90.1%	30.3%
干部	91.7%	91.7%	54.2%	54.2%	54.2%
学生	100%	100%			
做生意	92.2%	91.5%	67.9%	91.7%	67.9%
其他	82.1%	82.1%	83.2%	82.1%	81.2%

在家庭域中，务农人群、学生人群对父亲使用乡话的比例最高，达到100%，做生意人群对父亲使用乡话的比例排第二，其他人群对父亲使用乡话的比例最低。务农人群、学生人群对母亲使用乡话的比例最高，干部人群对母亲使用乡话的比例排第二，其他人群对母亲使用乡话的比例最低。对妻子/丈夫、孩子，务农人群使用乡话的比例最高，其他人群使用乡话的比例排第二，教师人群使用乡话的比例最低。对兄弟姐妹，务农人群使用乡话的比例最高，其次是做生意人群，干部人群使用乡话的比例最低。由此可知，各职业人群对父亲、母亲使用乡话的情况基本一致，对妻子/丈夫、孩子使用乡话的情况完全一样。教师群体对长辈、兄弟姐妹使用乡话的比例与其他职业群体相差不大，对妻子/丈夫、孩子使用乡话的比例与其他职业人群相差较大。

2. 交往域乡话使用情况的职业变异

表 2-66　交往域乡话使用情况的职业变异

百分比\职业\场合	与村内居民的交往		与村外居民的交往			
	去村委会办事	对外来媳妇	去乡镇办事	去乡镇买东西	乘坐汽车	对讲泸溪湘语的人
务农	87.5%	22.9%	9.1%	9.1%	2.8%	0
教师	43%	31.3%	31.2%	31.2%	31.3%	0
干部	25.5%	4.5%	4.5%	4.5%	1.5%	0
学生	37.5%	22.9%	9.1%	9.1%	2.8%	0
做生意	7.1%	2.4%	2.4%	2.4%	2.4%	0
其他	85%	71.4%	35.7%	35.7%	14.3%	2.1%

在交往域中，去村委会办事，务农人群使用乡话的比例最高，其他人群使用乡话的比例排第二，做生意的人群使用乡话的比例最低，远远低于其他职业人群。对外来媳妇，其他人群使用乡话的比例最高，教师人群使用乡话的比例排第二，做生意人群使用乡话的比例最低，务农人群和学生人群使用乡话的比例一样。去乡镇办事、买东西，其他人群使用乡话的比例最高，教师人群使用乡话的比例排第二，做生意的人群使用乡话的比例最低。乘坐汽车，教师人群使用乡话的比例最高，其次是其他人群，干部人群使用乡话的比例最低。对讲泸溪湘语的人，务农、教师、干部、学生、

做生意人群都不使用乡话，其他人群仅有2.1%使用乡话。由此可知，在各个域中，其他人群、教师使用乡话的比例较高。

3. 个人域、工作域乡话使用情况的职业变异

表2-67　个人域、工作域乡话使用情况的职业变异

百分比＼场合＼职业	个人域	工作域
	自言自语	单位工作
务农	87.1%	
教师	19.5%	18.6%
干部	27.5%	2.7%
学生	20.7%	
做生意	81.2%	
其他	87.1%	3.2%

在个人域中，务农、其他人群使用乡话比例最高，做生意人群使用乡话比例排第二，教师、干部和学生人群远远低于其他职业人群，教师人群使用乡话比例最低。在工作域中，教师人群使用乡话比例高于干部、其他人群，干部人群使用乡话比例最低。

（七）李家田乡乡话使用域的地域变异

1. 家庭域乡话使用情况的地域变异

表2-68　家庭域乡话使用情况的地域变异

百分比＼场合＼地名	对长辈		对平辈		对晚辈
	对父亲	对母亲	对妻子/丈夫	对兄弟姐妹	对孩子
朱食洞村	97.7%	97.7%	66.7%	97.7%	20.7%
红岩村	97.6%	97.6%	58.5%	97.6%	21.9%
辛女溪村	81.4%	81.4%	55.8%	81.4%	20.9%
李家田村	70%	70%	56%	70%	36%

在家庭域中，各村村民对长辈、对兄弟姐妹使用乡话的比例从高到低依次是朱食洞村、红岩村、辛女溪村、李家田村。对妻子/丈夫，朱食洞村

村民使用乡话的比例最高，红岩村村民排第二，辛女溪村村民使用乡话的比例最低。对兄弟姐妹，朱食洞村村民使用乡话的比例最高，李家田村村民使用乡话的比例最低。对孩子，李家田村村民使用乡话的比例最高，其次是红岩村村民，朱食洞村村民使用乡话的比例最低。由此可知，朱食洞村村民在对长辈、对平辈使用乡话的比例最高，对晚辈使用乡话的比例却是最低的。红岩村村民对长辈、对平辈、对晚辈使用乡话的比例都较高。

2. 交往域乡话使用情况的地域变异

表 2-69　交往域乡话使用情况的地域变异

百分比\场合\地名	与村内居民的交往		与村外居民的交往			
	去村委会办事	对外来媳妇	去乡镇办事	去乡镇买东西	乘坐汽车	对讲泸溪湘语的人
朱食洞村	28.7%	14.9%	10.3%	45.9%	6.9%	3.4%
红岩村	60.9%	28%	18.3%	48.8%	8.4%	6.1%
辛女溪村	23.2%	15.1%	10.5%	34.9%	5.8%	3.5%
李家田村	5%	6%	6%	20%	4%	2%

在交往域中，红岩村村民使用乡话的比例最高，朱食洞村和辛女溪村的比例差别不大，李家田村村民使用乡话的比例最低。

3. 个人域、工作域和教育域乡话使用情况的地域变异

表 2-70　个人域、工作域和教育域乡话使用情况的地域变异

百分比\场合\地名	个人域	工作域	教育域	
	自言自语	单位工作	学校课堂	学校课外
朱食洞村	31.3%	2.3%	34.5%	34.5%
红岩村	45.1%	2.4%	34.4%	34.4%
辛女溪村	31.4%	2.3%	23.3%	23.3%
李家田村	34%	4%	20%	20%

在个人域中，红岩村使用乡话的比例最高，其次是李家田村，朱食洞村和辛女溪村比例很接近。在工作域中，李家田村使用乡话的比例最高，红岩村、朱食洞村和辛女溪村比例相差不大。在教育域中，朱食洞村使用乡话比例最高，其次是红岩村，李家田村排最后。

我们对泸溪李家田乡乡话使用者的性别、年龄、文化程度、职业以及所属地域进行了变异分析，从中可以看出李家田乡话各个类型的使用域走向。

从性别变异角度分析：李家田乡乡话使用域存在一定的性别差异。在交往域、个人域、工作域和教育域中，男性使用乡话的比例一般比女性略高，在家庭域中，男性对长辈、对丈夫/妻子使用乡话比例比女性稍高。女性对兄弟姐妹、对孩子使用乡话比例比男性稍高。去乡镇买东西，女性使用乡话的比例比男性高。

从年龄变异角度分析：李家田乡乡话使用域存在年龄差异。在家庭域、对村内居民交往、去乡镇办事、去乡镇买东西、个人域和教育域中，年龄越大，使用乡话的比例越高，年龄与使用乡话比例成正比。乘坐汽车时66—75岁老人使用乡话的比例最高，19—45岁人群使用乡话的比例最低。对讲泸溪湘语的人75岁以上人群使用乡话的比例远高于其他年龄人群。

从文化程度变异角度分析：李家田乡乡话使用域存在文化程度差异。在家庭域、与村内居民交往、去乡镇办事、去乡镇买东西、对讲泸溪湘语的人、个人域中，文盲使用乡话比例最高，对兄弟姐妹、与村内居民交往、去乡镇办事、去乡镇买东西、对讲泸溪湘语的人，大专以上文化程度使用乡话比例最低；对妻子/丈夫、对孩子、乘坐汽车、个人域，初中文化程度使用乡话比例最低；在工作域中文化程度越高使用乡话的比例越低，在教育域中文化程度越高使用乡话的比例越高。

从职业变异角度分析：李家田乡乡话使用域存在职业差异。在家庭域、去村委办事、个人域中务农人群使用乡话比例最高，对长辈、对妻子/丈夫、对孩子，教师人群使用乡话比例最低；与村内居民交往、去乡镇办事、去乡镇买东西，做生意人群使用乡话比例最低。在工作域中，教师人群使用乡话的比例高于干部和其他人群。

从地域变异角度分析：李家田乡乡话使用域存在地域差异。在对长辈、对妻子/丈夫、对兄弟姐妹、教育域中，朱食洞村使用乡话比例最高，在交往域、个人域中红岩村使用乡话比例最高，在对孩子、工作域中，李家田村使用乡话比例最高；对长辈、兄弟姐妹、交往域、教育域中，李家田村使用乡话比例最低，在对孩子、个人域中，朱食洞村使用乡话比例最低。

由此观之，泸溪白沙镇、梁家潭乡和李家田乡三个乡话代表点使用域走向表现出的共性为：在家庭域中对父母、兄弟姐妹使用乡话比例较高，在交往域中，去乡政府办事、去村委会办事使用乡话比例较高，在工作域、教育域使用乡话的比例低。乡话使用者中，男性使用乡话比例一般略高于女性，文化程度一般与使用乡话的比例成反比，年龄一般与使用乡话的比例成正比，务农、做生意人群使用乡话的比例一般高于教师、干部和学生群体。李家田乡乡话在教育域中文化程度与使用乡话的比例成正比，值得进一步研究。

在家庭域中乡话使用率较高，三个乡镇都达到了50%以上，李家田乡使用乡话的比例最高，其次是梁家潭乡，使用比例最低的是白沙镇乡。三个乡镇对父母使用乡话的比例高于对其他人群，对孩子和对妻子/丈夫使用乡话的比例最低。梁家潭乡乡话使用者对妻子/丈夫和孩子使用乡话的比例比白沙镇和李家田乡乡话使用者的比例都要高。李家田乡乡话使用者对妻子使用乡话的比例比白沙镇要高，但是李家田乡乡话使用者对孩子使用乡话的比例比白沙镇乡话使用者低。在交往域中，三个乡镇乡话使用较多的场合是：去乡政府办事、去村委会办事，乡话频率较低的场合是：对外来媳妇、对讲泸溪湘语人。梁家潭乡乡话在交往域中使用的比例最高，其次是白沙镇乡话，排名最后的是李家田乡乡话。在个人域中，三个乡镇使用乡话比例按从高到低排列分别是：白沙镇（86.6%）、梁家潭乡（60.5%）、李家田乡（32.8%）。在工作域、教育域中，三个乡镇使用乡话的比例都不高，均没有达到30%。在教育域的学校课堂外使用乡话的比例比在学校课堂内使用乡话的比例要高。李家田乡在教育域中使用乡话的比例最高，但在工作域中使用乡话的比例最低。总的来看，白沙镇乡话在个人域、工作域使用比例最高，在家庭域中使用比例最低。李家田乡乡话在家庭域、教育域中使用比例最高，在交往域、个人域和工作域中使用比例最低。梁家潭乡乡话在交往域中使用比例最高。

第三章　湘西乡话使用者的语言态度

语言态度首先表现为人们的语言价值观。游汝杰、邹嘉彦（2004）认为：语言态度是指个人对某种语言或方言的价值评价和行为倾向。戴庆厦（1993）认为：语言态度又称语言观念，是指人们对语言的使用价值的看法，其中包括对语言的地位、功能以及发展前途等的看法。高一虹等（1998）认为：语言态度是社会心理的反映。人们对于某种语言变体（语言或方言）的态度，反映了该语言变体的社会地位，以及与其相关的社会群成员在人们心目中的"刻板印象"。王远新（1999）认为：在双语或多语社会中，由于社会或民族认同、情感、目的和动机、行为倾向等因素的影响，人们会对一种语言或文字的社会价值形成一定的认识或做出一定的评价，这种认识和评价通常被称为语言态度。联合国教科文组织濒危语言特别专家组编《语言活力与语言濒危》（2006）把语言族群成员对其语言的态度分为六级：5级，所有成员都重视自己的语言并且希望看到它不断发展；4级，大多数成员都支持保持其语言；3级，许多成员都支持保持其语言，其他人则漠不关心，或者甚至支持弃用其语言；2级，一些成员支持保持其语言，其他人则漠不关心，或者甚至支持弃用其语言；1级，仅少数成员支持保持其语言，其他人则漠不关心或支持弃用其语言；0级，无人关心母语是否被弃用，所有人倾向于使用强势语言。我们将其所有成员、大多数成员、许多成员、一些成员、仅少数成员以及无人关心，量化为100%、85%、60%、30%、10%、0%。

为了考察湘西乡话使用者的语言态度，我们设计了以下六个问题：①您愿意学习乡话吗？②您希望您的孩子学习乡话吗？③您认为讲乡话的居民一定要讲乡话吗？④如果您和听话人都是讲乡话的，对方却不和您讲乡话，您感觉如何？⑤现在讲乡话的人似乎越来越少，您感觉如何？⑥您希望乡话以后怎样发展？

我们考察了泸溪三个乡镇乡话人群的语言态度,三个乡镇受访者有1783位,其中白沙镇居民600人,梁家潭乡居民553人,李家田乡居民630人,我们先来看受访者对乡话态度的总体情况:

第一个问题:您愿意学习乡话吗?500位不会说乡话的受访者中,143人表示愿意,占28.6%;270人表示无所谓,占54%;87人表示不愿意,占17.4%。

第二个问题:您希望您的孩子学习乡话吗?1200位受访者,其中170人表示愿意,占14.2%;665人表示无所谓,占55.4%;365人表示不愿意,占30.4%。

第三个问题:您认为讲乡话的居民一定要讲乡话吗?1783位受访者,661人表示要,占37%;784人表示无所谓,占44%;338人表示不要,占19%。

第四个问题:如果您和听话人都是讲乡话的,对方却不和您讲乡话,您感觉如何?1783位受访者,644人表示很别扭,占36.1%;433人表示无所谓,占24.3%;706人表示很自然,占39.6%。

第五个问题:现在讲乡话的人似乎越来越少,您感觉如何?1783位受访者,453人表示很遗憾,占25.4%;497人认为是大势所趋,无可奈何,占27.9%;704人表示无所谓,占39.5%;129人认为值得高兴,占7.2%。

第六个问题:您希望乡话以后怎样发展?1783位受访者,754人希望代代相传,占42.3%;385人认为顺其自然,占21.6%;442人认为无所谓,占24.8%;202人认为不要再说,让它消失算了,占11.3%。

从数据上看,对第一个、第二个、第三个和第五个问题持无所谓态度的比例相对较高,第四个问题认为对方跟讲其他方言很自然的比例稍高,第六个问题希望乡话代代相传的比例要比其他高些。由此观之,泸溪乡话使用者在整体上态度大体处于"无所谓""很自然"的状态。具体到调查的三个乡镇语言态度是否一致,需要我们更深一步的分析。

下面对上述每个问题的回答赋以分值,方法是每个问题处于中性态度的即无所谓或随便或没感觉的计0分,处在其积极态度一边的加1分,处在其消极态度一边的减1分,以此类推。全部回答为最积极态度者,满分为 8 分；全部回答为最消极态度者，满分为 −6 分。根据得分情况，我们把对乡话的态度分为五级：−6 ~ −4 分为极力反对，−3 ~ −1 分为比较反对，0 分为无所谓，1 ~ 4 分为比较支持，6 ~ 8 分为强烈支持。下面分别来看白沙镇、梁家潭乡、李家田乡三个点的受访者对乡话态度的情况。

第一节 白沙镇乡话使用者态度

一、样本总体情况

选择对象：桥东社区（79人）、兴沙社区（108人）、朝阳社区（97人）、红土溪村（75人）。

总人数：359人。

性别：男，180人，占50.1%；女，179人，占49.9%。

年龄：0—18岁，45人，占12.5%；19—45岁，73人，占20.3%；46—65岁，186人，占51.8%；66—75，29人，占8.1%；75岁以上，26人，占7.3%。

文化程度：小学，140人，占39%；初中，60人，占16.7%；高中或中专，40人，占11.1%；大专以上，19人，占5.3%；文盲，100人，占27.9%。

职业：务农，157人，43.7%；教师，16人，占4.5%；干部，19人，占5.3%；学生，81人，占22.6%；做生意，74人，占20.6%；其他，12人，占3.3%。

二、对乡话的态度的总体情况

表 3-1 对乡话的态度的总体情况

态度	极力反对	比较反对	无所谓	比较支持				强烈支持			
得分	−6 ~ −4	−3 ~ −1	0	1	2	3	4	5	6	7	8
计数	0	37	146	32	28	29	27	13	18	15	14
百分比	0%	10.3%	40.7%	32.3%				16.7%			

在所有受访者中,对乡话持无所谓态度的所占比例最高,达到40.7%。对乡话持支持态度的所占比例未超过50%。有10.3%的人对乡话持反对态度。由此可知,白沙镇乡话使用者对乡话的态度为2级,一些成员支持保持乡话,其他人漠不关心持无所谓态度,甚至持反对态度。

由表3-1可知,在所有受访者中对乡话持极力反对态度共占0%,以下表格均不单列出"极力反对"选项。

三、对乡话态度的社会分层变异

(一)对乡话的态度的性别变异

表3-2 对乡话态度的性别变异

性别	人数	比较反对	无所谓	比较支持	强烈支持
男	180	13.9%	44.4%	26.7%	15%
女	179	6.7%	36.9%	38%	18.4%

白沙镇居民对乡话持无所谓态度占主流。男性对乡话持比较反对态度的比例比女性高7.2%。女性对乡话持比较支持态度的比例比男性高11.3%。女性对乡话持强烈支持态度的比例比男性高3.4%。总之,男女在对乡话的态度上有一定的差异,女性持支持态度的比例高于男性。

(二)对乡话的态度的年龄变异

表3-3 对乡话的态度的年龄变异

年龄	人数	比较反对	无所谓	比较支持	强烈支持
0—18岁	45	35.7%	35.7%	14.3%	14.3%
19—45岁	73	22%	38.2%	32.4%	7.4%
46—65岁	186	8.4%	38.2%	33.3%	20.1%
66—75岁	29	0	40.1%	42.5%	17.4%
75岁以上	26	0	36.4%	45.5%	18.1%

0—18岁对乡话持反对态度所占比例最高,19—45岁排第二,66岁以上人群无人反对。66—75岁对乡话持无所谓态度所占比例最高,75岁以上排第二,最低的是0—18岁人群。66岁以上人群比较支持乡话的比例最高,46—65岁人群排第二,0—18岁人群最低。46—65岁人群对乡话持强烈支持态度的比例最高,19—45岁人群对乡话持强烈支持态度的比例最低。由此可知,年龄越小,持比较反对态度的比例越高,年龄越大,持比较支持态度的比例越高。

(三)对乡话的态度的文化程度变异

表3-4　对乡话的态度的文化程度变异

文化程度 \ 态度百分比 \ 人数		比较反对	无所谓	比较支持	强烈支持
小学	140	14.2%	41.2%	33.3%	11.3%
初中	60	6.6%	24.7%	49%	19.7%
高中或中专	40	7.5%	15.6%	53%	23.9%
大专以上	19	0	26.1%	51%	22.9%
文盲	100	20%	50.9%	20.9%	8.2%

文盲人群对乡话持比较反对态度所占的比例最高,其次是小学文化程度人群,大专以上文化程度人群对乡话持比较反对态度的比例最低。文盲人群对乡话持无所谓态度所占比例最高,其次是小学人群,高中或中专人群对乡话持无所谓态度所占比例最低。高中或中专人群对乡话持比较支持态度和强烈支持所占比例均最高,其次是大专以上人群,文盲对乡话持比较支持和强烈支持态度所占比例最低。由此可知,文化程度越高的人群对乡话持比较支持、强烈支持态度的比例越高,文化程度越低的人群对乡话持比较反对、无所谓态度的比例越高。

（四）对乡话的态度的职业变异

表 3-5　对乡话的态度的职业变异

职业	人数	比较反对	无所谓	比较支持	强烈支持
务农	157	9.4%	30.4%	49.5%	10.7%
教师	16	13.6%	31.3%	50.3%	4.8%
干部	19	12.3%	26.3%	52.5%	8.9%
学生	81	20.9%	51.8%	19.9%	7.4%
做生意	74	17.3%	37.1%	38.9%	6.7%
其他	12	25.4%	30.2%	38.3%	6.1%

其他人群对乡话持比较反对态度所占比例最高，学生人群对乡话持比较反对态度所占比例排第二，务农人群对乡话持比较反对态度所占比例最低。学生人群对乡话持无所谓态度所占比例最高，做生意人群对乡话持无所谓态度所占比例排第二，干部人群对乡话持无所谓态度所占比例最低。干部人群对乡话持比较支持态度所占比例最高，教师人群对乡话持比较支持态度所占比例排第二，学生人群对乡话持比较支持态度所占比例最低。务农人群对乡话持强烈支持态度所占比例最高，干部人群对乡话持强烈支持态度所占比例排第二，教师人群对乡话持强烈支持态度所占比例最低。总之，务农人群集中在强烈支持态度上，教师和干部人群集中在比较支持态度上，学生人群持无所谓态度占主流。

（五）对乡话的态度的地域变异

表 3-6　白沙镇乡话使用者对乡话的态度的地域变异

地名	人数	比较反对	无所谓	比较支持	强烈支持
桥东社区	79	9.1%	45.0%	34.9%	11.0%
兴沙社区	108	4.6%	46.3%	31.3%	17.8%
朝阳社区	97	16.7%	49.5%	24.1%	9.7%
红土溪村	75	6.0%	53.3%	30.6%	10.1%

四个社区对乡话主要采取无所谓的态度,朝阳社区居民对乡话持比较反对态度所占比例最高,其次是桥东社区居民,兴沙社区居民对乡话持比较反对态度所占比例最低。红土溪村居民对乡话持无所谓态度所占比例最高,朝阳社区居民对乡话持无所谓态度所占比例排第二,桥东社区居民比例最低。桥东社区居民对乡话持比较支持态度所占比例最高,兴沙社区居民比例排第二,朝阳社区居民比例最低。兴沙社区居民对乡话持强烈支持态度所占比例最高,桥东社区居民比例排第二,朝阳社区居民比例最低。由此可知,朝阳社区居民对乡话持比较反对态度比例最高,在对乡话持强烈支持态度上比例最低,朝阳社区仅有部分居民以说乡话为主,他们对乡话的感情不深。兴沙社区居民对乡话持强烈支持态度所占比例最高,兴沙社区大多数居民会说乡话,他们对乡话的感情最深。

第二节 梁家潭乡话使用者态度

一、样本总体情况

选择对象:梁家潭村(87人)、红岩排村(90人)、岩寨村(98人)、布条坪村(87人)

总人数:362人

性别:男,192人,占53%;女,170人,占47%

年龄:0—18岁,101人,占27.9%;19—45岁,82人,占22.7%;46—65岁,142人,占39.2%;66—75岁,25人,占6.9%;75岁以上,12人,占3.3%。

文化程度:小学,140人,占38.7%;初中,60人,占16.6%;高中或中专,40人,占11%;大专以上,19人,占5.2%;文盲,103人,占28.5%。

职业:务农,207人,57.1%;教师,10人,占2.8%;干部,12人,占3.3%;学生,89人,占24.6%;做生意,27人,占7.5%;其他,17人,占4.7%。

二、对乡话的态度的总体情况

表 3-7 对乡话的态度的总体情况

态度	极力反对	比较反对	无所谓	比较支持				强烈支持			
得分	−6 ~ −4	−3 ~ −1	0	1	2	3	4	5	6	7	8
计数	0	29	76	19	22	20	21	45	47	42	41
百分比	0	8%	21%	22.7%				48.3%			

在调查中对乡话持支持态度的比例达到71%，梁家潭乡话使用者对乡话所持的态度为3级，许多成员都支持保持乡话，其他人则漠不关心。

三、对乡话态度的社会分层变异

（一）对乡话的态度的性别变异

表 3-8 对乡话态度的性别变异

性别	态度百分比 人数	比较反对	无所谓	比较支持	强烈支持
男	192	4%	21.8%	23.4%	50.8%
女	170	3.9%	22.4%	24.1%	49.6%

由表 2-48 可以得出，男女在对乡话的态度上差异不大，男性对乡话持比较反对、强烈支持态度所占比例稍高于女性，女性对乡话持无所谓、比较支持态度所占比例稍高于男性。

（二）对乡话的态度的年龄变异

表 3-9 对乡话的态度的年龄变异

年龄	态度百分比 人数	比较反对	无所谓	比较支持	强烈支持
0—18 岁	101	9.9%	21.8%	21.8%	46.5%
19—45 岁	82	9.7%	24.4%	26.8%	39.1%
46—65 岁	142	7.7%	13.4%	16.9%	62%
66—75 岁	25	0	40%	32%	28%
75 岁以上	12	0	41.7%	50%	8.3%

对乡话持比较反对的态度中，0—18岁人群所占比例最高，其次是19—45岁人群，66岁以上老人无人持反对态度。对乡话持无所谓的态度中，75岁以上人群所占比例最高，其次是66—75岁人群，46—65岁人群所占比例最低。对乡话持比较支持的态度中，75岁以上人群所占比例最高，其次是66—75岁人群，46—65岁人群所占比例最低。对乡话持强烈支持的态度中，46—65岁人群所占比例最高，其次是0—18岁人群，最低的是75岁以上人群。由此可知，66岁以上人群对乡话的态度大多为无所谓和比较支持，46—65人群对乡话的态度大多为强烈支持。

（三）对乡话的态度的文化程度变异

表 3-10　对乡话的态度的文化程度变异

文化程度	人数	比较反对	无所谓	比较支持	强烈支持
小学	140	7.1%	21.4%	35%	36.5%
初中	60	5%	20%	36.7%	38.3%
高中或中专	40	5%	25%	25%	45%
大专以上	19	5.2%	21.1%	26.3%	47.4%
文盲	103	12.6%	19.4%	33.9%	34.1%

对乡话持比较反对的态度中，文盲人群所占比例最高，其次是小学文化程度人群，初中、高中或中专文化程度人群所占比例最低。对乡话持无所谓的态度中，高中或中专文化程度人群所占比例最高，其次是小学文化程度人群，文盲人群所占比例最低。对乡话持比较支持的态度中，初中文化程度人群所占比例最高，小学文化程度人群所占比例排第二，高中或中专文化程度人群所占比例最低。对乡话持强烈支持态度中，大专以上文化层次人群所占比例最高，高中文化层次人群所占比例排第二，文盲人群所占比例最低，强烈支持态度与文化程度成正比。

（四）对乡话的态度的职业变异

表 3-11　对乡话的态度的职业变异

职业	人数	比较反对	无所谓	比较支持	强烈支持
务农	207	4.8%	15.5%	40.1%	39.6%
教师	10	0	40%	20%	40%
干部	12	0	33.3%	16.7%	50%
学生	89	13.5%	28.1%	28.1%	30.3%
做生意	27	14.8%	22.2%	33.3%	29.7%
其他	17	17.6%	29.4%	29.4%	23.6%

对乡话持比较反对的态度中，其他人群所占比例最高，其次是做生意人群，教师、干部人群无人持反对态度。对乡话持无所谓的态度中，教师人群所占比例最高，干部人群所占比例排第二，务农人群所占比例最低。对乡话持比较支持的态度中，务农人群所占比例最高，做生意人群所占比例排第二，干部人群所占比例最低。对乡话持强烈支持态度中，干部人群所占比例最高，教师人群所占比例排第二，其他人群所占比例最低。由此可知，干部、教师人群对乡话的态度主要集中在无所谓和强烈支持上。务农人群对乡话态度较为积极。

（五）对乡话态度的地域变异

表 3-12　对乡话的态度的地域变异

地名	人数	比较反对	无所谓	比较支持	强烈支持
梁家潭村	87	8.1%	21.8%	24.1%	46%
红岩排村	90	7.8%	21.1%	23.3%	47.8%
岩寨村	98	8.2%	19.4%	20.4%	52%
布条坪村	87	8%	21.8%	24.1%	46.1%

对乡话持比较反对的态度中，各个村寨所占比例差异不大。对乡话持

无所谓的态度中，梁家潭村、布条坪村比岩寨村高 2.4%。对乡话持比较支持的态度中，梁家潭村、布条坪村比岩寨村高 3.7%。对乡话持强烈支持态度中，岩寨村所占比例最高，其次是红岩排村，梁家潭村所占比例最低。由此可知，四个村寨对乡话的态度差别不大。

第三节 李家田乡话使用者态度

一、样本总体情况

选择对象：朱食洞村（87人）、红岩村（82人）、辛女村（86人）、李家田村（50人）

总人数：305人

性别：男，167人，占54.8%；女，138人，占45.2%

年龄：0—19岁，84人，占27.5%；20—45岁，66人，占21.6%；46—65岁，109人，占35.8%；66—75岁，32人，占10.5%；75岁以上，14人，占4.6%。

文化程度：小学，105人，占34.4%；初中，53人，占17.4%；高中或中专，35人，占11.5%；大专以上，9人，占2.9%；文盲，103人，占33.8%。

职业：务农，175人，57.3%；教师，7人，占2.3%；干部，9人，占3%；学生，80人，占26.2%；做生意，21人，占6.9%；其他，13人，占4.3%。

二、对乡话的态度的总体情况

表 3-13 对乡话的态度的总体情况

态度	极力反对	比较反对	无所谓	比较支持				强烈支持			
得分	−6 ~ −4	−3 ~ −1	0	1	2	3	4	5	6	7	8
计数	0	4	9	38	37	35	41	33	35	36	37
百分比	0	1.3%	3%	49.5%				46.2%			

在所有受访者中，对乡话持比较支持的态度所占比例最高，达到 49.5%。其次是对乡话持强烈支持的态度，所占比例为 46.2%。可以看出对乡话持支持态度的比例高达 95.7%，李家田乡话使用者对乡话的态度为 4 级，大多数人都支持保持乡话。

由表 3-13 可知，在所有受访者中对乡话持极力反对态度的为 0，以下表格均不单列出"极力反对"选项。

三、对乡话态度的社会分层变异

（一）对乡话的态度的性别变异

表 3-14　对乡话态度的性别变异

性别 \ 态度	人数	比较反对	无所谓	比较支持	强烈支持
男	167	1.2%	2.3%	45.5%	51%
女	138	1.4%	2.2%	55.1%	41.3%

在对乡话持比较反对、无所谓态度中，男女差异不大。在对乡话持比较支持态度中，女性比男性所占比例高 9.6%。在对乡话持强烈支持态度中，男性所占比例比女性高 9.7%。由此可知，男女对乡话的态度差别不大。

（二）对乡话的态度的年龄变异

表 3-15　对乡话的态度的年龄变异

年龄 \ 态度	人数	比较反对	无所谓	比较支持	强烈支持
0—19 岁	84	2.4%	2.4%	47.6%	47.6%
20—45 岁	66	3%	3%	60.6%	33.4%
46—65 岁	109	0	1.8%	38.5%	59.7%
66—75 岁	32	0	0	62.5%	37.5%
75 岁以上	14	0	0	71.4%	28.6%

46岁以上人群无人对乡话持反对态度，75岁以上人群持比较支持态度的比例最高，46—65岁人群最低。46—65岁人群持强烈支持态度比例最高，75岁人群最低。总之，66岁以上人群对乡话的支持率最高，其次是46—65岁人群。

（三）对乡话的态度的文化程度变异

表3-16　对乡话的态度的文化程度变异

文化程度	人数	态度百分比 比较反对	无所谓	比较支持	强烈支持
小学	105	0	1.9%	47.6%	50.5%
初中	53	10.1%	10.1%	38%	41.8%
高中或中专	35	2.8%	5.7%	25.8%	65.7%
大专以上	9	11%	0	44.4%	44.6%
文盲	103	0	0	66%	34%

对乡话持比较反对的态度中，大专以上所占比例最高，其次是初中文化程度人群，文盲和小学文化程度人群无人反对。对乡话持无所谓的态度中，高中或中专文化程度人群所占比例最高，其次是初中文化程度人群，文盲大专以上人群所占比例为0。对乡话持比较支持的态度中，文盲人群所占比例最高，小学文化程度人群所占比例排第二，高中或中专文化程度人群所占比例最低。对乡话持强烈支持态度中，高中或中专文化层次人群所占比例最高，小学文化层次人群所占比例排第二，文盲人群所占比例最低。由此可知，文化程度基本与对乡话的感情成反比。文盲人群对乡话的支持率最高，其次是小学文化程度人群，大专以上文化程度人群支持率最低。

（四）对乡话的态度的职业变异

表 3-17　对乡话的态度的职业变异

职业	人数	比较反对	无所谓	比较支持	强烈支持
务农	175	0	1.1%	45.7%	53.2%
教师	7	0	28.6%	42.9%	28.5%
干部	9	0	0	44.4%	55.6%
学生	80	2.5%	0	62.5%	35%
做生意	21	9.5%	9.5%	47.6%	33.4%
其他	13	0	50%	38.5%	11.5%

对乡话持比较反对的态度中，做生意人群所占比例最高，其次是学生群体，其他各个职业人群均无人对乡话持反对态度。对乡话持无所谓的态度中，其他人群所占比例最高，教师人群所占比例排第二，干部、学生人群所占比例为 0。对乡话持比较支持的态度中，学生人群所占比例最高，做生意人群所占比例排第二，教师人群所占比例最低。对乡话持强烈支持态度中，干部人群所占比例最高，务农人群所占比例排第二，其他人群所占比例最低。总之，干部人群对乡话的支持率最高，其次是务农人群，学生人群对乡话的态度也较积极。

（五）对乡话态度的地域变异

表 3-18　对乡话的态度的地域变异

地名	人数	比较反对	无所谓	比较支持	强烈支持
朱食洞村	87	1.1%	2.3%	43.7%	52.9%
红岩村	82	1.2%	2.4%	46.3%	50.1%
辛女溪村	86	1.2%	2.3%	44.2%	52.3%
李家田村	50	2%	4%	76%	18%

由表 3-18 可知，李家田村持比较反对和无所谓态度的比例最高，其他

三个村比例接近。李家田村持比较支持态度的比例远高于其他三个村,持强烈支持态度的比例远低于其他三个村。总的来看,其他三个村对乡话的态度差别不大,李家田村态度稍显消极。

综上所述,白沙镇女性对乡话持支持态度的比例高于男性,梁家潭乡与李家田乡男女对乡话的态度差别不大。三个乡镇46岁以上人群比46岁以下人群对乡话的支持率要高。白沙镇与梁家潭乡人群文化程度基本上与对乡话的感情成正比。李家田乡人群文化程度基本上与对乡话的感情成反比。在白沙镇、梁家潭乡,干部、教师、务农人群对乡话的态度比做生意、学生人群支持率高。在李家田乡,干部、务农和学生群体态度比较积极。

白沙镇乡话使用者的态度为1级,梁家潭乡乡话使用者的态度为3级,李家田乡乡话使用者的态度为4级。在所有乡镇中,李家田乡对乡话的感情最深,其次是梁家潭乡,感情最浅的是白沙镇。对乡话感情最浅的白沙镇,对乡话持反对态度的比例最高,尤其是朝阳社区居民,长期与说泸溪湘语居民交往,仅有部分人说乡话,他们对乡话的感情不深,这样会加速他们放弃使用乡话,选择更利于交际的语言。

第四章　湘西乡话濒危现象分析

联合国教科文组织濒危语言特别专家组《语言活力与语言濒危》（2006）认为："正在走向消亡的语言即濒危语言。"湘西乡话的使用功能正在退化，语言系统出现较多的借用现象，我们认为乡话是一种正在走向濒危的汉语方言。

第一节　乡话使用功能的退化

根据前文，我们可以看出泸溪乡话使用功能的退化主要表现在以下三个方面。

一、使用人口逐步减少

目前泸溪白沙镇、梁家潭乡、李家田乡三个点乡话区的人口占泸溪县总人口的 6.6%。联合国教科文组织濒危语言特别专家组《语言活力与语言濒危》根据语言使用人口占总人口的比例把语言濒危程度分成六级，泸溪乡话属于极度危险型。特别是朝阳社区，说乡话的人口 630 人，全社区总人口 6018 人，说乡话的人口占全社区人口的 10.5%。朝阳社区说乡话的人原本来自各个不同说乡话的乡镇，凝聚力不够强，后来随着县城搬迁散居在泸溪县四大家至县幼儿园周边，周围全是说泸溪湘语的人，他们长期与说泸溪湘语的人接触，已经出现方言转用的现象，使用泸溪乡话的人口正不断减少。

二、语言传承出现断代

除了在屈望社区（白沙镇）、桥东社区（白沙镇）、布条坪村（梁家潭乡）、红岩村（李家田乡）、辛女溪村（李家田乡）以及李家田村（李家田乡）各个年龄段都会说乡话外，泸溪乡话区其他村寨（社区）都不同程度地存在语言断层现象，特别是朝阳社区，只有曾祖父辈全部会说乡话，部分祖父辈、父辈和儿童不会说乡话，有的只会说一点点。2013年春节期间，笔者去李家田朱食洞条家坪小组调查，发现3—5岁的小孩在玩游戏的时候竟然用泸溪湘语交流。我们还发现，共100人的符家寨只有5个70岁以上的老人会讲一点乡话，其余的人全部讲泸溪湘语。

三、使用领域开始萎缩

据调查，家庭域是泸溪乡话使用频率最高的领域。乡话正退出教育域，特别是在课堂内，乡话的使用率不超过30%，大多低于10%，在泸溪白沙、梁家潭乡话区高中以上文化程度人群在课堂上不会使用乡话。梁家潭乡话区务农、教师、干部和做生意的人在读书看报时不用乡话，白沙乡话区教师、干部在读书看报时不用乡话。乡话基本上退出工作域，白沙、梁家潭和李家田乡话的使用率分别为：13.9%、16.6%和3.3%。在交往域，遇见说湘语的人，泸溪白沙乡话区0—18岁人群以及教师、干部和学生人群不说乡话，泸溪梁家潭乡话区高中以上人群以及教师、干部和学生人群不说乡话，在李家田乡话区0—18岁人群以及务农、做生意、教师、干部和学生人群也不说乡话。

第二节 乡话濒危的原因

我们认为，泸溪乡话的濒危是由外在因素和内在因素两方面造成的，外在因素包括：社会经济发展的影响，周边语言的侵蚀，族外通婚的影响，同化教育及大众媒介的影响。内在因素包括：乡话中心地带出现衰退，乡话的文化生态自控能力差，族群认同意识淡薄，语言感情日趋淡漠。

一、社会经济发展的影响

由于农村自给自足经济的解体，大多数处于落后、偏僻地区的瓦乡人为了生存发展纷纷走到山外求学、工作，在外很少使用乡话，乡话的语言态度和语言能力受到了影响。那些离开农村的说乡话人群，有的在城里定居下来，这些家庭很少以乡话为家庭语言。

泸溪县务工案例：张保莲，女，土家族，1928年生，原屈望村人，现居住在兴沙社区，共有五个小孩，两男三女。大女儿，戴春云，1958年生，从小讲乡话，从屈望村嫁到当时交通经济发达的浦市镇田姓人家，经营打米厂，在家交流用浦市话（泸溪湘语）。二儿子，戴春德，从小讲乡话，爱人是洗溪人，讲客话（泸溪湘语），有两个小孩——大的会讲乡话，娶的是讲泸溪湘语的李家田媳妇，儿子从小讲泸溪湘语；小的，在外打工，在家讲乡话，在外打工说普通话。三女儿：戴龙英，从小讲乡话，嫁人之后，开始讲泸溪湘语，生有一儿一女，儿女从小讲泸溪湘语，不会讲乡话。四女儿：戴生花，住在浦市，从小讲乡话，嫁人之后，开始讲泸溪湘语，有一儿一女，儿女从小讲泸溪湘语，不会说乡话。

泸溪县外工作案例：邓美莲，女，1971年生，从小会说泸溪乡话。1992年到泸溪一中读书，以讲泸溪湘语为主。1994年考入重庆大学，平常讲普通话和英语，放假回家讲一点乡话和湘语。毕业以后在南京工作，讲普通话。丈夫：黄远文，江苏人，能听懂一点泸溪乡话，泸溪湘语，会说普通话、英语。儿子：黄子斌，1998年生，从小说普通话，会一点泸溪湘语，听不懂泸溪乡话。

二、周边语言的侵蚀

泸溪乡话与泸溪湘语孕育于同一母体，有着同源关系，而后各自走上了不同的演变之路。当交通逐渐便利、交往变得频繁后，泸溪乡话在与泸溪湘语的接触、碰撞中，深受泸溪湘语的影响，逐步在向泸溪湘语靠拢。游汝杰（2000）认为："一般人的语言心理是尽量靠拢这个中心。在这点上，语言心理和时尚心理是一致的，都是倾慕中心城市的。"泸溪湘语是泸溪县的权威方言，白沙、梁家潭、李家田乡话逐步向泸溪湘语语言本体靠近，泸溪乡话原有的语言结构遭到破坏，泸溪乡话的发展已经受到了泸溪湘语的严重干扰。

随着交通的便利及生活范围的扩大，不同族群之间的交往越来越密切，这在一定程度上加速了乡话走向濒危的进程。如果说，白沙乡话和李家田乡话受到了泸溪湘语的长期侵蚀，梁家潭乡话区正面临苗语和泸溪湘语对泸溪乡话的双重影响。由于梁家潭乡是多语言集合地，说乡话的人群与说少数民族语言的人群交往密切，日常语言环境也是多语交替使用，乡话在梁家潭乡属于弱势语言，梁家潭乡话处于双重威胁的境地。

三、族外通婚的影响

随着与外界交往越来越频繁，族外通婚也越来越多，婚姻家庭结构的改变对乡话使用功能的衰退起到了推波助澜的作用，乡话逐渐退出家庭领域。外来的媳妇学习乡话的主动性不强，教孩子泸溪湘语和普通话的家庭越来越多，影响了乡话的代际传承。从乡话家庭域使用情况的调查结果来看，对妻子/丈夫说乡话的比例通常比对长辈和兄弟姐妹的比例要低，对孩子说乡话的比例更低。

案例：田忠，男，1983年生，土家族，原白沙村人，现居住在兴沙社区。父亲，1956年生，土家族，从小讲乡话。母亲，1959年生，土家族，从小讲乡话和苗语，平时使用最多的是乡话，回到八什坪乡讲苗语。媳妇，屈艳琴，1983年生，苗族，2004年嫁入白沙，不会讲乡话，在家说花垣话（西南官话）。女儿，嘉嘉，2006年生，不会说乡话，会讲泸溪湘语、普通话和西南官话。儿子，睡睡，2009年生，不会说乡话，会讲泸溪湘语和西南官话。

四、同化教育及大众媒介的影响

泸溪县县委县政府历年重视教育，强调要以"教育强县"，泸溪县教育工作近年来也屡获殊荣，例如2010年被评为"湖南省义务教育均衡发展工作先进县"。泸溪县内所有中小学儿童享受同等的同化教育，泸溪乡话区教师在课堂上尽量使用普通话，仅有少数教师为低年级学生用泸溪湘语与普通话教学。笔者去李家田条家坪做调查时了解到，李家田乡条家坪村小学老师邓仁兴在20世纪70年代就开始使用泸溪湘语和普通话教书了。

电子媒介导致一系列新的现象的产生，加速了全球化的进程，使得"地球村"应运而生。大众媒介对泸溪乡话的使用也有着不可忽视的作用，如今泸溪县内已实现村村通电，家家户户都能够通过现代媒介，如电视、收音机、电脑等了解外面的世界，而全国范围内大多数节目都以普通话为主。乡话人群即使在家庭内部使用乡话交流，在接受媒介传播中的新词新语时，一般都会直接或经简单改造后引用到乡话中来，甚至用普通话的说法取代乡话较为存古的说法，这对乡话的语言本体的影响很大。由此可见，同化教育及大众媒介的影响使得乡话的境地岌岌可危。

五、乡话中心地带出现衰退

强势方言已经渗透到泸溪乡话区的核心地带。从整个泸溪县来看，泸溪三个乡话区人口只占泸溪县常住人口的6.6%，这么低的人口比例，其发展前途可想而知。即使是处在乡话中心地带的白沙镇，兴沙社区、沅江社区和朝阳社区，说乡话的人口占全社区人口的比例分别是22.6%、13.3%和10.5%，属于极度危险型，安全级别属于1级。泸溪白沙乡话除了在屈望社区（白沙镇）、桥东社区代际传承安全之外，其他社区都不同程度地存在代际传承问题，特别是朝阳社区，会说乡话的人主要集中在曾祖父辈以上，属于代际传承极度危险型。白沙乡话在工作域和教育域的使用比例低于30%，兴沙社区、屈望社区、朝阳社区对孩子使用乡话的比例低于30%。戴庆厦、张景霓（2006）认为："如果中心地区也出现了衰退，语言的整体功能就会随之动摇，衰退趋势会转为濒危趋势。这个过程是一种质变。"白沙镇的乡话交际功能的衰退，语言本体原有特点的萎缩，会波及到其他说乡话的乡镇。

六、乡话的文化生态自控能力差

语言是文化生态系统的组成部分。人是文化生态的主体，人为因素在文化生态系统中起着决定性的作用（曹志耘 2001）。瓦乡人是乡话的文化生态主体，他们崇拜盘瓠供奉盘瓠。盘瓠神话的基本母体是犬生人，瓦乡人的服饰便围绕着狗这一神灵。按瓦乡人的习俗，刚出生的婴儿要穿狗儿鞋、戴狗儿帽。例如笔者父亲在采访中说道："我（邓光周，1963年生）和你（邓婕，1987年生）这一辈都著（穿）到自家缝的花履（狗儿鞋）和花帽头（狗儿帽）。到戴泽旭（2012年生）那一辈就不著（穿）花履（狗儿鞋）和花帽头（狗儿帽）了。"瓦乡人少女与少妇，一年四季头包白色桃花（又名数纱）布帕。如今，在日常生活中，这些能够体现瓦乡人文化的服饰特征已经在瓦乡人身上找不到了。乡话的文化生态自控能力不强，瓦乡人自愿放弃使用乡话的情况非常多，如果不能对乡话的文化生态系统进行人为的干预，乡话的文化生态系统将继续朝着失衡的方向发展。

七、族群认同意识淡薄

"当瓦乡人宗教、习俗、服饰逐渐被汉族同化后，语言这一最稳定的因素成为了瓦乡人族群认同的主要标志，瓦乡人语言认同的意识更加强烈了。"（瞿建慧 2012）20 世纪 80 年代，瓦乡人的民族意识最强，大多数瓦乡人想申请成为少数民族——瓦乡族，他们联合起来上书，但终未成功，而后国家将瓦乡人一部分改为苗族、一部分改为土家族。瓦乡人在日常工作、生活和学习中享受了国家对少数民族的优惠政策，想申请瓦乡族的愿望沉寂下去，对是否想成为瓦乡族逐渐趋于"无所谓"的态度，对瓦乡人这一族群的认同变得淡薄起来。族群认同的淡薄直接影响他们对乡话的语言态度。

八、语言感情日趋淡漠

从泸溪乡话使用者的语言态度来看，乡话区的情况不容乐观。除了李家田乡对乡话的支持率高达 96.1% 之外，梁家潭有约 30% 的人群对乡话持不支持态度，白沙镇乡话区对乡话的支持率未达到 50%，其中有 35.7% 的儿童对乡话持比较反对的态度。对乡话感情淡漠，会影响瓦乡人语言使用的选择，最终造成湘西乡话的濒危。

第三节　乡话的保护对策

语言政策是政府对语言文字的地位、发展和使用所做的行政规定，是一定政治的体现，具体体现政府对社会语言的态度，是一个国家总政策的一部分（陈章太 2005）。针对泸溪乡话交际功能的衰退、语言本体的借用以及语言感情的日趋淡漠，我们主要根据《国家中长期语言文字事业改革和发展规划纲要（2012—2020年）》（以下简称《纲要》）来提出乡话的保护对策。

一、定期开展乡话普查

《纲要》要求建立定期语言普查制度，开展普通话、汉字、汉语拼音等使用情况普查以及汉语方言的种类、分布区域、使用人群和使用变化状况普查。定期对乡话进行普查，及时了解乡话使用人群的语言活力和使用现状。并将乡话普查纳入绩效考核，直接与绩效挂钩，为乡话普查提供制度保障，防止干部的"走形式"行为，保证普查落到实处，推动普查的有序进行，从而保证普查的及时性、有效性和真实性。

二、明确泸溪乡话的地位和作用

《纲要》要求依法妥善处理好国家通用语言文字与汉语方言、繁体字、少数民族语言文字的关系及学习使用问题，努力营造守法、健康、和谐的社会语言文字环境。在湘西土家族苗族自治州，政府重视土家语的保护。例如永顺县县委宣传部出台了有关"保护土家语"的文件，为永顺县学习土家语营造了良好的社会语言环境。永顺县新闻台每天下午播放半个小时的土家语教学视频。县里基层干部进党校学习的第一堂必修课是土家语歌。虽然湘西文化部门重视有关"瓦乡人"文化的保存，但由于湘西没有保护乡话的相关政策，对乡话语言本体的保护和传承还存在欠缺之处。

三、建立乡话有声数据库

《纲要》要求建设中国语言资源有声数据库。科学设计，统一规划，调查收集普通话、汉语方言、少数民族语言的有声语料，整理保存和深入开发利用，科学保存中国各民族语言实态。湘西乡话借用湘语、官话和普通话等的现象比较严重，如果不保存记录乡话，乡话的固有特征将会流失，因此建立乡话有声数据库十分必要。

四、提高乡话区的文化程度

根据第三章乡话的语言态度的调查，文化程度与支持乡话的语言态度基本成正比，文化程度越高，对乡话持支持态度的比例就越高。可以说，文化程度的高低是乡话语言情感的"温度计"，直接反映了乡话的保护意识，影响到对乡话的认识，因此提高乡话区的文化程度对保护乡话有着不可忽视的作用。

五、开拓乡话的使用范围

当然，通过调查我们还发现文化程度一般与使用乡话的比例成正比，文化程度越高乡话保护意识越强，但文化程度高的瓦乡人却没有参与到保护乡话的具体行动中来。在使用价值和情感价值发生冲突时，他们往往选择使用价值，放弃情感价值。应适当程度地扩大方言的使用范围，因为使用是最好的保护和发展（曹志耘 2001）。目前泸溪白沙电视台每天傍晚播放泸溪湘语的节目，建议湘西乡话区增加有关乡话的节目。湘西乡土文学作家中，不乏瓦乡人，建议在文学创作中多使用乡话，开拓乡话的使用领域。恢复乡话的传统节日和习俗，加强乡话人群的交流，增强族群认同意识，扩大乡话使用范围。

六、加强乡话区乡土教育

通过宣传教育来增强居民乡话保护意识，这对当前语言活力越来越弱的湘西乡话来说，意义重大。一方面，将普查结果公布于众。通过宣传栏、小册子、讲座等方式将普查结果告知当地居民，让他们了解湘西乡话当前的生存状况。另一方面，定期开展湘西乡话保护的普及工作，提高居民对湘西乡话保护的认知能力。

语言保护的关键就是要将现有的语言传承下去，而湘西乡话的代际传承是影响乡话语言活力的最大因素之一。在湘西乡话区开设双语教育，能激发儿童学习乡话的兴趣。把湘西乡话保护融入学校教育当中去，在文化教育中进行相关的乡土教学，例如介绍湘西乡话概况、节日习俗、服饰饮食以及歌谣、民间故事、谚语和歇后语等，发扬湘西乡话的传统文化，以此传承和保护湘西乡话。

结　语

　　湘西乡话曾被认为是苗语。本书通过湘西乡话与湘西苗语的语音、词汇和语法比较，发现乡话不可能是苗族语言的一种方言。从民族人类学的族群认同的角度进行分析，进一步佐证湘西乡话与湘西苗语没有关系。湘西乡话和湘西湘语孕育于同一母体——古楚语，均与湘西苗语、土家语聚居一处，又共同遭受了官话和赣语的侵蚀和影响，拥有了一些相同的语言特征。但是湘西乡话和湘西湘语的语言面貌存在一定的差异，相互之间不能通话。通过湘西乡话语言特点的归纳以及湘西乡话与湘西客话的宏观比较和个案分析，我们最终确认了湘西乡话的归属，认为特殊的自身演变和遗存的古音让湘西乡话成为一种特殊的湘语。

　　本书探讨了湘西乡话特色音韵现象，分析这些音韵的共时类型和历史演变，认为湘西乡话音韵现象既有演变的成分也有接触的成分：古全浊声母平声字今读浊音不一定都是古音的保留，部分是周边客话影响的结果。古全浊声母仄声字今读送气清音是浊音清化而来的，并不是受到了赣语的影响。湘西乡话与闽语今读擦音的来母字共同经历了 l→z→s 的平行演变。湘西乡话果摄一等非主体层次包括音变滞后层、音变超前层、条件音变层和官话渗透层。湘西乡话模韵非主体层次包括条件音变层和官话渗透层。湘西乡话鱼虞韵叠置了三个层次：鱼虞有别层、鱼虞相混次晚层和鱼虞相混最晚层，鱼虞相混层既有同源层次也有异源层次。湘西乡话声调的特殊演变多是受湘语和官话影响所致，一般采用音值借贷的方式。

　　本书揭示了 12 个湘西乡话代表点语音、词汇和语法的地域差异，探究湘西乡话地域差异反映的自身演变和接触性音变，并通过湘西客话的地域差异来考察湘西汉语方言的形成原因。湘西乡话自身演变包含三个要素：保留、创新和脱轨。湘西乡话与周边客话的接触一般多采用直接接触的方式,也有间接接触的方式。湘西乡话的借贷方式包括音值借贷和规则借贷。借贷方式与借词出现的早晚、年龄的大小、借词的结构有关。湘西乡话与湘西客话接触导致了湘西乡话语言结构的紊乱、湘西客话内质的不均衡、湘西乡话使用功能的退化、逐渐衰退乃至处于濒危的状态。

　　本书选择泸溪乡话作为考察对象,调查研究湘西乡话的濒危现状。介绍了泸溪乡话的代际传承情况、语言使用者占总人口的比例和使用域走向,展现泸溪乡话的语言活力,分析了泸溪白沙、李家田、梁家潭乡话区语言态度的性别变异、年龄变异、文化程度变异、职业变异和地域差异,认为乡话是一种正在走向濒危的汉语方言。湘西乡话濒危特征主要体现在:使用功能的退化和语言本体的借用。泸溪乡话使用功能的退化主要表现在使用人口逐步减少、语言传承出现断代、使用领域开始萎缩。泸溪乡话语言本体的借用体现在语音、词汇和语法等方面。泸溪乡话的濒危是由外在因素和内在因素两方面造成的,外在因素包括:社会经济发展的影响、周边语言的侵蚀、族外通婚的影响、同化教育及大众媒介的影响。内在因素包括:乡话中心地带出现衰退、乡话的文化生态自控能力差、族群认同意识淡薄、语言感情日趋淡漠。我们还提出了保护泸溪乡话的可行性对策:定期开展泸溪乡话普查、明确泸溪乡话的地位和作用、建立乡话有声数据库、提高乡话区的文化程度、开拓乡话的使用范围、加强乡话区乡土教育。本书还比较了濒危汉语方言与濒危民族语言的异同,探讨濒危汉语方言的界定、制约因素和本体的状态等问题。

参考文献

白俊奎　2011　渝东南酉水流域方言土语中的某些古音及其区域色彩研究——以"瓦乡话"、汉语方言、土家语、苗语等为例,《重庆教育学院学报》第3期。

鲍厚星　1992　沅陵乡话和沅陵客话,深圳教育学院深港语言研究所编《双语双方言》,香港:彩虹出版社。

鲍厚星　1993　湖南城步（儒林）方言音系,《方言》第1期。

鲍厚星　1998　《东安土话研究》,长沙:湖南教育出版社。

鲍厚星　2002　湘南东安型土话的系属,《方言》第3期。

鲍厚星、陈　晖　2005　湘语的分区（稿）,《方言》第3期。

鲍厚星等著　2004　《湘南土话论丛》,长沙:湖南师范大学出版社。

鲍厚星、伍云姬　1985　沅陵乡话记略,《湖南师范大学学报》(增刊)。

北京大学中国语言文学系语言学教研室　2003　《汉语方音字汇》(第二版重排本),北京:语文出版社。

北京大学中国语言文学系语言学教研室　2005　《汉语方言词汇》(第二版),北京:语文出版社。

薄文泽　2004　蔡家话概况,《民族语文》第2期。

布龙菲尔德著,袁家骅、赵世开、甘世福译　1997　《语言论》,北京:商务印书馆。

曹树基　1991　湖南人由来新考,《历史地理》第9辑,上海:上海人民出版社。

曹志耘　1990　金华汤溪方言帮母端母的读音,《方言》第1期。

曹志耘　1998　汉语方言声调演变的两种类型,《语言研究》第1期。

曹志耘　2001　关于濒危汉语方言问题,《语言教学与研究》第1期。

曹志耘　2002　《南部吴语语音研究》,北京:商务印书馆。

曹志耘　2007　湘西方言概述,《语文研究》第1期。

曹志耘　2008　《汉语方言地图集》,北京:商务印书馆。

曹志耘　2009　湘西方言里的特殊语音现象,《方言》第1期。

辰溪县志编纂委员会　1994　《辰溪县志》，北京：生活·读书·新知三联书店。

陈保亚　1996　《论语言接触与语言联盟——汉语（侗台）语源关系的解释》，北京：语文出版社。

陈保亚　1999　《20世纪中国语言学方法论》，山东：山东教育出版社。

陈保亚　2005　语言接触导致汉语方言分化的两种模式，《北京大学学报》第2期。

陈保亚　2006　从接触看濒危汉语方言、濒危特征和濒危机制，《长江学术》第1期。

陈才佳、杨璧菀　2011　贺州濒危标话方言岛研究，《原生态民族文化学刊》第2期。

陈　宏　2009　《贵州松桃大兴镇苗语研究》，天津：南开大学博士学位论文。

陈　晖　2002　湖南临武（麦市）土话语音分析，《方言》第2期。

陈　晖　2006　《湘方言语音研究》，长沙：湖南师范大学出版社。

陈　晖　2016a　湖南泸溪梁家潭乡话人称代词试释，《中国语文》第4期。

陈　晖　2016b　湖南泸溪梁家潭乡话同音字汇，《方言》第4期。

陈　晖　2016c　《湖南泸溪梁家潭乡话研究》，长沙：湖南师范大学出版社。

陈　晖、鲍厚星　2007　湖南省的汉语方言（稿），《方言》第3期。

陈立中　2004　《湘语与吴语音韵比较研究》，北京：中国社会科学出版社。

陈立中　2005　论湘语、吴语及周边方言蟹假果遇摄字主要元音的连锁变化现象，《方言》第1期。

陈立中　2008　论湘语的确认标准，《汉语学报》第4期。

陈立中、刘　宇　2005　黑龙江站话的濒危性质及研究意义，《文史博览》第20期。

陈乃雄　1982　五屯话初探，《民族语文》第1期。

陈其光　1991　华南一些语言的清浊对转，《民族语文》第6期。

陈其光　1999　民族语对中古汉语浊声母演变的影响，《民族语文》第1期。

陈松岑　1985　《社会语言学导论》，北京：北京大学出版社。

陈湘红　2006　浏阳"西乡话"果假遇摄字主要元音的变化及规律，《湖南科技学院学报》第6期。

陈　原　2000　《社会语言学》，北京：商务印书馆。

陈云龙　2006　《旧时正话研究》，北京：中国社会科学出版社。

陈章太　2005　《语言规划研究》，北京：商务印书馆。

陈忠敏　1988　南汇方言的三个缩气音，《语言研究》第1期。

陈忠敏　1995　作为古百越语底层形式的先喉塞音在今汉语南方方言里的表现和分布，《民族语文》第3期。

参考文献

陈忠敏　2013　《汉语方言语音史研究与历史层次分析法》，北京：中华书局。

慈利县地方志编纂委员会　1990　《慈利县志》，北京：农业出版社。

戴黎刚　2005　闽语果摄的历史层次及演变，《语言研究》第 2 期。

戴黎刚　2012　《闽语的历史层次及其演变》，北京：中国社会科学出版社。

戴庆厦　1993　《社会语言学教程》，北京：中央民族大学出版社。

戴庆厦　2004　《中国濒危语言个案研究》，北京：民族出版社。

戴庆厦　2008　《阿昌族语言使用现状及其演变》，北京：商务印书馆。

戴庆厦、成燕燕、傅爱兰、何俊芳　1999　《中国少数民族语言文字应用研究》，昆明：云南民族出版社。

戴庆厦、罗自群　2006　语言接触研究必须处理好的几个问题，《语言研究》第 4 期。

戴庆厦、张景霓　2006　濒危语言与衰变语言——毛南语语言活力的类型分析，《中央民族大学学报》（哲学社会科学版）第 1 期。

邓享璋　2007　《闽北、闽中方言语音研究》，厦门：厦门大学博士学位论文。

丁启阵　2002　论闽西北方言来母 s 声现象的起源，《语言研究》第 3 期。

董鸿勋　1907　《古丈坪厅志》，光绪三十二年铅印九册，所据为影印件。

杜桂伦　2014　《闽语历史层次分析与相关音变探讨》，上海：中西书局。

范俊军　2000　湘南嘉禾土话的几个语音现象及其成因探析，《湘潭大学社会科学学报》第 4 期。

范俊军、宫齐、胡鸿雁　2006　语言活力与语言濒危，《民族语文》，第 3 期。

高本汉著，赵元任、罗常培、李方桂合译　1940　《中国音韵学研究》，北京：商务印书馆。

高一虹、苏新春、周雷　1998　回归前香港、北京、广州的语言态度，《外语教学与研究》第 2 期。

古丈县地方志编纂委员会　1989　《古丈县志》，成都：巴蜀书社。

郭承禹　2015　论吴语、湘语中的"浊音走廊"说和元音高化现象，《嘉兴学院学报》第 1 期。

郭风岚　2007　文化缺失与语言的濒危——以站人、站话为例，《中国文化研究》第 2 期。

郭丽　2009　湖北黄孝方言鱼虞韵的历史层次，《语言科学》第 6 期。

郭熙　2006　对汉语中父亲称谓系列的多角度考察，《中国语文》第 2 期。

何大安　2004　《规律与方向——变迁中的音韵结构》，北京：北京大学出版社。

贺凯林　1999　《溆浦方言研究》，长沙：湖南教育出版社。

贺卫国　2010　书面文献中的"大"类父亲称谓并不罕见，《汉字文化》第6期。

侯精一　2002　《现代汉语方言概论》，上海：上海教育出版社。

侯自佳　2004　《瓦乡人风俗风情》，北京：中国文联出版社。

胡　萍　2007　《湘西南汉语方言语音研究》，长沙：湖南师范大学出版社。

胡士云　1994　说"爷"和"爹"，《语言研究》第1期。

胡士云　2007　《汉语亲属称谓研究》，北京：商务印书馆。

胡松柏　2003　《赣东北汉语方言接触研究》，广州：暨南大学博士学位论文。

湖南省怀化地区地方志编纂委员会编　1999　《怀化地区志》，北京：生活·读书·新知三联书店。

湖南省泸溪县志编纂委员会　1993　《泸溪县志》，北京：社会科学文献出版社。

黄金文　2001　《方言接触与闽北方言演变》，台北：台湾大学出版委员会。

黄晓东　2007　汉语军话概述，《语言教学与研究》第3期。

蒋冀骋　2004　湖南沅陵乡话词缀"立"[li]的来源，《湖南师范大学社会科学学报》第5期。

蒋冀骋　2006　沅陵乡话z声母的形成及其所反映的语音历史层次，《湖南师范大学社会科学学报》第6期。

蒋于花　2012　《湖南沅陵"死客子"话语音研究》，长沙：湖南师范大学硕士学位论文。

邝永辉　2002　粤北虱婆声土话区的语言生活，《语文研究》第2期。

邝永辉、林立芳、庄初升　1998　韶关市郊石陂村语言生活的调查，《方言》第1期。

邝永辉、庄初升　1999　曲江县白土墟言语交际中语码的选择与转换，《语文研究》第4期。

李冬香　2005　《湖南赣语语音研究》，广州：暨南大学博士学位论文。

李冬香、庄初升　2009　《韶关土话调查研究》，广州：暨南大学出版社。

李　佳　2010　鄂东南方言蟹假果摄的主要元音及相关问题，《方言》第2期。

李姣雷　2016　湘西乡话来母读擦音塞擦音现象——兼论闽语来母读s声母的来源，《中国语文》第4期。

李姣雷　2017a　湘西乡话止摄合三等的语音层次——兼论止摄合口[y]介音的形成，《语言科学》第5期。

李姣雷　2017b　湘西乡话咸山摄阳声韵的语音层次，《方言》第4期。

李敬忠　2000　《泸溪土家语》，北京：中央民族大学出版社。

李敬忠　1994　《语言演变论》，广州：广州出版社。

李　蓝　2004　《湖南城步青衣苗人话》，北京：中国社会科学出版社。

李启群　2002　《吉首方言研究》，北京：民族出版社。

李　荣　1952　《切韵音系》，北京：科学出版社。

李　荣、熊正辉、张振兴　1990　《中国语言地图集》，香港：香港朗文（远东）有限公司。

李如龙　1983　闽西北方言"来"母字读 s 的研究，《中国语文》第 4 期。

李如龙　2001　《汉语方言学》，北京：高等教育出版社。

李如龙　2005　关于东南方言的"底层"研究，《民族语文》第 5 期。

李如龙、庄初生、严修鸿　1995　《福建双方言研究》，香港：汉学出版社。

李心释　2012　《东南亚语言区域视野中的汉、壮语接触研究》，北京：中国社会科学出版社。

李星辉　2003　湖南永州岚角山土话音系，《方言》第 1 期。

刘丹青　1992　吴江方言 [g] 声母字研究，《语言研究》第 2 期。

刘祥友　2009　湘南土话果摄的历史层次分析，《学理论》第 20 期。

刘祥友　2012　《湘南土话语音的历史层次研究》，广州：世界图书出版公司。

刘泽民　2004　《客赣方言历史层次研究》，上海：上海师范大学博士学位论文。

刘镇发　2006　温州方言在过去一世纪的元音推移，《语言研究》第 2 期。

罗常培　1931　《切韵》鱼虞的音值及其所据方言考，《历史语言研究所集刊》第 2、3 辑。

罗常培　1933　《唐五代西北方音》，上海：中央研究院历史语言研究所。

罗杰瑞　1986　闽北方言的第三套清塞音和清塞擦音，《中国语文》第 1 期。

罗杰瑞　2005　闽方言中的来母字和早期汉语，《民族语文》第 4 期。

罗昕如　1998　《新化方言研究》，长沙：湖南教育出版社。

罗昕如　2002　湖南蓝山土话的内部差异，《方言》第 2 期。

罗昕如　2003　湘南土话特色词例析，《湖南师范大学社会科学学报》第 2 期。

罗昕如　2004　《湘南土话词汇研究》，北京：中国社会科学出版社。

马本立　2000　《湘西文化大辞典》，长沙：岳麓书社。

梅祖麟　2001　现代吴语和"支脂鱼虞，共为不韵"，《中国语文》第 1 期。

梅祖麟、罗杰瑞　1971　《试论几个闽北方言中的来母 s- 声字》，《清华学报》第 1、2 期。

明跃玲　2007　《边界的对话：漂泊在苗汉之间的瓦乡文化》，哈尔滨：黑龙江人民出版社。

潘悟云　1991　上古汉语使动词的屈折形式，《温州师范学院学报》第 2 期。

潘悟云　1994　鱼韵在吴闽两语中的历史层次，《文苑》第 2 期。

潘悟云　1999　浙南吴语与闽语中鱼韵的历史层次，第六届闽方言国际研讨会论文，香港：香港科技大学。

潘悟云　2002a　温、处方言和闽语，《著名中年语言学家自选集·潘悟云卷》，合肥：安徽教育出版社。

潘悟云　2002b　中古汉语方言中的鱼和虞，《著名中年语言学家自选集·潘悟云卷》，合肥：安徽教育出版社。

潘悟云　2002c　吴闽语中的音韵特征词——三等读入二等的音韵特征词，《声韵论丛》第 12 辑。

潘悟云　2004　汉语南方方言的特征及其人文背景，《语言研究》第 4 期。

潘悟云　2010　历史层次分析的若干理论问题，《语言研究》第 2 期。

彭建国　2007　湘语侯韵的语音层次，《语言科学》第 5 期。

彭建国　2009　吴语、湘语主元音链变类型比较，《中国语文》第 5 期。

彭建国　2010　《湘语音韵历史层次研究》，长沙：湖南大学出版社。

彭建国、郑焱霞　2008　湘语遇摄的语音层次，《湖南大学学报》（社会科学版）第 5 期。

平山久雄　1995　中古汉语鱼韵的音值——兼论人称代词"你"的来源，《中国语文》第 5 期。

平田昌司　1983　吴语帮、端母古读考，《均社论丛》。

平田昌司　1988　闽北方言"第九调"的性质，《方言》第 1 期。

乔全生　2008　《晋方言语音史研究》，北京：中华书局。

覃远雄　2012　桂南平话古遇摄字的今读，《方言》第 4 期。

丘学强　2005　《军话研究》，北京：中国社会科学出版社。

秋谷裕幸　1999　也谈吴语处衢方言中的闽语成分，《语言研究》第 1 期。

秋谷裕幸　2002　早期吴语支脂之韵和鱼韵的历史层次，《中国语文》第 5 期。

秋谷裕幸　2011　《闽语中"来母 s 声"的来源》，《语言学论丛》（第 42 辑），北京：商务印书馆。

瞿建慧　2007　湖南泸溪（白沙）乡话的性质和归属，《语文学刊》（高教版）第 9 期。

瞿建慧　2008　湖南泸溪（白沙）乡话音系，《方言》第 2 期。

瞿建慧 2010a 《湘语辰溆片语音研究》，北京：中国社会科学出版社。

瞿建慧 2010b 规则借贷与音值借贷——从湘语辰溆片假摄文读看借贷的方式，《语言研究》第 2 期。

瞿建慧 2010c 湘西汉语方言的历史，《船山学刊》第 2 期。

瞿建慧 2012 泸溪乡话与泸溪湘语的语音比较及语音演变，《中南大学学报》（社会科学版）第 2 期。

瞿建慧、姚 刚 2015 湘西古丈乡话语言态度研究，《湖北民族学院学报》（哲学社会科学版）第 3 期。

邵荣芬 1982 《切韵研究》，北京：中国社会科学出版社。

施向东 2015 汉藏同源词例证——以鱼部字为例，《云南师范大学学报》（哲学社会科学版）第 2 期。

石如金 1984 湖南沅陵等地"果雄"语言的调查报告，未刊。

石如金 2011 湖南沅陵等地"果雄"语言的调查报告，《白沙新城》，沈阳：白云出版社。

石雯莉 2007 《湖南花垣话语音研究》，长沙：湖南师范大学硕士学位论文。

孙宏开 1983 试论我国的双语现象，《民族研究》第 6 期。

孙小花 2006 山西方言果摄字读音历史层次之推测，《语文研究》第 2 期。

孙宜志 2007 《江西赣方言语音研究》，北京：语文出版社。

孙宜志 2008 江西赣方言古全浊声母今读新论，《汉语学报》第 3 期。

孙宜志 2014 江西赣方言流摄一等字的今读类型及相关音变，《方言》第 2 期。

谭晓平 2007 勉语早期汉语借词全浊声母探源，《中央民族大学学报》（哲学社会科学版）第 1 期。

谭晓平 2012 《语言接触与语言演变——湘南瑶族江永勉语个案研究》，武汉：华中师范大学出版社。

唐金花 2006 《湖南石门方言语音研究》，长沙：湖南师范大学硕士学位论文。

唐 伶 2005 《永州南部土话语音研究》，北京：北京语言大学博士学位论文。

唐 伶 2010 《永州南部土话语音研究》，北京：北京语言大学出版社。

陶 寰 2003 吴语一等韵带介音研究——以侯韵为例，《吴语研究——第二届国际吴方言学术研讨会论文集》，上海：上海教育出版社。

田德生、何天贞、李敬忠、谢志民、彭秀模 1986 《土家语简志》，北京：民族出版社。

田　静　2003　《仙仁土家语濒危现象个案研究》，北京：中央民族大学硕士学位论文。
万　波　1998　《赣语声母的历史层次研究》，香港：香港中文大学博士学位论文。
王福堂　2001　平话、湘南土话和粤北土话的归属，《方言》第 2 期。
王福堂　2004　原始闽语中的清弱化声母和相关的"第九调"，《中国语文》第 2 期。
王福堂　2005　《汉语方言语音的演变和层次》（增订本），北京：语文出版社。
王福堂　2010　古全浊声母清化后塞音塞擦音送气不送气的问题，《汉语方言论集》，北京：商务印书馆。
王辅世　1979　广西龙胜伶话记略（上），《方言》第 2 期。
王辅世　1982　湖南泸溪瓦乡话语音，《语言研究》第 1 期。
王辅世　1983　苗语方言划分问题，《民族语文》第 5 期。
王辅世　1985　再论湖南泸溪瓦乡话是汉语方言，《中国语文》第 3 期。
王辅世、毛宗武　1995　《苗瑶语古音构拟》，北京：中国社会科学出版社。
王洪君　2011　历史音变面面观——《历史语言学：方音比较与层次》评介，《语言科学》第 6 期。
王洪君　2014　《历史语言学方法论与汉语方言音韵史个案研究》，北京：商务印书馆。
王莉宁　2010　赣语中的次清浊化与气流分调，《语言研究》第 3 期。
王莉宁　2012　汉语方言中的"平分阴阳"及其地理分布，《语文研究》第 1 期。
王　力　1985　《汉语语音史》，北京：中国社会科学出版社。
王希恩　1995　民族认同与民族意识，《民族研究》第 6 期。
王远新　1999　论我国少数民族语言态度的几个问题，《满语研究》第 1 期。
吴福祥　2007　关于语言接触引发的演变，《民族语文》第 2 期。
吴　萍、许　阳、胡　萍　2010　新宁县瑶族乡濒危方言"峒话"调查，《中南林业科技大学学报》（社会科学版）第 1 期。
伍云姬　2000　湖南古丈瓦乡话的音韵初探，丁邦新、余蔼芹主编《语言变化与汉语方言——李方桂先生纪念论文集》，台北："中研院"。
伍云姬　2006　《湘方言动态助词的系统及其演变》，长沙：湖南师范大学出版社。
伍云姬　2007a　湖南瓦乡话"子"尾 [tsa] 的语法化过程，沈家煊等编《语法化与语法研究》（三），北京：商务印书馆。
伍云姬　2007b　《湘西瓦乡话风俗名物彩图典》，长沙：湖南师范大学出版社。
伍云姬　2013　湖南古丈瓦乡话的方位词，徐丹主编《中国境内语言的空间表达》，北京：世界图书出版公司。

伍云姬、曹茜蕾　2012　湖南方言句中完成态助词的形成过程，谢奇勇主编《湘语研究》第2辑，长沙：湖南师范大学出版社。

伍云姬、沈瑞清　2010　《湘西古丈瓦乡话调查报告》，上海：上海教育出版社。

夏俐萍　2010　赣语中的合流型浊音，《语言科学》第3期。

向海军　2011　《白沙新城》，沈阳：白云出版社。

向海洋　2009　《沅陵乡话语音研究》，贵阳：贵州大学硕士学位论文。

向　亮　2008　《湘西土家语南部方言研究》，北京：中央民族大学博士学位论文。

谢留文　2003　《客家方言语音研究》，北京：中国社会科学出版社。

谢奇勇　2003　《湘南永州土话音韵比较研究》，长沙：湖南师范大学博士学位论文。

邢向东　2002　《神木方言研究》，上海：中华书局。

熊显忠　1921　《溆浦县志》油印本。

熊正辉、张振兴、林立芳　2005　《汉语濒危方言调查研究》总序，丘学强《军话研究》，北京：中国社会科学出版社。

修永浩　1930　《沅陵县志》，沅陵地方志编撰委员会翻印，1999。

徐大明主编　2006　《语言变异与变化》，上海：上海教育出版社。

徐大明、陶红印、谢天蔚　1997　《当代社会语言学》，北京：中国社会科学出版社。

徐世璇　2007a　语言接触性衰变的阶段性和质变标志，薛才德主编《语言接触与语言比较》，上海：学林出版社。

徐世璇　2007b　论濒危语言的文献记录，《当代语言学》第1期。

徐世璇　2014　南部土家语中汉语借词的特点，《百色学院学报》第1期。

徐通锵　2008　《历史语言学》，北京：商务印书馆。

徐　越　2007　《浙北杭嘉湖方言语音研究》，北京：中国社会科学出版社。

薛才德主编　2007　《语言接触与语言比较》，上海：学林出版社。

严如煜　2012　《严如煜集（二）·苗防备览》，长沙：岳麓书社。

杨剑桥　1998　闽方言来母s声字补论，《李新魁教授纪念文集》，北京：中华书局。

杨美满　2005　《厦门（同安）、沅陵（乡话）、温州、双峰（荷叶）四种方言的语音比较》，长沙：湖南师范大学硕士学位论文。

杨荣华　2010　语言认同与方言濒危：以辰州话方言岛为例，《语言科学》第4期。

杨　蔚　1999　《沅陵乡话研究》，长沙：湖南教育出版社。

杨　蔚　2002a　沅陵乡话声母的历史语音层次，《求索》第5期。

杨　蔚　2002b　沅陵乡话、湘南几个土话的韵母研究，《湖南师范大学社会科学报》第 5 期。

杨　蔚　2004　《湘西乡话音韵研究》，广州：暨南大学博士学位论文。

杨　蔚　2009a　湘西乡话语音的内部差异，《湖南师范大学社会科学学报》第 5 期。

杨　蔚　2009b　湘西乡话韵母的存古现象，《湖南科技大学学报》（社会科学版）第 5 期。

杨　蔚　2010a　湘西乡话古心生书邪禅母读塞擦音现象探析，《湖南师范大学社会科学学报》第 5 期。

杨　蔚　2010b　《湘西乡话语音研究》，广州：广东人民出版社。

杨　蔚　2011　从音韵现象看湘西乡话与湘语的关系，《语言研究》第 3 期。

杨　蔚、詹伯慧　2009a　湘西乡话的语音特点，《方言》第 4 期。

杨　蔚、詹伯慧　2009b　湘西乡话的分布与分片，《语文研究》第 4 期。

杨　蔚、詹伯慧　2011　湘西乡话韵母的动态演变，《语言科学》第 1 期。

杨再彪　2004　《苗语东部方言土语比较》，北京：民族出版社。

永顺县地方志编纂委员会　1995　《永顺县志》，长沙：湖南出版社。

游汝杰　2000　《汉语方言学导论》，上海：上海教育出版社。

游汝杰、杨乾明　1998　《温州方言词典》，苏州：江苏教育出版社。

游汝杰、邹嘉彦　2004　《社会语言学教程》，上海：复旦大学出版社。

余金枝　2011　《湘西矮寨苗语参考语法》，北京：中国社会科学出版社。

袁　焱　2001　《语言接触与语言演变：阿昌语个案调查研究》，北京：民族出版社。

沅陵县地方志编纂委员会　1993　《沅陵县志》，北京：中国社会出版社。

曾光平　1987　闽西北方言"来"母字读 s- 的再研究，《河南大学学报》（哲学社会科学版）第 2 期。

张光宇　1989　闽方言古次浊声母的白读 h- 和 s-，《中国语文》第 4 期。

张光宇　1999　东南方言关系综论，《方言》第 1 期。

张光宇　2006　共同保留、共同创新与共同脱轨，《语言研究》第 2 期。

张光宇　2011　闽方言：音韵篇，《语言研究》第 1 期。

张　琨　1992　汉语方言中的几种音韵现象，《中国语文》第 4 期。

张　萍　2013　《溆浦乡话疑问句研究》，长沙：中南大学硕士学位论文。

张廷国、郝树壮　2008　《社会语言学研究方法的理论与实践》，北京：北京大学出版社。

张维佳　2002　关中方言果摄读音的分化及历史层次，《方言》第 3 期。

张永家、侯自佳　1984　关于"瓦乡人"的调查报告，《吉首大学学报》（社会科学版）第 1 期。

赵日新、李姣雷 2014 湖南沅陵清水坪乡话同音字汇，《方言》第 2 期。

赵则玲 2004 试论畲话的归属，《语言科学》第 5 期。

郑 伟 2009 吴语太湖片果摄的演化模式与历史层次，《语言科学》第 4 期。

郑 伟 2013 《吴方言比较韵母研究》，北京：商务印书馆。

郑焱霞 2010 《湘桂边界南山乡话研究》，长沙：湖南师范大学博士学位论文。

郑张尚芳 1983 温州方言歌韵读音的分化和历史层次，《语言研究》第 2 期。

郑张尚芳 2002a 古来母以母今方言读擦音塞擦音问题，《语言》（第 3 卷），北京：首都师范大学出版社。

郑张尚芳 2002b 方言介音异常的成因及 e>ia、o>ua 音变，《语言学论丛》（第 26 辑），北京：商务印书馆。

郑张尚芳 2002c 浙南吴语和闽语的深层联系，丁邦新、张双庆主编《闽语研究及其与周边方言的关系》，香港：香港中文大学出版社。

郑张尚芳 2003 《上古音系》，上海：上海教育出版社。

郑张尚芳 2005 从日船书母塞擦化等谈闽南话中的后中古层次，第九届国际闽方言研讨会。

钟江华 2013 《湖南张家界方言语音研究》，西安：陕西师范大学博士学位论文。

钟明立 2006 少数蟹摄二等字今读"麻沙"韵探因，《古汉语研究》第 1 期。

周法高 1948 切韵鱼虞之音读音及其流变，《史语所集刊》第 13 本。

周振鹤、游汝杰 2006 《方言与中国文化》，上海：上海人民出版社。

朱晓农 2004 汉语元音的高顶出位，《中国语文》第 5 期。

朱晓农 2005 元音大转移和元音高化链移，《民族语文》第 1 期。

朱晓农、寸 熙 2006 试论清浊音变圈——兼论吴语、闽语内爆音不出于侗台底层，《民族语文》第 6 期。

庄初升 2004 《粤北土话音韵研究》，北京：中国社会科学出版社。

庄初升、邹晓玲 2013 湘西乡话中古知组读如端组的类型和性质，《中国语文》第 5 期。

邹嘉彦、游汝杰主编 2004 《语言接触论集》，上海：上海教育出版社。

邹晓玲 2013 湘西古丈县"六保话"的系属，《文化遗产》第 2 期。

Labov, William. 1994. *Principles of Linguistic Change: Internal Factors*. Cambridge: Blackwell.

附　　录

一　泸溪湘语、泸溪乡话和湘西苗语的斯瓦迪士核心词比较

	泸溪湘语	泸溪乡话（白沙）	湘西苗语（吉卫）
1 我 I	ŋəɯ^{42}	gəɯ^{53}	we^{22}
2 你 you	ȵi^{42}	ȵiẽ^{53}	mɯ^{42}
3 他 he	tʰa^{45}	zei^{24}	wu^{44}pɯ^{35}
4 我们 we	ŋa^{42}	a^{213}	pɯ^{35}
5 你们 you	ȵi^{42}mẽ^{2}	ȵie^{24}	me^{42}
6 他们 they	tʰa^{45} mẽ^{2}	zei^{24}ŋã^{24}kau^{2}	tɕi^{44}mi^{42}
7 这 this	tɕia^{24}	laŋ^{45}	nen^{44}
8 那 that	la^{55}	loŋ^{24}	zi^{35}
9 这里 here	tɕia^{24}li^{2}	laŋ^{45}ɕioŋ^{24}	ka^{22}nen^{44}
10 那里 there	la^{55}li^{2}	loŋ^{24}ɕioŋ^{24}	ka^{22}zi^{35}
11 谁 who	xəɯ^{55}diau^{24}	xɤ^{45}i^{42}dau^{42}oŋ^{45}	tɕi^{35}le^{35}
12 什么 what	ɕiaŋ^{55}moŋ^{213}	sei^{53}kəɯ^{2}	qo^{35}ŋaŋ^{35}
13 哪 where	xəɯ^{55}xaŋ^{213}	xɤ^{45}ɕioŋ^{24}	tɕi^{35}
14 何时 when	ɕiaŋ^{55}sŋ^{24}xəɯ^{2}	xəɯ^{35}kəɯ^{2}tɕiau^{2}	a^{44}tɕɯ^{44}tɔ^{42}
15 如何 how	ziaŋ^{24}moŋ^{2}	dʑiɛ^{213}mẽ^{42}tɕia^{2}	noŋ^{35}tɕi^{35}
16 不 not	mi^{55}	pa^{213}	tɕe^{42}/tɕi^{44}
17 所有 all	so^{42}iəɯ^{42}	so^{42}iəɯ^{42}	za^{44}za^{44}
18 多 many	təɯ^{45}	ti^{45}	ʑho^{35}/tɕu^{35}
19 一些 some	i^{24} bu^{213}	i^{24}ku^{42}ȵiaŋ^{53}	a^{44}dʑɛ^{44}
20 少 few	ɕiau^{42}	tsau^{53}	zo^{54}
21 其他 other	dʑi^{24} tʰa^{45}	dʑi^{24}tʰa^{45}	tɯ^{22}naŋ^{44}
22 一 one	i^{24}	i^{213}	a^{44}
23 二 two	ɚ^{55}	tso^{53}	ɯ^{35}
24 三 three	sa^{45}	so^{45}	pu^{35}
25 四 four	sŋ^{213}	ɕi^{24}	pɹei^{35}

（续表）

	泸溪湘语	泸溪乡话（白沙）	湘西苗语（吉卫）
26 五 five	u^{42}	oŋ^{53}	pɹa^{35}
27 大 big	təɯ^{55}	ləɯ^{24}	ʎɔ^{42}
28 长 long	dʑiaŋ^{24}	dioŋ^{213}	du^{44}
29 宽 wide	kʰue^{45}	kʰəɯ^{42}	qwen^{44}
30 厚 thick	xai^{55}	a^{53}	ta^{35}
31 重 heavy	tɕioŋ^{55}	tʰyɤ^{53}	xen^{44}
32 小 small	ȵiaŋ^{45}	ȵiaŋ^{213}	ɕu^{35}
33 短 short	tue^{42}	tɕʰia^{45}	le^{44}
34 窄 narrow	tsai^{24}	ɤ^{24}	ŋa^{22}
35 薄 thin	pʰau^{213}	bəɯ^{24}	ȵɛ^{22}
36 女 woman	ȵy^{42}ti^{2}	ȵiəɯ^{53}	qo^{33}bha^{44}
37 男 man	lã^{24}ti^{2}	lã^{24}ti^{2}	qo^{35}ȵi^{54}
38 人 man, person	ziẽ^{24}	oŋ^{45}	ne^{42}
39 孩 child	ŋo^{213}ɚ^{2}	ŋɤ^{45}tsa^{2}	te^{35}te^{35}
40 妻 wife	daŋ^{24}kʰai^{42}	ɕi^{24}pʰa^{42}/mai^{24}xa^{42}	bha^{44}
41 夫 husband	lã^{24}ti^{2}/ lau^{42}pã^{42}	lau^{42}põ^{53}/lai^{45} xa^{42}	pɔ^{44}
42 母 mother	ma^{45}/ȵiaŋ^{24}/maŋ^{42}	a^{45}ma^{2}	mi^{22}
43 父 father	pa^{45}	da^{24}	ma^{54}
44 动物 animal	tsʰəɯ^{24}sẽ^{45}	tsʰəɯ^{24}sẽ^{45}	ta^{35}ȵe^{42} ta^{35}zu^{44}
45 鱼 fish	y^{24}	ȵiəɯ^{45}	mɹɯ^{44}
46 鸟 bird	tsʰiau^{24}ɚ^{2}	tsəɯ^{24}zɿ^{2}	ta^{35}nu^{31}
47 狗 dog	kai^{42}	kʰuai^{53}	ta^{35}qwɯ^{44}
48 虱 louse	sai^{24}ȵiaŋ^{2}	sa^{42}	ta^{35}dʑhi^{44}
49 蛇 snake	so^{24}	fi^{53}	ta^{35}nen^{35}
50 虫 worm	dʑioŋ^{213}	lyɤ^{213}	ta^{35}cen^{35}
51 树 tree	ʂu^{55}	tsa^{24}	qo^{35}du^{54}
52 森 forest	ʂu^{55}lẽ^{24}	tsa^{24}dzai^{45}	ʐu^{44}du^{54}
53 棍 stick	kuẽ^{213}	kuai^{24}	qo^{35}pa^{37}
54 果 fruit	ko^{42}	ko^{42}	qo^{35}du^{54}
55 种 seed	tɕioŋ^{42}	tsa^{45}	qo^{35}du^{35}
56 叶 leaf	i^{24}tsɿ^{2}	ɕi^{42}tsɿ^{2}	qo^{35}nu^{42}
57 根 root	kẽ^{45}	kai^{45}	qo^{35}tɕoŋ^{42}
58 树皮 bark	ʂu^{55}bi^{24}	tsa^{24} fo^{213}	tɤ^{44}dhu^{54}
59 花 flower	xua^{45}	xo^{45}	pen^{42}

(续表)

	泸溪湘语	泸溪乡话（白沙）	湘西苗语（吉卫）
60 草 grass	tsʰɑu⁴²	tsʰɑu⁵³	qo³⁵ȵoŋ³⁵
61 绳 rope	səɯ²⁴tsʅ²	səɯ⁴²	qo³⁵l̥ha⁵⁴
62 肤 skin	bi²⁴fu²	fo²¹³	qo³⁵tɤ⁴⁴
63 肉 meat	ziəɯ²⁴	ȵiəɯ⁴²	ȵa⁴²
64 血 blood	ɕy²⁴	ɕy⁴²	dʑhen⁴⁴
65 骨 bone	kuei²⁴（dai²⁴）	ko⁴²tɑ⁴²	qo³⁵soŋ⁴⁴
66 脂 fat	fi²⁴	fi²¹³	ɕɛ³⁵
67 蛋 egg	tɑ⁵⁵	kɑ⁴⁵koŋ⁴⁵	nɯ³¹
68 角 horn	kɑu²⁴	kɑu⁴²	qo³⁵ɕe³⁵
69 尾 tail	βei⁴²po²	mai⁴⁵pɤ²	pi⁴⁴tɤ⁴⁴
70 羽 feather	y⁴²mɑu²⁴	mɑu⁴⁵	pi³⁵
71 发 hair	dai²⁴mɑu²	lɑu⁴⁵mɤ²	pi³⁵
72 头 head	lɑu⁴²koŋ²/dai²⁴	lɑu⁵³ku²	pɹei⁴⁴
73 耳 ear	ʐɿ²⁴to²	ȵyɤ⁵³tu²	toŋ⁴²mɹɯ⁴²
74 眼 eye	ŋɑ⁴²tʂu²	ŋai⁴⁵tɕiəɯ²	u³⁵qe³⁵
75 鼻 nose	pi⁵⁵kʰoŋ²	pi²⁴kʰoŋ²	pɑ⁴⁴mɹɤ³¹
76 口 mouth	kʰai⁴²	kʰa⁵³	pɑ⁴⁴ȵo⁴²
77 牙 tooth	ŋo²⁴tsʰʅ²	ŋo⁴⁵tsʰʅ²	qo³⁵ɕɛ⁴⁴
78 舌 tongue	ɕie²¹³tsʅ²	dʑi²⁴tsʅ²	qo³⁵mja²²
79 指甲 fingernail	ɕiəɯ⁴²tsʅ²¹³kʰɑu²	ɕiəɯ⁵³tsʅ²kʰɑu²	po⁵⁴tei⁵⁴
80 脚 foot	tɕiɑu²⁴	kəɯ⁴²	l̥ho³⁵
81 腿 leg	tʰuei⁴²	tʰo⁵³	qo³⁵pa³⁵
82 膝 knee	kʰai²⁴tsʅ⁴²dai²⁴	kəɯ⁴²tɕʰioŋ²pu²¹³	pi⁴⁴tɕo³¹
83 手 hand	ɕiəɯ⁴²	ɕiəɯ⁵³	kɯ²²
84 翅 wing	tsʅ²¹³paŋ²	tsʅ²⁴ko²	qo³⁵tei⁴⁴
85 腹 belly	tu⁵⁵	tu⁵³	qo³⁵tɕhi³⁵
86 肠 guts	dʑiaŋ²¹³tsʅ²	lioŋ²¹³tsa²	qo³⁵ɕe⁴⁴
87 颈 neck	tɕiaŋ⁴²kẽ²	tsʅ⁴⁵kẽ²	soŋ⁴⁴ɢoŋ⁴⁴
88 背 back	pei²¹³	pei²⁴	tei⁵⁴tu³⁵
89 乳 breast	lai⁴⁵/mi²¹³	maŋ²¹³	po⁵⁴le⁴²
90 心 heart	sẽ⁴⁵	tʰu⁴⁵ɕiɛ⁴⁵	qo³⁵moŋ⁴²
91 肝 liver	kue⁴⁵	koŋ⁴⁵	ʂɛ³⁵
92 喝 drink	tɕʰi²⁴	ai⁵³	hu⁴⁴
93 吃 eat	tɕʰi²⁴	ziəɯ²⁴	noŋ⁴²

（续表）

	泸溪湘语	泸溪乡话（白沙）	湘西苗语（吉卫）
94 咬 bite	zuɑ^{24}/ŋau^{42}	zɑ^{42}	qa^{35}/to^{33}
95 吸 suck	fu^{45}/tɕi^{24}	xu^{45}	xu^{44}
96 吐 spit	tʰu^{213}	tʰu^{24}	ɕe^{44}
97 呕 vomit	ai^{42}	a^{53}	ɖɔ^{44}
98 吹 blow	tʂʰu^{45}	tsʰəɯ^{45}	pɻhɔ^{35}
99 呼吸 breathe	xu^{45}tɕʰi^{213}	foŋ^{24}tɕʰi^{24}	ɕɯ^{54}ɕɛ^{44}
100 笑 laugh	siau^{213}	sau^{24}	tɔ^{44}
101 看 see	van^{55}	moŋ^{24}	ɕhe^{44}/en^{44}
102 听 hear	tʰẽ^{45}	tʰõ^{45}	toŋ^{54}
103 知 know	ɕiau^{42}tai^{24}	ɕiau^{53}tei^{2}	ȵɛ^{22}
104 想 think	siaŋ^{42}	ɕioŋ^{53}	bɛ^{42}
105 嗅 smell	tʰẽ^{45}/ɕioŋ^{213}	tʰõ^{45}/ tɕʰioŋ^{45}	tɕɤ^{54}
106 怕 fear	pʰo^{213}	tsʰəɯ^{42}	dʑha^{54}
107 睡 sleep	kʰuẽ^{213}	kʰuai^{24}	pɤ^{54}ɢwe^{35}
108 住 live	tʂu^{55}	tiəɯ^{24}	ȵi^{35}
109 死 die	sʅ^{42}	ɕi^{53}	ta^{31}
110 杀 kill	so^{24}	ɕia^{45}	ta^{54}
111 斗 fight	təɯ^{213}	təɯ^{213}	tɕi^{44}pɤ^{42}
112 猎 hunt	dzoŋ^{42}ziəɯ^{24}	dzau^{42}ȵiəɯ^{45}	tɕaŋ^{54}n̩a^{42}
113 击 hit	ta^{42}	kʰo^{53}	paŋ^{44}
114 切 cut	tsʰi^{24}	tɕʰi^{42}	l̥ha^{44}
115 分 split	fẽ^{45}	fai^{45}	tɕi^{44}pe^{35}
116 刺 stab	tsʰʅ^{213}	tɕʰi^{24}	qɔ^{35}to^{33}
117 挠 scratch	kʰəɯ^{55}/dzai^{213}	kʰa^{45}	tɕi^{44}ka^{54}
118 挖 dig	uɑ^{45}	uɑ^{45}	phɤ^{35}
119 游 swim	dʑiəɯ^{24}	dʑia^{213}	na^{44}u^{35}
120 飞 fly	fi^{45}	fi^{45}	zi^{54}
121 走 walk	xẽ^{24}	õ^{213}	xwe^{54}/ɖo^{35}
122 来 come	lai^{24}	zai^{213}	lɔ^{22}
123 躺 lie	kʰuẽ^{213}	kʰuai^{24}	tɕi^{44}ma^{31}
124 坐 sit	tso^{55}	tsai^{213}	tɕoŋ^{53}
125 站 stand	tɕi^{55}	dza^{24}	ɕə^{44}
126 转 turn	ɕye^{55}	dʑye^{24}	va^{31}
127 落 fall	lo^{42}	dzu^{42}	ze^{31}

（续表）

	泸溪湘语	泸溪乡话（白沙）	湘西苗语（吉卫）
128 给 give	kəɯ²¹³	tei²⁴	kaŋ⁴²
129 拿 hold	ȵie⁴⁵	ȵiã⁴⁵	kɤ⁴⁴
130 挤 squeeze	tsi⁴²	tɕi⁴²	tɕi⁴⁴ba⁴⁴
131 磨 rub	məɯ²⁴	məɯ²⁴	zɔ²²
132 洗 wash	si⁴²	tsau⁵³	dza⁴⁴ 洗脸 /dzɔ⁵⁴ 洗衣
133 擦 wipe	tsʰo²⁴	tsʰɤ⁴²	dzhaŋ³⁵ 擦枪 /ɕaŋ⁵⁴ 擦桌子
134 拉 pull	tsʰo⁴²	dzɤ⁵³	tɕi⁴⁴ţe³⁵
135 推 push	tʰuei⁴⁵/tsʰoŋ²¹³	tʰo⁴⁵	往里推：tshei⁵⁴ /tɕi⁴⁴tɕhoŋ³⁵ 向前推：tɕhoŋ³⁵
136 扔 throw	vu⁴²	vu⁵³	paŋ⁴⁴/ɛ⁴⁴
137 系 tie	dau²⁴	xəɯ⁴⁵	tɕi⁴⁴ɕɛ⁵⁴
138 缝 sew	foŋ²⁴	pai²¹³	tɕi⁴⁴po⁵⁴ 缝被子 /zu²² 缝衣
139 计 count	sue²¹³	soŋ²⁴	sɛ³⁵
140 说 say	kaŋ⁴²	kai⁵³	phu⁴⁴tu⁵³
141 唱 sing	tɕʰiaŋ²¹³	tsʰoŋ²⁴	ɢɤ³⁵
142 玩 play	xai⁴⁵	xo²⁴	do³⁵
143 浮 float	fu²⁴	fi²¹³	ntei³⁵
144 流 flow	liəɯ²⁴	dʑiəɯ²¹³	nɤ²²
145 冻 freeze	lẽ⁵⁵	tai²⁴	cɛ⁴⁴
146 肿 swell	tɕioŋ⁴²	ai⁴⁵	aŋ⁵⁴
147 日 sun	ʐu²¹³dai²⁴	oŋ²⁴da⁴²	n̥he³⁵
148 月 moon	yɛ²⁴liaŋ⁵⁵	lioŋ⁴²lioŋ²pa⁴⁵pa²	qe³⁵l̥ha⁵⁴
149 星 star	sẽ⁴⁵sẽ²	tʰai⁴⁵sẽ⁴⁵tsa²	te³⁵qe³⁵l̥ha⁵⁴
150 水 water	ʂu⁴²	tsu⁵³	u³⁵
151 雨 rain	y⁴²	va⁵³	noŋ³¹
152 河 river	xəɯ²⁴	uai²¹³	qɔ⁵⁴u³⁵
153 湖 lake	fu²⁴	fu²¹³	qo³⁵
154 海 sea	xai⁴²	xɑ⁴²	xɑ⁵⁴
155 盐 salt	iɛ²⁴	ziɛ²¹³	dzɯ⁴⁴
156 石 stone	ŋa²⁴dai²⁴	ŋã⁴⁵lau⁵³ku²	qo³⁵tsha⁵⁴
157 沙 sand	so⁴⁵	sɤ⁴⁵	qo³⁵tsha⁵⁴
158 尘 dust	xuei⁴⁵dzẽ²⁴	xei⁴⁵tiɤ⁴⁵	be⁴⁴tɯ³⁵
159 地 earth	ti⁵⁵	tʰei⁵³	土（地）qo³⁵lu⁵⁴ 天（地）ţa³⁵tɯ³⁵

（续表）

	泸溪湘语	泸溪乡话（白沙）	湘西苗语（吉卫）
160 云 cloud	yẽ²⁴	yɛ²¹³	cɑ⁴⁴tu⁵⁴
161 雾 fog	tsɑu²¹³tsʅ²	tsɑu²⁴tsa²	xɔ³⁵
162 天 sky	tʰie⁴⁵	tʰai⁴⁵	tɑ³⁵pɹɑ³⁵
163 风 wind	foŋ⁴⁵	fai⁴⁵	ci⁵⁴
164 雪 snow	syẽ²⁴	ɕy⁴²	be⁵⁴
165 冰 ice	piẽ⁴⁵	piẽ⁴⁵	cɛ⁴⁴
166 烟 smoke	ie⁴⁵	ie⁴⁵	qo³⁵dzhɔ⁵⁴
167 火 fire	xo⁴²	fo⁵³	pi⁴⁴tɤ²²
168 灰 ashes	xuei⁴⁵	xei⁴⁵	ɕi⁴⁴
169 烧 burn	sɑu⁴⁵	sɑu⁴⁵	tei⁴⁴
170 路 road	lu⁵⁵	sɑu⁵³	ne⁴⁴ku⁴⁴
171 山 hill	sɑ⁴⁵	sai⁴⁵	pi⁴⁴qɤ²²
172 红 red	xoŋ²⁴	ai²¹³	dzhen⁵⁴
173 绿 green	liəɯ²⁴	lia⁴²	ʎɔ²²
174 黄 yellow	uaŋ²⁴	oŋ²¹³	qwen⁴²
175 白 white	pʰai²¹³	pʰɤ⁴⁵	qwɤ³⁵
176 黑 black	xai²⁴	kʰei⁴²	qwe³⁵
177 夜 night	io⁵⁵fu²	zɤ²⁴	m̥haŋ⁵³tɕɔ⁴²
178 白天 day	zʅ²¹³li²	lã⁴⁵ioŋ⁴²	tɕi³⁵n̥he³⁵
179 年 year	ȵie²⁴	lai⁴⁵	tɕu⁵⁴
180 温 warm	uẽ⁴⁵	uai⁴⁵	ɕɔ⁴⁴
181 冷 cold	lẽ⁴²	tai²⁴	noŋ⁵⁴
182 满 full	me⁴²	moŋ⁵³	pe⁴⁴
183 新 new	sẽ⁴⁵	sai⁴⁵	ɕɛ³⁵
184 旧 old	tɕiəɯ⁵⁵	ku²⁴	qo⁵⁴
185 好 good	xɑu⁴²	xɑu⁵³	zu⁵⁴
186 坏 bad	xuai⁵⁵	fi⁵³	pɑ²²
187 腐 rotten	fu⁴²	fi⁵³	cen⁵⁴
188 脏 dirty	pʰa²¹³la⁴²	ɑ²¹³tsa⁴⁵	mi⁴²ɕaŋ⁴⁴
189 直 straight	tʂʰʅ²¹³	tʰiəɯ⁴⁵	tɛ⁴²
190 圆 round	lue²¹³	lo⁴⁵	zɛ²²
191 尖 sharp	tsie⁴⁵	tsai⁴⁵	lɛ³¹
192 钝 dull	ŋai²⁴	lu⁵³	mo⁴²
193 滑 smooth	xua²¹³	ua²¹³	ŋoŋ²²

（续表）

	泸溪湘语	泸溪乡话（白沙）	湘西苗语（吉卫）
194 湿 wet	ʂɿ²⁴	dʑi²⁴	nte³⁵
195 干 dry	kue⁴⁵	kʰoŋ⁴⁵	qha⁴⁴
196 对 correct	tuei²¹³	to²⁴	tei³⁵
197 近 near	tɕiẽ⁵⁵	tɕʰiɛ⁵³	ʑɯ⁵⁴
198 远 far	ye⁴²	vai⁵³	qɯ³⁵
199 右 right	iəɯ⁵⁵	za⁴⁵	ta³¹
200 左 left	tso⁴²	tsəɯ⁴²	ȵi⁴²
201 在 at	tsai⁵⁵	tɕʰiɛ⁵³	ȵi³⁵
202 里 in	li⁴²	lai⁵³miɛ²	kɯ⁴⁴ŋaŋ³¹
203 与 with	xəɯ²⁴/kẽ⁴⁵	kai⁴⁵	ŋaŋ³¹
204 和 and	xəɯ²⁴/kẽ⁴⁵	kai⁴⁵	ŋaŋ³¹
205 若 if	zio²¹³	ziɤ²⁴	ta⁴⁴ȵi³¹
206 因 because	iẽ⁴⁵	iẽ⁴⁵	ȵi³¹wi³⁵
207 名 name	mẽ²⁴tsŋ²	mẽ⁴⁵	bu⁵⁴

二　泸溪乡话濒危现象调查人的基本情况调查问卷

1. 你的性别：

　　A. 男　　　B. 女

2. 你的民族成分：

　　A. 苗族　　B. 土家族　　C. 汉族　　D. 其他（　　）请自己填写

3. 你所属的年龄段：

　　A.0—18 岁　B.19—45 岁　C.46—65 岁　D.66—75 岁　E.76 岁以上

4. 你所属的职业类型：

　　A. 务农　　B. 教师　　C. 干部　　D. 学生　　E. 做生意

　　F. 其他

5. 你受教育的程度：

　　A. 小学　　B. 初中　　C. 高中或中专　D. 大专以上　　E. 文盲

6. 属于的哪个村？（　　）请自己填写

7. 你会说几种话？

　　A. 乡话　　B. 苗语　　C. 土家语（当地人称为土话）D. 泸溪话

E. 吉首话（西南官话）　　F. 古丈话（西南官话）　　G. 普通话

H. 其他（　　）请自己填写

8. 你说乡话的熟练程度如何？

A. 会　　　B. 会一点　　C. 不会

三　泸溪乡话区语言活力调查问卷

1. 你对父亲说什么话？

A. 乡话　　　B. 苗语　　　C. 土家语（当地人称为土话）

D. 客话　　　E. 普通话　　F. 其他（　　）请自己填写

2. 你对母亲说什么话？

A. 乡话　　　B. 苗语　　　C. 土家语（当地人称为土话）

D. 客话　　　E. 普通话　　F. 其他（　　）请自己填写

3. 你对妻子/丈夫说什么话？

A. 乡话　　　B. 苗语　　　C. 土家语（当地人称为土话）

D. 客话　　　E. 普通话　　F. 其他（　　）请自己填写

4. 你对兄弟姐妹说什么话？

A. 乡话　　　B. 苗语　　　C. 土家语（当地人称为土话）

D. 客话　　　E. 普通话　　F. 其他（　　）请自己填写

5. 你对孩子说什么话？

A. 乡话　　　B. 苗语　　　C. 土家语（当地人称为土话）

D. 客话　　　E. 普通话　　F. 其他（　　）请自己填写

6. 你去村委会办事说什么话？

A. 乡话　　　B. 苗语　　　C. 土家语（当地人称为土话）

D. 客话　　　E. 普通话　　F. 其他（　　）请自己填写

7. 你对村里嫁进来的媳妇说什么话？

A. 乡话　　　B. 苗语　　　C. 土家语（当地人称为土话）

D. 客话　　　E. 普通话　　F. 其他（　　）请自己填写

8. 你去乡镇办事说什么话？

A. 乡话　　　B. 苗语　　　C. 土家语（当地人称为土话）

D. 客话　　E. 普通话　　F. 其他（　　）请自己填写
9. 你去乡镇买东西说什么话？
　　A. 乡话　　B. 苗语　　C. 土家语（当地人称为土话）
　　D. 客话　　E. 普通话　　F. 其他（　　）请自己填写
10. 你乘车（班车、面包车、农用车）的时候说什么话？
　　A. 乡话　　B. 苗语　　C. 土家语（当地人称为土话）
　　D. 客话　　E. 普通话　　F. 其他（　　）请自己填写
11. 你对讲泸溪湘语的人说什么话？
　　A. 乡话　　B. 苗语　　C. 土家语（当地人称为土话）
　　D. 客话　　E. 普通话　　F. 其他（　　）请自己填写
12. 你自言自语的时候说什么话？
　　A. 乡话　　B. 苗语　　C. 土家语（当地人称为土话）
　　D. 客话　　E. 普通话　　F. 其他（　　）请自己填写
13. 你在单位工作说什么话？
　　A. 乡话　　B. 苗语　　C. 土家语（当地人称为土话）
　　D. 客话　　E. 普通话　　F. 其他（　　）请自己填写
14. 你在学校课堂说什么话？
　　A. 乡话　　B. 苗语　　C. 土家语（当地人称为土话）
　　D. 客话　　E. 普通话　　F. 其他（　　）请自己填写
15. 你在学校课堂外说什么话？
　　A. 乡话　　B. 苗语　　C. 土家语（当地人称为土话）
　　D. 客话　　E. 普通话　　F. 其他（　　）请自己填写

四　泸溪县乡话区语言态度调查问卷

1. 你愿意学习乡话吗？（会说乡话的人不用填写）
　　A. 愿意　　B. 无所谓　　C. 不愿意
2. 你希望你的孩子学习乡话吗？
　　A. 愿意　　B. 无所谓　　C. 不愿意
3. 你认为讲乡话的居民一定要讲乡话吗？

A. 要讲乡话　　B. 无所谓　　C. 不要

4. 如果你和听话人都是讲乡话的,对方却跟你讲其他方言,你感觉如何?

A. 感觉很别扭　　　　B. 无所谓　　C. 很自然

5. 现在讲乡话的人越来越少,你感觉如何?

A. 很遗憾,很可惜　　　B. 大势所趋,无可奈何

C. 无所谓　　D. 值得高兴

6. 你希望乡话如何发展?

A. 希望乡话一代代传下去　　B. 顺其自然　　C. 无所谓

D. 不要再说,让它消失算了

后　　记

　　一年前，我终于回到了阔别三十余年的故乡——沅陵县舒溪口乡瞿家村。梦里常常忆起的小木屋已不知去向，通往小木屋的那条小土路也不见了，但青山还在，碧绿的沅江水依旧长流，熟悉的乡话又一次响在了耳畔边……

　　乡话，我的母语，我曾经一度疏远过她。五岁之后，我随父母搬迁到了泸溪县浦市镇（湘语区），慢慢地慢慢地就把它遗忘了。所幸的是我做起了汉语方言研究，又重新拾起了乡话。就这样，我倾听她、记录她、研究她，甚至去冥想她……我知道有很多很多像我这样曾经说过乡话的人已经不说她了，她正与我们渐行渐远，我害怕她会像那座消失了的小木屋。乡话的语言面貌复杂，语言归属仍未有定论，我真的很想揭开她神秘的面纱，很想知道她曾经有过什么、经历过什么、又留下了什么，在她还没有完全消失之前。

　　湘西乡话的调查是从2006年开始的，至今有十几个年头了。2011年我有幸获得了国家社科基金项目"湘西乡话的接触与演变"，加快了湘西乡话调查研究的步伐。这十年来个中的辛苦自不必说，鼓励、支持和陪伴是我勇往直前的动力。我深深地感谢学界前辈同人给我的鼓励和帮助，李如龙老师、潘悟云老师、游汝杰老师、邢向东老师、麦耘老师、罗昕如老师、陈晖老师、陶寰老师、刘祥柏老师、彭建国老师，等等，他们给我论文写作或提供资料或提出宝贵的建议。特别感谢张振兴老师，他不仅时刻关心书稿的进展，还逐字逐句对书稿进行了通篇的修改。特别感谢鲍厚星老师和庄初升老师，鲍老师是最早研究乡话的学者之一，认为沅陵乡话和泸溪瓦乡话都属于同一种汉语方言，并将它们统称为"乡话"。庄初升老师曾在《中国语文》发表过湘西乡话的论文，并获广东省社科成果一等奖。当我恳请他们为书稿作序，他们欣然答应，我的感激之情难以言表，唯有铭记在心。我深深地感谢我的发音合作人，他们克服了语言调查的单调和枯燥，不厌其烦地配合我的调查工作。特别感谢戴业大主任，他不仅是乡话文化的传承人、乡话本土作家，还是方言爱好者。他与我共同探讨乡话的语言现象，为我的调查提出了很多真知灼见，我受益良多。我深深地感谢为我联系发音合作人的亲戚、同学和朋友，请允许我写上他们的名字，包太洋、邓光周、骆华、龙儒文、姚本稳、刘伟、田涛、瞿斌、瞿大志，没有他们的全力支持，我的调查无从着手。

在这里，我还想深深地感谢我的先生张昌华，大多数的调查点都是他驱车前往，在高山深谷之间穿梭，安全地把我送达。湘西乡话调查点都是在乡下，乡下的条件艰苦，但他始终陪伴我左右，为我排忧解难，毫无怨言。都说陪伴是最长情的告白，我深深地感谢这些年来他的陪伴和支持。我还要感谢我的父母和女儿，感谢他们多年的鼓励和帮助！

湘西乡话既按照自身的规律发生演变，又与湘语、官话长期接触，语音、词汇和语法形成了不同的历史层次。近些年来湘西乡话在官话和普通话强烈的冲击下，语言使用功能弱化，逐渐衰退乃至处于濒危的状态。这部书稿分上下两编，上编主要探析湘西乡话接触与演变的规律，是由我来负责的。下编主要研究湘西乡话濒危的表现和原因，是我的硕士研究生邓婕的毕业论文的内容，该论文还获得了校优秀硕士论文。书稿属于国家社科基金项目的成果，结项评审专家提出了中肯的建议，我参照他们的意见认真地做了修改。书稿的部分内容在《中国语文》《方言》《民族语文》《语言科学》《语文研究》等期刊发表，编辑部老师和匿名评审专家提出了很多有益的意见，我深深地感谢他们！

书稿即将出版，但我知道，湘西乡话的研究还远远没有结束，我将继续在这条路上努力前行，用我的这份赤诚之心报答所有帮助我支持我的人，回报那一方水土，慰藉我那剪不断理还乱的乡愁。

瞿建慧

2018年2月　吉首大学